KB083335

극장과 젠더

냉전과 남북한 극장의 젠더정치(1945-1980)

지은이

전지니 Jun Jee-nee

이화여자대학교 국어국문학과에서 1940년대 연극에 대한 논문으로 박사학위를 받았다. 이후 한국연극사와 영화사에 대해 계속 공부하고 있다. 지은 책으로는 『1940년대 극장의 감성과 이데올로기』, 『인간의 미래, 연극의 미래 – 한국 SF연극의 역사와 상상력』, 『해방기 문학의 재인식』(공저), 『할리우드 프리즘』(공저), 『해방과 전쟁 사이의 한국영화』(공저) 등이 있다. 연극평론가로 활동하며 가끔 드라마투르그 작업도 맡는다. 한경국립대학교 브라이트칼리지 부교수로 재직하며 공연과 문학, 글쓰기를 가르친다.

극장과 젠더
냉전과 남북한 극장의 젠더정치(1945–1980)

초판발행 2024년 8월 31일

지은이 전지니

펴낸이 박성모
펴낸곳 소명출판
출판등록 제1998–000017호
　　주소 서울시 서초구 사임당로14길 15 서광빌딩 2층
　　전화 02–585–7840
　　팩스 02–585–7848
　이메일 somyungbooks@daum.net
홈페이지 www.somyong.co.kr

　　ISBN 979–11–5905–953–7 93680
　　정가 38,000원

ⓒ 전지니, 2024

극장과 젠더

냉전과 남북한 극장의 젠더정치 (1945-1980)

전지니 지음

Theater and Gender

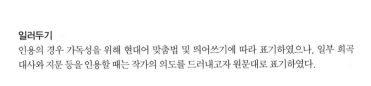

일러두기
인용의 경우 가독성을 위해 현대어 맞춤법 및 띄어쓰기에 따라 표기하였으나, 일부 희곡 대사와 지문 등을 인용할 때는 작가의 의도를 드러내고자 원문대로 표기하였다.

머리말

해방 이후 발표된 북한희곡 〈들꽃〉신고송과 남한희곡 〈애정의 세계〉박로아을 보면 다르지만 흡사한 부분이 발견된다. 〈들꽃〉에서 위안부로 끌려나가다 고향으로 돌아온 여자는 모리배에게 살해되면서, 〈애정의 세계〉에서 모리배와 어울리며 아메리카니즘을 추종했던 여자는 양잿물을 마시고 각성하는 것으로 건국 도상에 참여하지 못한다. 〈들꽃〉의 경우 신고송이 월북 직후 발표한 희곡이며, 〈애정의 세계〉는 해방 이후 남한에 남아 국민보도연맹에 가입하였던 박로아가 월북 전 발표한 작품이다. 나는 텍스트 내에서 '오염된' 여성 캐릭터를 삭제 / 배제하는 방식에 대한 문제의식을 2013년에 발표된 논문 「해방기 남북한희곡의 젠더정치」에서 드러낸 바 있고, 이후에도 남북한 양 체제에서 이상적인 '청년' 혹은 '인간'이 주조되는 과정 그리고 이념의 젠더화란 문제에 대해 고민하게 되었다.

『극장과 젠더―냉전과 남북한의 젠더정치1945~1980』는 해방 이후부터 유신시대까지 연극사와 영화사의 일면을 젠더정치라는 관점에서 살펴보고 있는 책이다. 책은 전체 5부로 구성되어 있으며 태평양전쟁과 한국전쟁이라는 두 개의 전쟁을 거치면서 분화된 남한과 북한의 연극과 영화를 겹쳐보는 것을 목적으로 한다. 이 과정에서 두 개의 체제를 동시에 논의하기도 하며, 남한 혹은 북한 극장사의 일면을 다룰지라도 체제 경쟁이라는 측면에서 양측의 예술인, 극장, 그리고 정치를 어떻게 의식하고 있었는지를 파악하기도 한다. 이에 따라 연극과 영화를 넘나들었던 개별 인물의 궤적을 추적하고, 특정한 시대적 배경 속에서 탄생한 극 장르에 대해 살펴보며, 개별 텍스트에 집중해서 논의를 진행하기도 한다.

해방 이후 근 30년이 넘는 연극사 혹은 영화사 한 부분만을 추적해도 논의 거리가 많은데 굳이 연극사와 영화사의 단편을 함께 논의하는 이유에 대해 의문을 품을 수 있을 것이다. 첫 번째 이유는 2012년 일제 말기와 해방기를 겹쳐보며 해방 이후에도 반복되는 연극의 담론을 논의해왔고, 이후 영화사로 연구 범위를 확장했다는 것과 관련된다. 이같은 이동 혹은 확장이 가능했던 이유는 식민지 시기부터 해방 이후까지 많은 예술인들이 연극과 영화 활동을 함께 진행하고 있었으며, 굳이 이름을 나열하지 않더라도 무대 활동에 주력하다 스크린으로 자리를 옮긴 이들을 쉽게 찾아볼 수 있기 때문이다. 개별 인물의 활동을 추적하는 과정에서 자연스럽게 이들이 출연한 작품의 희곡과 시나리오를 함께 읽게 되었다. 또한 매체 연구를 계속하던 과정에서 영화 혹은 예술을 표방하던 잡지들이 실제로 연극과 영화 등 제반 영역을 다루고 있었다는 점에서 연구 범위를 넓힐 수 있었다. 특히 이 책이 남한 못지않게 북한연극·영화사를 비중 있게 논의하고 있는 것과 관련해, 북한문학사에서 연극과 영화를 '극劇' 장르 안에서 함께 설명하고 있는 것이 남한과 북한의 극장사, 주요 인물들, 그리고 텍스트를 함께 개괄하는 배경이 되었다.

장르, 담론, 인물, 개별 텍스트 등 여러 사안을 아우르고 있지만, 결국 이 책이 이야기하고 있는 것은 해방 이후 남한과 북한 두 체제가 각자의 방식으로 '남성적'인 민족국가를 구축하는 과정에서 여성을 비롯한 타자화된 존재들을 어떻게 소환하고 배제했는지이다. 부제목에 '젠더정치'를 명시한 이유도 이 때문이다. 이 책은 냉전시대 전쟁과 재건을 거치고 체제를 결속하는 과정에서 국가가 어떻게 젠더구도를 구축하고 사회적 함의를 만들어냈는지에 대해 주목하며, 이것이 어떻게 텍스트 안팎에 반영되었는지를 분석한다. 좀 더 구체적으로 텍스트 안에서는 어떤 여성들을 동지로 포섭하고 영웅화하는 동시에 축출하며, 텍스트 바깥에서는 어떤 연극·영화인을 추종하는 동시에 낙인찍는지를 남북한 두 체제의 정치 사회적 상황, 담론, 텍스트를 함께 살펴보며 논의하고자 했다.

제1부 '해방 이후 남북한연극과 젠더'에서는 해방기1945~1950에 비중을 두고 당대의 연극 그리고 이후의 연극에서 동시대 정치 지형과 연계된 젠더정치가 작동하는 방식을 논의하였다. 이와 함께 월북 극작가 박영호의 궤적을 훑어가며 그가 월북 직전 남한에서 발표한 희곡 〈겨레〉1946에 대해 논의했다. 〈겨레〉는 여성 3대의 이야기를 다루는 동시에 다분히 국제적인 시선에서 여성해방의 문제를 설명한다는 점에서 해방기라는 시대 상황 안에서도, 그리고 작가의 극작 세계 안에서도 매우 흥미로운 작품이다. 작품의 전문은 『근대서지』 14호2016에 실려 있으니 보다 많은 연구자들이 이 작품을 읽고 함께 논의했으면 하는 바람이다.

책의 제2부 '아메리카니즘의 체화와 남성적 민족국가의 상상'은 해방기와 전후戰後 발표된 코미디극을 겹쳐 읽으며 당대 남한 사회의 사회문화적 구심점이었던 아메리카니즘이 어떻게 연극과 영화 안에서 구현되고 있는지를 분석했다. 이 과정에서 양풍洋風과 이를 추종하는 여성들을 교화하고 통제하려는 남성적 / 민족적 욕망이 어떻게 드러나고 있는지와 함께, 국가 / 남성 주체의 노골적인 의도와 달리 텍스트 안팎에서 감지되는 균열의 양상에 대해 논의했다. 또한 해방기 남한에서 탄생한 특수한 장르인 '경찰영화'를 살펴보며 피스톨과 제복으로 노골화되는 남성적 민족국가의 상상을 해부하며 할리우드 갱스터 무비의 변주로서 경찰영화의 장르적 특징을 파악했다.

제3부 '냉전기 극장의 여성들-붉은 여전사와 비련의 여간첩'은 남한

과 북한의 영화 속 여성 표상을 각각 회개하는 여간첩과 순교하는 여전사 형상으로 구분하여 살펴보고 있다. 먼저 전쟁기, 그리고 전후 발표된 북한연극·영화와 관련해 작품 속에서 공동체를 지도하는 탈성화脫性化된 여성 영웅의 형상이 어떻게 구현되고, 또 이들의 희생 제의가 텍스트 안에서 형성하는 의미망을 논의했다. 특히 한국전쟁기 문학과 연극, 영화 속에 드러난 여성 영웅의 형상이 당시 소련을 중심으로 주조된 붉은 여전사의 형상과 어떻게 연계될 수 있는지를 분석했다. 이어 1970년대 반공검사 오제도의 증언을 토대로 수기, 방송극, 영화, 만화로도 만들어진 특별수사본부 시리즈를 살펴보며 이들의 불온함을 강조하고 통제하는 서사적 문법과 함께 당대 인기를 끌었던 호스티스영화와의 접점을 살펴보았다. 이와 함께 당대 대중문화 텍스트 속에서 실존 인물 오제도가 기독교적인 탈성화된 반공 영웅으로 주조되는 과정에서 그 대척점에 있는 여간첩의 묘사가 갖는 문제성에 대해 논했다.

제4부 '두 개의 전쟁과 여성 영화인의 존재론'에서는 식민지 시기부터 해방 이후까지 활동했던 '2세대 트로이카' 김소영과 문예봉의 영화 여정을 추적했다. 먼저 식민지 시기 스캔들이 계속 회자되는 과정에서 해방 이후 활동에도 지장을 받았고, 이후 배우 활동을 접고 도미渡美하였던 김소영의 짧은 영화 이력을 논의한 후, 월북 후 배우 문예봉이 북한에서 인민 배우로 거듭나는 긴 과정을 작품 속 캐릭터 구축이라는 부분과 관련하여 파악하였다. 이어 한국 최초의 여성 감독 박남옥의 영화 활동을 그의 유일한 연출작 〈미망인〉1955을 비롯해 영화잡지 편집자로서의 활동 등과 관련지어 서술하였다. 김소영, 문예봉과 같은 2세대 트로이카였던 김신재를 비롯해, 박남옥 이후 더 많은 여성 감독의 이야기를 다루지 못한 점이 아쉽다. 이 부분에 대한 논의는 이후에 진행하고자 한다.

마지막으로 제5부 '남북한 체제 경쟁의 지정학과 젠더'에서는 1970년대 7·4남북공동성명 이후 남북한 내부의 체제 경쟁은 더 극심해지던 시기, 그 우위를 점하려는 정치적 목적이 어떤 방식으로 영화화되고 있는지를 살펴보았다. 구체적으로 아버지의 죽음 후 각각 남한과 북한에서 키워진 쌍둥이 자매의 운명을 다룬 북한영화 〈금희와 은희의 운명〉1974과 1970년대 후반 한국전쟁 시기 여성 포로수용소를 배경으로 하고 있는 두 편의 영화 〈사랑과 죽음의 기록〉1978, 〈누가 이 아픔을〉1979을 분석했다. 이 과정에서 남한과 북한의 영화가 다른 체제를 비판하는 과정에서 동원되는 서사적 요소와 함께 극 중 여성의 섹슈얼리티가 소비되는 양상을 파악하였다. 이를 통해 동서 냉전의 완화라는 국제적인 흐름 속에서 다시금 승리와 절멸이라는 메시지를 반복하는 두 체제의 영화가 어떻게 '오염된' 여성들을 축출하고 있는지 그 서사적 전략을 짚어나갔다.

이 책은 세 번째로 출간하는 단독저서다. 첫 번째 책이 박사논문을 정리한 것이었고, 두 번째 책이 2010년대 후반 이후 관심을 갖게 된 'SF연극'이란 테마에 대한 연구 밀 평론 활동을 묶은 결과물이었다면, 이 책은 지난 10년간의 연구 이력을 집약하고 있다는 점에서 나의 삶과 연구를 가장 잘 보여주고 있다. 책에 실린 실린 글은 2012년부터 2022년까지 대략 10년간 국내외 한국문학 및 연극·영화 관련 학술지에 수록한 것이다. 2012년 초반 1940년대 한국연극에 대한 박사논문을 발표했고, 당시 가졌던 문제의식을 이 기간 동안 지속하여 심화시켜 왔다. 10년간 써온 글들이 담겨 있는 만큼 개별 원고를 비교할 때 사유의 깊이나 질적 수준의 차이가 여실히 드러날 수 있기에 단독 저서를 출간하는 일에 대해 고민하기도 했다. 그럼에도 불구하고 이 시점에 책을 출판한 것은 '극장'과

'젠더'라는 지난 10년간의 연구 성과를 집약하는 동시에 앞으로도 매달릴 수밖에 없는 이 키워드의 논의를 일단락하고, 이후 연구 방향을 모색하는 계기를 마련하고 싶었기 때문이다. 극장과 젠더, 그리고 매체는 지금까지 그랬던 것처럼 앞으로도 이어나갈 연구의 중심축이 될 것이다.

10년 동안 한국연극과 영화에 대해 연구할 수 있었던 기반에는 세미나를 함께 해준 고마운 선후배 연구자와 친구들이 있었다. 석사 과정 재학 시절부터 다양한 세미나를 하며 문제의식을 심화하고 공부를 이어갈 수 있었다. 식민지 시기 『국민문학』 세미나에서 출발해 『조광』 세미나, 『영화시대』 세미나, 해방 이후 신문 세미나, 『영화예술』 세미나, 『영화』 세미나 등 식민지 시기부터 1980년대 이후까지 혼자서는 읽기 어려운 매체 관련 세미나를 이어가고 있다. 이 과정에서 시대와 문화를 연결 지어 읽는 식견을 가질 수 있었고, 함께 세미나를 진행한 세미나 팀원들 덕분에 중도에 지쳐서 포기하지 않을 수 있었다. 매체 세미나 외에도 한국여성문학학회 신진연구자모임, 한국극예술학회 해방기 남북한희곡 읽기 모임, 대중서사학회 SF세미나 등 학회를 중심으로 구성된 여러 모임 및 세미나에 참여한 경험은 좋은 동료들을 만나 인연을 맺고 또 성과가 잘 보이지 않는 힘든 공부를 이어갈 수 있는 기반이 되었다. 세미나를 함께 한 모든 선생님들을 열거하지는 못하지만, 언제나 진심으로 감사하고 있다. 덕분에 외롭지 않게 공부할 수 있었다.

이 책에는 공공도서관에 소장되지 않은 자료, 작품에 대한 내용도 담겨 있다. 근현대연극·영화잡지를 접할 수 있게 해주신 근대서지학회 오영식 선생님, 그리고 북한자료센터에서도 보기 힘든 북한자료의 열람 기회를 주신 한상언영화연구센터 한상언 선생님께 진심으로 감사드린다. 2년 전 별세하신 ㈜화봉문고 여승구 대표님께도 뒤늦게 감사의 마음을 전하고 싶다. 덕분에 연구 주제를 새로 발굴하거나 재정리하는 시간을 가질 수 있었다.

책에 실린 글들을 쓰는 과정에서 조산아로 태어난 아이는 무럭무럭 자라서 건강한 초등학교 고학년이 되었다. 아직 순수하고 착한 김진혁과 타지에서 최선을 다하고 있는 김도엽에게 고마움을 전한다. 더불어 부모 모두 육아에 전념하지 못하는 상황에서 아이가 무탈하게 잘 자랄 수 있도록 지원해주시는 양가 부모님께도 감사하다는 말씀을 드린다.

이 책은 별도의 지원 사업 수혜를 받지 않고 출판되었다. 최근의 사회적 이슈와 무관해 보이는 한국문학, 그중에서도 한국연극·영화사 관련 책을 출간하기로 결정하는 것은 결코 쉬운 일이 아니었을 것이다. 그 어려운 결정을 내려주신 박성모 대표님, 고건 부장님을 비롯해 책의 편집을 담당하신 조이령 선생님과 모든 소명출판 식구들께 깊이 감사드린다. 공저로 번역에 참여한 첫 단행본 『좌담회로 읽는 국민문학』2010이 발간된 지 14년 만에 소명출판에서 단독 저서를 출간하게 되어 감회가 남다르다.

마지막으로 쉽게 손이 가지 않을 법한 이 책을 읽기로 결정한 독자에게 감사드린다. 동료들과 관심 분야를 공유하는 것, 그리고 내가 주목하고 있는 키워드에 관심을 갖는 익명의 독자를 만날 수 있는 것은 인문학 연구자로서 가장 행복한 일이다. 이것이 지치지 않고 연구를 이어가는 원동력이다.

2024년 7월 잠시 휴식을 앞두고,
전지니 씀

차례

제1부

해방 이후 남북한연극과 젠더

제1장 ——— **해방기 남북한희곡의 젠더정치**

1. 8·15해방과 딸들의 귀환[1]

이기영의 희곡 〈해방〉[2]에는 공창에 팔려갔다 도망친 후 붙잡혀 일본인 순사에게 폭행을 당했고, 해방 후에는 새로운 이름을 얻어 건국투사로 재출발하는 춘자가 등장한다. 유치장의 조선인들이 해방을 맞게 된 순간의 감격을 극화한 이 극은 8·15를 기점으로 조선인과 일본인의 위계가 전도되는 쾌감을 빚어 내는데, 매질당했던 조선인들은 해방을 맞아 순사를 폭력으로 응징하며, 춘희라는 이름을 얻게 된 춘자는 순사의 얼굴에 침을 뱉고 난 다음 거리의 만세 소리에 합류한다. 학병 기피자, 징용 기피자와 공창 도주녀가 섞여 있는 〈해방〉의 유치장과 마찬가지로, 조선영화협단의 키노드라마 〈귀국선〉[3]의 배에는 다양한 이력을 지닌 당대의 군상들이 탑승해 있다. 상해에서 조선으로 돌아오는 배 안의 인물들은 독립운동가, 학병, 친일파, 만주 이주민 등으로, 이 중에는 "장자커우張家口서 돌아오는 위안부" 춘자가 껴 있다.[4] 극 중 '매소부賣笑婦'로 규정되는 춘자는 타락한 독부毒婦로 등장하지만, 동시에 식민 지배의 비극성을 현시하는 인물[5]이라는 점에서 〈해방〉의 춘자와 겹쳐진다. 그렇다면 식민지 시기 각각 공창에 팔려갔고 위안부로 끌려갔던 두 명의 '춘자'의 앞날은 어떻게 전개됐을까. 이 글은 해방 후 가족과 고국의 품으로 돌아온 춘자, 곧 돌아온 딸들의 종착지를 추측하는 것에서 시작한다.

식민지 시기 징병, 징용당했던 아들들이 해방 후 건국의 주체로 거듭 나는 양상을 지적한 논의는 그간 여러 차례 이루어졌다.[6] 이들 논의는 주로 만주나 일본 등지로부터 조선으로의 귀환을 다루는 양상에 주목 해 '조선인 되기'를 다룬 귀환서사의 주인공이 남성이 되고 있으며, 신생 국가 건설과 남성성 회복이 같은 맥락에서 이루어지고 있음을 설명하고 있다. 당시 귀환한 청년들이 건국에 대한 낙관적 전망을 제시하는 이야 기는 작가의 이념 성향을 막론하고 반복됐는데, 극작가들 또한 돌아온 아들의 이야기를 중요한 모티브로 삼았고, 경우에 따라 귀환한 아들 중 심으로 가족·사회 질서가 재편되는 양상을 형상화했다.

그런데 8·15가 아들의 귀환만을 불러온 것은 아니었다. 징병, 징용간 아들이 돌아오는 것과 맞물려 과거 근로보국대, 정신대의 일원으로 근 로 동원됐거나 작부, 위안부로 성 동원됐던 딸들[7] 역시 고향으로 돌아왔 다. 그러나 돌아온 아들들이 본격적으로 정치운동에 참여하고[8] 이들의 언설이 수기, 좌담회 등의 형식을 통해 민족서사로 재구성됐던 것과 달 리, 여성들의 발화가 담론화되는 경우는 드물었으며 언론매체에 소개됐 던 것은 일부 여성 혁명가들의 언설뿐이었다.[9] 극작가들 또한 여성의 귀 환을 전면적으로 부각시킨 경우는 찾아보기 어려운데, 〈해방〉과 〈귀국 선〉, 신고송의 〈들꽃〉 등이 드물게 돌아온 딸들의 이야기를 담고 있지만 딸들은 종국에 남성지도자의 지침을 따르거나〈해방〉, 독부의 이미지에 갇 혀있거나〈귀국선〉 혹은 건설 현장에서 배제된다〈들꽃〉.

이 글은 이같은 점에 주목해 해방기연극에 나타난 젠더 문제를 검토하려 한다. 구체적으로 여성이 국가 건설의 동지로 부각되거나 민족국가에서 배제되는 양상들을 분석함으로써 남북한의 건국 도상에서 나타난 당대 연극의 젠더정치학을 읽어볼 것이다. 그간 젠더와 정치의 관련성에 대한 논의는 다양하게 이루어져 왔는데,[10] 젠더관계가 민족주의 기획의 중심임을 전제하는 니라 유발-데이비스는 젠더담론과 민족담론이 서로에 의해 구성되는 방식을 설명한다.[11] 앞으로 이같은 관점에 착안해 해방기 민족담론 안에서 젠더가 작동되는 양상을 논의할 것이며, 이어 여성해방을 표방하지만 실상 철저한 젠더위계, 가부장제 원리에 입각해 있었던 민족국가담론의 문제를 짚어보려 한다.[12]

해방 후 북한에서는 남녀평등에 대한 인식이 급속도로 확산됐다. 1945년 11월 창립된 북조선민주여성동맹이하 여맹은 여성의 경제 현장 진출을 적극적으로 독려했으며, 이듬해 7월 공포된 「북조선의 남녀평등권에 대한 법령」은 선거권과 가정에서의 평등에 대한 원칙을 밝혔고, 11월 인민위원회 선거에는 여성이 투표권자로 참여했다.[13] 이처럼 북한에서는 남녀의 일률적 평등이 강조되고, 일하는 여성이 민족의 선구자로 예찬받았으나[14] 남한의 경우 여성이 정치적 주체가 되는 것은 상대적으로 어려웠다. 남한에서는 해방 이후에도 여성의 영역이 가정과 분리되지 못하면서 가부장제 체제의 현모양처인 '민족의 어머니', '나라의 어머니' 혹은 '민족의 배양자', '조국의 수호자'로서의 역할이 중시됐다. 곧 남한의 여성에게는 건국 도상에서 자녀 생산과 육성의 임무가 부과됐으며, 너무 지나친 평등은 경계할 것이 요청됐다.[15] 이처럼 남과 북에서 이상화된 여성상이 상이함에도 불구하고, 실상 노동자와 현모양처는 각 체제의 여성이 민족구성원으로서의 자격을 확보할 수 있는 요건이었으며, 두 형상이 구축되는 양상은 여성이 동원되는 방식을 보여준다는 점에서 함께 논의될 수 있다.

그간 해방기연극 연구는 남한에서 좌익과 우익의 연극운동을 각각 규명하며 관련 텍스트를 검토하거나[16] 당대 연극의 인식적 특성 및 특정 작가나 작품(군)의 의미를 밝히는 방향으로 진행됐다.[17] 해방기 북한연극 논의는 대개 북한연극사를 검토하면서 '평화적 민주 건설 시기'1945.8~1950.6라 명명된 기간 동안 발표된 연극의 특징을 살피고 있다.[18] 이와 달리 김정수는 해방기에 한정해 북한연극의 주제적 특징영웅적 항일무장 투쟁, 토지개혁과 농민의 성장, 노동계급의 투쟁, 전설과 역사적 인물의 극화과 미학적 의미사실적 연출과 연기의 실현 및 연기 방식 등을 고찰하며, 나덕기는 당대 북한희곡의 창작방법론과 주제의식 등을 검토하며 그 의의와 한계를 지적한다.[19] 해방기 남북한의 연극을 함께 논의한 경우로는 이석만과 양승국의 연구가 대표적인데, 이석만은 단독정부 수립 후 남북한의 연극정책과 연극론 및 작품 경향을, 양승국은 해방 직후부터 한국전쟁 종전까지 남북한희곡의 변모 양상을 함께 설명하고 있다.[20]

이 글은 해방기 혹은 조국 건설 시기라 간주되는 8·15 이후부터 한국전쟁 이전까지[21] 남과 북에서 발표된 연극을 함께 고찰한다. 이같은 접근은 상이한 체제의 특수성을 간과할 수 있는 것이지만, 당대 연극인들은 이념 성향을 막론하고 정치로부터 분리될 수 없었으며[22] 이들을 움직이는 동력이 공통적으로 민족국가의 건설이었다는 점을 감안할 수 있다. 또한 당시 남과 북에서 발표된 연극은 창작 주체가 전환기연극의 임무를 고민하여 관객을 계몽하고자 했던 결과였고, 여성 인물을 배치하는 방식-젠더정치가 작동되는 양상에서 공통분모를 발견할 수 있다는 점에서 두 체제의 연극은 함께 논의될 수 있을 것이다.

이제까지 해방기연극에 한정해 젠더 문제를 본격적으로 논의한 경우는 찾아볼 수 없는데, 북한연극의 여성상을 다룬 것으로는 1960년을 전후해 희곡에 나타난 이상적 여성상의 변모를 짚어낸 이상우와 사회주의 체제 안에서 여전사형 인물이 부각되는 것을 지적한 정낙현의 논의가 대표적이다.[23] 이상우는 1940~1950년대 북한연극에서는 참가형 젠더전략의 일환으로 '사상-경제적 전사'로서의 여성 이미지가 부각되며, 1960년대 이후에는 '모성적 여성-국민'으로서의 이미지가 창출되었음을 지적한다. 또한 정낙현은 해방 후 북한 체제 안에서 남녀평등이 강조되면서 노동자, 농민 등 직업여성이 중심인물로 등장하는 것에 주목하는데, 이상의 논의는 후속 연구에 많은 시사점을 제공하지만 북한극 전반으로 범위를 확장함에 따라 해방기연극에 대한 구체적인 분석은 생략하고 있다.[24]

따라서 이 글은 해방기 남과 북에서 발표된 희곡을 분석하면서 여성이 민족공동체에 포섭, 배제되는 양상과 함께 양 체제의 국가 건설 과정에서 기존의 젠더 질서가 고착되는 지점을 고찰하려 한다. 북한의 경우 창작 주체가 마르크스-레닌주의에 입각해 현실을 변증법적으로 인식하고 발전적 세계관을 지향하는 과정에서,[25] 여성성은 젠더 이분법에 입각해 부정해야 할 식민지 과거와 결부됐다. 또한 민족주의의 구호를 앞세워 국가 건설 과정을 극화했던 남한의 작가들도, 해방공간의 도덕적 병폐 양상을 여성의 육체적 타락으로 구현하면서 이들을 계몽 대상으로 배치했다.

앞으로 제2장과 제3장에서는 각각 북한과 남한에서 발표된 희곡 분석을 통해 이상적 동지와 부정해야 할 대상으로 여성들이 이분화되어 구축되는 면면을 확인하고, 이를 토대로 여성을 타자화하고 남성적 연대를 지향하는 양상을 짚어볼 것이다. 연구 대상은 북한 작품으로 신고송의 〈들꽃〉1946, 남궁만의 〈로동자〉1947, 송영의 〈자매〉1949를, 남한 작품으로는 김영수의 〈여사장 요안나〉1948, 김진수의 〈코스모스〉1948~1949, 박로아의 〈애정의 세계〉1949를 검토한다. 이들 작품은 건국 도상의 특수성을 논하며 남녀평등의 언설을 삽입하거나 당대 여성의 현실 문제를 다룬다는 점에서 주목할 수 있으며, 이를 통해 민족담론과 젠더담론이 교차하는 지점, 그리고 국가 건설이라는 극적 전략 안으로 포섭되지 않는 균열의 흔적들을 확인하려 한다.

2. 건설의 이상과 식민지의 기억,
혁신 노동자와 모리배의 아내

평화적 건설 시기 북한의 극문학은 소재에 따라 항일혁명, 노동계급의 형상, 농민의 생활과 투쟁, 조국통일 애국투쟁, 반침략·반봉건주의를 극화한 경우로 구분된다.[26] 여기서 여성은 혁명군의 일원박령보, 〈태양을 기다리는 사람들〉, 1948, 농촌 공동체의 지도자백문환, 〈성장〉, 1948, 공장 노동자 등으로 등장하는데, 이 중 '여성 혁신 노동자'라 추앙됐던 '여공'은 생산 영역으로의 여성 인입과 사회주의 공장문화를 통해 형성된 근대적 여성 주체였다.[27] 리령은 평화적 건설 시기 연극 레퍼토리에서 가장 핵심적 위치를 차지한 것은 "인민경제 건설의 선봉에 선 새로운 로동계급의 창조적 로력 투쟁을 반영한 작품들"[28]이라 설명하는데, 북한연극에서는 여공이라는 인물군이 집단적으로 등장해 증산 목표를 달성하기 위해 투쟁하는 것을 확인할 수 있다.

당시 북한에서는 건국 사업에 여성을 동원할 필요성이 강조되면서 가정에 있는 여성이 비판받은 반면,[29] 여성 노동자는 "나라의 주인으로서 건국 로동에 참가하는 믿음직한 역군"[30]으로 격상됐다. 이같은 방침을 반영해, 해방기 북한희곡에서는 여공들이 결혼-육아 같은 사적인 문제는 뒤로 미루고 증산에 몰두하는 모습이 형상화된다. 이들 여공들은 공통적으로 인민 경제 발전에 투신할 것을 선언하는데, 아내와 딸로서의 역할보다는 노동하는 인민으로서의 책임감에 비중을 두며박혁,〈여공의 노래〉, 1945; 한민,〈약혼하는 날〉, 1948 노동자로서 남성과 대등하게 경쟁할 역량을 갖추고 있다남궁만,〈기관차〉, 1948.

그런데 극 중 여성 노동자가 남성의 동지가 되어 추앙받는 한편으로, 계급의식을 갖지 못하거나 반동분자에게 오염된 여성은 가혹하게 징치되는 것을 확인할 수 있다. 당시 북한에서는 건설 도상에서의 척결 대상으로 지주층을 주축으로 한 유산계급, 미국 제국주의자, 남조선의 매국노단, 모리배 등을 지목했는데, 이들과 어울렸던 여성은 민족의 이름으로 교정되거나 공동체 밖으로 축출당하는 양상이 반복된다.

신고송의 〈들꽃〉[31]은 1946년 38도선 접경지인 강원도 농촌을 배경으로, 남방으로 징병 갔던 아들과 술집에 팔려갔던 딸의 귀환 이후 벌어지는 사건을 다루고 있다.[32] 작가는 북한극에서 계급투쟁 문제가 안이하게 취급되는 경향을 비판하며 "민족 전체의 운명을 내걸고 싸우는 거대한 갈등"을 연구해야 할 것을 강조했고,[33] 그 이유로 토지개혁과 산업 국유화가 실시됐음에도 불구하고 여전히 북에 착취계급과 반동분자가 존재한다는 점을 들었다. 이같은 시국 인식에 따라 〈들꽃〉에서는 구세대와 신세대, 매국노와 애국자간의 갈등이 부각되고, 갈등이 해소되는 과정에서 귀환한 아들과 딸이 각각 북조선의 미래와 과거를 대변하며 텍스트 안에 배치되는 방식이 주목된다. 해방기연극에서 팔려간 딸이라는 형상은 식민지 시기의 경제 침탈 혹은 당대의 혼란상을 묘사하기 위한 도구로 활용되는데, 북한의 개혁 실태를 예찬하는 이 극에서 가난한 농부의 딸은 식민치하의 비극을 현시하고 있다.

해방을 맞아 과거 가세가 기운 집안을 위해 작부로 팔려갔던 갑선이 돌아오지만, 아버지 조장곤의 심기는 여전히 불편하다. 그는 자기 농토를 얻었지만 남방에 병정으로 출정한 아들 갑준이 돌아오지 않는 것이 불만스럽고, 돌아온 딸과 빈번하게 충돌한다. 갑선 역시 자신의 희생을 인정하지 않는 아버지가 원망스러운데, 그 와중에 보안과장이 된 첫사랑 강진만을 만나게 된다. 갑선은 과거가 부끄러워 진만을 만나는 것이 부담스러우나 그는 변함없는 사랑을 고백하며 건국 도상에 함께 할 것을 권한다. 갑선은 진만과 맺어질 수 없다는 생각에 아버지 핑계를 대고 고향을 떠나려 하지만, 진만은 그런 갑선을 만류하고 그 와중에 갑준이 돌아온다. 갑준의 귀환으로 인해 조장곤의 불만 또한 해소되고, 토지 분배에 이어 공출과 성출까지 폐지되자 모두 기뻐한다. 갑준은 진만을 도와 북조선의 민주주의에 공헌할 것을 다짐하지만, 작부 출신의 누이가 훌륭한 진만과 맺어질 수 있을지에 대해서 회의한다. 한편 남조선 테러단의 일원인 김광필이 우연히 갑선의 집을 찾고, 과거 인연이 있었던 갑선에게 아내가 되어달라며 수작을 부린다. 갑선은 김광필이 이승만이 보낸 첩자임을 직감하고, 그가 진만에게 총을 쏘려 하자 진만 대신 총을 맞고 숨을 거둔다.

〈들꽃〉의 경우 귀환한 청년 대신 팔려갔던 그의 누이가 극의 중심인물이 되는데, 갑선은 비극의 주인공인 동시에 남한 현실 비판이라는 주제를 직접 전달하는 역할을 맡는다. 경성에 팔려갔던 갑선이 이남의 문제점을 언급할 뿐 아니라[34] 남조선 테러단에 의해 살해당함으로써 북조선 체제의 상대적 우위와 정당성을 역설하는 것이다. 극은 북한의 개혁에 비판적이었던 조장곤의 인식 변화 및 갑선과 진만의 사랑이라는 두 개의 사건을 중심으로 진행되며, 갑준의 귀환 이후 조장곤이 변모하고 부녀갈등도 해결될 조짐을 보이나 갑선의 죽음으로 인해 비극으로 끝맺게 된다. 그러나 갑선은 진만과 맺어지지 못해도 숭고한 죽음으로 인해 전직 작부에서 "반동분자를 잡게 한 공로자"로 승격된다.

극 초반 궐련을 피우는 모습으로 등장한 갑선은 시종일관 스스로를 "더러운 계집"으로 비하하며 몸을 더럽힌 과거에 대해 수치스러워 한다. 또한 귀환한 갑준 역시 누이를 "작부질하다 놓여온 여자"로 지칭하며 진만과의 미래에 대해 부정적 입장을 취한다. 지난날은 배제하자는 진만과 달리 과거를 완전히 부정할 수 없다는 갑준의 생각은 돌아온 딸들을 바라보는 신고송의 시선과 겹쳐지는데, 작가는 종국에 갑선을 청년의 아내 혹은 동반자로 배정하는 대신 자발적 처형에 이르도록 한다. 갑준의 약혼녀로 지조를 지켰던 필순에게 해피엔딩이 암시되는 것과 달리, 남조선에서 작부로 일했던 갑선은 민주 사회 건설의 공로자로 승격됨에도 불구하고 공동체의 순수성을 지키기 위해 배제되는 것이다.

갑선 저는 지난날이 더러워 얼굴을 들고 다닐 수가 없어요. / 저 같은 것을 상대해 줄 사람이 없어요. / 저는 더러운 계집이예요. 진만 씨 같이 훌륭하신 분의 곁에도 있을 수 없는 계집이예요. / 저는 진만 씨를 먼발치에서 우러러 볼 수는 있어도 이렇게 가까이서는 대할 수 없는 계집이예요. / 아니예요. 진만 씨를 위한다면 저 같은 더러운 계집은 가야 해요. / 저를 좀 더 자세히 알아주세요. 저는 칠 년 동안 뭇 사나이의 조롱을 받고 웃음을 팔아온 계집이예요. 진만 씨 같은 그런 훌륭한 분의 사랑은 꿈에도 생각해 볼 수 없는 그런 더러운 계집이예요. / 아니예요. 아무 말도 말아주세요. 저를 이 위에 더 괴롭게 해주시지 말아주세요. 저 같은 것이 있어서 진만 씨의 빛날 앞길에 더러운 물을 들인다면 저는 차라리 죽어버리는 것만 같지 못해요. (괴로워한다)148~149·157면

갑준   응! 그게 정말일까. 그렇지만 진만이 형님은 오랫동안 왜놈하구도 싸왔고 지금 보안서장까지 맡아보고 있는 훌륭한 사람인데 우리 누이는 칠 년이나 작부질하다가 놓여온 여자가 아니야 그러니 두 사람이 어디 어울려야지……167면

극 중 갑준은 귀환 즉시 민족의 일원으로 받아들여지면서 건설 사업에 참여하게 된다. 반면 과거의 비극을 상기시키는 갑선은 이상적인 사회 구상에서 배제되는데, 가난한 가족을 위해 팔려 갔던 갑선을 묘사할때 그녀를 타락으로 이끈 외부적 요인은 축소되고 있다. 특히 갑선은 자신을 팔려 가게 만들었던 무능력한 아버지, 식민지 현실에 분노하는 대신 문제의 책임을 스스로에게 돌려 버린다. "미워할 것은 환경과 제도"라는 진만의 발화가 간간히 섞여있기는 하지만, 팔려간 딸의 문제에 대해서는 아무도 책임지지 않고 모든 과실을 그녀 자신이 끌어안게 되는 것이다.[35] 결국 돌아온 아들이 인민위원회의 선두에 서는 것과 달리, 작부가 됐던 딸은 죽음이라는 방식으로 배제된다. 이같은 오누이의 서로 다른 결말은 갑선이 남조선의 반동분자들에 의해 육체를 훼손당했다는 점에서 기인하는데, 부정한 과거를 가진 딸은 토지개혁이 실시되고 민주정치가 보장된 유토피아의 일원으로 받아들여지지 못한다. 또한 갑선

이 모든 사태의 원인을 자신에게 돌려버림으로써 민족 주체는 과거 여성들을 보호하지 못했다는 죄책감으로부터 해방된다. 아버지에게 자신이 불효녀였다고 사죄하며 진만에게는 훌륭한 부인을 만나라고 부탁하는 갑선의 마지막은, 자기 연민의 절정을 드러내는 동시에 남아 있는 남성들진만, 갑준, 조장곤을 부정한 과거로부터 해방시킨다. 갑선이 숭고한 죽음이라는 방식으로 퇴출됨으로써 집단의 순수성이 유지되고, 남성 주체는 무기력했던 과거로부터 분리되어 건국의 이상을 지향하게 되는 것이다.

〈들꽃〉에서 팔려 간 갑선과 지조를 지킨 필순의 상황이 대조됐던 것처럼, 송영의 〈자매〉[36]에서도 모리배의 아내인 경옥과 노동자인 정옥 자매의 상황이 극단적으로 대비된다. 홍남의 공업지대를 배경으로 한 〈자매〉는 일제 말기부터 8·15 3주년 시점까지 상반되는 성격의 자매가 걷게 되는 서로 다른 삶의 경로를 형상화한다.

노동자인 서삼룡의 딸로 식민지 시기 가난 때문에 상인의 후처로 팔려갔던 경옥은 식료품을 내놓으며 유세를 부리다 동생 정옥과 충돌한다. 한편 막내아들 승남에게 징병 통지서가 도착하고 경옥은 남편이 해결할 수 있을 것이라며 큰소리치지만, 승남은 징병으로 뽑혀가게 되며 정옥은 그런 동생이 도망칠 수 있도록 준비한다. 해방 직후인 1945년 11월, 룡성 공장의 노동자들이 공장의 미래에 대해 토론한다. 일제의 앞잡이였던 백대성이 회의적 발언을 늘어놓지만, 정옥의 남편 김하일과 그의 친구 박용진은 조선인 스스로 기계를 돌리기 위해 전력투구할 것을 권하며, 정옥 또한 몸은 돌보지 않고 노동에 열중한다. 한편 경옥의 남편인 임수영은 백내성과 결탁해 공장의 기계를 남한에 팔려 하나 정옥이 이들의 계획을 간파한다. 4개월 뒤 김일성 장군의 20개 정강이 발표된 서삼룡의 생일날, 여맹에도 가입하지 않은 채 과거의 생활 습관을 고수하던 경옥은 자신을 후처로 시집보냈던 부모에게 불만을 토로하고, 정옥은 그런 경옥을 꾸짖으며 여성으로서의 의무에 대해 역설한다. 1948년 8월, 정옥은 인민회의 대의원으로 입후보하고, 삼룡은 그런 딸을 자랑스러워 한다. 이어 승남이 남조선 인민대표 자격으로 북에 온다는 소식이 들리고, 일동은 술판을 벌인다. 그 사이 찾아온 경옥은 밖에서 눈물만 흘리다 어머니 최 씨와 만나 남편에게 절연장을 보냈다며, 지금 이대로는 정옥 앞에 설 수 없다면서 새 생활을 시작하겠다는 말을 남기고 퇴장한다.

경옥과 정옥의 상반되는 삶을 극화한 〈자매〉는 북조선의 노동현실을 효과적으로 형상화한 작품으로 평가받았다. 특히 리령은 "우리 제도의 우월성과 위대한 생활력을 보여준 작품"이라고,[37] 신고송은 "자매의 운명 발전을 우리 혁명 발전의 제 정항에 유기적으로 결부시켜 굴곡 있게 그렸다"고 극찬했다.[38] 또한 박태영은 작가가 형상화한 남녀평등의 문제에 주목해 "남녀평등권 법령으로써 확약된 녀성해방의 정당성을 확인시키며 애국적인 로동자 또한 최고인민회의 대의원으로 장성하는 전 과정을 그린 대화폭"으로,[39] 『조선문학사』에서는 "해방 후 로동계급의 성장 과정, 그들의 사상 정신적 수양 과정을 비교적 폭넓고 깊이 있는 생활적 화폭으로 보여준 작품"으로 평가했다.[40]

이와 같이 〈자매〉는 구세대 계몽, 반동분자 처리, 남녀평등 의식 등 해방 후 북한 사회의 다양한 화두를 담아내면서 고른 호평을 얻었는데, 특히 남녀평등권 문제를 본격적으로 논의한 작품이라는 것에 주목할 수 있다. 송영은 정옥의 발화를 통해 평화적 건설 시기 여성의 역할, 곧 여성이 공적 영역에 참가해야 할 필요성을 역설한다. 또한 직맹 위원장인 박용진의 담화에는 "녀성 동무를 많이 획득할 문제"가 주요 안건으로 등장한다.

극에서 주목할 것은 두 자매를 형상화하는 방식으로, 경옥이 주제넘고 허영심 많은 여자로 묘사되는 것과 달리 정옥은 지성적이며 온화한 모습으로 그려진다. 이 중 아이도 낳지 않은 채 나라 일에 열성적이었던 정옥은 종국에 인민회의 대의원이 되어 남녀평등 사상을 몸소 구현한다. 이처럼 '모범 로동자', '애국지사', '인민 대표'로 지칭되는 정옥의 행적이 예찬 되는 반면, '가정부인', '모리배의 아내'로서 세상의 변화를 간과했던 경옥은 노동자의 공동체에서 배제되어 자기 처벌과 교화의 과정을 밟게 된다.

> **서경옥** 글쎄 그런 말이 있소. 소위 형이라고 명색을 해놓고……? 어머니, 정말 그 사람은 나한테는 여간 끔찍한 게 아니었소. 시부모들이 "아무리 노동자 집 자식이로서니 시집오는데 발가벗고 와. 얼굴은 이쁘장해도 하는 짓은 쌍스러워" 그럴 때마다 그 사람은 나를 더 위해 주고 그리고 다른 사람 같애 봐요. 벌서 나를 버렸을 테야. 그만큼 살림이 풍성해져도 첩도 안 얻고.
>
> **서정옥** 그게 틀렸소. 그건 아내로서의 할 말이 아니요. 아내라는 것은 덮어 놓고 남편만 따라가는 게 아니라 남편이 그른 길로 가면 바로 이끌어야 하는 거요. 그저 어린애 모양으로 졸라대서 좋은 옷감이나 사 오면 그만 '좋아라 내 남편 제일이다' 하고, 또 그러면서도 정당히 할 말도 못 하고 마침 계집종 모양으로 고개만 숙이거나 해도 그건 아내가 아니요. 그보담도 여자가 아니요. 남편 되는 쪽도 역시 마찬가지요. 보오. 지금은 모두 우리나라를 완전하게 우리 손으로 독립시켜서 참다운 민주주의 국가를 이룩하는 것이 우리들 모두의 다만 하나인 임무인 것이요.[104면]

그런데 〈자매〉에서도 경옥과 정옥의 상이한 행보가 개인의 선택에서 비롯된 것으로 환원되면서 경옥이 모리배의 아내가 된 맥락은 축소된다. 극 중 자매들의 부친 서삼룡은 집에만 안주하며 사치를 일삼는 경옥과 건국 사업에 열성인 정옥을 구분 지으며 각성하지 못한 경옥을 '모리배의 계집', '못된 년'이라 강도 높게 비판한다.[41] 그런데 과거 경옥이 극단적 선택을 하게끔 내몰았던 서삼룡이 긍정적인 노동자로 묘사됨으로써 딸의 타락에 대한 아버지의 부채감은 경감되고, 그 책임은 온전히 경옥에게 돌아간다. 이처럼 경옥과 정옥의 서로 다른 결말이 개인의 의식과 기질 문제로 환원됨으로써 민족 주체는 과오로부터 벗어나고, 팔려갔던 딸은 추방이라는 방식으로 자신을 처벌한다. 그리하여 경옥에게는 모리배 백대성, 임수영과 달리 교화의 가능성이 제시되지만, 그녀는 종국에 가족들의 노랫소리에 합류하지 못하고 혹독한 자기비판의 시간을 가질 것을 요구받게 된다.

〈로동자〉[42]는 〈자매〉와 마찬가지로 '노동계급의 형상 창조'에 주력한 극으로, 작가는 〈기관차〉, 〈산의 감정〉1949 등에서 노동하는 여성을 긍정적으로 형상화했다. 1947년 어느 제사製絲 공장을 배경으로 진행되는 〈로동자〉에서도 증산 목표를 달성하기 위해 경쟁적으로 일하는 여공 집단이 등장한다.

공원이었던 김영운은 해방을 맞아 지도원으로 거듭났고, 여공들은 이제 "늠름한 체격의 모범 노동자와 이층 양옥"을 꿈꾸며 즐겁게 일하고 있다. 정복은 동료 애녀에게 공장의 증산량이 떨어진 것에 대해 경각심을 가질 것을 촉구하며, 기계 고장 같은 이유는 생산 감소의 핑계가 될 수 없다고 강조한다. 한편 과거 지도원 완길에게 붙어 교부教婦라 우쭐거렸던 금봉은 정혼자 영운이 자신을 따라 공장으로 들어와서 동생 학임까지 돌봐줬지만, 그를 외면하고 완길과 어울렸다는 점에서 동료들에게 "더러운 년"이라 지탄받고, 동생에게도 더 이상 누이가 아니라 외면 받는다. 정복은 영운과 착실한 교부 영실을 이어주려 하는데, 모리배가 된 완길이 금봉 앞에 나타나 함께 38선을 넘자고 권유한다. 이후 금봉과 만난 영운은 과거 금봉의 깨끗한 마음을 믿겠다고 하지만 금봉은 죄책감 때문에 거절하고, 동생을 부탁한 다음 홀로 떠나버린다. 한편 선을 본 장사치에게 노동자라는 이유로 거절당한 영실은 동료들에게 영운에 대한 진심을 내비치고, 영운의 열정으로 부품 문제에 시달렸던 공장이 재가동되자 일동은 기뻐하며 '김장군의 노래'를 부른다. 이어 금봉의 동생 학임도 영운과 영실을 응원하고, 두 사람이 맺어질 것이 암시되면서 막이 내린다.

〈로동자〉는 해방기 발표된 일련의 여공 소재 연극과 마찬가지로 증산에 몰두하는 여공들의 삶을 긍정하는 동시에 가정에만 있는 여자들을 규탄한다. 작가는 노동자들의 일상을 미화하고 통제경제의 장점을 부각하는 한편으로, 극적 갈등 요소로 친일분자이자 모리배인 완길 및 그와 어울렸던 금봉의 이야기를 삽입한다. 〈자매〉에서와 마찬가지로 극 중 장사치는 노동자와 비교해 열등하게 묘사되는데, 해방 후 간상奸商이 된 완길은 현재의 지도원 영운과 대립각을 세운다. 이와 함께 친일 모리배에 의해 더럽혀진 금봉 또한 영실과 정복 같은 성실한 여공들과 대조되며, 공장에 어울리지 않는 금봉은 동료들에 의해 끊임없이 지탄받고 공장 밖으로 축출되기에 이른다. 〈들꽃〉의 갑선과 마찬가지로 금봉은 모리배에 의해 '더럽혀진 육체'로 규정되며, 영운이 금봉을 받아들이려함에도 불구하고 불결한 그녀는 스스로 추방되는 길을 선택하는 것이다. 이처럼 작가는 더럽혀진 금봉을 축출하고, 영운에게는 건전한 여공을 새로운 짝으로 맺어주면서 순수한 근로 공동체를 지향하게 된다.

정복   (대들며 부르짖는다) 드럽다. 행세하는 지도원이 탐나서 제 사내를 버
       리구 그놈 박가 놈한테 들라붓는단 말이냐. / 저런 더러운 년을 우리
       공장에 붙여 둔단 말이냐. / 야- 알지도 못하면서 아니 학임이가 뭐
       래! "금봉인 우리 누이가 아니야 집에서도 누이라고 생각 말고 열심
       히 공부하여 훌륭한 기술자가 되라고 그런다면서 영운 동무한테도
       권해서 휴일날 한 번 오라 혼사처婚事處가 생겼으니 가보자고 몇 일
       전 편지가 왔다고 안 그래" 그리고 영운이 형님兄任은 인전 우리 누이
       하고는 맞나서 이야기도 안 한담서…….17면

금봉   (영운을 피해 일어서며) 아니예요. 나는 못된 년이예요. 더러운 년이예
       요. / 나는 더러운 년이야. (물러가며 무엇에 쫓기듯이 뒷걸음친다) / 이 더
       러운 년을 죽여 주서요. (정자까지 가서 맥없이 엎드러진다) / (북받치는 설움
       에서 급히 밖으로 달려 나가며) 영운 씨, 학임을 학임을 부탁합니다.36~39면

극 중 게으르다는 이유로 여공들에게 비판받는 금봉은, 친일분자 모리
배와 어울렸다는 이유로 동료는 물론 가족에게까지 부정당한다. 〈들꽃〉
에서 돌아온 갑준이 타락한 누이와 보안과장의 결합에 대해 회의적이었
던 것과 마찬가지로, 〈로동자〉에서도 학임은 더러운 누이와 지도원 영운
의 결합에 대해 비판적인 것으로 설정된다. 두 작품에서 육체적으로 훼손
된 딸들은 집안의 가난 때문에 팔려갔음에도 불구하고 아버지와 남동생
에게 부정당하며, 이는 결국 자신을 처벌하는 수순으로 이어지는 것이다.

애녀   금봉이네 집에선 해방 후 토지분여土地分與도 받고 지금은 농업증산
       에 모범농민이라고 하지 않어! 금봉인 금봉이대로 집에서도 못쓸

년이라고 돌보지 않게 되고 영운 동무한테는 면목이 없다고 도리어
다른 곳에 혼사를 맺으라고 중매까지 서겠다고 한다면서…….[17면]

〈로동자〉에서는 금봉의 타락을 나라를 빼앗긴 민족의 비극으로 설명
하는 영운의 대사를 통해 금봉의 수난과 민족 수난사와의 관련성이 강
조된다.[43] 그런데 성실한 여공들과 대비되는 금봉에게 가혹한 비판이 가
해지면서 그녀의 개인적 과오 또한 부각된다. 결말부에 이르면 모리배
애인의 권유를 단호하게 거절한 금봉에게 막연하게나마 새로운 생활이
열릴 가능성이 제시되지만, 작가는 우선적으로 금봉을 추방함으로써 철
저한 자아비판의 시간을 요구한다. 그리고 금봉이 배제됨으로써 공장,
곧 북한의 건설 현장에 갈등 요소는 사라지고, 남은 인물들은 증산과 사
랑의 결실이라는 온전한 해피엔딩을 맞게 된다.

살펴본 것처럼 민주 건설 시기 북한의 희곡에서 집단의 순수성을 보
장하는 방법은 민족 반역자를 축출하는 것이었으며, 그 과정에서 오염
된 여성들 또한 가혹한 처벌을 받게 된다. 노동하는 여공들이 남성 인물
과 동등하거나 우월한 위치에서 활약하는 반면, 모리배에게 오염된 여
성들은 민족공동체에서 배제되는 수순을 밟게 되는 것이다. 〈들꽃〉의
갑선, 〈자매〉의 경옥, 〈로동자〉의 금봉은 모두 가난 때문에 각각 술집, 상
인, 일인ᄆᄉ의 공장에 넘어가며, 종국에 자기 처벌을 통해 민족 구성원임
을 증명하려 한다. 그런데 이들의 타락의 표지는 모리배에 의한 육체의
훼손 여부가 되며, 이들이 민족의 일원으로 거듭나기 위해서는 우선적
으로 배제죽음,추방되는 단계가 선행한다는 점에서 텍스트는 경직성을 띠
게 된다. 이들과 달리 지조를 지킨 필순〈들꽃〉, 인민회의 대의원이 되는 노
동자 정옥〈자매〉, 성실한 여공 영실〈로동자〉은 남성들의 동반자 자격으로 민

족진영에 합류하는데, 타락한 여성이 추방되는 한편으로 긍정적인 여성 노동자는 탈성화된 모습으로 등장한다는 점에서 여성의 섹슈얼리티는 다시 한 번 부정된다.[44]

문제는 탈성화된 여성 동지들이 적극적인 면모를 보이며 북한 체제의 남녀평등 사상을 과시하지만, 여성 인물들의 상반되는 결말이 개인의 선택으로 환원되면서 아버지와 아들은 식민지 시기의 과오로부터 해방되고 타락한 이들을 교화하는 위치에 서게 된다는 점이다. 특히 세 작품에서는 아버지가 훼손된 딸을 비판하거나 청년이 누이를 부정하는 발화가 반복적으로 삽입되면서[45] 딸-누이는 자연스럽게 집단으로부터 분리된다. 이와 같이 부정한 여성을 배제함으로써 민족공동체의 순수성을 확보하거나 이들을 계도함으로써 남성-민족 주체의 입지를 공고히 하는 양상은 당대 남한에서 발표된 희곡에서도 확인할 수 있다.

3. 해방공간의 민족주의와 반민족주의,
   선구자의 아내와 헬로걸

해방기 남한에서는 친일분자, 봉건주의자 그리고 모리배 등이 반민족주의자로 간주됐다. 김동석은 민족국가를 상징하는 열차에 탑승할 수 없는 대상으로 봉건주의자와 함께 '헬로걸'을 지목하는데,[46] '양갈보', '양녀洋女'라 불리기도 했던 헬로걸은 아메리카니즘에 오염된 여성의 다른 이름이었다. 당시 남한의 지식인들은 미국인에게 잘 보이기 위해 서양식으로 치장한 이들을 성적으로 방종하며 윤리적으로 타락한 여자로 묘사했고, '민족 통일전선'에서 배제되어야 할 대상으로 간주했다. 매체에서는 '영어'와 '염색', '파마', '핸드백', '보석' 등을 통해 헬로걸의 전형적 이미지를 구축했고, 이들은 때로 교정해야 할 대상을 넘어 거리에 범람하는 쓰레기 같은 존재로 묘사되기도 했다.[47] 이에 따라 남한의 희곡에서는 이들 헬로걸이 '민족의 어머니'들과 대조적으로 형상화되는 것을 확인할 수 있다.[48]

해방 후 활발하게 희곡을 썼던 김영수는 〈혈맥〉1948과 〈여사장 요안나〉1948[49]를 통해 두 가지 유형의 헬로걸을 형상화한다. 가난 때문에 팔려간 헬로걸과 교양 있고 호화스러운 헬로걸을 묘사하며 해방공간의 풍속도를 비추는 것이다. 민족국가 바깥에 존재하는 난민의 삶을 통해 해방공간의 병폐를 고발하는 〈혈맥〉에는, 이미 헬로걸이 된 백옥희와 팔려갈 위기에 처한 복순 등 두 명의 딸이 등장한다. 이 중 백옥희는 역시 방공호 안에서 부유하고 있지만 그럼에도 삶에 대한 결정권이 있는 아들들과 달리, 식민지시대와 마찬가지로 의지와는 상관없이 팔려가게 되면서 해방공간의 이면을 전시한다.[50] 〈여사장 요안나〉의 요안나는 사치스러우며 물질문화를 추종하는 여성으로, 팔려간 헬로걸들과는 구분되는 신여성의 변형태로 그려진다.[51] 〈혈맥〉과 〈귀국선〉에서 시대상을 집약시켜 묘사했던 김영수는, 〈여사장 요안나〉에서도 해방기의 풍기문란, 용지난 같은 당대의 현안을 조명한다. 당시 "허영에 가득차고 양심이 마비되어 여성 정조 관념이 없는" 유한계급 부녀들의 풍기문란에 대해 규탄의 목소리가 높아졌는데,[52] 이는 요안나와 신여성 문화사의 직원들에 대한 작가의 비판적 시선과 겹쳐진다. 또한 극 중 폐간 위기에 몰린『신여성』과 마카오에서 종이를 수입하는 꼴푸에 대한 설정은 해방 후의 용지난을 반영하고 있다.[53]

요안나는 서양식 문화를 소개하는『신여성』의 발행인으로, 남녀관계에서 여성은 늘 약자였으며 남자를 굴복하게 만들어야 한다는 신념을 갖고 있다. 그녀는 종이 무역을 하는 꼴푸의 구애를 받고 있지만 남자답지 못한 그가 마음에 들지 않는다. 한편 잡지사의 채용 공고에 응모한 용호는 요안나와 『신여성』을 모욕하고, 요안나는 그런 용호를 바로 잡아야겠다며 채용한다. 이후 용호는 사교춤에 대한 『신여성』 기사를 비판하면서 물의를 일으키지만, 요안나는 남성적인 용호에게 점점 매료된다. 요안나의 집에서 파티가 열리는 날, 불쑥 찾아온 용호는 그녀를 '여성문화의 강도'라 모욕하고, 언쟁을 벌이다 용호에게 뺨을 맞은 요안나는 사랑을 고백하며 앞으로는 그가 가라는 대로 가겠다고 선언한다.

이처럼 〈여사장 요안나〉는 서로 다른 성향의 남녀가 사랑의 결실을 맺게 되기까지의 과정을 극화하며, 멜로드라마적 해피엔딩으로 나아가는 과정에서 엘리트 여성들의 남녀평등 논의에 대한 비판적 시각이 드러난다. 극 중 담배를 물고 영어를 섞어 대화하며, 파티와 댄스에 도취되어 있는 신여성 문화사의 일원들은 모두 천박하게 묘사되고, 왜곡된 남녀평등의식을 표출하는 요안나는 부하직원들에게까지 희화화된다. 이들 외에도 요안나의 마음을 얻지 못할 뿐만 아니라 용호와 대적해 두들겨 맞는 무역상 '꼴푸', 영문학을 전공했지만 셰익스피어를 모르는 '모던뽀이' 등이 바람직한 청년상과 대비된다. 반면 『신여성』을 비판하며 민족을 생각하라고 권고하는 소설가 Q와 물질문화를 혐오하는 용호는 민족의 선구자이자 계몽의 주체 자격을 확보한다. 이처럼 〈여사장 요안나〉에서는 성차에 입각해 민족과 반민족주의, 계몽의 주체와 대상이 구분되고, 종국에 용호의 남성성, 곧 "씩씩한 야성적인 힘"이 요안나를 감화시켜 그녀의 사랑과 굴복을 이끌어낸다. 작품 속 성 대결은 강인한 남성의 완벽한 승리로 마무리되는 것이다.

요안나 딱 부릅뜨구 바라보는 두 눈. 금방 불이라도 튀어나올 듯 힘차게 담
      은 입. 그리고 옳은 것을 위해서는 물불을 헤아리지 않고 고함을 치
      며 뛰어드는 그 씩씩한 야성적인 힘. (일어서며) 이것이었어요. 이 힘
      이었어요! 나는 이 힘 앞에는 굴복을 하고 말었어요. 나는 나로서도
      어쩌는 수가 없었어요.125면

용호   난, 남의 아가씨의 집엘 허락 없이 들어온 강도구…… . 당신은 소위
      여성문화의 강도구…… . / 땐스홀루 가거라. 땐스홀루 가서 춤이나
      추어라, 하하하 하하 하하하.

요안나 (쳐다보며 애원하듯) 간판을 떼겠어요…… . 모든 걸 내리겠어요. 그러
      구 난, 난…… . 당신이 명령하는대루 당신이 가라는대루 그 길루만
      똑바루, 똑바루, 가겠어요.128~129면

　작가는 〈여사장 요안나〉에서 강력한 민족 주체인 청년의 선도를 통
한 질서의 회복을 형상화한다. 실제로 요안나와 용호의 대립은 애정갈
등의 외피를 쓰고 있지만, 그 이면에는 남한에 팽배한 왜곡된 아메리카
니즘에 대한 비판의식이 굳건하게 자리 잡고 있다. 주지할 것은 극 중 여
성 인물들이 부정적 물질주의를 대변하고 있으며 이들이 조선적 가치관
을 대변하는 남성 앞에 굴복한다는 설정으로, 민족과 반민족의 대립은
별 다른 문제의식 없이 성 대결로 치환되며, 종국에 민족적·정신적·남
성적 가치의 우위가 재확인된다. 헬로걸 요안나는 민족을 위한 문화사
업자로 거듭나지만 이는 진적으로 용호의 뜻을 추종하는 것이며, 그녀
를 포함한 『신여성』의 일원들은 해방기의 가치관 혼란을 대변하는 동시
에 계몽돼야 할 대상으로 남게 되는 것이다.

일제 말기 조천석朝天石이란 이름으로 국민연극을 발표했던 박로아는 해방 후 〈사명당〉, 〈녹두장군〉 같은 역사극을 발표해 호평을 얻었으며, 좌익 혐의를 받아 '남로당 중앙연극동맹사건'의 주동인물로 기소됐다.[54] 석방 후 보도연맹원이 된 박로아는,[55] 이후 월북한 것으로 알려진다.[56] 〈애정의 세계〉[57]는 단독정부 수립 후에도 남한에 남아 있던 작가가 1949년에 발표한 희곡으로, 남한의 실정에 대한 비판적 시각이 두드러지지만 동시에 소련군에 대한 부정적 시선이 삽입되면서 분단 현실에 대한 문제의식이 강화되고 있다.[58] 박로아는 좌익 성향이 강한 인물로 분류되고 그가 남긴 희곡에서는 인민의식이 강조되지만, 〈애정의 세계〉에서는 이념적 성향보다 조국통일에 대한 신념이 부각된다. 그런데 청년이 주축이 된 이상적 공동체를 구상하며 여성 인물을 배치하는 과정에서, 경직된 민족주의의 일면을 확인할 수 있다.

숭고한 정신을 지향하는 화가 강문수가 물질적 쾌락만을 추구하는 아내를 떠나 진정한 사랑을 찾기까지의 과정을 그린 〈애정의 세계〉에는, 통역을 하며 모리배와 어울리는 순정, 순정의 딸이자 토건회사 사장 윤대균의 약혼녀인 윤희, 장안의 유명한 '할로껄' 금련, 그리고 전재동포를 돕기 위해 노래하는 성악가 경희가 등장한다. 극 중 순정의 남편 강문수는 물질만 갈구하는 아내에게 염증을 느껴 이혼하지 않은 채로 경희와 결혼하려 하고, 윤대균 역시 윤희의 어머니 순정에게 질려 경희에게 구애하는데, 작가는 이같은 행위들을 정당한 것으로 변호하며 경희만을 이상적인 여성으로 형상화한다. 경희는 문수의 예술세계를 이해해줄 수 있는 정신적 동반자로 그려지며, 문수는 그녀와 함께 민족을 위한 예술을 구현하고자 하기에[59] 두 사람의 결합은 이상적인 것으로 묘사되는 것이다.

박로아는 〈애정의 세계〉에서 전재민, 학병의 유족, 적산가옥, 영어 열풍, 통역 바람, 야미 장사 등 해방공간의 면면을 충실히 묘사하는데, 특히 남한에 퍼져 있는 미국식 풍조를 부정적으로 그리면서 이를 추종하는 여성들 또한 강도 높게 비판한다. "담배를 빡빡 빨고 있는" 모습으로 등장하는 순정은 자신이 얻은 적산가옥을 과시하며 유세를 떨고, 딸을 처녀라고 속여 시집보내려 하며, 문수의 반대에도 불구하고 모리배와 함께 북으로 떠났기에 결국 남편을 잃게 된다. 또한 미국에 나가 살기 위해 열심히 영어를 배우던 금련 역시 순정과 마찬가지로 징벌을 받는다. 순정의 딸 윤희의 경우 극 초반 어머니의 뜻에 휩쓸려 다니지만, 대균이 경희에게 보낸 연애편지를 읽고 아버지를 진심으로 이해하게 되면서 아버지의 '혈육'임을 입증하고 대균과도 화해하게 된다.

순정   왜 그뿐예요. 파-티에 나가서 술도 먹고 미군도 붙어먹고 했다고 속에 있는 말 한번 속시원하게 해버리지 그러세요. / 정작 누가 기막히는데요. 당신은 그렇게 반대했어두 내가 토건업자 통역이라도 안 했드라면 그새 뭘 먹고 우리 식구가 살아왔겠어요.¹²¹⁻¹²²면

금련   얘. 양키는 아니구 하와이 출신이야. / 응 그럼 조선 사람이지. "나우 두유언 더스텐" / 얘 숭보지마. 남 부끄럽다. 회화 연습하느라구 그러지 않니. 그이를 따라 곧 미국으로 들어가게 됐어. 얘두 참 '죤' 말이야. 우리가 인천을 떠나면서부터 신혼여행이라나 그래서 하와이 시댁에 들려서 한 이틀 묵고 멕시코를 거처서 쎈푸랜시스코로 로쓰안젤쓰 뉴욕 와신톤 론돈……¹³¹면

결말부에 이르러 경희가 사랑하는 문수와 결합하고 아버지의 딸로 거듭난 윤희 역시 대균과 재결합하는 것과 달리, 두 명의 헬로걸 순정과 금련은 미국 문물을 추종한 것에 대한 처벌을 받는다. 북에 갔다 돌아온 순정은 남편을 빼앗긴 채 발악하다 양잿물을 마시고, 금련은 돈과 정조 모두를 빼앗긴 다음에야 결혼하려던 남자가 해방 후 거지가 된 전재민임을 알게 된다. 이 중 자살 시도 후에 좋은 어머니로 거듭날 것을 결심하는 순정과 달리, 금련은 대균에게 모욕을 당한 다음 울먹이며 무대에서 사라짐으로써 민족공동체 밖으로 내처진다. 이처럼 미국적 가치관과 물질주의를 추종하는 두 여성의 반대편에는 조선적 전통과 정신주의, 그리고 예술을 대변하는 『조선 불교 미술연구』의 저자 강문수가 있으며, 그의 발화가 곧 작가의 주제의식을 대변하게 된다. 주지할 점은 대균이 미군과 함께 일함에도 불구하고 바람직한 조선 청년으로 묘사되고 있다는 점으로, 아메리카니즘을 대변하는 여성과 조선적 전통을 고수하는 남성의 대결구도에서 민족주의를 내세우는 후자가 승리를 거두면서 남성 주체는 민족의 선구자로 자리매김하게 된다.[60]

문수   저도 어느 때까지 이러구 있을 수도 없지만 국가와 민족의 장래를 걱정하는 큰 뜻이 없이 이런 혼란한 세상에 술덤벙물덤벙 휩쓸려 들어가서 사리사욕에 아귀다툼을 하고 있는 인물들의 이용물이 될 수는 없습니다.[142면]

대균   저 여자 이름은 몰라도 '할로…껄'로 명동 충무로 인판에서는 유명한 여자요. 어째서 저런 여자하고 교제를 하시오.[132면]

대균	당신이 미국으로 가서 무엇을 배워오겠단 말이요. 이 부엉이 집 같은 머리 이 얼굴에 바르고 입술에 칠하고 손톱 발톱을 물드리는 화장술이나 사치한 몸단장이 아니면 민주주의의 남녀평등사상을 여존남비로 잘못 알고 돌아와서 우리들 가정에 풍파를 일으킬 것 밖에는 없을 것이요. 송충이가 가랑잎을 먹으면 죽는 법입니다. / 되려 잘 됐습니다. 윤희 씨가 옥이라면 그 여자는 조각돌이니까요. 한데 섞일 수 있나요.152면

순정	(적막한 웃음을 띄우고) 정말 윤선생 말씀이 맞았습니다. 나는 강선생의 안해로썬 이 시간에 운명한 사랑입니다……. 그러나 나는 굳세고 올바른 남의 어머니가 되어보겠습니다.158면

결국 각성한 순정과 윤희는 두 남성 주체문수, 대균에 의해 교정되는 절차를 밟게 되고, 이에 따라 헬로걸은 현모양처로 재탄생한다. 반면 모리배에게 정조를 잃은 금련은 공동체 밖으로 축출된다. 극 중 인물들은 성차에 입각해 위계화되어 있고 여성들은 계몽의 절차를 밟은 다음에야 민족 집단 안으로 편입되는데, 육체적으로 훼손된 금련에게는 이같은 기회조차 주어지지 않는 것이다. 이외에도 남녀평등 사상이 허영심의 발로로 간주됨에 따라 순정의 적극적 면모는 여성으로서의 미덕을 갖추지 못한 행위로 비판받는 반면, 양순한 예술가인 경희는 이상화된다. 이처럼 좌익 작가인 박로아는 1949년까지 남한에 머물면서 북에서 팽배한 남녀평등사상을 반영하는 대신, 우익 측 작가들과 마찬가지로 가정과 생활을 책임지는 '민족의 어머니'상을 긍정적으로 묘사한다.[61]

그런데 산업전사인 여성이 등장하지 않아도, 〈애정의 세계〉는 정조의 훼손이 타락의 표지가 되며, 대조적인 여성상을 구축한 후 포섭과 배제의 논리가 작동하는 방식을 보여준다는 점에서 북한연극과 흡사한 젠더 정치 방식을 드러낸다. 금련의 경우 미군 물품 야미 장사를 하는 아버지의 종용에 의해 남자를 만났다는 점에서 팔려간 딸의 계보를 이어가는데, 박로아는 청년 주체를 통해 해방공간의 반민족주의자-헬로걸을 단호하게 처벌한다. 작가는 미국, 미군정을 직접 비판하는 대신 여성을 계몽하는 이야기를 통해 아메리카니즘에 물든 현실에 대한 무력감을 극복하고, 또한 인식론적 우위의 기반을 마련함으로써 민족 주체로서의 정체성을 공고히 했던 것이다.[62]

그 외 세 자매의 애환을 그린 김진수의 〈코스모스〉[63]는 당대 남한희곡으로서는 드물게 여성 인물이 전면에 나서서 노동과 경제 참여의 중요성을 역설하고, 또한 여성 간의 유대를 강조한다는 점에서 주목할 수 있다. 극 중 혁명가의 아내인 순주는 여성이 경제력과 생산기술을 가져야한다면서 여성의 권리를 주장하고, 또한 나라를 위해 자임해서 탁아소에 나가는 등 민족국가를 위한 삶을 모색한다. 그녀는 어머니와 언니, 여동생 모두가 건국 사업에 참여할 것을 종용하는데, 산업 현장에 여성을 동원하려는 순주의 발화는 북한의 여맹 활동 전략과 흡사한 면이 있다. 남한의 작가들이 여성으로서의 미덕을 강조하며 남녀평등 사상에 함몰돼 있는 여성에 대해 부정적 입장을 드러냈던 것과 달리, 김진수는 노동의 숭고함과 함께 남녀평등의 당위성을 논하는 것이다. 특히 작가는 일하는 어머니를 위한 탁아소의 중요성을 역설하는데, 이는 북한의 여성동원 정책과 맞물리게 된다.[64]

〈코스모스〉에서는 여성의 권리를 주장하는 순주의 발화에 힘이 실리며, 남편의 유지를 받들어 국가 건설 사업에 참여하려는 순주는 물욕 때문에 자신을 후처로 보내려는 어머니와 각성하지 못한 자매들을 계도하는 역할을 맡는다. 결국 어머니와 자매들은 순주의 진심에 공감하게 되고, 순주는 여성이라는 운명 공동체의 선구자가 된다.

> **순주** 그럼 자세히 말할게. 문제는 오늘까지 우리가 남성에게 짓밟혀오는 여성의 지위를 찾는 데 있고 우리 자신 오늘까지 무시하여온 여성의 권리를 찾는 데 있다고 생각한다. 그러려면 그만큼 우리에게 실력이 있어야 되지 않겠니? 다시 말하면 그 실력이 내가 말하는 경제적 독립이란 말이다. 가정 생활에 있어서 때로는 우리 여자들도 남자를 의뢰하지 않고라도 생활을 설계하여 나갈 만한 경제력-생산기술이라든가? 상업기능이 있어야 된다는 말이다. 과거 우리 여자가 경제력이 없기 때문에 주면 먹고 때리면 맞고- 남자들의 손끝에서 놀아나는 꼭두각시와 같이 얼마나 많은 눈물과 한숨 속에서 속을 썩이며 살아 왔다드냐?1948.10, 91면

그러나 실상 순주-여성들을 호명하는 주체는 그녀의 사망한 남편, 곧 민족 혁명가라는 점에서 순주의 발화는 주체성을 상실하고 있다. 「코스모스」의 경우 헬로걸 대신 북한희곡에서나 찾아볼 수 있는 적극적 여성 인물이 주변인들을 교화시키지만, 실제로 그녀의 언설은 혁명가인 남편이 표방하는 민족주의 이데올로기를 그대로 전달하는 것에 지나지 않는다. 민족의 진정한 선구자로 그려지는 것은 무대 바깥에 존재하는, 굳은 신념과 육체성으로 무장한 순주의 남편이며, 결말부에 순주가 남편의 유지를 받들고 있다는 것이 알려지면서 그녀는 숭고한 선언을 받드는 추종자 혹은 보조자로 남게 된다. 이처럼 사망한 혁명가의 의지는 무

대 밖에서 철저하게 여인들의 삶을 통제하고 있다.[65]

순주   그러다가 어떻게 놈들의 눈을 피하여 내 방문을 두드리는 날은 지
      구 덩어리라도 때려 부술 듯한 그 억센 팔뚝으로 내 몸을 꼭 껴안고
      는 여보오 그대는 내 사랑하는 아내요. 나는 그대를 지극히 사랑하
      오. 그대도 나를 사랑하지오? 나를 사랑하거든 그대는 굳센 아내가
      되시오. 우리 앞에는 그리운 조국과 사랑하는 민족이 있소. 우리는
      우리의 조국과 내 민족을 위하여서는 목숨이라도 아끼지 맙시다.
      ─ 밤이 새도록 그런 말을 들려주고는 날이 새기만 하면 어디론지
      나가버리는 그이였지요.1949.3, 101면

이와 같이 공고한 성별 이분법을 생산하는 남한희곡에서, 여성 인물
은 아메리카니즘에 물든 현실을 체현하는 헬로걸과 남성-민족 주체의
아내·보조자들로 이분화되는 것을 확인할 수 있다. 이 중 헬로걸은 「여
사장 요안나」, 「애정의 세계」에서 확인한 것처럼 남성 주체에 의해 교화
되거나 때로는 축출되는데, 극작가는 청년이 여성들을 계몽, 배제하는
결말을 통해 민족공동체를 정화하겠다는 의지를 표출한다. 북한희곡에
서 타락한 여인들의 육체가 식민지의 기억을 상기시켰다면, 남한희곡에
서는 미군정하에서 파생된 혼란을 대변하고 있기에 여성의 섹슈얼리티
는 양 체제의 극에서 모두 부정됐던 것이다. 특히 남한의 극에서는 여성
이 민족주의를 표방하게 될 때도 그 역할이 남성 주체의 아내나 교화 대
상으로 한정되면서, 젠더 질서는 더욱 경직된 양상으로 구현됐다.

4. 남성화된 민족공동체와 폭력의 상흔

살펴본 것처럼 해방기 북한연극은 여성 노동자의 반대편에 모리배에게 훼손된 여성을, 남한연극은 민족 주체의 보조 역할을 하는 여성의 극단에 아메리카니즘에 물든 헬로걸을 배치한다. 사회주의 체제에 대한 전망을 제시하는 북한희곡은 상대적으로 긍정적인 여공을, 해방공간의 혼란상을 문제 삼는 남한희곡은 부정적인 헬로걸을 부각시킨다는 점에서 차이가 있지만, 두 체제의 극은 동지와 교정 대상으로 여성 인물을 이분화한다는 점에서 공통분모를 갖게 되는 것이다. 그런데 해방기 민족담론과 젠더담론이 결합하는 과정에서, 남북한의 극작가들은 타락한 여성들을 배제하거나 강제로 회개시키는 동시에 동지로 포섭하는 여성 인물들의 육체성은 탈각시키면서 이들의 섹슈얼리티를 부정한다. 반면 남성들의 강인한 육체와 힘을 갈망하는 발화들을 텍스트에 반복적으로 삽입하면서 남성적 섹슈얼리티를 예찬하고 있다. 즉 당대 연극은 산업 현장과 문화 사업에 여성을 호출하지만 실질적으로 민족을 선도하는 것은 남성 주체였으며, 극 중 남성과 여성의 섹슈얼리티에 대한 시각 또한 판이하게 드러나고 있다. 극작가가 구상한 이상적 공동체란 수평적 동지애를 표방하나 결국 성차에 따라 위계화된, 남성화된 공동체에 지나지 않았던 것이다.

결과적으로 해방 후 전환기의 동원 논리하에 남성화된 민족국가를 지향하는 과정에서, 수치스러운 식민지 과거와 당대의 부정적 일면을 현시하는 여성들은 징치와 계몽의 수순을 밟게 됐다. 이처럼 여성을 계몽하는 이야기의 다른 한편에서는, 식민 지배하에 위축됐던 남성성의 회복을 다룬 이야기[66]가 생산됐다. 그런데 식민치하의 비극과 해방공간의 혼란을 대변하는 여성의 수난에 대한 책임은 온전히 당사자에게 부과되면서, 남성 주체는 훼손된 딸-누이에 대한 책임감을 덜고 신생 조선의 미래를 대변할 수 있게 됐다. 당대 연극의 경직된 민족담론 안에서 여성은 해방을 맞지 못하고 재식민화, 재타자화되는 수순을 밟았던 것이다.

하지만 이들을 포섭하고 배제하는 전략이 극적으로 성공한 것이었는지에 대해서는 재고해 볼 필요가 있다. 민족의 호명 아래 섹슈얼리티를 완벽하게 통제하고자 하는 욕망은 모리배의 아내, 헬로걸을 축출하는 결과로 이어졌는데, 타락한 여인들은 종국에 모든 책임을 자신에게 돌리고 스스로를 처벌하는 등 마치 비극의 여주인공처럼 행동하면서 멜로드라마적 과잉을 이끌어낸다. 이들은 사랑하는 남자를 구하기 위해 적의 총에 맞거나⟨들꽃⟩, 어머니에게 이별을 고하고 홀로 떠나며⟨자매⟩, 남편과 자식을 위해 스스로 물러서기로 결심하는 등⟨애정의 세계⟩ 주로 극단적 선택을 취한다. 그런데 민족반역자를 처벌함으로써 질서를 도모하는 결말부에서 여성 인물에 대한 연민의 시선은 극대화되며, 이들이 남긴 잔영은 막이 내린 이후에도 강하게 각인된다. 특히 ⟨자매⟩의 마지막 장면에서 노동자들의 합창에 합류하지 못하는 경옥 모녀의 눈물은, 앞으로 가혹한 재생 절차를 거쳐야 할 경옥의 처지를 동정하게 만드는 측면이 있다. 개인의 감정이 조국·계급의 운명과 함께 발동할 것이 강조되는 상황에서, 모녀의 눈물은 작가가 지향해야 할 인민계급의 이해관계[67]와 완전히 합일되지 못하는 것이다. 이와 같이 사회 발전의 역사적 필연 법칙에 입각해 갈등의 봉합이 이뤄지는 과정에서,[68] 여성들이 축출된 자리는 민족주의라는 이름으로 자행된 폭력을 상기시키는 측면이 있다.

물론 ⟨들꽃⟩, ⟨자매⟩, ⟨로동자⟩에 나타나는 감상적 시선은 북조선의 사후 검열 작업이었던 '합평회'[69]에서 문제가 되지 않았고, ⟨자매⟩의 경우 후대에까지 평화적 민주 건설 시기의 대표작으로 간주됐다. 〈코스모스〉와 〈애정의 세계〉 또한 인물들의 처지가 연민의 감정을 유발하는 측면이 있지만, 이는 곧 민족구성원으로서 여성의 의무를 강조하는 선동적 선언 안으로 수렴된다. 하지만 극작가의 의도와는 별개로, 딸들의 파국이 빚어낼 수 있는 눈물은 남성화된 공동체, 남성적인 텍스트 안에서 이질적인 의미망을 획득한다. 물론 이같은 눈물이 국가 재건이라는 주제의식을 전적으로 불분명하게 만들거나 분열시키는 결과로까지 이어지지는 않는다. 그럼에도 합평회라는 북한의 검열 장치가 포착하지 못했으며 남한연극에서도 발견되는 여성 인물들의 흔적과 이들에 대한 연민의 시선은, 당시 부정해야 할 과거의 기억 혹은 당대의 병폐를 상기시키면서 숭고한 건국 도상에 잔영을 드리우게 했다. 텍스트 안에서 남성화된 민족 공동체의 구상은 여성성의 부정을 통해 가능했지만, 이들이 남긴 잔여감은 완전히 해소될 수 없는 것이었다. 즉 해방기 남북한의 연극은 강제적인 방식으로 여성들을 재식민화했지만, 이들이 축출된 자리가 확대되어 보일 때 평화로운 민족공동체의 이상이란 구호로만 남게 될 수 있었다.

이처럼 극작 주체가 의도하지 않았던 것으로 보이는 여성 인물들의 자리와 이들의 잔여감에 주목한다면, 해방기의 선전적 연극을 재해석할 수 있는 여지가 마련된다. 물론 자기비판의 방식으로 존재했던 당대 북한의 검열 상황과 신파적 유산에 대한 극도의 혐오 분위기를 감안할 때, 극 말미에 드러나는 균열에 과잉의 의미를 부여하기에는 무리가 있다. 그럼에도 동원을 극적으로 정당화하지만 그 상흔을 완전히 떨쳐버리지 못하는 양상은 과도기연극의 '잉여'로 간주할 수 있으며, 그 잉여가 민족 담론에 완전히 포섭되지 못한 딸들, 곧 타자의 시선을 미약하게나마 각

인시킨다고 볼 수 있을 것이다. 해방기연극의 검열 상황과 당대 고착된 젠더 질서가 전쟁을 거쳐 어떻게 변형되는지에 대해서는 이후 다른 지면을 빌려 논의하려 한다.

* 이 글은 「해방기 남북한 희곡의 젠더정치 연구」, 『한국극예술연구』 40, 한국극예술학회, 2013을 수정·보완했다.

1. 해방 이후 프로파간다연극과 청년의 소환

이 글은 8·15해방 직후부터 전후에 이르기까지, 남북한연극에 나타난 청년담론을 젠더적 관점에서 고찰하는 것을 목적으로 한다. 구체적으로 남북한의 국가 건설 시기부터 전쟁을 거쳐 전후 복구에 이르기까지, 두 체제가 형상화하는 이상적인 청년상의 변천사를 고찰하고 이 과정에서 여성 / 딸의 존재는 어떻게 기입되는지를 통시적으로 논의할 것이다. 이 과정에서 각 체제의 연극에 나타난 청년담론의 추이를 고찰하는 것과 더불어, 동시기 두 체제 연극의 공통점과 차이점을 함께 규명하고자 한다. 그리하여 남북한연극이 건국과 재건의 시기 이상적인 청년상을 주조하는 과정에서 어떠한 젠더정치가 작동되고 있는지를 논의한다.

동시기 남북한의 연극이 지속적으로 청년을 호명한 것은, 해방이라는 시대적 전환점을 앞에 두고 식민지 과거와의 결별을 선언함으로써 건국이라는 시대적 소명을 강조하기 위해서였다. '젊은' 청년은 신생조선의 형상과 병치될 수 있었던 것이다. 당시 청년은 신생조선의 미래를 역설하는 과정에서 상징적으로 소환될 수 있었고, 이후 한국전쟁이 발발하면서 청년은 전방으로 호명되어 국가를 위해 투신할 것을 요구받았다. 그리고 전쟁이 종결된 이후에도, 이들은 '반공 청년'[1]으로서 종전을 반대하는 시위대에 합류하거나 '민주청년동맹민청'[2]의 일원으로서 사상전의 주체이자 전후 복구의 주도 세력으로 등장할 수 있었다. 청년은 이처럼 남북한의 국가적 전환기 속에서, 새로운 질서를 수행할 주체로 반복적으로 호명되었다.

구체적으로 해방기의 연극을 살펴보면, 귀환한 청년이 식민지 과거에 협력했던 '부정한 아버지'를 척살하는 과정에서 살부殺父 모티브가 반복되며, 아버지가 아들을 살해함으로써 시대 변화에 부합하는 자연스러운 세대교체가 이루어진다. 주목할 점은 이때 어머니 / 딸의 존재는 아들에 의해 계몽되어야 할 대상으로 정리되거나 혼란한 세태상을 보여주는 역할 이상을 하지 못한다는 점이다. 북한의 경우도 해방 이후 민주 건설의 주체로 인민경제발전계획을 부르짖는 신세대를 내세우며, 이때 징병·징용 나갔다 돌아온 청년들이 국가 건설의 임무를 맡게 된다. 해방 이후 북한연극에서 일하는 젊은 여성은 당시 북한 체제가 역설했던 남녀평등을 증명·과시하기 위해 적절하게 동원됐고, 경우에 따라 이들은 남성들의 '동지'로 추앙받으며 고위직에 오르기도 했다.[3] 하지만 그 이면에는 여전히 여성 간의 구분짓기와 또 다른 타자화가 자리 잡고 있었다.

한국전쟁의 발발 이후, 두 체제의 연극은 모두 전선과 후방에서 활약하는 강한 청년을 극의 중심에 내세우고자 한다. 그런데 남한연극에서 여성의 역할이 전쟁의 희생자이거나 후방의 타락상을 체현하는 존재로 제한되어 있었다면, 북한연극에서 여성은 경우에 따라 전쟁을 주도하는 영웅으로 격상된다. 이들은 전선과 후방에서 남성을 능가하는 활약상을 보이며 성전을 수호하는 과정에서 숭고한 죽음을 맡고, 남은 인물들은 여성 주인공의 죽음을 추도한다. 주지할 점은 이들의 역할 역시 희생양으로 국한되었으며, 여기서 남북한 프로파간다연극의 계보 안에서 그 특이성 혹은 반복성을 발견할 수 있다는 점이다.

전후 재건을 거치는 과정에서 남한연극 속 청년이 보다 적극적인 목소리로 세태를 고발하고 건국의 중심에 서고자 한다면, 여성은 다시금 혼란한 세태를 재현하거나 이들에게 계몽당하는 역할을 부여받는 것을 확인할 수 있다. 또한 북한연극 속 여성은 혁신노동자로 집단 내에서 추앙받기도 하지만, 문제 해결의 실마리는 역시 남성 청년이 쥐게 되며 여성 인물들은 다른 남성과의 결합 여지가 마련되면서, 향후 체제 안정에 따라 가정으로 돌아갈 발판이 마련되었다.

거칠게 정리했지만, 동시기 남북한의 연극은 순차적으로 건국, 승전, 복구라는 시대적 화두를 두고 유사한 방식으로 청년과 관련한 담론을 생산하며, 통시적인 맥락에서 해방 이후부터 전후 복구 과정까지 지속적으로 등장하는 청년담론·세대론을 연속선상에서 파악하는 것 역시 가능하다. 이같은 점을 감안하여, 이 글은 청년담론의 형성과 젠더라는 측면에서 남북한의 연극을 함께 볼 수 있는 토대를 마련코자 한다.

동일한 시기를 다루거나 유사한 관점의 접근으로는 다음의 연구를 확인할 수 있다. 양승국은 해방부터 종전까지 남북한희곡의 주요 작품들을 비교함으로써 두 체제의 연극을 함께 고찰하는 기반을 확보하고 있다.[4] 또한 해방기 북한연극의 특징과 관련하여, 이재명은 북한의 국립극장 공연작을 살피면서 선전선동에 주안점을 둔 것, 대비되는 주동 인물과 반동 인물의 설정, '촉매적 인물'과 '레조네'의 활용을 언급한 바 있다.[5] 이상우는 젠더적 관점에서 북한연극을 살피며 1960년대를 전후로 북한희곡에 나타난 이상적 여성 / 국민의 창출양상을 살펴본다.[6] 그 외

전지니는 일제 말기와 해방기연극을 연속선상에서 보는 과정에서 두 시기를 잇는 기준으로 '청년담론'을 논의했다. 이 과정에서 해방기연극에서 청년이 어떻게 호명되고 있으며, 더불어 국가의 경계를 부유하는 인물들이 만들어지고 있는지를 언급했다.[7] 이어 여성 인물의 형상에 주목해 해방기 남북한의 연극을 비교하며, 건국이라는 사명을 앞에 두고 남성화된 민족국가를 지향하는 과정에서 여성 인물들이 어떠한 계몽과 징치 대상이 되고 있는지를 규명했다.[8] 전쟁기 북한연극의 여성 표상과 관련해서는, 전쟁 중 동시기 민족의 수난사를 구축하는 과정에서 여성 빨치산의 형상이 어떻게 주조되는지를 논의한 성과가 발표됐다.[9]

이 중 북한연극의 젠더 문제에 주목한 논의로는 이상우, 전지니 외 유진월의 글에 주목해 볼 수 있다. 유진월은 가극 〈꽃파는 처녀〉를 중심으로 북한연극의 여성상을 조명한 바 있다. 북한의 혁명가극 한 편에 한정된 논의지만, 작품 속 여성 표상과 연극성의 문제를 함께 고찰한다는 점에서 되짚어볼 만하다.[10]

이상의 성과를 참조하여 해방 이후부터 전후까지 남북한의 연극에서 형성된 젠더화된 청년담론의 추이를 파악한다. 이 과정에서 기존 연구사에서 비워진 시기인 전쟁 이후 남북한의 연극을 젠더적 관점에서 검토하며, 두 체제의 연극 속 청년담론을 비교해 볼 근간을 마련하려 한다. 곧 이상의 논의는 전후 남북한연극에 초점을 맞추고 있으나, 두 체제의 청년담론, 세대담론을 비교하는 과정에서 해방기, 전쟁기의 희곡 텍스트를 단계적으로 짚어나갈 것이다. 전후 주요 연극 텍스트로 남한 작품으로는 이용찬의 〈가족〉[1956], 하유상의 〈딸들 자유연애를 구가하다〉[1957], 〈젊은 세대의 백서〉[1959]를, 북한 작품으로는 남궁만의 〈젊은 일꾼들〉[1954], 리동춘의 〈새길〉[1954], 역시 리동춘의 〈위대한 힘〉[1958]을 중점적으로 살펴본다. 이외에도 해방-전쟁기 남북한의 프로파간다를 보여줄 수 있는 대표적인 텍스트들을 함께 검토할 것이다. 이 텍스트들이 각 시대의 프로파간다를 대표한다고 간주할 수는 없지만, 세대담론이 전경화되고 그 안에서 여성의 역할을 구분 짓는 희곡 텍스트를 고찰하며 남북한연극의 젠더담론과 관련해 유의미한 흐름을 고찰할 수 있을 것이다.[11] 이상의 작업을 통해 강인하고 젊은 청년 주체를 구축하는 과정에서 필연적으로 타자여성, 구세대를 필요로 하는 방식이, 역설적으로 프로파간다연극 속 남성 주체의 허약함을 어떻게 증명할 수 있는지를 논의하려 한다.

2. 귀환한 청년과 부차화되는 여성들

작가의 이념 성향을 막론하고, 해방기 남한의 연극에서 돌아온 아들들은 새로운 건설의 주체로 호명됐다. 징병, 징용 과정에서 제국주의의 한계를 목도한 아들은 모리배 아버지가 상징하는 과거를 부정하고, 이때 아버지와 함께 있었던 딸들은 그 숭고한 처형 작업에 동조하거나, 필연적인 시대 변화 속에서 스스로를 희생하는 것을 확인할 수 있다.

건국 과정에서 먼저 적극적으로 청년을 호명하며 이들을 소환한 것은 북한 쪽이었다. 곽채원에 따르면 북한의 청년동맹은 체제 유지를 위한 핵심 조직 중 하나였으며, 청년들을 체제 계승의 주체로 주조하는 동시에 이들을 통제하는 역할을 담당했다. 청년동맹이 처음 결성된 것은 1946년 1월이었으며, 사회주의 체제하 청년 조직의 기본 기능은 '사상교양'이었다. 이같은 청년동맹의 기본 성격은 해방 직후부터 1948년에 이르기까지, 북한의 사회주의 제도 개혁이 급속이 진행되었을 때 형성되었다.[12]

당시 북한에서는 민청에게 시대적 당면과제였던 정권 수립, 각종 사회개혁 지원, 사회적 동원을 추동하는 역할을 부여했다.[13]

남한의 경우 우익청년단체는 우익 정치세력의 배후행동대로 조직되었으며, 반탁운동 이후 우익세력이 정국의 주도권을 확보함으로써 그 조직체계가 확립될 수 있었다. 오유석에 따르면 해방 이후 3년간 우익청년단체는 이승만-한민당이 정치권력을 장악하도록 하고 그 과정에서 실질적인 경찰보조기구의 역할을 수행했다.[14] 해방 직후에는 극우청년조직인 대한민주청년동맹대한민청이 결성되기도 했다. 대한민청은 좌익 상대조직인 조선민청에 폭력으로 대항하기 위해 설립됐고, 미군정의 최대 위기였던 9월총파업과 10월항쟁의 진압에 주도적 역할을 하며 성장할 수 있었다.[15]

이렇게 남북한의 체제 설립 과정에서 구호는 다르지만 내적 논리는 유사한 방식의 청년 동원이 진행됐다. 그리고 해방기의 프로파간다연극은 식민지 과거와의 단절을 상징적으로 드러내는 세대론에 입각해, 건국의 주체로 귀환한 청년을 내세우기 시작한다.[16] 해방 이후 남한과 북한에 정부가 수립되지 않은 상황에서, 이같은 경향은 좌익계열과 우익계열 연극인 모두의 작품에 반복된다.

먼저 세대교체담론과 관련해 송영이 월북 전 발표한 〈황혼〉1945[17]을 살펴보자. 식민지 시기 친일에 앞장섰던 이李 사장은 해방 후 아내의 먼 친척이자 과거에 외면했던 혁명가의 아내에게 의탁해 새로운 세상에 적응하려 한다. 〈황혼〉은 반성하지 않는 이 사장을 우스꽝스럽게 풍자하면서 주변인들이 떠나면서 종국에 그가 홀로 남는 과정을 그린다. 이같은 구조는 몇 가지 면에서 역시 월북 작가인 함세덕의 장막희곡 〈고목〉1947[18]과 겹쳐진다. 〈고목〉에서도 역시 친일을 했던 지주 박거복은 해방 이후 과거를 탈각하고 새로운 권력에 의탁해 바뀐 세상에 적응해 보려 하지만, 가족 및 친지 등 모든 주변인으로부터 부정 당한다. 그리하여 이 사장과 박거복은 모두 새 시대에 적응하지 못한 채 식민의 유산으로서 유폐된다.[19]

이와 비교할 때, 작품 속에서 친일한 아버지에 대한 증오심과 세대교체 의지를 보다 직접적으로 드러낸 것은 김송, 오영진 등 우익 성향의 연극인들이었다. 이는 친일 과오에 대한 적극적 척결 의지를 드러내며 과거와 스스로를 분리하며 도덕성을 찾으려 했던 시도의 일환으로 보인다. 김송의 〈그날은 오다〉1946[20]에서 제국에 충성하라는 아버지의 가르침을 거부하고 광복군에 들어가서 일본군과 싸웠던 아들 인묵은 아버지의 과오를 부정하면서 그의 죽음을 이끌어낸다. 월남 이후 북한 체제에 대한 노골적인 비판의식을 드러낸 오영진의 경우, 〈살아 있는 이중생 각하〉1949[21]에서 징병 갔다 돌아온 아들 하식이 죽음을 위장해 재산을 지키려는 아버지 이중생을 비판하도록 설정하면서, 구세대가 '진짜' 죽음에 이르도록 설정한다.

곧 이념적 지향점은 달랐을지언정, 해방기연극인들은 친일한 아버지 / 구세대를 부정함으로써 신세대가 주축이 되어 새로운 국가를 건설할 수 있으리라는 의식을 공유하고 있었던 것으로 보인다. 청년이 중심이 되어 아버지를 척살함으로써 과거와 단절하겠다는 의지를 피력한 것이다. 그런데 역시 아버지에게 반발을 품어야 하는 여성 인물들은 세대 간 분리와 아버지 부정 과정에 직접적으로 참여하지 않는다. 〈황혼〉의 경우 아버지와 직접 갈등을 빚는 인물이 이 사장의 딸인 진주라는 점에서 여타 작품과 차별화되는데, 단막극임을 감안해도 극 중 주요 갈등은 부녀 사이에서 빚어지는 대신, 통역생을 비롯해 혁명가의 아내인 옥천

마님과의 사이에서 빚어진다. 결말부에 이르면 진주는 편지에 "건국을 위해서 부르짖는 젊은이들의 노래 소리"를 언급하며 아버지의 세대는 종결되었음을 역설한다. 그러나 진주의 목소리는 구세대의 치열한 반성을 이끌어내지 못하고, 남성 청년이 등장하는 여타 작품들과 달리 극 중 딸의 역할 역시 주도적으로 설정되어 있지 않다. 마찬가지로 해방기 발표된 〈고목〉에도 과거 친일을 했고 이제 새로운 권력에 의탁하려는 지주 거복에 대항해, 친구의 딸인 진이가 친일파, 민족반역자를 '양잿물'에 비유하며 식민지 과거와의 결별을 고한다. 하지만 친일 지주가 퇴장하는 과정에서 진이의 역할은 적극적으로 드러나지 않는다. 오영진의 〈살아 있는 이중생 각하〉에서도 큰딸 하주는 이중생에 대한 비판의식이 전혀 없는 인물로 등장한다. 아버지에 의해 미군 기관 관리를 사칭했던 사기꾼과 교제해야 했던 하연의 경우, 아버지를 면전에서 비판하면서 갈등의 여지를 마련한다. 그러나 청년이 주도하는 세대교체의 드라마에서 여성 인물들은 뒤로 물러나 있다.

북한의 경우 해방 이후부터 남녀평등을 테제로 내세웠고, 건설의 현장에 여성들을 끌어들였다. 이때 여성 노동자는 남성의 '동지'로서 북한의 건국 사업에 동원될 수 있었다. 문제는 여성 동지의 책무를 강조하는 과정에서 유산계급, 제국주의자와 어울렸던 여성들은 민족이 이름으로 자기비판을 해야 하거나 공동체 밖으로 추출됐다는 점이다. 신고송의 〈들꽃〉1946[22]에서 식민지 시기 가세가 기운 집안을 위해 작부로 팔려갔던 딸 갑선은 아버지에게 경멸당한다. 결국 돌아온 딸은 연인과 민족을 위해 희생한다. 송영의 〈자매〉1949[23]에서도 상인의 후처로 팔려갔던 언니 경옥은 혁신노동자이자 인민 대위원으로 격상되는 동생 정옥과 비교당하며, 건국 도상의 주체가 되는 가족 안에서도 추방당한다.

해방 이후 북한연극에서 친일을 한 아버지나 이를 가혹하게 처벌하는 아들의 형상은 찾아볼 수 없다. 오히려 딸들이 팔려나갈 때 아무 것도 하지 못했던 무기력한 아버지는 해방 이후 토지 분배와 건설 현장에서 주도적 역할을 맡게 된다. 해방기 북한연극 속에서 청년 주체들은 식민지 시기 무력했다는 이유로 아버지를 처벌하지 않는다. 딸을 팔아넘긴 책임은 식민지하 기형적 수탈구조였기 때문이라는 점에서 아버지는 면죄부를 얻게 되고, 아들들은 아버지를 끌어안아 함께 건국도상으로 나간다. 그런데 후일 인민 대표가 되는 〈자매〉의 정옥처럼 여성 인물들이 북한에서 역설하던 남녀평등 사상을 체현해도, 무력한 아버지로 인해 팔려갔던 딸들은 건국공동체로 내부로 편입되지 못한다. 돌아온 청년에게는 민주주의에 공헌할 책임과 권리가 주어지지만, 돌아온 딸들의 존재는 부정된다.[24] 해방 이후 북한에서 구축된 바람직한 여성상이란 이전부터 구축된 현모양처상과 건국기 추앙된 혁신노동자상이 결합된 '혁명적 어머니'였다.[25] 여성들은 혁신노동자로 격상되어도 여전히 가정의 영역에 묶여 있었고, 이같은 양상은 송영의 〈자매〉에서 확인할 수 있다.

이처럼 해방 후 남한연극의 경우 청년이 주도하는 세대담론 속에서 여성의 역할은 부차화되었다. 북한연극의 경우 여성이 국가 건설 과정에서 전면화되어 있는 것처럼 보일지라도, 이는 여성들 사이의 구분 짓기와 또 다른 타자화를 통해 진행되었다. 게다가 북한연극의 혁명적 여성상은 여전히 가정으로부터 자유롭지 않았다. 그렇다면 전쟁의 발발은 여성의 지위에, 그리고 남북한연극 속 여성 재현에 어떠한 영향을 미쳤는가.

3. 전쟁기연극이 여성을 이분화하는 방식

전쟁기 북한연극에서는 전장에서 주도적 역할을 하며 영웅으로 칭송받는 여성 인물들이 등장한다. 이는 전장에서 여성 인물을 배제하고, 전쟁의 비극성을 고조시키거나 후방의 타락상을 현시하기 위해 여성 인물들을 극화했던 남한의 연극과 대조되는 지점이다. 그리하여 전쟁 중남한에서 영웅이 될 수 있었던 것이 남성 청년으로 한정되어 있다면, 북한의 경우 연극뿐만 아니라 다양한 미디어를 통해 전쟁 중 전사한 '처녀'들이 영웅으로 격상되는 것을 확인할 수 있다. 처녀인 이들은 전쟁이라는 비상시국 속에서 가정으로부터 예외적으로 멀어질 수 있는 존재였다.

구체적으로 전장과 후방이 교차되며 진행되는 이진순의 〈화연火煙〉1952[26]에서 월남한 청년 철민은 자신이 사모하는 혜숙을 돈으로 사로잡으려는 사기꾼 영수를 증오하며, 전쟁이 발발하자 애국심을 갖고 전쟁터로나선다. 철민은 격전지에서 만난 괴뢰군이 자신의 동생 철룡임을 알고, 그와 함께 남한으로 간다. 다시 배경은 후방으로 변모하고, 영수는 형사에게 연행되며, 부상을 입은 철민은 상이군인의 모습으로 마을을 찾아후방이 각성해야 할 필요성을 역설한다. 〈화연〉에는 후방의 풍기문란을주도하는 인물들이 등장하며, 사기꾼이 처벌받고 그의 유혹에 넘어갔던"허영에 날뛰는 여자" 영란이 혼전임신이라는 방법으로 단죄 받는다.[27]돌아오지 못한 채 국민임을 증명해야 하는 철룡의 존재감이 결말부에드리우고 있어도, 후일 상이군인이 되는 애국 청년 철민의 존재는 전장과 후방의 윤리를 발화하는 역할을 맡는다.

후방의 윤리를 확보하는 과정에서 전쟁 중 부상당한 청년을 등장시키는 것은 유치진의 〈조국은 부른다〉1952[28] 역시 마찬가지다. 작가가 '총후 국민에게 바치는 작품'으로 명명한 이 희곡은, 피난지 부산을 배경으로 후방의 타락을 비판한다. 이진순의 〈화연〉과 마찬가지로, 이 작품에는 모리배인 강억조가 등장하고, 가족들의 만류에도 불구하고 군 입대를 자원하는 애국 청년 대길이 등장한다. 대길은 전쟁 중 부상을 입고 부산 으로 돌아오고, 강억조를 비롯한 후방의 타락을 보며 이 상태로는 전쟁 에 승리할 수 없다며 스스로 방아쇠를 당긴다.[29] 여기서 대길의 연인 옥 실은 대길이 강억조에 대한 적개심을 드러내기 위한 역할로, 대길의 어 머니는 비극성을 고조시키는 역할로 등장한다. 이에 더해, 후방에서 강 억조의 농락 대상이 되는 양공주가 등장한다.

이처럼 전쟁 중 발표된 남한의 연극에서 여성 인물들은 애국 청년의 순결한 연인 혹은 후방의 타락을 현시하는 존재로 양분된다. 그 외 한노 단의 〈전유화〉1950,[30] 김진수의 〈불더미 속에서〉1950[31] 등에서는 전쟁의 비극성과 북한군의 잔인함을 강조하는 과정에서, 강박적인 순결 이데올 로기가 드러난다. 한노단의 〈전유화〉에서 국군의 연인은 자신의 애인에 게 인민군으로부터 더럽혀지기 전에 죽여 달라고 애원하고, 김진수의 〈불더미 속에서〉에서 노인의 손자는 북한군에게 끌려가고 손녀는 자신 을 강간하려던 북한군의 총에 맞아 숨진다. 그렇게 여성들이 겪는 비극 은 전쟁 중 애국 청년의 용맹함 혹은 북한군의 잔악함으로 보여주기 위 한 설정으로 반복되어 활용된다.

이와 비교할 때, 남궁만의 〈통신병 여옥 동무〉1951,[32] 한봉식의 〈탄광 사람들〉1951[33]은 전장에서 활약하는 여성 영웅을 극화하는 희곡이라는 점에서 주목할 만하다. 전쟁, 전후 북한에서 전장에서 활약하는 처녀들 의 이야기는 김승구가 대본을 쓰고 윤용규가 연출한 영화 〈빨치산 처녀〉1954로 이어진다.

해방 이후부터 북한 극계에서 본격적으로 활동을 시작한 작가 남궁만은, 전쟁 중 종군작가로 활동한다. 이 경험은 동부전선을 배경으로 한 희곡 〈통신병 여옥 동무〉에 투영되어 있다. 금강산 지역에서 미군과 북한군이 교전하는 가운데, 통신병 여옥이 전선에 합류한다. 분대장은 여성의 몸으로 긴박하게 돌아가는 전장에 자원한 여옥에 대해 우려하지만, 처음 훈련을 받는 여옥은 함께 하는 동료를 오히려 독려한다. 병사는 여옥이 품에 간직하고 있던 편지를 발견하는데, 그 편지에는 미군의 폭격으로 어머니를 잃은 동생이 여옥에게 원수를 갚아달라고 부탁하는 내용이 담겨 있다. 병사는 여옥의 애국심과 적개심을 인정하고 동료로 받아들인다. 교전 중 미군에 의해 전화선이 절단된 가운데 여옥은 자신의 몸을 던져 끊어진 선을 연결하고 인근 부대에 구조 신호를 보낸다. 여옥의 희생에 의해 부대는 아군의 협조를 얻어 승기를 잡고, 부대원들은 여옥을 추모한 후 돌격에 나선다.

남궁만은 〈통신병 여옥 동무〉에서 전장의 급박함과 함께 어린 여옥의 숭고한 희생을 강조한다. 전쟁 중 어머니를 잃은 김여옥은 미군에 대한 강한 적개심을 갖고, 어린 여자를 배척하는 남성들만의 전장 속에서 아군의 승리를 이끌어내는 데 결정적인 역할을 한다. 이처럼 여옥은 자발적인 희생을 통해 남성들의 동료이자 영웅으로 인정받는다.

그런데 동시기 연극, 영화 속에서 전장에서 활약하는 여성 영웅들은 마치 죽음을 위해 존재하는 것처럼 기능한다. 이같은 설정은 전쟁 중 『로동신문』 등 미디어가 배포한 여성 실존 영웅의 결말과 조응하는데, 북한연극 안에서 여성 영웅들은 죽음을 통해 그 희생의 숭고함을 강조하는 역할을 맡는다. 이러한 전개를 비단 성별의 문제로 환원시킬 수는 없지만, 폭탄이 터지는 와중에 끊어진 전선을 연결하거나, 경우에 따라 미군에 의해 고문당하는 여성들의 몸이 스펙터클을 만들어낸다. 이어 이들이 사망한 후, 부대원들의 추모 과정이 도식적으로 반복된다.

분대장　(어이없어 웃으며) 어떻우? 포탄이 빗발치듯 하는 가운데 녀성의 몸
　　　　으루 될 법이나 한 일이오?

여옥　　(분이 나서) 녀자라구 너무 깔보지 마세요.

분대장　그건 동무의 고집이오. 동무의 임무는 교환 공작이랑 말이오.

여옥　　교환대는 금실 동무가 보충을 맡아주게 됐어요. 그래 저는 그 시간
　　　　을 이용해서 전방 공작을 지원했어요.

분대장　(이윽히 생각에 잠겼다가) 좋소. 김 동무! 여옥 동무에게 훈련을 주어
　　　　보시오.

〈통신병 여옥 동무〉, 157면

▲ 전투는 더욱 다급스럽다.

여옥　　(결연히 전화선으로 달려가 전화선을 무대 중앙으로 끌어내어 자기 팔과 팔에
　　　　빨을 재이게 하여 덥썩 엎드려서 선과 선을 양팔로 연결시킨다)

전사　　김여옥 동무!

분대장　위험하오. 여옥 동무…….

여옥　　(이번엔 선에다 레시바를 걸고 다시 선을 잡는다) 무지개 무지개……. 무
　　　　지개…….

분대장　여옥 동무, 여옥 동무…….

여옥　　무지개 무지개…….

전사　　김여옥 동무.

여옥   무지개 무지개……. 아 련대장 동무예요. 련대장 동무예요. 대대 지
        휘처 대대 지휘처……. 아 분대장 동무! 전화는 통했습니다. 대대 지
        휘처…….

<통신병 여옥 동무>, 176~177면

한봉식의 <탄광 사람들>에서는 후방의 기술자였다 전쟁 발발 후 빨치
산으로 거듭나는 김은순이 등장한다. 여옥이나 김은순은 전쟁 중 북한
문학이 표방했던 '대중적 영웅주의'를 보여줄 수 있는 인물로, 이들은 모
두 전장에서 본인의 여성성을 부정한다. 그런데 <탄광 사람들>의 경우,
미군이 주도하는 여성의 고문 장면이 볼거리를 만들어내며, '에로틱한
인상'을 줄 수 있는 이같은 지점이 연극의 문제적 요소로 지적되기도 했
다.[34] 여옥이나 김은순은 전쟁 중 남성 청년에게 강조되는 '헤게모니적
남성성'을 수행하는 인물로 여성의 한계를 적극적으로 부정하지만, 종
국에 전장과 고문실에서 이들이 만들어내는 스펙터클 속에서는 '여성'
임이 강조된다.[35] 그리고 전장에서 활약하는 여성 영웅이 등장하는 북한
연극의 경우, 일관되게 이들의 숭고한 희생으로 마무리된다. 북한연극
속 여성 인물들은 죽음을 통해 진정한 영웅이자 부대원으로 격상될 수
있는 것이다.

△ 조국평 말 없이 윤명덕의 어깨를 잡고 모자를 벗으며 머리를 숙인다.
△ 일동 모자를 벗는다.

한형국   은순! 당신의 고귀한 피는 인민의 심장 속에 영원히 흐를 것이요!
        당신이 그렇게도 아끼고 사랑하던 변압기는 당신의 맥박을 이어서
        힘차게 권양기를 돌릴 것이요. 저 고방산에서 줄기차게 뻗어나간

삭도선을 타고 '소리개'는 힘차게 달릴 것이요.

조국평　(주먹을 쳐들며) 원수를 갚읍시다! 복수합시다! 야수들은 도망칩니다. 미친 듯이 아우성을 칩니다. 죽음을 줍시다! 원수에게 죽음을!

△ 멀리 군중의 함성, 만세 소리 들려온다.

〈탄광사람들〉, 67면

주지할 점은 전쟁기 북한연극의 여성 영웅이 결혼하지 않은 '처녀'로 한정되어 있다는 점이다. 이들은 모두 미군에 의해 부모 형제를 잃고 스스로 전장으로 간 딸들이다. 북한연극의 여성 인물들은 결혼하지 않았기에 가정의 의무로부터 자유로운데, 종국에 '젊은' 이들이 사망하면서 극의 비극성이 고조된다. 희생자의 딸인 여성들은 동시에 김일성의 딸로서 존재하며, 부모의 죽음에 대한 복수심과 어버이에 대한 존경심이 이들을 추동하는 계기가 된다. 무엇보다 사망한 처녀 영웅들의 존재는 사회주의 체제의 순수성을 증명하는 역할로 한정된다.

이와 함께 동시기 남한연극과 마찬가지로, 북한연극에는 신념을 지키거나 전장에서 싸우는 여성들의 주변에 미군이나 모리배에게 몸을 의탁하는 인물이 등장한다. 〈탄광 사람들〉의 최창녀는 전쟁 중 남한의 연극 〈화연〉, 〈조국은 부른다〉에 등장하는 허영에 찬 양공주들과 마찬가지로, 미군에게 몸을 의탁하면서 강한 물욕을 드러낸다. 이들은 공통적으로 전쟁 중 가장 지탄받아야 할 비윤리적 존재로 묘사되고 있다. 그리하여 동시기 남북한의 프로파간다연극은 여성 표상을 만들고 젠더 위계를 구축하는 과정에서 공통분모를 갖는다. 여성들의 희생은 적에 대한 관객의 적개심을 고취시키는 역할을 하고, 전쟁 중 사망한 여성들은 살아남은 동지들과 가족들로부터 애도 대상이 된다. 표면적으로 전장에서 활약하는 북한연극의 여성상은 동시기 남한연극과 차별화되어 보일 수 있지만, 여성들의 형상은 이분화되어 구축되고 극 중 올바른 가치관을 지닌 여성들의 죽음이 프로파간다연극의 방향성과 직결된다는 점에서 두 체제의 연극은 겹쳐진다.

4. 전후 복구와 세대론의 재소환

전후 복구 시기에 이르면, 남북한의 연극에서 과거의 세대론이 재소환되고 이 과정에서 청년의 형상이 주조되는 것을 확인할 수 있다. 관련하여 이제는 한국전쟁에서 살아 돌아온 청년이 구세대와 주변 여성들을 계몽하는 역할을 맡는다.

남한에서 애국 포로 혹은 애국 청년은 반공의 투사이자 사상전의 주체로 호명됐다. 전쟁 직후 유치진이 시나리오 〈철조망〉[1953.9]을 발표하면서, 수용소 안에서 적색 포로와 대립하는 반공 포로를 형상화하며 작품 말미에 반공 포로를 석방하라는 이승만의 발화를 삽입한 것 역시 이같은 맥락과 관련되어 있다. 다만 이후 새로운 작가군이 발표한 연극은 이같은 프로파간다를 과거와 마찬가지로 재확산하는 대신, 다른 방식으로 세대 갈등의 해법과 청년의 방향성을 모색하기 시작한다.

이용찬의 〈가족〉[1957][36]은 과거의 환영으로부터 벗어나지 못하는 아버지와 그에게 결코 반기를 들지 못했던 아들의 이야기를 담고 있다. 해방 이후부터 전후에 이르기까지 대략 10년간 서울을 배경으로 하는 이 연극에서는 60세의 박기철과 그의 아들인 33세의 박종달이 대립구도를 형성한다. 극 중 박기철은 친일부역의 과오로부터 자유로운 인물이지만, 정치 욕심과 아집으로 인해 집안의 몰락을 가져왔고 가족 구성원들로부터도 존경받지 못한다. 박종달의 경우 자신의 꿈을 펼치려 했으나 번번이 아버지의 반대에 부딪혀 좌절당하고, 지금은 직업을 구하겠다는 아내의 의지조차 뒷받침하지 못하는 상황이다. 박종달은 부정한 방법으로 재산을 축적한 사채업자 임봉우에게 아버지가 모욕을 당하는 것을 목도하고 그를 우발적으로 살해한다. 박기철은 아들의 살인에 충격을 받고 사망하며, 박기철의 죽음은 궁극적으로 박종달의 범죄 행각을 덮게 된다. 한때 아버지를 미워했던 박종달은 작품 말미에 이르러 아버지의 사랑을 강조한다.

기철 　미쳤나?? 미치게. 허허허 (외출할 차비를 하며) 가만히만 있우 당신은……. 우린 민주국가의 주권자인 꿈니으로서 처음으로 국회를 뽑아내야 한단 말야. 헌법을 제정할 국회, 제헌국회 말이지. 그래가 지구 나라를 세워야 하거든 독립국가를 말야. 빨갱이들이 제아무리 날쳐두 소용없지. 정 통일이 안 되겠으면 우리 남한만이라두 해야지, 두고 봐요. 이제……. 그러믄 난 국회의원이 된단 말야.

〈가족〉, 226면

종달 　안돼. 그건 안돼. 아버진 절대로 사람을 죽이진 않으셨거든. 진상이두 알지. 아니야, 아버진 살인자가 아니야. 절대루 아니야. 아니야아. 아니야 아니야…….

(…중략…)

종달 　이 밤이 새거든……. 좌우간……. 이 밤이 새구 봅시다. 내게는 너무나 짐이 무거운 숙제가 두 어깨를 짓누르구 있어……. 너무나

벅찬 무거운 짐이야. 난 어떻게 될지 몰라. 내일을 기약할 수 없
어……. 이 밤을 오늘 밤을 넘겨보자는 것 그것뿐이야……. 여보!
아버진……. 결국……. 우리를 무척 사랑하다가 돌아가셨어…….

(울음이 터진다)

〈가족〉, 249면

　〈가족〉은 해방 이후 10년간의 세태 변화를 조망하며, 가족 구성원들
사이의 애증과 세대 갈등을 전경화한다. 이용찬은 해방 이후부터 전후
의 시간을 가로지르며 급격한 시대 변화가 가족에게 남긴 파장을 형상
화하고, 그 끝에는 가부장의 죽음과 가족의 이산이라는 비극이 도래한
다.[37] 이처럼 작가는 해방기 반복되었던, 윤리적으로 우월한 아들이 부
역자인 아버지를 죽음으로 내몰면서 발생하는 강제적 세대교체 대신,
가족 구성권 간 화해와 사랑으로 극을 마무리한다.[38] 인간에 대한 신뢰,
가족 간의 믿음이라는 이름으로 갈등을 봉합시키는 것이다. 언급한 것
처럼 박기철은 친일 문제로부터 자유롭다는 점에서 감싸 안을 수 있는
대상이며, 아버지의 사랑을 깨닫고 반성한 박종달은 이전과는 다른 아
버지가 될 수 있을 가능성을 마련한다.

　염두에 둘 점은 전후연극에서 신세대는 궁극적으로 구세대를 끌어
안는다는 점이다. 〈가족〉에서 박종달은 편협했던 아버지 박기철의 부
정을 인정하고, 역시 신진극작가인 하유상의 〈딸들 자유연애를 구가하
다〉1957[39]에서도 가부장은 가족들의 존경을 받으며 가족 내 위치를 공고
히 한다. 박명진은 〈가족〉을 분석하며 극 중 박기철의 담론구성체가 해
방 후부터 1950년대 말까지의 지배담론과 흡사하다며, 결론적으로 안
정을 추구한 작가의 보수성을 지적한 바 있다. 작가가 혈연의 끈을 중시

하고 있으며, 종달이 혈연의 끈을 통해 가부장을 강력하게 합리화한다는 것이다.[40] 관련하여 박기철은 강압적인 아버지였을지언정 주적인 공산당을 부정하고 자식들을 염려하는 인물이라는 점에서 인정을 받게 된다. 곧 해방기연극에서 돌아온 아들들이 새 질서의 주체가 된다면, 전후 남한의 연극에서는 구세대에 대한 강렬한 저항은 찾아보기 어렵다. 기성세대에 대해 분노하는 신세대의 방황이 드러나 있지만, 세대 간 갈등은 어떤 식으로든 타협 가능하게 그려진다.

하유상은 전후 중산층의 일상을 담은 〈딸들 자유연애를 구가하다〉에서 기존 연극에서 반복되던 부자갈등을 부녀갈등으로 옮겨 놓으며 딸을 갈등의 핵심에 둔다. 극 중 합리적인 지식인인 고 박사는 세 딸 숙희, 문희, 명희를 두고 있고, 이 중 명희는 국회의원을 꿈꾸며 비혼을 제창하는 아프레걸로 등장한다. 첫날밤 아내의 과거를 알고 떠난 남편으로 인해 괴로워하는 숙희, 가정교사와 사랑에 빠진 후 연인에게 이 사실을 알릴 것을 종용하는 문희와 달리, 명희는 결말부에 이르기까지 시종일관 적극적이고 주체적인 모습을 유지한다. 명희는 연애결혼의 위험성을 강조하는 아버지에게 반기를 들며 그와 논쟁을 벌이지만, 종국에 남녀평등을 주장하는 완섭 대신 아버지의 조수이자 미국식 사고와 문화를 부정하는 청년 영수에게 끌린다. 과거 한국전쟁에 참여했던 이력이 있으며 "구사일생으로 일선에서 살아 돌아와" 여자를 믿지 않게 된 영수는, 자신이 '미국식을 모르는 한국 청년'임을 주장하며 명희에게는 그녀가 '한국 여자'임을 강조한다. 그리고 고박사의 조수인 영수와 명희의 연애는 '자유연애'로 포장된다. 〈딸들 자유연애를 구가하다〉에서 미국식 문화와 가치관에 대한 매혹과는 별개로, 아버지와 딸의 세대 갈등은 심각하지 않게 드러나며 딸은 아버지가 데려온 청년과 결합하면서 가족은 견고하게 유지된다. 전쟁에서 살아 돌아온 청년 영수는 고 박사의 조수이자 사위로서, 주체성을 포기한 명희 대신 가계를 이어가게 된다.

영수   (유유히 셔츠 소매를 걷으며) 명희 씨가 숙녀가 아닌데 나만 신사일 필
                요는 없겠죠……. 그리고 난 미국식을 모르는 한국 청년이오! (명희
                의 따귀를 힘껏 갈긴다)

〈딸들 자유연애를 구가하다〉, 265면

고 박사   난 되도록 제 소원을 성취시켜 주고 싶구려. 아무리 애써도 일은 될
              대로밖엔 안 되는 것 같소. / 부모가 볼 적엔 어느 연애고 신통찮은
              모양이오. 아버지도 말하시잖읍디까……. 자고로 연애란 부모가
              싫어하기 마련이라고…….

〈딸들 자유연애를 구가히다〉, 274면

역시 같은 작가가 발표한 〈젊은 세대의 백서〉1958[41]에는 자식들의 자유연애를 반대해 두 명의 젊은이를 죽음에 이르게 한 윤 기사가 등장한다. 크리스마스에 연인을 잃은 큰딸 은희는 실성했고 역시 연인의 자살을 목격한 작은아들 민수는 매사에 비관적인 상태지만, 윤 기사는 이 와중에 큰아들 지수의 연애까지 방해하려 한다. 과거 일본 유학을 다녀온 건축가 윤 기사는 자신의 작업을 낡았다고 취급하는 지수와 대립하고, 현대화법을 따르는 아들의 그림을 전혀 이해하지 못한다. 두 사람은 예술뿐만 아니라 가치관 등 여러 면에서 대립하며, 지수는 과거 자신의 어머니를 버렸던 윤 기사의 어두운 과거를 이야기하며 저항한다. 〈젊은 세대의 백서〉에서도, 구세대의 변화를 이끌어내는 역할은 장남인 지수와 차

남인 민수에게 주어진다. 딸 경희는 아버지의 독단을 문제 삼으며 가난한 고학생과 결혼하겠다고 주장하지만, 아버지가 결심을 바꾸는 과정에서 별다른 역할을 하지 못한다.

윤 기사는 철저한 계산에 의해 움직이는 인물로 부모 자식의 관계를 건축 설계도처럼 간주한다. 이에 반해 지수는 이혼하고 자식을 혼자 키우는 여자와 결혼하겠다고 선언하면서, 과거 윤 기사가 자신의 친모를 배신했음을 언급한다. 지수는 아버지가 반대하는 연인을 집에 데려오고, 이미 연인을 잃은 민수는 아버지를 비판하며 자살한다. 그리고 민수의 자살로 인해 지수와 경희는 연인과의 관계를 인정받게 된다. 여기서 이 모든 비극의 중심에 있는 윤 기사의 경우, 자식들의 연애를 인정하고 2층으로 올라가면서 퇴장한다. 윤 기사는 이미 자유연애를 반대하여 두 명의 청춘을 죽음에 이르게 한 죄인이며 이후에도 잘못을 뉘우치지 않지만, 자식들은 그의 죽음과 퇴진을 종용하는 대신 결혼 승낙을 받기 위해 애쓴다. 곧 자식들은 아버지의 가치관과 예술관을 부정하나, 그 결말은 신세대가 주도하는 단죄로 끝나지 않는다. 부부관계와 자식관계가 파탄에 이르렀음에도, 윤 기사는 끝까지 세 명의 젊은이들이 자살한 집을 지키고 있다.[42] 딸 경희는 아버지의 집을 "숨 막혀 죽겠는 집"이라고 말하지만, 자식들 역시 그 집을 떠나지 않고 아버지가 자녀들의 연애를 인정하면서 자연스러운 세대교체가 마무리된다.

민수 아버지다운 시군요……. 말하자면 사랑도 최악의 경우를 생각하고 용의주도하게 하란 교훈이군요.

윤 기사 그렇지! 잘 봤어. 교훈이야! 예술에도 교훈이 포함됨으로써 존재가치가 있는 거야.

민수	교훈치곤 좀 값싼 교훈입니다.
윤 기사	뭣이! 너희들에게도 꼭 필요한 교훈이야. 너희들은 도대체가 모든 일에 계획성이 없어.
민수	아버지의 '인생설계도'적 입장에서 보시면 그렇겠죠.
윤 기사	그렇지! 설계도야. 우리 인생도 건축을 설계하듯이 세밀히 설계할 줄 알아야 해.

〈젊은 세대의 백서〉, 311면

윤 기사	(멍히 유서를 펴 들고) 자살을 하다니! (털썩 주저앉는다)
지수	(이층에서 내려와 윤기사 앞에 반듯이 서서) 아버지! 이 비극이 다 누구 때문입니까?
윤 기사	……. (옴짓 안 한다)

〈젊은 세대의 백서〉, 334면

해방 이후 극작가들이 신생 국가를 건설하는 과정에서 부정한 아버지를 척살하고 민족의 부름에 응답하는 청년을 구현했다면, 전후에 이르러 세대 갈등은 혈육의 의미, 가부장의 포용력이라는 이름으로 봉합된다. 과거 연극의 청년들이 아버지를 뛰어넘어 민족국가 건설을 향해 돌진했다면, 전후 남한연극에서 청년들은 갈등을 빚을지언정 궁극적으로 아버지-가족-국가에게 순응한다. 이 점에서 전후의 남한연극의 살부 모티브는 해방 이후와는 다른 방식으로 진행된다.[43]

그리고 해방 이후에나 전후 모두, 여성은 여전히 건설의 주체가 되는 청년에게 계몽당하거나 남성이 중심이 된 가계도의 중심에서 배제된다. 실례로 〈가족〉에서 과거 장면에 등장하는 박종달의 동생 박애리는 집안의 사정과는 무관하게 해외 유학을 꿈꾼다. 박종달의 어머니 이덕실은 과거 대책 없는 딸의 꿈은 지지했지만, 지금 며느리가 직장에 나가 일하는 것은 반대한다. 박종달의 아내 역시 이같은 상황을 적극적으로 타개해보기보다는, 상처받은 남편을 끌어안는 역할을 맡는다.

북한의 경우 전후 인민의 모범으로 등장한 것은 노동당원, 제대군인, 민청조직원, 교원, 인민반장 그리고 작업반장 등이었다. 이 중 민청조직원이 해방 이후부터 사회주의 제도 개혁의 주체가 되었다면, 제대군인은 전후 "사회주의 건설의 길에서 헌신하는 제대군인"으로 호명되어 인민의 모범으로 구성됐다.[44] 여기서 한국전쟁은 북한 권력이 요구하는 여성 주체화, 곧 '혁신적 여성 노동자'와 '혁명적 어머니'상을 만드는 결정적 계기가 됐다.[45]

남궁만의 〈젊은 일꾼들〉[46]은 제목에 명시되어 있는 것처럼 전후 북한의 세대론이 전경화된 작품이다. 극은 방직공장을 배경으로 하고 있으며, 전후 복구 현장의 문제를 담고 있다. 주인공 백은옥은 훌륭한 노동자이지만 월등한 역량을 보여주는 동료 김복녀에 대한 질투 때문에 반복해서 엇나가는 선택을 하고, 타성에 젖은 관료인 기술부장은 노동자들의 열정을 비하하면서 청년들의 복구 사업에 방해 요소를 만든다. 종국에 백은옥은 본인의 치기 어린 질투심을 인정하고, 기술부장은 본인의 '늙음'을 인정함으로써 방직공장은 다시금 가동에 박차를 가하게 된다.

주요 배경은 폭격 후 급속히 복구 수리된 노동자 아파트이며, 방직공장 노동자 백은옥은 복구에 열성인 노동자로 '육백추 생산 혁신자'가 되겠다는 꿈에 부풀어 있다. 하지만 생산 혁신자의 영광은 동료 김복녀에게 돌아가고, 백은옥은 설비 수리 담당자이자 그녀가 사모하는 임원식에게 책임을 돌린다. 백은옥은 임원식과 김복녀 사이를 질투하며, 임원식이 부속 배정 과정에서 본인에게 불이익을 주었다 확신한다.

> **백은옥**　나도 잘 하구 싶어요. 六00추 자신 있어요. 그런데 임 동무부터 복
> 녀 동무만 도와주구. 난 왜 업시만 여기는 거예요?
>
> **임원식**　누가 은옥일 업시 여긴단 말야? 혁신운동이란 나 같이 생산 능률을
> 높이기 위한 투쟁인데, 개인 출세운동인 줄 아나?
>
> 　　　　　　　　　　　　　　　　　　　　〈젊은 일꾼들〉, 13면

극 중 임원식과 김복녀는 사적 감정에 좌우되지 않고 공장의 생산 능률을 높이기 위해 매진한다. 임원식은 백은옥이 사상적인 준비가 약하고 노력이 없다며 비판하고, 김복녀와 비교하여 방직공장 노동자로서 실력을 문제 삼는다. 작가는 임원식의 계도에 의해 사상적인 준비가 부족한 여성 노동자와 '늙은' 기술부장이 각성하는 과정을 보여준다. 이같은 설정은 작품 속에서 사상이 낙후된 노동자를 교양한다는 명목으로 당위성을 얻는다. 극 중 지배인은 사상적으로 낙후하였음을 고백하는 백은옥에게 '자체 교양 사업'의 중요성을 강조한다. 백은옥은 전쟁 중 후퇴를 하지 못해 공장을 떠났다는 부채감을 갖고 있고, 지금은 임원식의 애정을 갈구하면서 객관적 판단을 하지 못한다. 임원식은 그녀에게 노동자가 자체적으로 특수 직포織布기인 '테쁘 직기'를 만드는 작업을 완수할 수 있다고 강조하고, 백은옥은 자신은 할 수 없다며 이를 거부한다. 더불어 나이가 든 기술부장은 노동자의 자체 역량을 강조하는 임원식의 의지를 인정하지 않고 기계를 수입해 올 것을 주장한다.

> **기술부장**　기성 과학에 대한 기술이나 리론에 있어서 전통을 무시할 수는 없

소. 테쁘 하나만 해두 그렇지. 이게 구라파 문명의 소산이란 말이요. 그런 걸 현재 우리와 같은 조건 밑에서 아무게나 만들 수 있으리라구 생각한 게 벌써 잘못이란 말이요. / 테쁘 직기는 동무가 담당한 부문 외의 사업이거든. 그러니까 동무가 맡은 설비 수리 사업이나 옳게 보장해 주시요.

〈젊은 일꾼들〉, 33면

지배인   단단히 교양을 주시오. 물론 은옥 동무는 많은 결함이 있소. 그러나 그것은 몰라서 범하는 과오요. 은옥 동무는 바탕은 좋은 동무요. 그러니까 은옥 동무를 조직적으로 교양을 주구 지도해서 옳은 사람을 만들어야 할 거란 말이요.

〈젊은 일꾼들〉, 39면

극 전반부 국가적 사업을 방해하는 것이 백은옥의 비관과 질투라면, 후반부 임원식의 의지는 전통과 기성과학의 논리를 강조하는 기술부장에 의해 번번이 좌절당한다. 이는 등장인물의 발화 속에서 백은옥의 '결함'으로 언급되고, 그 결함은 청년 노동자인 임원식의 교양에 의해 시정될 수 있는 것이다. 이어 은옥이 밤중에 몰래 기계 가동을 위해 테쁘 직기 실험을 했음이 밝혀지고, 임원식은 백은옥의 진의를 오해했음에 대해 사과한다. 흥미로운 점은 임원식에 의해 '바탕은 좋은 여자'라 언급되는 백은옥의 결함이 시정될 수 있는 것이라면, 구세대인 기술부장의 결함이 보다 문제적인 것으로 등장한다는 점이다. 기술부장은 테쁘 직기 실험을 하며 국가 재산을 아끼지 않은 백은옥을 징벌하려 하고, 이 과정에서 젊은 일꾼들백은옥, 김복녀, 임원식의 반발을 산다. 이어 공장의 최종 결정권자인 지배인은 기술부장이 "이 나라, 자라나는 사업의 싹을 은연 중 억압했다"는 이유로 그의 자기반성을 이끌어낸다. 그리고 극은 수순대로 젊은 노동자들의 승리로 마무리된다.

리기춘의 〈새길〉[47]은 전쟁 직후인 1953~1954년을 배경으로 하며, 북한 농지개혁의 당위성을 역설하는 극이다. 휴전 후 당중앙위원회는 농업협동화 추진을 결정했고, 이는 인민경제복구발전 3개년 계획에 포함되어 본격적으로 추진됐다. 이에 따라 1954년 6월에는 1,091개의 농업협동조합이 조직되었는데, 이같은 배경에는 개인농이 많으면 수매가 어려울 수밖에 없다는 당국의 판단이 깔려 있었다.[48]

작품의 주인공 김철수는 한국전쟁 중 부상을 입은 제대군인으로 29살의 나이에 협동조합 관리위원회 위원장이 된다. 김철수의 경우 역시 제대군인인 림명식, 협동조합 부위원장 리춘보 등의 협조를 받아 농촌 복구와 토지 개간 사업에 앞장선다. 극 중 적대 세력으로는 해방 전 자작농이었던 최근성54세, 과부인 민 씨42세 등이 등장하며, 타성에 젖어있던 이들은 노동과 성과를 분배하자는 당의 입장을 납득하지 못하며 조합에 가입하기를 거부한다. 더불어 조합원인 민선구는 품앗이를 거부하고 장마당에 드나드는 등 북한에서 적대시하는 자유주의에 물들어 있다. 무대는 협동조합 사무실로 이용하는 김철수의 집과 자작농이었던 최근성의 집으로 양분되어 있고, 극은 무지한 자유주의자였던 최근성이 열성 민청원인 자신의 딸 보배21세와 김철수에 의해 개조되었다는 과정을 담는다. 최근성과 함께 사유재산을 강조하며 김철수의 뜻에 가장 격렬하게 반대했던 민 씨 역시, 김철수의 선의와 아내를 잃은 리춘보와의 교감을 통해 통렬한 자기반성을 하게 된다.

〈새길〉에는 전후 복구 사업에 주력하는 북한 농촌의 풍경이 구체적으로 드러나 있다. 극 중 20대 중반~후반의 청년들은 품앗이를 거부하는 몽매한 구세대를 개화시키기 위해 노력하고, 이는 민청원인 딸 보배와 과거 자작농이었던 아버지 최근성의 극심한 대립을 초래한다. 땅 1만 6천 평을 가진 최근성은 딸의 설득에 흔들리지 않지만, 종국에 '성한 몸도 아닌데' 이웃의 논에 물을 대는 철수의 의지에 감화되어 완고한 뜻을 접는다.

위원장 철수는 협동조합 탈퇴 의사를 물으며 사유재산을 국가에 납부하기를 거부하는 선구에게 의사의 '자유'를 강조한다. 그러나 결말부에 이르면 최근성과 마찬가지로 통렬한 자기반성을 하는 선구의 모습을 통해, 당시 북한 사회에서 제창한 사유경제의 해악성이 명시된다. 주지할 점은 협동조합 동조자의 논리는 '교양'으로 통칭된다는 점이다. 협동조합을 조직하는 것이 농민의 행복한 앞날을 보장할 것이라는 김일성의 발화는 전후 청년이 반드시 습득해야 할 공부와 교양으로 간주되고, 제대군인을 포함한 청년들은 이 교양에 입각해 순차적으로 구세대를 계몽시켜 나간다.

경일　　낡아빠진 저의 아버지 생각 하나 못 꺾구. 다한 꼴이지요 뭐.

〈새길〉, 243면

경일　　동무한테 미안하기두 해. 하지만 동무 아버지의 그 낡은 고집에다 또 구식농사법이 꽉 들어박혔으니 더 해볼 재간이 있어야지. 조합 가입은 어디까지나 자원적 원칙이니 권고 정도에서 더 나갈 수도 없는 일이구.

보배　　좋아요, 난 우리 아버지가 진보적이 못되는 것두 알아요. 난 그런 집 딸이니까요. 그러니까 조합에두 못 들구, 그러니까 동무하구

는……. (집으로 뛰어 들어가다가 근성이의 눈초리와 마주친다)

〈새길〉, 253면

성호   (춘보를 보며 넌지시) 한 사람마저 끼웠다면 시원할걸 빠져 섭섭한데.

장로인 누구?

성호   민 과부 말씀이지요.

춘보   저 사람이.

장로인 과부는 다루기가 힘드느니, 허허허.

철수   협동조합이란 서로 힘을 합치자는 것이니까! 게다가 우리 당과 정
        부가 우리를 도와주니 그것이 무엇보다 큰 힘이거던.

〈새길〉, 247~248면

철수   그러나 아직도 원수 놈들은 우리 땅에서 욱실거리고 있소. 우리는
        협동조합을 그 어느 협동조합보다도 모범적으로 만들어야 하오. 또
        우리들은 협동조합의 원동력이 되여야 하고……. 그것이 곧 원쑤를
        갚는 길이요.

〈새길〉, 287면

극 중 힘을 합쳐야 한다는 철수의 발화처럼, 당의 방침을 거부했던 구
세대는 청년들의 교화로 인해 협동조합에 가입하게 된다. 관련하여 작
품 속에는 '낙후된 사람'이라고 돌보지 않는 것은 잘못되었다는 언급이
반복해서 등장한다. 철수는 조합 가입을 거부했던 최근성과 민 씨의 논
에 자발적으로 물을 대는 것뿐만 아니라, 병이 난 돼지를 조합에 끼위 넣

고 장마당까지 출입했던 선구에게도 쌀과 돈을 배분한다.

이 과정에서 조합 가입을 거부했던 과부 민 씨는 조합 부위원장이자 홀아비인 춘보와 결합하게 되고, 무지한 아버지를 설득하지 못했던 보배는 아버지의 변모에 의해 작업반 반장인 경일과 함께할 수 있게 된다. 무겁지 않은 극에서 혼사갈등 모티브는 반복해서 등장하며, 여성 인물들은 세대 갈등의 한 축을 담당하는 동시에 코미디 효과를 만들어낸다. 열혈 민청원 보배는 아버지와 갈등하며 그의 무지함으로 인해 평소 흠모해오던 경일과 갈등을 빚는다. 또한 민 씨는 조직 가입을 권유하는 부위원장 춘보의 행동을 이해하지 못한다. 그런데 과부인 민 씨는 남편을 잃었다는 이유로, 역시 조합 가입을 거부하는 구세대 최근성과 달리 조롱의 대상이 된다. 역시 홀아비인 리춘보는 협동조합의 주체이자 민 씨와의 관계 속에서 복합적으로 기능하나, 민 씨의 경우 오로지 계몽되어야 할 구세대 '과부'로서 작품 속에 존재한다. 〈새길〉에는 열혈민청원인 보배를 비롯해, 세포위원장 숙희와 '여성보잡이'운동을 이야기하며 남성 못지않은 신체적 능력을 과시하는 여자들이 등장한다.[49] 그런데 이들의 역할은 제대군인 철수가 주도하는 협동조합의 당위성을 강조하는 것으로 제한된다.

역시 리동춘이 같은 해 발표한 희곡 〈위대한 힘〉[50]은 제철소를 배경으로 전쟁 중 파손된 용광로 복구에 나선 건설 노동자들의 이야기를 담고 있다. 희곡은 자력발전의 원칙에 입각해 노동절 전까지 용광로 복구에 나선 노동자들의 성공담을 형상화한다. 〈위대한 힘〉의 적대 세력으로는 〈젊은 일꾼들〉의 경우와 유사하게 '논리'와 '합리성'을 내세우며 노동자들의 의지를 인정하지 않는 설계부장과 지배인이 등장한다. 그리고 작가는 의지와 노력만 있다면 불가능한 과업도 달성가능하다는 것을 반복해서 강조한다. 〈위대한 힘〉은 같은 작가의 〈새길〉처럼 세대론이 전면화된 작품은 아니다. 주동인물인 해철은 공장에서 25년간 '완성공'으로 자란 인물로, 식민지 시기 배움의 기회를 얻지 못해 번번이 토론 과정에서 좌절을 겪는다. 해철은 경험과 의지를 강조하면서 용광로 복구 사업을 완료하는데, 이 과정에서 적대 세력으로는 타성에 젖어 노동자들의 노력과 가능성을 부정하는 당 간부들이 등장한다.

식민지 시기 대학 교육을 받았던 설계부장 림봉규는 논리와 정합성을 강조하며 외국에서 송풍기를 주문해 올 것을 주장하며, 해철을 비롯한 노동자들은 송풍기를 수입할 것이 아니라 수리해서 용광로 복구에 나서자며 대립한다. 림봉규는 공장 노동자들로부터 '일제 때 대학 졸업생'임을 강조한다는 이유로 비판 대상이 된다. 〈위대한 힘〉에서는 제국 교육의 수혜를 입고 '과학'의 논리성을 입증하려는 림봉규와 교육을 받지 못하고 경험의 중요성을 강조하는 해철이 대립하고, 궁극적으로 후자가 승리한다.

봉규　　노동자들은 5·1절까지는 용광로를 복구해낸다고 떠들썩합니다. 물론 궐기하는 것은 좋습니다. 그러나 흥분에는 감염되지 마십시오. 이 큰 사업을 성과 있게 진행하자면 냉정한 이지와 논리적인 체계와 엄밀한 수자가 무엇보다도 필요한 것이 아니겠습니까? 어떻습니까? 사회에 나가서 직장에 배치되고 보니 많이 다르지요?

〈위대한 힘〉, 320면

용수　　그야 하겠다고 맹세했는데 해야요. 그런데 지배인 동무, 솔직히 말씀해주십시오. 저희들의 힘이 못 미더워서 저걸 내버리는 게 아닙니까?

지배인　아니, 동무들을 믿지 않으면 누구를 미도 이 큰 사업에 손을 댄단 말이요! 그렇지만 기술 간부들은 모두가 현재의 우리 기술 수준으로 해결하기가 힘들다고들 합니다.

〈위대한 힘〉, 325면

봉규 하여튼 문제는 과학적인 근거 ―즉 결과를 증명할 수 있는 근거를 명백히 내놓는 것이라고 생각합니다. 응, 참, 송풍기의 기본 원리에 대해서는 여기 좋은 참고가 있습니다. 보십시오. (원서를 펼쳐 앞으로 준다) 이게 그 나라 제철공장에 설치돼 있는 겁니다.

〈위대한 힘〉, 364면

해철 어떻게 한다, 어떻게 한다. 이렇게 나서다가는 실패할 건 뻔한 일……. 실패라니?! 하겠다구 장담해 나섰을 땐 언제구? 그런데 실패라니? 내가 만일 이것을 못해낸다면 저 용광로를, 저 인민들이 쌓아올린 승리의 탑을 내 손으로 무너뜨리는 거야. 해야지. 무슨 일이 있더래두 해놔야 해. 나는 수령님께 맹세하지 않았는가. 해야 해. 무슨 일이 있더래도 반드시, 반드시!

〈위대한 힘〉, 383면

해철 그렇습니다. 나는 처음부터 당신의 태도에서 옳지 못한 걸 느껴왔습니다. 당신은 우리 노동계급을 너무 무시합니다.

〈위대한 힘〉, 387면

작품 속에서 공장에서 쌓아 올린 해철의 경험은 과학과 논리적인 체계를 강조하는 설계부장 림봉규를 압도한다.[51] 흥미로운 점은 이 작품 역시 전후 관료들의 자아비판을 강조하던 분위기와 맞물려 당 간부를 부정적으로 묘사하고 있다는 점이다. 해철은 용광로 복구 과정에서 자력으로 송풍기를 수리할 수 있다면 1억 원의 돈을 아낄 수 있을 것이라며 당위원장을 설득한다. 해철은 자신이 배우지 못했다는 것에 대해 늘 의식하지만, 당위원장은 해철이 10년 동안 당원으로서 '교양'을 받았다며 설계부장 대신 해철을 지지한다.

여기서 합리성과 서구 이론에 입각한 과학은 타성의 영역으로 배치되고, 젊은 노동자들의 열정과 감성이 복구 현장의 난관을 돌파할 근간이 된다. 당에 대한 신념과 노동자 정신은 일종의 교양이라는 점에서, 정식 교육을 받지 못한 신세대가 기성세대에게 반박할 수 있는 근거가 된다.

〈위대한 힘〉에서 극 중 여성들에게는 모두 산업 현장에서의 위치가 배정되어 있다. 같은 작가의 〈새길〉과 마찬가지로, 복구 현장에서 실질적인 역할을 부여받은 여자들이 기계적으로 등장한다. 그런데 여성 등장인물 중 김금순은 숙련된 노동자지만, 역시 사별한 노동자인 창식과의 관계 속에서 조명 받는다. 〈새길〉의 민 씨와 춘복의 경우처럼, 〈위대한 힘〉에서도 금순과 창직은 경직될 수 있는 극에서 긴장을 이완시키는 역할을 맡는 것이다. 또한 설계기사 옥분은 지배인과 설계부장의 독단을 정면으로 반박하지만, 결국 복구의 공은 해철에게 넘어간다. 더불어 해철의 처는 용광로 복구에 주력하는 남편의 식사를 준비하는 역할로 한정된다. 〈위대한 힘〉에 들어서면, 여성 인물들의 역할은 산업 현장의 보조적 위치로 더욱 협소해진다.

옥분　　　그러나 노동자들의 열정과 그 열정에서 오는 아주 현대적인 창안들에서 당성의 모범을 찾아야 할 줄로 압니다.

봉규	그런 험한 감정을 우린 일종의 감정주의로 부릅니다.
옥분	그건 아무래도 좋습니다. 그러나 부장동지, 전 우리 사업에서 좀 더 노동자들과 협의하고 노동자들의 창발성을 받아들여야 한다고 생각합니다. 전 이걸 지배인동지에게 건의하려고 했습니다.

〈위대한 힘〉, 340면

봉규	하여튼 저는 사업계획을 다시 한번 구체적으로 따지는 것이 필요하다고 생각합니다. 그리구 송풍기 문제는 정확성을 기하기에는 역시 약간 늦더라도 수입에 의거하지 않는다면 나중에 이 거대한 전체 사업이 헛일로 돌아갈 위험성이 있다고 생각합니다.

〈위대한 힘〉, 343면

살펴본 것처럼 전후 남한과 북한의 연극은 다시금 세대론을 소환해 가정 내에서, 그리고 전후 복구 현장에서 구세대와 신세대의 갈등을 어떻게 풀어갈 수 있을지를 조명한다. 신진극작가들이 발표한 남한의 연극이 가족 간의 사랑, 희생 등 전통적인 가치를 통해 해결의 실마리를 찾는다면, 북한의 연극에서는 신세대의 교양과 열정이 갈등을 푸는 열쇠가 된다. 종국에 구세대는 신세대에게 설복당하지만, 해방기연극의 세대론처럼 질서의 교체를 상징적으로 드러내기 위해 기성세대를 처단하는 대신, 자연스러운 세대교체로 갈등을 마무리한다. 그리하여 이들이 소속된 가정, 협동조합, 국가는 보다 안정된 방식으로 유지될 수 있다. 이같은 변화의 중심에는 제대군인이나 남성 민청당원이 자리 잡고 있으며, 같은 당원일지라도 여성들의 역할은 계몽대상이거나 협조자로 국한되는 것을 확인할 수 있다.[52] 극의 배경이 협동조합이든 산업 현장이든 여전히 성별에 의한 수직적인 위계구도가 존재하고 있었던 것이다. 더불어 여성 인물들에게는 모두 남성 주동인물과의 혼인 가능성이 마련되면서, 종국에 복구 사업이 마무리되면 가정으로 돌아갈 토대가 마련된다.

이상 전후 남북한연극 텍스트를 살펴보면, 구세대는 여전히 신세대의 방해자로 등장하지만 세대 갈등은 보다 온건한 방향으로 그려지는 것을 확인할 수 있다. 구체적으로 남한연극의 경우 아버지가 퇴장해도 아들은 아버지에 대한 최소한의 존경심을 갖고 가정이라는 틀이 유지된다. 북한연극에서는 세대 갈등이 가정을 넘어 공동체의 영역으로 확장되는데, 구세대는 궁극적으로 자신의 한계를 인정하고 신세대에게 전권을 양도한다. 염두에 둘 점은 여성 인물들은 세대 갈등의 주변으로 존재하며, 이들의 영역은 남성과의 관계 내에서 강조된다는 점에서 두 체제의 연극은 공통분모를 갖는다는 점이다.

5. 남북한 프로파간다연극과 젠더화된 청년담론

논의한 것처럼 해방 이후부터 전후까지, 남북한의 연극에서 세대갈등은 아버지와 아들의 문제로 환원되고 딸들은 청년의 언저리에서 서성일 때조차 남성들의 세계에 완전히 포섭되지 못한다. 전환기에 당면할 때마다 국가는 청년을 소환하고, 경우에 따라 여성들 역시 청년의 영역 안에 자리할 수 있지만, 궁극적으로 새 시대의 주체가 되는 '진짜' 청년은 남성으로 제한되는 것이다. 정리하면 해방-전후연극에서 건국과 재건의 드라마는 곧 아버지와 아들, 구세대와 신세대의 이야기로 요약될 수 있다. 여기서 아들이 아버지를 처단하든, 혹은 세대 간에 화해가 이루어지든 중심축에는 전쟁을 겪은 아들들이 자리하고 있었으며, 세대 갈등에 대한 이야기는 필연적으로 가족과 민족이라는 테두리 안에서 이루어졌다.

그런데 굳건한 청년상을 강조하는 과정에는 늘 기성세대나 여성에 대한 타자화가 자리 잡고 있었으며, 특히 여성을 재현할 때는 공고한 위계질서에 대한 의식이 깔려 있었다. 해방 이후부터 건국, 재건의 주체로 나서는 것은 남성 인물들이었고, 여성 인물들은 청년들을 보조하거나 이들의 선동에 의해 계몽당한다. 극의 중심에서 주변인들을 이끄는 전쟁기 북한연극의 여성 영웅들은 그 안에서 예외적인 형상으로 보이지만, 이들의 경우 전쟁의 비극성을 강조하기 위해 마련된 주체이며, 종국에 죽음을 통해 프로파간다를 완성하는 역할을 한다. 또한 이들은 희생자의 딸이자 김일성의 딸로서 극의 메시지를 구축한다. 전쟁기 남북한 프로파간다연극에서 여성은 영웅이든 아니든 적의 만행을 고발하거나 살아남은 청년들의 적에 대한 적개심을 고취하는 역할을 맡는 것이다.

문제는 해방-전후의 연극에서 남성 주체의 견고함이라는 것은 다른 대상과의 비교와 대조가 이루어질 때 형성된다는 점이다. 또한 여기서 주지할 점은 계몽당하는 존재들이 필연적으로 자리하는 것이 전제될 때 형성되는 주체의 위치란, 그만큼 허약할 수 있다는 것이다. 건국-재건에 이르기까지 남북한연극이 형상화, 반영하는 청년담론들은 역설적으로 당국의 방침 혹은 극작가들이 주조한 진짜 청년의 형상이 견고하지 못하다는 것을 방증하고 있다. 이와 함께 국가적 전환기마다 편의적으로 동원되고, 경우에 따라 국민의 테두리 내 주변부에 있거나 그 바깥으로 축출되는 여성 인물의 시선·입장은 극작가들이 구축한 공동체의 이면을 파악하는 바로미터가 될 수 있다.

건국과 재건의 과정에서 가족과 민족, 국가의 중심이 되는 청년상이 실상 반복되는 타자화에 의해 구축되었음을 지적하는 것은 이들이 중심이 된 가족, 민족, 국가의 허약성을 지적하는 것으로 나아갈 수 있다. 이를 감안하면, 당대 남북한연극이 청년에 대한 담론을 만들어 가는 과정에서 누구를 타자화하고, 누구를 대상화하였는지를 검토하는 작업은 남북한 프로파간다연극의 상동성과 함께 해방-전후까지 남성 청년 중심으로 만들어진 청년담론의 한계를 파악하는 일이 될 것이다.

* 이 글은 「건국과 재건 사이, 남북한 연극의 청년담론과 젠더(1945~1960)」, 『한국극예술연구』 71, 한국극예술학회, 2021을 수정·보완했다.

제3장 ——————— **월북 작가의 여성주의**
연극인 박영호의 해방 이후

1. 8·15해방부터 월북까지, 박영호의 '1년'

이 글은 해방 직후부터 월북 이전까지 남한에서 이루어진 연극인 박영호의 극작 활동을 파악하고, 이를 통해 작가가 추구했던 극적 지향점의 의미를 모색하는 것을 목적으로 한다. 구체적으로 이제까지 박영호를 논할 때 거론된 적이 없었던 희곡 〈겨레〉1946[1]가 동시대 식민 과거와의 절연을 고한 희곡 및 다른 좌파 연극인의 희곡과 어떻게 구별되는지 조명하고, 작품 속에서 당시 작가가 추구했던 '혁명적 리얼리즘'과 '살림으로서의 연극'이 어떻게 구체화되고 있는지 파악할 것이다. 이를 통해 작가가 진단하는 해방 후 문화예술계의 현실 및 그가 월북을 택할 수밖에 없었던 배경 등을 함께 논의하려 한다.

주지하다시피 박영호는 극단 '고협'의 중심인물로서 애초 프로계열 연극을 창작하다 1930년대 중반 이후 대중극을 창작했고, 본격적인 전시동원 체제에 접어들면서 국민연극 창작에 앞장섰다. 이같은 이력이 보여주는 극작세계의 진폭 및 현재 온전히 남아 있는 작품 수를 감안해, 그간 작가의 극작세계에 대한 연구도 해방 이전에 집중되어 왔다. 특히 해방 이후 월북까지 대략 1년 남짓한 시간이 걸렸음을 감안할 때, 남한에서 박영호의 활동은 큰 주목을 받지 못했다. 박영호의 정확한 월북 시점은 파악할 수 없지만, 1947년 1월 아내 이선희와 함께 평양을 들렀다 원산으로 가서 북조선문학예술총동맹 함남위원회에서 일을 본다[2]는 신문 기사를 통해 연극인의 '1차 월북'이 이루어진 이후인 1946년 말이라는 추정이 가능하다.[3] 그런데 작가가 월북 전 확인된 것만 세 편의 희곡을 무대에 올렸고, 『예술타임스』와 같은 종합예술지 발간에도 관여했다는 점 등을 감안한다면, 작가의 극작세계를 총체적으로 조명하는 과정에서 해방 후 그리고 월북 후 활동에 대한 논의가 이루어질 필요가 있다.

박영호에 대한 그간의 연구사를 살펴보면, 주로 대중극 시기, 국민연극 시기에 초점을 맞춰 작품에 나타난 체제 협력적 지점 혹은 균열 지점을 규명하는 논의가 진행됐다. 주요 논의 시기를 기준으로 작가에 대한 연구사를 짚어 보면, 이민영은 1920년대 말에서 1930년대 중반에 이르는 박영호의 초기 연극 활동에 주목, 대중극의 장점을 살려 사회비판적 관점을 담아냈던 그의 "새로운 연극"에 나타난 "반제국주의적 성격과 그 정치적 수행 가능성"에 대해 주목한다.[4] 이승희는 1930년대 중반 이후 박영호가 대중극의 '여성수난서사'를 배제하고 이에 대한 판단 주체가 되면서 대중극을 젠더화시키고 자신을 신극계의 '적통'으로 배치시켰던 과정을 설명한다.[5]

이경숙은 박영호의 1930년대 역사극 〈원앙〉과 〈목화〉에 주목해 국민연극에 드러난 욕망의 기원을 "보편 주체로의 탄생"에서 찾는다.[6] 또한 홍재범은 박영호의 〈아들〉에 "근대성의 내부적 갈등 양상"이 다루어진다는 점에 주목한다.[7] 박영호의 국민연극에 대한 논의로는 다음의 연구가 있다. 먼저 김향은 〈인간일번지〉와 〈등잔불〉을 통해 확인할 수 있는 식민지 시기의 리얼리티에 대해 설명하고,[8] 이재명은 〈산돼지〉, 〈물새〉, 〈별의 합창〉 등의 작가의 국민연극에 나타난 주동인물과 반동인물의 관계를 파악한다.[9] 양근애와 윤민주는 각각 일본의 모순적 태도를 형상화하며 친일논리의 이중성을 노출하는 〈김옥균의 사〉에 나타난 균열지점에 주목한다.[10] 윤일수는 박영호의 국민연극이 대동아공영권의 논리를 어떤 방식으로 설파하고 있는지 설명하며, 육정희 역시 극 중 인물구도에 주목해 제국의 논리를 확산하는 방식을 논의한다.[11] 또한 백승숙은 박영호의 희곡 〈등잔불〉1940에서 카프 소속 작가 박영호가 국책극을 발표하게 된 배경에 '내셔널리즘'이 놓여 있었다고 설명한 반면, 이승희는 〈산돼지〉와 〈물새〉를 논하면서 각각 '비국민'과 '여성수난서사'에 집중한 두 연극이 일제 말기 정치적 현실주의에 대한 윤리적 거부 의지를 드러낸다고 정리한 바 있다.[12]

살펴본 것처럼 박영호의 연극에 대한 논의는 대개 1930년대 후반 이후 국민연극 시기 연극에 편중되어 있으며, 이상의 논의는 박영호의 희곡이 제국주의 논리를 어떻게 확산시키느냐 혹은 그 모순을 형상화하거나 거부 의지를 드러냄으로써 균열지점을 노출하고 있느냐를 강구하는데 집중되어 있었다. 이 글의 경우 박영호의 해방 이후 이력을 중점적으로 논의하지만, "사회주의적 경향성을 띤 대중극작가"[13]라는 정체성을 지닌 박영호가 해방 후 혁명적 리얼리즘과 조선의 생활 감정을 어떻게 절충시키고 있는지에 대해 주목한다. 이와 함께 식민지 시기의 리얼리티에 천착했던 해방 이전 박영호의 연극세계가 해방과 월북을 거치면서 어떤 양상으로 연속 / 단절되고 있는지 해명하려 한다.

현재까지 확인된 바에 따르면 해방 이후 박영호가 남한에서 발표한 희곡은 〈번지 없는 부락〉, 〈북위 38도〉후에 〈겨레〉로 제목 변경,[14] 〈님〉 등 세 편이

〈표 1〉 해방 후 박영호 희곡의 공연사항

공연명	연출 / 장치	극단	극장	상연일
〈번지 없는 부락〉	박춘명 / 강호	혁명극장 1회 공연	수도극장	1945.11.27~?
			성남극장	1946.2.10~11
〈북위 38도〉 (〈겨레〉로 개칭)	박춘명 / 강호	혁명극장 2회 공연	수도극장	1945.12.23~29
			성남극장	1946.2.12~?
〈님〉	박춘명 / 강호	혁명극장 3회 공연	수도극장 국제극장	1946.2.2~?[15]

며,[16] 세 작품 모두 혁명극장이 제작을 담당했다. 이 중 『예술타임스』 창간호에 실린 〈번지 없는 부락〉은 박 감투의 집을 비롯한 세 가구를 중심으로 동시대 여러 인간 군상의 이야기를 영화적 기법을 차용해 담아낸 희곡이며, 〈님〉은 "기미3·1운동을 전후하여 북간도와 서간도를 중심으로 일어난 민족해방운동의 전모를 취재한"[17] 작품이다.[18] 또한 〈북위 38도〉는 일제 말기와 해방 직후를 배경으로 민족 수난사 속에서도 중심을 지켜 나가는 인물 인주와 그녀의 가족에 대한 이야기이다. 이 중 〈번지 없는 부락〉은 동시대에 대한 핍진한 묘사에서, 〈님〉은 역사적 사건의 소환과 극작가의 욕망이라는 문제와 관련하여, 〈북위 38도〉는 여성수난 서사와 관련하여 작가가 발표한 식민지 시기 희곡과의 연속성을 확인할 수 있다. 세 작품의 공연사항은 〈표 1〉과 같다.

애초 공연사항만을 확인할 수 있는 〈북위 38도〉와 잡지 『신세대』에 연재된 〈겨레〉를 다른 작품이라 간주했다. 그런데 김영수가 『중앙신문』에 발표한 극평을[19] 통해 〈북위 38도〉와 〈겨레〉가 동일한 작품이라는 것을 확인할 수 있었다. 〈북위 38도〉라는 제목으로 공연되기까지, 이 작품의 제목은 〈인민위원회〉에서 〈민족반역자〉로 개칭됐다.[20] 현재 세 편 중 전체 내용을 파악할 수 있는 작품은 〈북위 38도〉, 곧 〈겨레〉뿐이다. 〈겨레〉의 경우 『현대희곡작품집』에 『신세대』 창간호에 실린 1회만이 수록되었기에 연구자들의 주목을 받지 못했다. 필자의 경우 잡지 『신세대』의 소재를 파악하는 과정에서 〈겨레〉 대본 전체를 확인할 수 있었는데, 그간 박영호 연구가 식민지 시기에 집중되어 있는 것 역시 확인 가능한 대부분의 작품이 해방 전에 집중되어 있기 때문으로 보인다.

해방 이후 박영호의 이력을 파악하려면 그와 지속적으로 연극 작업을 함께 했던 혁명극장의 활동에 대해 주목할 필요가 있다. 1945년 12월 31일 당시 해방 직후 창립된 극단이 악극단을 제외하고도 30개 내외에 이를 만큼[21] 연극 공연은 활성화되어 있었고, 극계의 주도권을 잡은 것이 좌파였던 것은 분명해 보인다.[22] 그러나 '극단백화', '배우극장' 등이 창립공연을 올린 직후 해체의 기로에 놓였으며, 앞으로도 해체할 군소극단이 허다하다는 부정적 전망도 등장했다.[23] 관련하여 1945년 12월 28일 모스크바 삼상회의 발표에 의한 신탁통치설로 인해 전국적인 반대운동이 봉기되었고, 한성극장협회에서도 이에 호응하여 29일부터 일제히 문을 닫고 활동을 중지하였다가 다시 영업을 개시했는데, 이로 인해 서울예술극장의 〈남부전선〉과 혁명극장의 〈북위 38도〉가 공연일자를 1일 남기고 중지하였다[24]는 기사를 확인할 수 있다. 이 중 〈남부전선〉은 서울예술극장의 창립공연으로 콘스탄틴 시모노프Konstantin Milhailovich Simon-ov의 원작을 이서향이 연출했고, 또한 강호가 장치를 맡은 작품이었다.

혁명극장은 해방 직후인 1945년 9월 1일 창립했으며, 서울 남대문통 4정목에 위치하고 있었다. 〈북위 38도〉와 관련해서는 박창환, 박제행, 심영, 임효은, 김양춘, 김연실, 이숙, 임사만, 박순희, 박용관, 현지섭 등이 출연했다는 기록을 확인할 수 있다. 임화는 이 극단에 대해 "8·15 이후 조선연극의 긴급한 재편성 과정 가운데서 가장 용감한 선봉의 하나였던 극단"[25]이라고 규정하기도 했다. 극단 광고를 살펴보면 "노동자, 농민, 진보적 인테리겐차의 극단"이라고 설명하고 있으며, 극단은 활발하게 지방 순회공연에 임했다. 해방 직후 발표된 혁명극장의 선언문은 다음과 같다.

동무여 또 하나 다른 혁명革命이란 무엇이냐. 그것은 "이 사람들만 이긴다"는 선배先輩의 말을 빌 것도 없이 자본주의 사회資本主義社會에 있어 우리의 기본基本 계급階級에 하나던 노동계급勞動階級의 완전해방完全解放을 위한 결정적決定的인 혁명革命일 것이다.

동무여 우리 혁명극장革命劇場은 우리들의 연극적演劇的 임무任務를 이갓튼 관점觀點에서 인식認識에서 방법方法에서만이 수행遂行할 것이지 이것을 떠나서의 일체一切의 예술경영藝術經營과는 절교絶交한다. 그러나 이같은 연극演劇의 계급적階級的 목표目標를 기본基本으로 한 인민적人民的 과도기적過渡期的 연극演劇의 과정過程은 무시無視하지 안는다.

극단劇團 혁명극장 동무 전원全員[26]

살펴본 것처럼 단체는 진정한 해방을 위한 또 다른 '혁명'의 필요성을 역설하며 노동계급의 완전 해방을 위한 연극의 과도기적 목표를 설정한다. 물론 이같은 혁명극장의 선언문이 해방 후 박영호의 입장과 정확히 일치한다고 단정할 수는 없지만, 당시 작가와 극단의 관계를 고려할 때 이것이 곧 박영호의 지향점을 보여주고 있다고 간주할 수 있을 것이다.

좌익의 정치적 지향점을 분명히 드러냈던 종합예술지 『예술타임스』의 경우 2호부터 박영호에게 편집을 맡긴다는 계획을 밝힌다.[27] 『예술타임스』의 경우 애초 편집은 발행인 한종식이 맡았으나, 해방 이후 우후죽순으로 발행된 매체가 안정된 발행을 이어가기 여의치 않은 상황에서,

제목	유형	매체	발행일
「편지」	수필	『중앙신문』	1945.11.26
「국경」	수필	『중앙신문』	1945.12.11
〈번지 없는 부락〉 1회	희곡	『예술타임스』 창간호	1945.12.17
「연극건설좌담회」[28]	좌담회	『예술타임스』 창간호	
「살림으로서의 연극」	평론	『문화통신』 7권	1946.1.20
「문화, 정치와 문화노선, 연극 창조의 기술적 방향」 1~4회	평론	『중앙신문』 4회 연재	1946.1.13~16
「연극과 3·1운동, 비약의 일계기로세」 1~2회	평론	『중앙신문』	1946.2.18·20
〈겨레〉 1~3회	희곡	『신세대』 1권 1~3호 (통권 1~3호)	1946.3.15·5.10·7.20
「희곡 〈님〉을 쓰고 나서」	수필	『영화시대』 1권 2호	1946.6.25

연극계의 중진이라 할 만한 박영호에게 편집을 의뢰하여 타개책을 마련하고자 했다. 박영호는 『예술타임스』 창간호에 실린 연극 건설좌담회에서 해방 이후 극단의 난무와 연극계에 팽배한 상업주의적 스타 시스템을 비판하며 용서 없는 자기비판과 자기반성을 강조했다. 이어 "과거過去의 극좌적極左的 또는 공식주의적公式主義的 태도態度를 버릴 것과 예술藝術의 독자성獨自性만을 고집固執하여 순수純粹만을 내세운 태도態度도 일소一消하고 지금에 연극演劇 임무任務란 알기 쉽고 계몽적啓蒙的인 역할役割을 꾀하는 데 있"다고 주장한다.[29] 이어 그는 평양에서는 극장을 다 연극인에게 나누어주었다고 설명하는데, 이 좌담회에서의 발화는 여기서 멈추고 있다. 그렇다면 작가가 추구했던 리얼리즘의 실체는 그의 평론과 작품 세계를 통해 살펴봐야 할 것이다.

해방 이후부터 월북에 이르기까지의 기간이 1년 남짓이었던 만큼 작가의 글이 충분히 축적되어 있지는 않지만, 〈표 2〉에서 박영호가 쓴 작품 및 평론을 확인할 수 있다.

박영호는 수필 「편지」에서 경애하는 재분才分을 가진 동무 한 사람을 호명하며, 그가 소시민으로서의 무소속無所屬한 지성을 버린 후 평민적인 자각을 확대해줄 것을 권고했고, 「국경」에서는 겨울날 남북을 가로 막은 북위 38도선과 건국의 지연 상황에 대해 우려했다. 또한 좌담회에 참석해서는 해방 이후 연극계에 만연한 상업주의적 태도, 공식주의적 태도, 예술지상주의를 모두 경계했다. 이와 함께 3·1절 기념공연에 대해 논하면서 "각 민족 내에 두 개의 다른 민족이 있고, 이 모순된 두 개의 민족적 계급성과 그것의 역사적 위치와 상호제약의 과정을 구별하여 관찰하며 다시 그것의 강약관계와 원칙적인 것과 노선적인 것을 한계하며 규정해야 할 것"이라고 밝혔다. 이어 제2차 세계대전이 전개되기까지의 세계란 결국 '계급사'이며 계급 사회의 자기모순을 해결해 가는 과정에 불외不外하다며, 이것에 대한 비판적인 해석과 원칙적인 추구가 없이 3·1운동을 작품적으로 취급한다면 옛날이야기에 불과하고 무이론, 반민주적인 민족야담에 불외할 것[30]이라 강조하기도 했다.

　이 중에서 극작가로서 희곡 창작의 지침을 구체적으로 밝힌 글은 『중앙신문』에 4회에 걸쳐 연재한 「문화, 정치와 문화노선, 연극 창조의 기술적 방향」 및 『문화통신』에 기고한 『살림으로서의 연극』이다. 다음 장에서는 두 평론을 중심으로 박영호가 간주한 해방 후 연극의 지향점에 대해 살펴보려 한다.

2. '혁명적 리얼리즘'과 '살림으로서의 연극'의 접점

해방 이후 박영호는 극작가로서의 임무에 충실했고, 또한 대본 창작의 중요성을 역설했다. 관련하여 그가 관여했던 잡지 『예술타임스』는 창간호에서 희곡 모집을 단행하기도 했다. 당선금은 5천 원이었으며, 잡지 사측은 "새 조선연극의 초석이 될 위대한 작품―전 세계 진보적 예술의 일환으로써의 불굴의 작품을 내노키로 하자!"며 창작극 활성화를 선도하고자 했다. 심사위원으로는 박영호를 비롯해 송영, 안영일, 신고송, 나웅, 이서향, 김태진, 유치진 등이 이름을 올렸다.[31] 이와 관련하여 『중앙신문』에 연재한 「문화, 정치와 문화노선, 연극창조의 기술적 방향」은 해방 이후 박영호의 연극관을 파악하는 지표가 된다.

그는 여기서 새로운 연극노선과 관련해 "원칙적原則的으로는 아모리 사상적思想的 목적目的 설정設定이 뚜렷하고 예술적藝術的 의욕意慾이 분명分明하엿다할지라도 작업실제作業實際에 들어가서 건강健强한 예술적藝術的 발육發育을 거두지 못하는 경우境遇에는 그것은 목적目的과 결과結果가 동떠러지는 동시同時에 예술적藝術的으로는 자기분열自己分裂이오 관객적客觀的으로는 낙오落伍가 되는 것"이라며 "금후今後 조선朝鮮연극인演劇人의 예술적藝術的 노선路線이란 이론적理論的이 외부外部의 것을 지나 기술적技術的인 내부內部의 것에 돌입突入하여야 할 것"[32]이라고 설명한다. 이와 함께 원칙적으로 극단원 전체의 진보적 의사를 수렴해야 할 각 극단 기획부에서 극단 대표 개인이나 간부 몇 명의 결정으로 작품, 연출자를 선택하는 현재의 경향을 문제 삼으며 〈사랑에 속고 돈에 울고〉 같은 상업주의극을 무대에 올리는 양상을 비판한다. 이어 조선연극인의 '사상적 결핍' 및 '사상적 저급'을 논하면서 예술의 사회적 임무를 감안할 때 '일'과 '나'와의 공사公私를 혼동하는 상황이 문제적이라 지적한다. 그는 관객 및 기획의 문제에 대해 다음과 같이 설명한다.

관객觀客이 없는 연극演劇이 어디까지 우연偶然인 것처럼 연극演劇이 없는 관객觀客도 어디까지나 우연偶然이다. 연극演劇 따로 관객觀客 따로가 아니라 연극演劇이란 움직이는 한 개의 복합체複合體가 관객이란 다른 움직이는 복합체複合體와의 유기체적有機體的인 사회적社會的 연대성連帶性에서의 상호相互 제약制約이 있어서만이 강력強力한 혁명세력革命勢力의 종합綜合을 발견發見하기 때문이다. 이것의 동기動機가 되고 계기契機가 되는 것이 극단기획劇團企劃이다. 극단기획劇團企劃이라기보다 예술기획藝術企劃일 것이다. 이런 견지見地에서 우리는 한 개의 연극운동演劇運動 한 개의 공연公演에 있어서 그 예술적藝術的 성과成果 사회적社會的 반향反響의 동기動機가 되고 구상構想이 되는 기획企劃이라는 것이 얼마나 중대重大한 임무任務인가를 자각自覺할 것이오 또한 연극演劇이 문학사적文學史的으로 대상對象 방법方法 수단手段 법칙法則 원인原因의 개념概念이 변동變動되어가는 고도高度한 문화文化 태세態勢에 있어서 연극운동演劇運動으로서의 그 내부요소內部要素가 항상恒常 민중民衆과의 상호相互 제약制約되는 움직이는 복합체複合體라는 것을 잊어서는 안 된다.[33]

살펴본 바와 같이 박영호는 연극운동과 관객, 민중과의 상호 관련성을 강조하며, 기획에 있어 예술적 성과와 사회적 반향의 동기가 중요함을 역설한다. 이어 희곡의 사회화인 연극이 계급 사회에 정당한 변화를 가져온 역사적 사실을 논하며, 8·15 이후 모든 혁명세력이 하나로 뭉치려는 태세 곧 "오늘과 같은 조선의 비상非常 현실現實에서 연극운동演劇運動의 계기契機는 진실眞實한 그리고 진보적進步的인 창작"이라며 창작희곡의 생산의 필요성을 역설한다.[34] 그는 해방 이후 각 극단의 공연성과를 검토하며 자신의 연극〈번지 없는 부락〉, 〈북위 38도〉을 포함한 조선민주주의 문화 건설에 호응한 이상의 작품들의 대부분이 그 수법이나 작의가 '공격적'이며 '저돌적'이었다고 정리한다. 박영호가 진단하는 해방 후 좌파의 연극의 문제점에 대해 더 살펴보자.

그런지라 여기에는 하등何等의 지적知的인 자기제약自己制約도 없이 사회적社會的 결대結帶도 없이 극히極히 감상적感傷的인 군중심리群衆心理에 휩쓸리어 함부로 만세萬歲를 부르는 광경光景이 아닐 수 없다. 이같은 감정적感情的인 군중심리群衆心理란 일견一見 객관적客觀的인 듯하다. 기실其實 형태形態가 대규모大規模일 따름이오 원칙상原則上으로는 관념적觀念的이며 아집我執의 말단末端인 것이다. 예술藝術이란 그 규모規模에 있어서도 그 목적目的에 있어 그 본질本質에 있어서 어디까지 사회적社會的인 것이어서 이것을 대사회적社會學的 견지見地에서 본다면 예술藝術의 임무任務란 사회적社會的 협동작용協同作用을 확보確保하기 위한 사회적社會的 공감을 생生하는 필요必要에만 있는 것이다.

우리는 적어도 오늘날 조선현실朝鮮現實에 있어서 사회적社會的인 지성知性의 기준적基準的 관념觀念의 결합結合이라든가 인간상호간人間相互間의 지적知的 연결聯結을 실현實現하고자 노력努力함에 대對하여 도덕道德은 의지意志의 통일統一을 실현實現하고 그것에 의依하여 인간人間의 행동行動을 계급적階級的인 목적目的에 폭주輻湊하여야 할 이 사회적社會的 협동작용協同作用에 돌입突入함이 없이는 현하現下 정치노선政治路線에 대對한 우리들의 문화노선文化路線이란 극히極히 무내용無內容한 것이며 한 개의 우연偶然일 수밖에 없다.

이런 의미意味에서 우리 연극활동演劇活動이 범문화적汎文化的이요 한낱 범혁명적汎革命的인 기분氣分에 들떠서 공격적攻擊的인 것 저돌적猪突的인 것에 그친다면 이것은 기본방향基本方向이 뚜렷한 우리 정치노선政治路線에 대한 우연偶然일 것이다.

창작희곡創作戱曲에 있어서 또는 외국작품外國作品에 있어서 우리는 냉정冷靜하게 이같은 자기비판自己批判을 가져야 할 것이다. 정치政治를 해결解說하는 정도程度 또는 덮어놓고 혁명가革命家를 찬미讚美하는 정도程度의 창작극創作劇이나 혹은 조선현실朝鮮現實의 유사類似한 외국작품外國作品을 심각深刻한 비판批判도 없이 수입輸入하는 것으로 만족할 것인가.

우리 리얼리스트들은 현실現實을 정시正視하고 파악把握하고 작품화作品化하여야 할 것이다. 그것을 초월超越한다든가 또는 삼자적三者的인 입장立場에서 대對하려는 것은 어디까지 뿌르조아지의 예술방법藝術方法이다. 이같은 방법方法으로 현실現實에 임臨한다면 그에게는 벌써 예술藝術이 없다.[35]

여기서 확인할 수 있는 것은 해방 후 좌파의 희곡에 대한 정확한 현실 진단이다. 앞서 상업주의적 연극을 비판했던 그는, 한벌 더 나아가 해방 후 열기에 휩쓸려 '감상적 군중심리'를 드러내는 '공격적'이고 '저돌적' 인 연극을 비판하며, 예술의 임무를 '사회적 협동작용을 확보하기 위한 사회적 공감을 낳는 필요'에 있다고 강조한다. 이어 조선의 예술, 연극은 인간의 행동을 '계급적 목적에 폭주하여야 할 사회적 협동 작업에 돌입' 할 때 의미가 있다고 설명한다. 그는 조선의 리얼리스트, 리얼리스트연극인은 현실을 정확히 보고 파악하여 작품화해야 한다고 역설한다.

이 연재물은 해방 후 극계 현실에 대한 자성 및 작가가 지향하는 연극 노선의 방향이 드러나 있다는 점에서 중요한 참조점이 된다. 박영호의 경우 예술의 사회적 임무를 강조하며, 연극 기획 나아가 예술 기획은 관객과 유기적으로 연대되어야 할 필요성을 주장했다. 이어 창작희곡의 중요성을 제창하면서, 현재 군중심리에 휩쓸린 좌파의 선동적인 연극을 비판하고, 조선의 연극인들이 사회적 현실을 객관적으로 파악하여 관객과의 사회적 협동 작업에 주력해야 함을 강조했다. 이는 곧 해방 후 박영호가 제창한 연극의 리얼리즘과 결부된다.

박영호가 이 글을 발표한 시점에 조선연극동맹은 모스크바 3상회의 신탁통치 결정과 관련해 '진보적 조선연극 수립'을 역설하는 선언문을 발표한다. 이 선언문에는 "우리 연극인은 임정 측에 진보적인 맹성猛省을 요구하는 동시에 전선 통일을 요구한다, 연극은 예술이요 문화다. 향락적인 오락과 혼동시될 것은 아니다, 연극예술이 가진 민중계몽과 진보적 사상의 지도 사명을 완전한 예술로써 형상화해야 할 것이다, 편승적이오 비예술적인 작품을 배격하자"[36]는 내용이 포함되어 있다. 국제정세 및 국내정치 현실과 관련된 조선연극동맹의 입장은 앞서 박영호의 연극관과 흡사하지만, 박영호의 경우 작품 창작에 있어 '냉정한 자기비판'을 요구했다는 점에서 한 발 더 나아간다. 사회적 현실에 입각한 연극의 구체적 방향은 또 다른 평론 「살림으로서의 연극」을 통해 구체화된다.

이 글에서 작가가 말하는 '살림'은 조선인의 조직된 생활 감정이자 순수한 조선적 요소로서 형성된 생활이며, 이것이 계급적 목표에 자연스럽게 접근시켜 가는 원칙적인 생활노선이 된다. 박영호는 앞서 발표한 수기에서 연극이 "언제나 우리 맘 속에서 쉴 새 없이 커온 관점이요 계급적 의욕에 의해 온 것"[37]이라 설명하는데, 이는 혁명적 리얼리즘이란 조선인의 살림의 '해부'에서 출발한다는 견해로 확장된다.

〈사랑에 속고〉, 〈창가唱歌하는 안중근 의사安重根 義士〉, 〈카츄샤〉를 들고 나와서는 일부一部 악질惡質의 상인商人들로 말미암아 가뜩이나 저급低級한 관객觀客

이 늘어나는 지금只今에 모처럼 난산難産의 공연公演을 통通하여 이같은 고독孤獨한 노력努力을 남긴다는 것은 목표目標가 같고 노선路線이 같은 연극동지演劇同志로서 진심真心으로 안타까워하는 바이다. (…중략…) 그러기 위하여서는 조선연극朝鮮演劇은 조선인민朝鮮人民의 조직組織된 생활감정生活感情에서 소리에서 동작動作에서 나온 것이라야 할 것이다. 다시 말하면 살림으로서의 연극演劇이여야 할 것이다. 혁명적革命的 리얼리즘이건 사회주의적社會主義的 리얼리즘이건 조선인朝鮮人의 살림을 이해理解하는 데서만이 유효有效할 것이다.

조선인朝鮮人의 생활生活 계급분화階級分化의 내면적內面的인 '살림에의 해부解剖'가 없이는 리얼리즘이 있을 수 없다. 이것을 똑바로 볼 수 있고 판단判斷할 수 있고 형상화形象化할 수 있는 작가作家는 작가作家 개인個人의 천재天才나 능력能力에 의존依存하는 것이 아니라 조선인민朝鮮人民의 살림을 손수 체당體當하고 있는 푸로레타리아의 눈관점,觀點을 가진 작가作家일 것이다.[38]

박영호는 이 글에서도 해방 후 극계에 팽배한 상업주의연극을 비판적으로 검토한 후, 조선인의 살림을 이해하고 판단, 형상화할 수 있는 프롤레타리아 시선을 가진 작가가 곧 리얼리스트라 결론을 내린다. 여기서 현실에 대한 성찰, 해부란 조선인민의 현실에 대한 묘사와 연결될 수 있는데, 작가 자신이 주장했던 것처럼 〈번지 없는 부락〉과 〈겨레〉는 당시 좌파의 희곡과 비슷한 구호를 제창하며 마무리될지언정, 식민지 시기 사실주의극과 흡사하게 조선 민중의 현실을 핍진하게 묘사하는 측면이 있다. 이에 따라 한효는 〈번지 없는 부락〉에 대한 공연평에서 주요 연기자들이 대중연기의 옳지 못한 연기체계를 일소一掃했고, 〈정어리〉1939 이후 오랫동안 '질식'되어 있던 박영호의 묘사력이 살아 있는 박진적迫真的이며 감동적인 작품이라 평하기도 했다.[39] 당시 연극인들은 본격적인 국민연극 시기에 돌입하기 이전에 발표된 〈정어리〉, 〈등잔불〉[1940] 등을 박영호의 식민지 시기 대표작이라 간주했고, 해방 이후 작가가 발표한 일련의 연극이 당시 극계에 범람한 대중극과는 변별되는, 식민지 시기 자연주의연극의 연장선에 있다고 파악했다.[40] 「살림으로서의 연극」은 작가들에게 창작을 권유하는 것으로 마무리된다.

이것은 무슨 결론結論을 가저오느냐 하면 조선작가朝鮮作家여 창작創作하라. 우리 앞에 현란眩亂하게 전개展開되어 있는 현실現實 속에 뛰어들어가 투쟁鬪爭으로서 얻은 작품作品을 쓰라는 말이 된다. 어디로 갈 것인가 무엇을 쓸 것인가 어떻게 쓸 것인가 이같은 문제問題도 우리들의 금후今後 작가적作家的 실적實績에서만이 논의論議될 것이다. 신인新人도 없고 기성旣成도 없다. 오직 좋은 작품作品 진지眞摯한 사상적思想的 기준基準을 가진 작가作家만이 번영繁榮할 것이오 자랑스러울 것이다.

해방 직후 극단 창단이 이어지고 극장은 관객들로 북적였지만, 미군정의 좌파에 대한 탄압이 심화되고 극단에 대한 탄압도 격화되던 시점에서 박영호는 희곡 창작의 중요성을 강조한다. 이 평론이 발표된 시점은 연극인들의 1차 월북이 진행되기 이전으로, 작가는 조선의 극작가들에게 리얼리티를 담아낸 희곡 창작에 매진할 것을 촉구하고 있다. 조선적, 민족적 연극에 대한 신념은 다음의 후기에서도 발견할 수 있다. 그는 3·1절 기념공연작 〈님〉을 발표하고 나서 다음과 같은 소회를 피력한다.

만일 조선을 님이라고 지목指目하는 경우境遇에도 이 '님'의 비원悲願은 외침外侵을 미워하고 내려內慮를 보강補強하여 민족만대民族萬代의 번영繁榮을 도모圖謀하랴는 비판批判의 정신精神이다.

그러므로 이것은 초민족적超民族的이나 초계급적超階級的인 것이 아니라 차라리 민족民族 속에나 계급階級 속에서 저절로 발생發生하는 생활生活과 행동行動의 정신精神이다. (…중략…)

나는 님의 주제主題를 이런 데서 구求하고 시대時代와 무대舞臺는 기미己未를 전후前後한 조선朝鮮의 실정實情을 통通하여 청산리전쟁靑山里戰爭에서 막幕을 닫았다. 그리고 주인공主人公은 지도자指導者보다 민족대세民族大勢를 앞잡이로 하고 싶었다.[41]

현재 대본을 확인할 수 없지만, 이 후기에 입각하면 〈님〉의 주인공은 지도자가 아닌 민중이다. 이는 〈번지 없는 부락〉이 특정 인물에게 초점화되어 있지 않고, 〈겨레〉에서 주인공이 혁명가가 아닌 그의 아내로 설정된 것과 연관될 수 있다. 작가는 〈님〉의 후기에서도 "민족 속에서나 계급 속에서 저절로 발생하는 생활과 행동의 정신"을 의도했다고 설명하는데, 조선인의 생활 습속에 대한 관심 역시 〈살림으로서의 연극〉에 나타난 연극관과 연결되는 지점이라 간주할 수 있다.

살펴본 것처럼 박영호는 상업주의연극은 물론 조선의 현실과 유리된 선동적인 표어만이 가득한 연극에 대해서도 경계했고, 이에 대한 대척점에서 '살림으로서의 연극'을 강조했다. 〈겨레〉는 미흡하나마 이같은 지향점이 구현된 텍스트였고, 김남천의 〈3·1운동〉, 함세덕의 〈기미년 3월 1일〉과 함께 조선문학가동맹이 수여하는 해방기념문학상 희곡부문 수상작에 선정되기도 했다. 그렇다면 〈겨레〉는 동시기 좌파 예술인, 조선연극동맹의 지향점을 어떻게 반영하며, 또한 차별화되고 있는가. 제3장에서는 〈겨레〉의 특징을 여성해방론과 국제주의의 모색이라는 관점에서 논의하고자 한다. 민족주의를 넘어선 국제적 연대의 모색은 해방 직후 좌파 문학 예술인들이 공유했던 지점을 반영하는데, 여기 여성해 방론이 보태질 때 해방기 박영호가 추구했던 극작 세계의 특수성을 해 명할 수 있을 것이다.

3. 〈겨레〉1946를 읽는 두 가지 독법

1) 여성 인물의 전경화와 여성해방론

〈겨레〉에서 주목할 점은 여성들의 이야기에 천착하고 있다는 점이다. 대중극을 제외하면 이념성향을 막론하고 많은 해방기연극이 아버지와 아들의 갈등을 형상화하고 있는 반면, 이 극은 부정한 부모 세대와 아들의 갈등 역시 묘사하지만, 이보다는 민족 수난기에 서로 다른 선택을 한 여성들의 삶을 비중 있게 다루고 있다. 해방기 발표된 〈제국 일본의 마지막 날〉1945, 〈해방〉1946, 〈그날은 오다〉1946, 〈살아 있는 이중생 각하〉1949 등 당대 극작가들이 이념 성향을 넘어 귀환한 청년들이 제국주의 잔재를 청산하고 민족의 선구자가 되는 양상을 극화했다면,[42] 연극을 관람한 김영수가 설명한 것처럼 〈겨레〉는 여성들의 이야기라는 점에서 차별화된다. 김영수는 이 작품에 대해 다음과 같이 설명한다.

> 친일파親日派 민족반역자民族叛逆者를 제외除外한 원칙적原則的이 민족정부民族政府를 수립樹立하여야 한다는 것이 이 희곡戲曲의 주제主題이겠으나 그보다도 세 어머니사 씨(史氏), 인주(人珠), 며느리의 전형적典型的이 삼 세대三世代를 그린 점點 그리고 공산주의자共産主義者의 아들인 창수昌洙의 환경적環境的 세계世界보다 경찰부장警察部長의 아들인 용구容九의 자기부정적自己否定的인 세계世界를 작의作意가 견고堅固하

였던만치 작가作家는 역작力作에 또 '플라쓰'하였던 것이다.

일언一言해서 해방 후解放後 극단劇團 혹惑은 작가作家의 혹惑은 작가作家의 동태動態는 세계적思想的인 기로岐路에서 자기노선自己路線을 분실紛失하고 방황彷徨하고 잇는 현금現今 어디까지나 굳건히 직선直線 코스를 걸어가고 있는 작가作家 박 씨朴氏를 가진 것은 우리 극단劇團 전체全體의 발전發展을 위해서 자랑이 아닐 수 없다.[43]

극작가 김영수는 뚜렷한 자기 노선을 가진 작가 박영호의 〈겨레〉를 극찬하면서, 이 극의 차별점으로 여성 3세대의 이야기를 그렸으며, 경찰부장의 아들인 용구를 내세워 아버지를 비판하게 설정한 점을 지적한다. 이 중 각성한 아들이 민족반역자인 아버지를 비판하고 심판한다는 설정은 이후 김송의 〈그날은 오다〉, 오영진의 〈살아 있는 이중생 각하〉[44] 등 우파 연극인들의 작품에서도 반복되는 설정이라는 점에서 두 청년을 대비시킨 것 외에 〈겨레〉의 이채성을 발견하기 어렵다. 그러나 여성 3대의 삶을 형상화하고, 인주라는 인물을 통해 해방 후 민족의 방향을 모색하고 있다는 점은 이 작품이 가진 분명한 차별성이다.[45] 민족해방과 계급해방, 여성해방을 함께 연계시킨다는 점이 곧 〈겨레〉를 동시대 좌파의 연극과 차별화시키는 지점인 것이다. 당시 연극계에서 활동하던 여성 극작가가 부재하고, 좌파의 연극에서도 여성의식과 관련해 뚜렷한 선취를 보여주는 작품이 없었다는 점을 감안하면 〈겨레〉는 분명 이색적인 작품으로 평가할 수 있다.[46]

전 4막 5장으로 이루어진 연극은 혁명가인 남편 박양과 계급의식이 분명한 아들 창수를 둔 인주를 중심으로, 인주의 아버지인 도지사와 그의 아내 사 씨, 인주의 오빠인 경찰부장과 그의 아들 용구 등 세 일가의 이야기를 펼쳐 나간다. 작가는 각성하지 못한 사 씨와 배움의 기회를 얻었지만 남편이 첩을 들이자 자살한 경찰부장의 아내극 중 등장하지 않음를 인주와 대조시켜간다. 이와 함께 인주의 뜻을 이어가는 딸 로자와 아들 창수의 연인 주엽의 삶을 형상화하면서 해방 전후 세대와 배움의 정도가 각기 다른 여성들의 삶을 극화한다.

〈겨레〉는 식민지 시기 많은 사실주의극이 몰락해 가는 일가의 집을 배경으로 진행됐던 것처럼 경성 어느 쇠락한 대가大家의 집을 구체적으로 묘사하며 시작된다. 막이 열리면 인주는 어머니의 자살로 상심해있는 조카 용구를 위로하려 하나 용구는 어머니를 자살로 몰아간 아버지나 무책임하게 자살을 택한 어머니나 결국 같다며 자조한다. 한편 딸 인주의 집을 찾은 사 씨는 자살한 며느리와 집안을 돌보지 않는 혁명가 사위를 거칠게 비난한다. 용구는 사회의식이 없는 사 씨를 비판하고, 사 씨와 자살한 어머니 그리고 고모 인주를 비교하면서 인주의 얼굴이 곧 '혁명'이자 '신념'이라며 추어올린다. 창수와 용구 사이에는 학병 징집을 둘러싼 오해가 생기고, 창수의 동지들이 찾아와 창수와 용구가 혈서를 쓰고 자원입대했다는 기사를 봤다며 분노한다. 동지들은 창수의 변명을 믿어주지 않고, 절망한 창수에게 삼촌인 경찰부장[47]이 찾아와 입대를 강요한다.

수일 후 인주의 집에 혁명가 박양이 찾아온다. 인주는 아들에 대해 오해하고 있는 남편에게 진상을 설명하고, 이때 경찰부장이 인주의 집을 찾는다. 그는 재차 인주를 설득하고, 그가 돌아간 뒤 용구는 친일파의 자식이기에 창수까지 자신을 배제하는 상황에 대한 괴로움을 호소한다. 이때 사 씨가 들어와 경찰부장이 피습되었다는 사실과 함께 범인이 사돈, 곧 자살한 며느리의 오빠임을 알린다. 용구는 그런 할머니에게 자신은 병원에 가지 않겠다며 다시 아버지를 부정하고, 이윽고 창수가 들어와 동지들과 함께 학병으로 나서기로 결정했다고 밝힌다. 인주는 자식에게 실망하지만, 창수는 도리어 섭섭함을 표하며 자신은 일본군에서 탈출 후 조선혁명을 위해 싸우겠다고 말한다. 시간이 흐른 후 인주는 창수의 소식을 기다리고, 용구는 조선 군대가 있는 곳으로 가서 입대하겠다고 밝힌다. 이후 도지사와 경찰부장이 찾아와 발령 소식을 전하며 인주의 상황에 대해 개탄하고, 용구는 부모의 뜻에 의해 강제 결혼하게 된 창수의 연인 주엽에게 함께 사선死線을 향해 떠나자고 설득한다. 그때 전선에 나간 창수가 천황폐하 만세를 부르짖으며 죽었다는 전보가 도착하고, 인주는 분노한다.

제4막에 이르면 극 중 시점은 해방 이후로 바뀐다. 남편과 아들의 안위를 염려하는 사 씨가 손녀 로자가 언쟁을 벌이고, 인주는 사 씨에게 뒤바뀐 조선의 상황에 대해 설명한다. 한편 앞서 경찰부장을 습격했던 사돈 김두복이 등장하고, 그는 인주에게 민족반역자를 처단해야 한다면서 사 씨의 약을 올린다. 이어 용구가 사 씨의 아들 사랑이 '눈먼 사랑'이라며 비판하고, 상황을 감지한 사 씨는 자신이 '왜놈의 어머니'가 됐다며 울음을 터뜨린다. 사 씨의 불안감은 이북에서 온 고등과장 아내의 상황 보고를 통해 증폭되고, 이어 도지사가 인주의 집을 찾는다. 박양과 인주는 학병이 되어 숨을 거둔 아들 창수를 수치스러워하며, 박양은 아내에게 해방 후 경찰부장이 자신에게 찾아와 요직을 부탁했던 일을 전한다. 사선으로 가기 전에 해방을 맞은 용구는 연합군이 주축이 된 해방에 대해 불만을 표하며, 이어 연안군이 서울에 입성했다는 소식을 전한다. 로자는 흠모하는 창수의 동지를 기다리고, 인주는 절망한 주엽을 위로하며 함께 살자는 뜻을 전한다. 경찰부장은 욕심을 버리지 못하고 일본으로 밀항하자며 도지사를 설득하고, 인주는 그런 경찰부장을 강하게 질

책한다. 한편 죽었다던 창수와 동지들이 돌아와 자신들이 연안군과 광복군에서 활동했음을 밝히고, 손자의 귀환을 목도한 도지사는 자결한다.

살펴본 것처럼 인주의 집에서 모든 사건이 전개되는 〈겨레〉에서, 사건의 진행은 인물들의 등퇴장을 통해 진행되고, 전쟁 중 그리고 해방의 분위기는 음향효과_{라디오 소리, 노랫소리, 함성 등}를 통해 제시된다. 연극에는 스펙터클이라 할 만한 모든 요소가 배제되어 있고, 작가는 민족반역자를 배제하여 민족통일전선을 구축해야 한다는 메시지를 역설하는 데 집중한다. 그 과정에서 인주 일가 외에 창수의 동지들, 인주의 사돈, 고등과장의 아내 등이 등장해 긴장감을 불어넣고, 여성 신구 세대 간의 갈등, 용구와 창수의 사촌 간 대립, 창수와 동지들 간의 충돌, 경찰부장에 대한 사돈 김두복의 분노, 창수의 변절 소식 이후 주엽의 방황 등 다양한 사건이 동시다발적으로 진행된다. 인물들이 빈번하게 기능적인 등장과 퇴장을 이어가고, 김두복의 경찰부장 피습과 로자의 짝사랑처럼 부수적인 이야기들이 끼어들면서 호흡이 매끄럽게 이어지지 않는 〈겨레〉에서, 극의 중심을 잡는 것은 묵묵히 가정을 지키며 신념을 지켜온 인물 인주이다. 〈겨레〉의 주인공은 혁명가도 신세대_{창수, 용구}도 아닌, 일제의 억압 속에서 신념을 지켜온 인주이며, 3대에 걸친 가족사를 인주를 중심으로 구축했다는 것 역시 〈겨레〉가 동시기 희곡과 차별화되는 지점이다.

앞서 밝혔듯이 이 극의 제목은 〈인민위원회〉에서 〈민족반역자〉로 정정되었다 공연 당시에는 〈북위 38도〉로 변경됐고, 희곡이 잡지에 실리면서 최종적으로 〈겨레〉로 지정됐다. 제목의 변경 과정을 중심으로 작가의 의도를 고찰해 보자면, '인민위원회'라면 민족통일전선에, '민족반역자'라면 도지사와 경찰부장을 비롯한 친일분자에, '북위 38도'라면 인주의 대사에서도 언급되는 해방 후 '넘지 못하는 산' 곧 현재 상황에 초점이 맞춰지게 된다. 종국에 '겨레'에 이르면 민족통일전선의 의미가 강조되고, 또한 '핏줄'의 관념이 강화되면서 가족 그리고 겨레를 지탱하는 인물 인주에 초점을 맞추려는 작가의 의도가 분명해진다.

대중극의 문법과는 다르지만, 박영호 역시 〈겨레〉에서 구시대 여성들이 겪었던 수난사를 설명한다. 구시대적 어머니를 통해 관객이 감정이입할 만한 여지를 마련하는 것은 작가의 국민연극 〈물새〉1943에서도 확인할 수 있는 지점이다. 다만 〈물새〉의 어머니가 막내아들을 보호하려는 구시대적 어머니상으로 선전극의 목적성과 대치되는 인물이었다면, 신여성인 인주는 아들이 변절했다는 소식을 접하고 그를 즉각적으로 부정한다. 관련하여 이승희는 식민지 시기 박영호의 연극 중 드물게 여성 인물을 전경화한 〈물새〉가 이들의 위험한 존재상황을 통해 "폭력적인 의사疑似 국가에 대한 부인을 함축한다"고 설명한다.[48] 반면 〈겨레〉에서 맹목적 모성을 가진 구시대 여성은 청년의 발화를 통해 부정당하고, 극중 이데올로그로서 이들과 대별되는 인주만이 격상된다. 용구는 사살한 자신의 어머니를 부정하면서 여성해방, 그리고 인주를 비롯한 어머니 세대의 삶에 대해 다음과 같은 견해를 표출한다.

　용구　인습因習에서 벗어나자. 결혼은 기계機械가 아니다. 자식은 부모의 인형이 아니다. 코론타이 에렝케이 로-자 룩센부룩 연애 절대 자유 이것을 누구보다 앞장서서 조선의 소개하고 선전하고 실천하신 분들이 누구시죠 고모님.

　용구　군수郡守의 따님으로서 집에서 쫓겨나서까지 공산주의자共産主義者의 아내가 되신 고모님이나 그와는 반대로 장차 총독부 사무관事務官이 될 대학생의 아내가 된 우리 어머니나 적어도 조선 여자로서 그런

선각급先覺級의 어머니들이라면 자식의 마지막 한 마디 발언권은 여유를 주어야 옳지 않습니까.[1회, 396면][49]

작품 속에서 여성해방과 관련한 논조가 전면화되어 있지는 않지만, 그럼에도 짧게나마 콜론타이[Aleksandra Mikhailovna Kollontai]와 엘렌 케이[Ellen Karolina Sofia Key] 등 식민지 시기 조선의 여성운동에 영향을 미쳤던 여성해방론자들의 이름이 언급되고 있다는 점을 주목할 만하다. 이에 더해 용구는 사회주의 혁명가 로자 룩셈부르크[Rosa Luxemburg]에 대해 언급하며, 극 중 인주의 딸의 이름은 로자露子로 설정되고 있다. 해방 이후 좌파 문인들은 로자 룩셈부르크를 빈번하게 소환하는데, 마르크스주의자로서 노동계급에 의한 혁명을 주장했던 룩셈부르크는 동지였던 리프크네히트와 함께 "레-닌 등과 제휴하여 반독운동을 지도하며 기회주의와 민족주의적 경향에 반대 투쟁"[50]한 인물로서 승격됐다. 박영호는 성격이 다른 세 명의 여성 이론가를 동일선상에서 언급하고 이들의 이론에 대해 더 파고들지는 않지만, 인주라는 인물을 설명하는 데 있어 자유연애와 모성을 함께 강조했던 엘렌 케이, 사회주의 혁명을 통한 여성해방을 제창한 콜론타이, 소수의 선도가 아닌 대중의 자발성에 입각한 혁명과 사회주의 건설을 주장한 룩셈부르크[51]를 언급한다. 그리고 이들 세 이론가의 신념을 동시에 실천하고 있는 인주의 삶은 곧 이 극의 주제의식으로 이어지게 된다.

인주는 '사상'에서 시작된 자유연애를 통해 아버지의 뜻을 거스르고 혁명가인 박양과 결혼했으며, 아들을 사랑하며 가족을 지키는 모성애를 보여준다. 그러나 그가 황군으로 전사했다는 전보를 듣고 즉시 아들을 부정하며, 아들의 연인인 주엽을 동지로서 끌어안고 극 말미에 이르면 아버지와 오빠를 정면으로 비판하고 새 시대의 계급의식을 역설함으로써 극의 주제의식을 설파하는 역할을 맡는다. 이같은 인주의 삶은 창수와 용구뿐만 아니라 역시 '사상에서 시작된' 연애를 택한 주엽에게 귀감이 된다. 박영호는 전환기 여성의 책무를 고민하는 과정에서 잘못된 모성애를 보여주는 사 씨와 혁명의 상징인 인주의 대화를 비중있게 삽입한다. 첩을 들인 민족반역자 남편을 묵인하고 아들에 대한 맹목적 모성애를 보여주었던 사 씨의 행각은 용구에 의해서 거듭 부정당한다.[52] 이어 극 말미에 이르면 잘못된 모성애를 반성하는 사 씨와 미군정에 의탁하려는 오빠를 준엄하게 꾸짖는 인주의 발화가 삽입된다.

사 씨 조선 사람? 그럼 우리 영감이나 용구 아범은 어느 나라 사람이냐? / 어쩌면 너는 밤낮 싱그덕 벙그덕 웃어가면서도 고생도 잘 참고 좋은 세상도 먼나고 곧잘 사는데 나는 한평생 너만 못하지 않게 남편을 받들고 자식을 받들었것만은 종당가서는 이렇게 서 푼짜리도 못되는 조선말하는 왜놈의 어미가 됐단 말이냐. (울음이 터진다)3회, 95면

인주 인제 겨우 해방은 되었다고 하나 어디 분명히 삼천리강산을 찾아 놓았습니까. 간신히 태극기太極旗만 꽂아 놓은 이 가난한 조선 그나마 북위삼십팔도北緯三十八度로 두 몸뚱이가 된 이 불쌍한 조선에서 또 피를 긁으려고 친일親日 매국賣國 모리謀利의 압장을 서십니까 오라버니. / 오라버니 변명마세요. 만일 오라버니 같은 사람들이 새조선의 세력을 쥐고 가난한 조선사람을 위협하고 또다시 피를 긁는 세상이 된다면 조선엔 열 몸뚱이로 끊어지고 북위삼십팔도北緯三十八度 같은 것이 백개가 생겨도 좋습니다. 오라버니 가난한 조선을 구합시다.3회, 103면

살펴본 것처럼 〈겨레〉가 여성 인물 묘사에 있어 동시대 희곡보다 진보적인 일면을 보여주고 있는 점은 분명하지만, 그 형상화 과정에서 여전히 한계를 노출하고 있다. 혁명과 신념 같은 수식어를 제외하면 용구가 인주를 존경하는 이유는 "남편을 받들고 자식을 아껴주는" 어머니였기 때문이며, 인주가 저자의 입장을 대변하는 레조네어가 될지언정 그녀는 민족통일전선이 구축되는 과정에서 박양의 집 밖으로 나아가지 않는다. 모성애를 강조한 엘렌 케이와 가족의 해체를 논한 콜론타이 등 성향이 다른 여성 이론가들을 뭉뚱그려 논하고 있는 것 역시 한계로 지적할 만하다. 이와 함께 경찰부장의 죽음 가능성에 대해 언급한 후 실성해 버리는 고등과장의 아내 청자나 결말부에 이르러 도지사를 부축하면서 등장하는 그의 첩에 대한 묘사는 식민지 시기 연극의 전형적인 여성 인물 묘사를 반복하고 있다.

그럼에도 불구하고 〈겨레〉의 여성 인물 형상화를 긍정적으로 볼 수 있는 이유는 다른 신념을 가진 여성 인물 간 대립을 구체적으로 묘파해낸 희곡이며, 도지사의 자살 후 모든 사건을 정리하며 한 세대의 죽음에 의미를 부여하는 발화 역시 사 씨에게 주어졌다는 점이다. 〈겨레〉에서 창수와 용구 같은 젊은이들의 변화의 진폭이 미미한 반면, 극이 진행되는 과정에서 가장 극적으로 변모하는 인물 또한 사 씨이다. 이 점에서 〈겨레〉는 여성해방 문제를 본격적으로 논의한 좌파의 대표적 희곡으로 자리매김할 수 있게 된다.

2) 팔로군八路軍의 형상화와 국제주의

〈겨레〉에서 주목할 또 다른 점은 연안군의 입성을 극 말미에 배치하고 있다는 점이다. 작가는 극을 통해 여성해방과 국제적 연대를 연계하여 상상하고 있는데, 이 지점은 작품 속에서 인용되고 있는 여성 혁명가이자 국제주의자로서 로자 룩셈부르크의 사상과 관련지어 이해할 수 있다. 룩셈부르크는 과거 민족과 국경을 뛰어넘는 노동자 계급과의 국제적 연대를 통해 봉건적 억압과 자본의 지배에 투쟁해야 한다고 주장했으며, 이같은 국제주의는 유럽 내 자본주의와 제국주의의 발전으로 인해 더 고착됐다.[53] 그녀는 또한 여성 참정권의 문제를 노동해방, 여성해방과 관련지어 강조했다.[54] 이 중 여성해방 문제가 인주의 삶과 연계되어 있다면, 국제주의는 전선으로 갔던 창수가 팔로군과 함께 돌아온다는 설정을 통해 드러난다.

해방기희곡 중 조선독립군과 중국 공산당의 연대를 다룬 작품으로, 1941년 12월 태항산 호가장에서 일어났던 조선의용군의 사투를 담은 김사량의 〈호접〉[1946]이 있다. 김사량은 조선 군대의 승리 과정을 묘사하는 과정에서 팔로군의 역할을 비중있게 묘사하며, 사회주의 이념에 입각한 국제적 연대를 모색한다. 〈서래〉에서도 결말부에 팔로군이 등장하는 맥락은 이와 흡사한데, 작가는 식민지 시기를 묘사할 때도 민족 내부 분열을 비판하며 계급의식을 고취시키는 데 집중한다. 그리고 민족주의의 범주에 국한되지 않은 국제적 인민의 연대가 진정으로 조선을 해방시킬 것이라 역설한다.

> 창수   할아버지 아저씨, 보고합니다. 두 분께서 위조혈서로서 지원시켜주신 학병 다섯 명 가운데 여기 세 명은 팔로군八路軍에 남저지 두 명은 광복군光復軍에 편입되었습니다.
>
> 경찰부장 (머리 숙인다)
>
> 창수   아저씨 이렇게 살아 있는 우리들을 천황폐하만세를 부르고 죽었다

고 거짓 전보가 오고 해골들이 왔다죠. 용합니다. 이것이 이번 전쟁을 통해서 당신네들이 신주 때처럼 받들던 일본악마군벌日本惡魔軍閥의 인민 모욕이지 뭡니까.3회, 103면

실상 창수와 동지들이 탈출하여 광복군에서 일본 군대와 싸웠다고 설정해도 극의 흐름은 크게 달라지지 않는다. 하지만 박영호는 민족반역자 심판의 날을 연안군과 광복군의 입성일로 정하고, 청년 집단 중 일부는 팔로군에서 투쟁했던 것으로 묘사한다. 이같은 설정은 조선의용군과 팔로군의 합작이라는 역사적 배경에 입각한 것인 동시에 박영호가 상상한 국제적 연대와 직결되어 있다. 작가는 재차 민족반역자를 배제한 통일전선의 구축을 역설하고, 국경을 초월한 인민의 연대를 역설한다. 그리하여 탈출한 아들 창수가 다른 국가의 인민과 함께 투쟁했다는 전사를 안고 귀환하는 과정이 필요하다.

극 초반 창수는 사회주의 사상에 도취된 청년으로 등장하고, 그의 연애와 우정은 모두 '사상'에 입각해 진행된다. 작가는 창수와 용구의 발화를 통해 도지사와 경찰부장으로 요약되는 친일파들이 민족을 배반했다는 것과 함께 민족 내부에서도 노동자-농민이 수탈과 동원의 대상이 되고 있다는 점을 문제 삼는다. 해방 이전을 배경으로 할 때도 창수는 프롤레타리아계급에 대한 안타까움을 드러내고, 용구는 아버지 경찰부장의 부패상을 담은 '삐라'를 돌리겠다며 흥분한다. 또한 제2막 이후 경찰부장은 인주의 집을 찾아 자신의 조카인 창수는 사선死線으로 보내지 않겠다며 협상을 시도한다. 그는 창수가 입대하게 하면 안전한 지역으로 보내주겠다며 일선에 나가 피를 흘리는 것은 '권력 없는 사람들의 자식들'이 될 것이라 동생을 설득한다. 작가는 그렇게 식민지 시기를 형상화할

때도 해방 후 사회상을 반영해 해방 '이후' 계급투쟁의 방향을 고민한다.

> **창수** 어머니 어머니두 그런 말씀을 하십니까. 지금 어머니가 흘리시는
> 그 눈물이 무슨 눈물예요. 누굴 위한 눈물예요. 아버지가 왜 거지탈
> 을 쓰고 가족을 버리고 도망군이 되었답니까. 우리가 울어줘야
> 할 사람들이 누구예요. 어떤 계급階級이야 말씀예요. 불쌍한 농사군
> 의 피를 긁는 지주 놈들예요. 친일파親日派 민족반역자民族叛逆者들입
> 니까. 아니지요. 어머니 노동자 농민 손수 살을 만들고 기계를 돌리
> 고 물고기를 잡고 산판을 갈고 석탄을 캐고 가죽을 맨들고 석냥을
> 종이를 기름을 맨드는 프로레타리아 이런 불쌍한 사람들 떠나서
> 우리가 울어줄 계급이 누굽니까. 그렇잖습니까 어머니.[1회, 134면]

로자 룩셈부르크는 혁명 과정에서 소수의 지도자의 솔선수범이 아닌
대중의 자발성이 중요하다고 역설했고,[55] 이로 인해 그녀의 사상은 현
실을 고려하지 않은 이상적인 것이라 비판받기도 한다. 주지하듯이 〈겨
레〉의 경우 위대한 혁명가 대신 조선 여성의 현실을 보여주는 인주를 중
심으로, 민족반역자와 사회주의자들을 다양하게 배치해 극의 초점을 분
산시키고 있다. 그리고 앞서 살펴본 평론에서 확인한 것처럼, 박영호는
프롤레타리아 혁명 과정에서 위대한 혁명가의 영웅성이 아닌 다수 인
민의 각성과 공감에 기대를 걸었고, 인민의 자각과 연대를 통해 세계를
변화시킬 수 있다는 신념을 피력했다. 이는 '사회적 공감'과 '사회적 협
동'[56]을 논했던 월북 전 작가의 혁명적 리얼리즘과 연계되며, 당시 편협
한 민족주의를 넘어 국제주의의 필요성을 제창했던 좌파의 주장과 연
계될 수 있다. 관련하여 해방 후 조선정판사에서 인쇄를 담당했던 잡지

『문화통신』의 경우 조선의 해방과 세계적 관련성을 주장하며, "제국주의적 문화, 민족주의적 문화의 파괴와 지양"을 논하기도 했다.[57]

또 하나 〈겨레〉에서 주목할 점은 경찰부장의 아들이자 투철한 계급의식을 가진 용구의 발화이다. 해방 전 아버지에 의해 용산부대에서 근무를 하게 된 용구는 부대를 탈출해 주엽과 함께 전선으로 가다 봉천에서 해방을 맞았다. 해방 후 학병동맹 완장을 차고 등장한 그는 해방이 너무 빨리 이루어진 것, 곧 일본의 패전으로 인해 조선인이 주체가 되지 못한 해방에 대해 불만을 표한다.

> **용구**　아까도 제주도濟州島 어느 부대에서 돌아온 동무하고도 얘기했지만요. 이렇게 조선이 빨리 해방이 된 데 대해서 절대 불평입니다. / 그런 의미가 아닙니다. 제주도 같은 데선 말씀에요. 미리 조선 병정들이 내통이 있어 가지고서들 오냐 연합군聯合軍이 하루라도 빨리 제주도에만 쳐들어 오너라. 그날이면 우리들도 총부대를 거꾸로 메고 왜놈 부대를 한꺼번에 두들겨 부순다는 계획였다잖아요.3회, 99~100면

용구는 너무 이른 해방으로 인해 팔로군이나 광복군에 합류해 투쟁하지 못했던 아쉬움을 표하며, 조선인이 조선 내에서 연합군과의 연대를 통해 제국과 싸우지 못했던 상황에 대한 한계를 인식한다. 여기서 용산부대에 있다 탈출해 미처 싸워보기도 전에 해방을 맞았다는 용구의 발화는 일제 말기 국민연극 창작에 앞장섰던 박영호의 변명처럼 들리기도 하는데, 김사량의 경우 〈호접〉에서 식민지 조선을 탈출해 조선의용군 본부로 갔던 경험에 입각해 조선 외부에서의 국제적인 연대 가능성을 모색했다. 이와 달리 박영호는 조선 내부에서도 국제적 연대를 통한

일본과의 전쟁이 가능했으리라 설명하며, 그 근거로 제주도에서 연합군과 연대해 일본군과 싸우려 했다는 실현되지 못한 계획을 제시한다. 이는 과거 국민연극 창작에 앞장섰던 작가의 입지 및 조선에서 국경을 가로지르는 연대를 주장해야 했던 시야의 한계를 고려한 설정으로 보인다. 제4막에서 라디오에서 흘러나오는 국내외 혁명투사를 향한 박양의 연설, 곧 작가의 제안은 노동자, 농민, 진보적 인텔리겐차, 학생대중, 소시민 제군 등 '우리들'이 한 덩어리가 되어 민족반역자를 통일전선에서 배격하자는 것이다. 이같이 작가는 사회주의에 입각한 인민 간의 연대를 구상하고 혁명의 시야를 해외로 확장시킨다.

그런데 앞서 여성 인물을 형상화하는 과정에서 한계를 노출했던 것처럼 박영호가 제창하는 인민 간의 국제적 연대는 구체적으로 형상화되지 않는다. 창수의 동지 중 일부가 팔로군이 되어 돌아온다는 설정만으로 국경을 초월한 유대를 묘사하기에는 미진한 측면이 있다. 또한 식민지 시기를 다룰 때도 해방 후 작가의 시대인식이 계속 끼어드는 등 그 역시 자신이 비판했던 연극, 즉 이념이 전경화된 '공격적'이며 '저돌적'인 연극의 한계를 탈피했다고 보기에는 부족하다. 작가가 역설했던 당대 조선연극의 문제점은 〈겨레〉에서도 반복되고 있는 것이다. 이와 함께 해방 후 용구의 항변은 박영호의 자기 변명적 목소리로 읽히기도 한다.

그럼에도 불구하고 해방 전후 조선 내부의 상황을 세밀하게 포착하면서 인민 간의 연대에 입각한 혁명을 극적으로 구상하고 있다는 점에서, 〈겨레〉는 해방 후 "굳건히 사상적 직선 코스를 걸어갔던"[58] 작가의 세계관은 물론 당시 조선연극동맹의 지향점이 가장 잘 드러난 작품 중 하나라고 볼 수 있을 것이다.

4. 또 다른 전쟁과 혁명적 리얼리즘의 종착점

주지하다시피 〈님〉을 무대에 올리고 〈겨레〉를 지면에 발표한 후 박영호는 아내와 월북을 감행한다. 그 계기로는 당시 연극인들이 월북을 택한 배경, 즉 연극을 지속하기 위한 최소한의 경제적 요건이 뒷받침 되지 않는 현실의 인식 및 북한 극계에 대한 환상이 작동했던 것을 감안할 수 있으며,[59] 박영호의 경우 남한이 더 이상 자신의 연극관을 구체화하기 적절하지 않은 공간이라는 인식이 반영된 것으로 보인다. 월북 이후 박영호는 같은 해 12월 남한문단에도 널리 알려졌던 원산문학가동맹의 『응향』 검열사건에 휘말리게 된다. 여기서 자세히 논하지는 않겠지만, 『응향』 검열사건은 문단의 서울 중심주의를 비판하면서 북조선문학예술총동맹으로 헤게모니가 옮겨 가는 과정에서 "북조선문학예술총동맹의 정체성과 입지를 확고히 하는 수단으로서의 희생양"[60]을 만든 사건으로 평가되고 있다. 류진희는 이 일로 인해 월북한 이선희가 작가적 입지를 가져가기는 어려웠으리라 진단하며,[61] 이는 당연히 박영호의 경우도 마찬가지였으리라 보인다.

북한에서 박영호가 발표한 것으로 확인되는 작품은 〈열풍〉강원도립극장, 1948, 〈비룡리 농민들〉강원도립극장, 1949, 〈푸른 신호〉1952 등 세 편이며, 이 중 대본을 확인할 수 있는 것은 『조선문학』전쟁 중 『문학예술』로 발간에 발표한 〈푸른 신호〉 한 편이다. 세 작품 중 〈열풍〉과 〈푸른 신호〉는 모두 혹평을 받았으며, 혹평의 근거는 '자연주의적 수법'이었다. 카프계열 예술활동과 국민연극 창작 및 월북이라는 비슷한 노선을 거친 김태진이 월북 후 민족의 '어버이'인 이순신을 형상화한 〈리순신 장군〉1948으로 호평을 받은 것과 달리,[62] 조선의 살림을 해부하겠다는 신념을 이어간 것으로 보이는

〈열풍〉은 북한문단에서 환영받을 수 없었다.

역시 월북을 택한 신고송은 〈열풍〉이 실패작이라 정리했으며,[63] 이 작품의 철저한 비판 사업으로 말미암아 〈비룡리 농민들〉이 나올 수 있었다고 설명한다. 당시 신고송이 논하는 자연주의는 "사실주의에 적대되는 것으로 정치에 대한 무관심 무사상성 퇴폐주의들로써 특정지을 수 있"는 것이었다.[64] 해방 이후 박영호의 '묘사력'을 호평했던 한효 역시 〈열풍〉을 강한 어조로 비판했는데, 이를 통해 작가가 지향하고자 했던 살림으로서의 연극이 북한에서 어떻게 받아들였는지 추측할 수 있다.

이 작품들은 대개 진기한 개성의 형식주의적인 탐색과 '자극적'인 적은 사실들의 추구로써 거기에 본질적이 아닌 의의를 부여하려는 시도에서 전혀 동일한 경향에 빠져 있다. 이 희곡들에서 조선 인민은 저급한 취미와 풍습을 가진 우매한 사람들로 묘사되고 있으며 그 반면에 부정적 인물들은 더 선명한 성격들을 가지고 있고 의지 굳고 수단 있는 사람들로 묘사되고 있다. 〈열풍〉에 나오는 긍정인물들과 부정인물들을 비교해본다면 누구든지 작가가 조선 인민들의 새 생활에 옳지 못한 의곡적 태도를 취하였다는 것을 이해할 수 있는 것이다.[65]

당시 북한문단에서 박령보의 〈순이〉가 신파적 수법으로 지적을 받았다면, 〈열풍〉은 '자극적인 사실의 추구'가 문제시됐다. 해방 후 지속적으로 현실을 직시하고 파악하는 리얼리스트의 시각, 조선인의 살림을 이해하고 해부하는 연극의 필요성을 역설했던 박영호의 연극관은 그렇게 북한에서 부정당했고, 〈비룡리 농민들〉이 역작이라고 평가받았으나 전쟁 중 발표한 〈푸른 신호〉에 대한 반응 역시 좋지 않았다.[66] 인민 군대의 활약상을 다룬 〈푸른 신호〉는 발표 당시 "거짓 인물이 허위적 사건에 얽혀진 작품"이며, "모두 작가가 실제에 접촉 감흥치 못하고 그냥 막연히 상상에서 그려진 데서 오는 결함들이 치명적인 손실을 보고 있으며, 어휘의 순탄함과 사건의 취미성 같은 장점들이 불진실성, 비실재성, 피상성에 의해 감퇴되는 결과를 가져왔다"[67]는 비판을 받았다.

비판의 근거는 다르지만, 〈열풍〉과 〈푸른 신호〉에 쏟아진 혹평은 박영호의 연극이 당시 북한에서 추구하던 사회주의 리얼리즘으로부터 빗나가 있다는 점에서 비롯된다. 북한에서는 부정적 인물, 부정적 상황에 대한 구체적 묘사를 자연주의 수법이라고 비판했고, 그 결과 인민의 현실을 파악하겠다는 기조가 유지된 것으로 보이는 〈열풍〉은 물론, 작가가 전쟁 상황 속에서 내놓을 수 있는 최선의 결과물이었던 〈푸른 신호〉 역시 외면 받았다. 박영호는 한국전쟁 중 사망한 것으로 기록되어 있고, 결과적으로 그는 전후 감행된 남로당 중심인물의 처형을 목도하지 않을 수 있었다. 그러나 박영호가 제창한 혁명적 리얼리즘은 남한에서는 급진적 사회주의, 북한에서는 자연주의라는 이유로 배격 당했고 작가는 자신의 연극관이 남과 북에서 두 번 부정당하는 광경을 목격해야 했다.

이 글에서 살펴본 〈겨레〉는 해방 후 박영호의 극적 지향점이 전면화된 작품이자 식민지 시기 박영호의 연극 및 연극관의 연장선상에서 파악할 수 있는 작품이다. 앞으로 대중극에 대한 작가의 태도, 자연주의적 연극관, 여성 인물을 형상화하는 방식 등을 기준으로 식민지 시기와 해방 후, 그리고 월북 이후를 아우르는 박영호의 극작세계에 대한 종합적인 조명이 이어지리라 기대한다.

* 이 글은 「연극인 박영호의 해방 이후 – 희곡 〈겨레〉를 중심으로」, 『상허학보』 48, 상허학회, 2016을 수정·보완했다.

제2부

아메리카니즘의 체화와
남성적 민족국가의 상상

제1장_ 체화 불/가능한 양풍과 불/건전한 자유연애
두 개의 전쟁과 코미디극

제2장_ 권총과 제복의 남성 판타지, 해방기의 '경찰영화'

제1장 ──────── **체화 불/가능한 양풍과
불/건전한 자유연애**
두 개의 전쟁과 코미디극

일찍이 영화를 통해 본 미국의 풍물……. 생활문화가 극도로 개화된 세계 제
일의 나라 미국……. 자유주의의 심볼 '아메리카'……. 누가 이 나라를 가보고
싶지 않으랴! 누가 이 진보된, 괴이할 정도로 풍물이 다른 나라를 가보고 싶지
않으랴!

최영수, 『곤비困憊의 서書』1949

1. 두 번의 종전終戰과 미국식 감각의 대중화

해방 직후인 1945년 10월, 『자유신문』은 두 집 건너 '딴스홀'이 성행
하고, '짜즈' 소리가 울려 퍼지는 상황과 함께 민족해방을 풍기와 정조
해방으로 착각한 여인들, 곧 '빠'나 '캬바레'에 출몰하며 서울 거리의 풍
기를 어지럽히는 '국치랑'들을 꾸짖었다. 그리고 이들 '정신 빠진 허수애
비'들에게는 조선혼朝鮮魂을 주사할 것과 함께 이들을 더욱 강하게 취체
해야 할 필요성을 역설하며, 거리로 뛰쳐나온 부인들에게는 집으로 돌
아갈 것을 촉구했다.[1] 이어 『조선일보』는 해방 후 2년을 맞아 '룸바'와

'스윙'을 추는 모던 남녀와 맞지 않는 하이힐을 신은 채 '오케'를 연발하는 여자들이 즐비한 서울의 풍경을 풍자했다.[2] 그리고 해방 이후 10년, 『동아일보』는 해방 십년이 낳은 첫 번째 변태적 특산물로 '자유선풍'을 꼽았다. 이 특집은 해방 이후 민주주의 개념과 함께 도입된 '자유'와 '평등'이 방종과 함께 성역할의 전도를 가져왔음을 비판했고,[3] 『한국일보』 역시 '광복 10년 풍물 수첩'에서 "법률이 보장하는 여권의 존중이 진실한 방향으로 흐르지 못하고, '땐스'도 못하는 남편과는 도저히 살 수 없다고 도망치는 '자유부인'"이 파생하는 남녀평등의 역효과를 문제 삼았다.[4] 이와 같이 해방과 한국전쟁이라는 두 번의 종전終戰을 거치면서 미국문화는 급속히 대중의 일상에 유입됐고, 여기서 기인한 무질서한 자유, 곧 방종은 젠더적 차원과 결부됐다.

그간 대중의 미국문화 소비와 체험은 한국전쟁 이후 미국 상업영화 수입과의 연관성 하에서 고려됐다.[5] 그런데 여기서 양풍洋風은 해방 직후부터 '문화도시' 서울을 휩쓸기 시작했음을 주지할 필요가 있다. 당시 서울의 거리에만 일만 대가 훌쩍 넘는 자동차가 북적거렸고, 여자들은 '메이드 인 유에스 에이' 상표가 드러나도록 스타킹을 뒤집어 신고 다녔다. 양풍은 미국식 민주주의 사상과 함께 급속히 조선 사회에 확산됐으며, 이 모든 것이 다 "해방의 선물"[6]이었다. 두 번의 전후戰後, 대중은 "태평양 저쪽의 감각"을 받아들이기에 한창 바빴으며,[7] 당대의 유행은 '변화교체'에 대한 대중의 열망을 반영하고 있었다.

이같은 방종한 자유를 경계하고 통제하려는 움직임 또한 해방 직후부터 이어졌다. 퇴폐적 미국문화의 상징처럼 간주됐던 댄스의 경우, 해방기 '풍기문란'과 '망국병'을 지적할 때 지속적으로 문제시됐다. 이에 따라 타락한 여성들에 대한 비판과 함께 무허가 댄스홀을 적발하고 댄스

교습자를 검거하려는 움직임이 이어졌으나,[8] 댄스 열풍은 쉽게 수그러들지 않았다. 특히 전쟁 중에도 시내 곳곳에서 '범람'한 댄스 행각이 이어짐에 따라[9] 경찰국장이 "댄스범을 징용 보내겠다"는 엄포를 놓는 상황까지 이어졌다.[10] 담론생산자들이 방종이라는 이름으로 폄훼됐던 양풍은, 그렇게 대중의 일상 속에 잠입해 갔다.

이처럼 미국식 감각, 미국식 민주주의의 도입에 따른 자유와 평등 풍조의 확산은 여성을 가정과 육체의 제약으로부터 해방시켰고, 서울에서만 18만 명의 관객을 모은 영화 〈자유부인〉[1956]이 집으로 돌아오는 오선영 여사를 비추며 마무리될 지라도, 그녀가 전시하는 일탈 행각은 자유에 대한 당대 여성관객의 갈망을 충족시킬 수 있었다.[11] 이외에도 당시 수입된 미국영화에는 자극적이고 과장적인 애욕 표현 장면이 삽입되어 있었고,[12] 잡지에는 할리우드 스타들의 자유분방한 연애를 다룬 기사들이 반복적으로 게재됐다.[13] 곧 1950년대 미국의 대중문화는 퇴폐적이라는 비난과 별개로 대중의 일상에 보다 탈정치적으로 작동할 수 있었으며, 미국은 이제 전 세계 유행의 표준[14]이자 미군정기의 해방군과는 다른 의미에서 동경의 대상이 됐다.

이병일의 〈자유결혼〉[1958]과 한형모의 〈여사장〉[1959]은 이 자유선풍의 자장 안에 있으며, 모두 할리우드 스크루볼 코미디[15]의 형식 안에서 자유연애와 결혼의 문제를 다루고 있다. 1930년대 중반 대공황이라는 상황과 맞물려 등장한 스크루볼 코미디는 괴짜 커플의 별난 연애와 이들의 익살스럽고 로맨틱한 만남을 둘러싼 허약한 플롯으로 그 장르적 특징을 규정할 수 있다. 스크루볼 코미디는 캐릭터들이 반드시 개인적 기질을 문화적 환경에 맞춰야 하는 문명화된 사회를 다루며, 인물들의 여가생활에 초점을 맞추는 과정에서 때로는 "상류 사회"를 묘사하기도 한다. 그런데 스크루볼 코미디에서 여성에 의한 지배는 성 역할의 역전이라는 결과를 가져오기도 하지만, 본질적으로 보수적인 장르의 특성상 사회적 타협안에서 결혼이라는 결론으로 이어지게 된다.[16] 그리고 각각 하유상과 김영수의 희곡을 원작으로 한 〈자유결혼〉과 〈여사장〉은, 사회·문화적 배경이 다른 남녀 간의 성적 대립을 다룬 스크루볼 코미디이자 1950년대 자유연애담론의 끝자락에 있는 텍스트인 동시에, 당시 '앳된 미모의 만년소녀'로 일컬어진 배우 조미령의 이미지를 적극 활용하고 있다는 점에서 겹쳐진다.

이 중 〈여사장〉은 김영수가 극본을 쓰고 극단 신청년이 공연했던 해방기연극 〈여사장〉1948을 각색한 영화로, 원작의 인물 설정과 갈등 구조를 상당 부분 그대로 차용하고 있다. "허영에 뜬 여사장과 남사원을 싸고도는 명랑편"을 다룬 연극 〈여사장〉은, 전쟁 중 "교만하고 횡포하고 건방지고 전제적이고 이기적이고 야수적인 남성을 재교육시켜야 한다"고 호언장담하는 여사장 요안나와 이에 도전하는 쾌남아 털보의 갈등을 다룬 〈털보와 여사장〉으로 개제改題되어 공연됐다.[17] 전후에도 '현대 런화現代 恋話'라는 부제로 수 차례 무대에 올랐던 〈여사장〉은, 1959년 영화로 제작되면서 해방기와 1950년대를 관통하는 인기 레퍼토리로 자리매김했다.

이 글에서 〈여사장〉에 주목하는 이유는 이 영화가 전후 일상의 영역에 작동하는 미국문화의 흔적을 반영하고 있으며, 1948년 발표된 〈여사장〉이 대략 10년 후 변주되는 방식을 통해 해방기와 1950년대 후반의 극문학이 아메리카니즘을 취급하는 양상을 읽을 수 있기 때문이다. 앞으로 두 편의 〈여사장〉 외에도, 영화 〈자유결혼〉과 이 작품의 원작인 하유상의 희곡 〈딸들 자유연애를 구가하다〉1957를 겹쳐 읽으면서 두 개의 전후 극문학에 나타난 양풍과 자유연애-결혼의 의미를 규명할 것이다. 두 영화와 원작 희곡은 모두 멜로드라마와 코미디 장르가 착종되어 있으며, 당대 유행하는 미국식 소비문화를 향유하는 젊은이들의 연애를 형상화한다는 점, 그리고 정도의 차이는 있을 지라도 미국 문명에 대한 동경과 혐오, 매혹과 거부를 동시에 드러낸다는 점에서 공통분모를 갖는다. 여기서 희극-코미디 장르가 사회적 환경의 사실적 재현을 목표로 삼고, 현실적인 사건을 암시하며 사회적 실언을 폭로한다[18]는 점을 감안한다면, 이들 텍스트를 토대로 당대의 시대상과 함께 대중극영화으로서의 현실인식을 확인해 볼 수 있을 것이다. 앞으로 이같은 공통점을 감안해 두 편의 영화와 원작 희곡을 분석하면서, 필요에 따라 원작과 영화의 차이를 논하며 1950년대 중반 이후 풍속 검열 차원에서 표적이 되었던[19] 동시에 보다 대중적인 장르로서 당대의 유행을 전시하기에 적절했던 영화의 복합적 측면 또한 규명하고자 한다.

2. 해방기와 1950년대 전후 코미디극[20]의 현실인식

1) '헬로걸'과 '아프레걸'의 연속성

8·15해방 이후 미군 상대 서비스업에 종사하거나 무분별하게 미국문화를 추종하는 여성이 '헬로걸'[21]로 명명됐다면, 한국전쟁 후에는 '아프레걸'로 일컬어졌다.[22] 애초 '전후파', 특히 전쟁 이후 새로 탄생한 인간형을 일컫던 '아프레게르Après Guerre'[23]는 한국에서 "사회적 병리현상을 총칭하는 의미로 변질되어 사용"되었고,[24] 특히 전후 양풍을 추종하고 육체적으로 타락한 여성상을 총칭하는 '아프레걸'[25]로 전치되기도 했다.[26]

이에 따라 해방 후 '파마넨트'한 여성들의 헤어스타일이나 1950년대 중반 이후 유행한 '헵반 스타일', '맘보 스타일'은 '덮어놓고 외국의 유행을 모방하는 사대주의'이자 '일종의 콤플렉스'[27]라 비판받았다. 그리고 이들 헬로걸-아프레걸은 때로 '양갈보', '양부인' 혹은 '양공주'로 불리면서 풍기문란의 상징일 뿐 아니라 "딸라의 매력"에 굴복한 불편한 "해방의 부산물副産物"[28]로 간주됐다.

그런데 해방 후 헬로걸이 미국문물을 추종하는 사대주의의 표상처럼 구성됐던 것을 감안할 때, 아프레걸은 헬로걸의 확장된 개념으로도 간주할 수 있다. 헬로걸과 아프레걸이라는 명명은 모두 민족주의의 대척점에 있는 경박한 사대주의에 대한 반감을 투영하고 있었던 것이다. 당시 이들 헬로걸-아프레걸은 사회 최하층에 자리 잡은 양갈보, 양공주 형과 함께 교양과 지식을 내세운 여대생, 여사원 등으로 다시 구분되었는데, 이 중 주로 희극-코미디 장르의 여주인공으로 등장했던 것은 후자, 곧 교양 있는 신여성들이었다.

김영수의 희곡 〈여사장〉은 그릇된 '민주주의'와 '남녀동등권'을 주장하는 해방기 헬로걸들을 형상화하며 이들에 대한 계몽 의지를 드러냈다. 그런데 이 희곡이 10년의 시간이 흐른 뒤에 별다른 각색 없이 당대 현대여성을 다룬 영화 〈여사장〉으로 변주될 수 있었던 것은, 해방기 헬로걸과 1950년대 아프레걸을 묘사하는 방식이 흡사했기에 가능했다. 그리하여 원작에서 담배를 물고 댄스와 파티를 즐기며, 남성들을 내려다보는 '신여성사' 사장 요안나와 여직원들의 이미지는 영화 〈여사장〉에서 그대로 반복된다.[29] 그리고 두 편의 〈여사장〉은 모두 사장과 직원이라는 계급차, 여성과 남성이라는 성차에 입각해 종국에 용호가 사랑에 빠진 요안나를 굴복하게 만들면서 남성적, 전통적 가치의 우위를 역설하는 것으로 끝맺는다.[30] 이와 같이 10년의 간극이 놓여있음에도 두 텍스트가 형상화한 '신여성'의 이미지는 매우 흡사한데, 두 작품의 변별점은 요안나의 상대역인 용호를 배치하는 방식 및 두 주인공이 미국문화를 향유하는 양상의 차이에서 드러난다.

> 미쓰김   내 말을 삼가세요. 여성의 인격을 존중하세요. 지금은 민주주의시
> 대예요!
> 미쓰임   남녀동등권이란 걸 인식하세요!
>
> 희곡 〈여사장〉, 31·148면[31]

> 미모美貌와 지성知性을 갖춘 '올드미쓰' 요안나는 철두철미徹頭徹尾 여존남비女尊
> 男卑의 사상을 앞세우고 여성女性 잡지雜誌 '신여성사新女性社'의 여사장女社長이다.
> 그 잡지사雜誌社엔 요안나와 뜻을 같이 하는 같은 타입의 여대女大 출신出身들인
> 편집국장編輯局長 미쓰 임任과 업무국장業務局長 미쓰 김金의 두 올드미쓰가 간부幹
> 部로 앉아 있다. 이들 노처녀老處女 밑에서 인생人生의 황혼黃昏을 접어든 노老 편
> 집주임編輯主任 허일許一 그들의 학대虐待를 참고 근면勤勉하게 일을 해오고 있다.
>
> 시나리오 〈여사장〉, '스토리 소개'[32]

미국식 유행에 대한 반감을 지식인 여성을 계도한다는 설정을 통해 드러내는 방식은 전후희곡에도 반복됐다. 하유상은 희곡 〈딸들 자유연애를 구가하다〉를 통해 "'아이로니이'와 '윗트', '페이서스'를 갖춘 유머로스한 작품을 써보자"[33]는 것을 목표로, 부모 세대와 대립하며 연애결혼을 추구하는 자식 세대의 이야기를 극화했다. 그런데 여성과 남성의 대결을 사대주의와 민족주의의 대립으로 전치시키고, 그 과정에서 전후

의 여성들에게 부정적 기표들을 덧입히는 원작의 설정은 영화 〈자유결혼〉에도 반복됐으며, 이 지점에서 영화 〈자유결혼〉은 〈여사장〉과 함께 1950년대 후반의 성의식이 보수화되는 지점을 드러내고 있다.

하유상의 희곡에서 세 딸 중 자유분방한 전후 여성의 표상처럼 등장하는 것은 23살의 여대생 명희로, 명희는 두 언니와 다르게 결혼을 거부하며 사회운동가를 자처한다. 이후 언니 대신 맞선을 보게 명희는 남녀동등권을 주장하는 유학파 완섭 대신, 허영에 차 양풍만 뒤쫓는 여성들을 꼴불견이라 비난하는 야성적인 영수에게 끌려 자신의 가치관을 수정한다. 극 중 명랑한 센스를 가진 동시에 "헵번 스타일" 등 최신 스타일로 무장하고, 술에 취해 맘보춤을 추는 명희는 허영에 찬 여대생에 대한 작가의 반감을 반영하는데, 명희 역시 요안나와 마찬가지로 사랑에 빠져 자신을 내려놓을 것을 선언하게 된다.

이듬해 발표된 영화 〈자유결혼〉도 세 자매에 대한 설정은 원작을 충실히 따르고 있다. 자유연애로 결혼했다 첫날밤 소박을 맞은 큰 딸 숙희^{최은희}는 여전히 운명을 탓하는 신파극의 여주인공처럼 행동하고, 부모의 반대로 가정교사와의 사랑이 난관에 부딪친 문희^{이민자} 또한 영화의 중반 이후 스스로를 방에 가두고 부모와 대립한다. 영화의 명희^{조미령}는 원작보다 사랑스럽게 포장되긴 해도, 역시 골프를 즐기고 담배를 피우는 전후 중산층 여대생의 전형처럼 묘사된다. 그리고 영화에서도 명희가 자신의 나약함을 인정하며 영수에게 사랑을 고백하는 장면은 클라이막스에 배치된다. 이처럼 〈자유결혼〉 또한 영화 〈여사장〉과 마찬가지로 여주인공 묘사에 있어 원작의 설정을 그대로 답습하고 있다.

명희   암요! 골샛님 씨처럼 집 안에서만 뱅뱅 도는 거와 다르죠. 난 적어도 비록 몸은 일개 여대생일지라도 사회적으로 활동하고 있으니까요! 한성 여자대학 학생회 위원장으로 말예요.

〈딸들 자유연애를 구가하다〉, 212면[34]

114. **명희** 두고 봐요. 앞으로 구 년만 있으면 국회 의사당 단장에서 내 열변으로 남자 의원들은 꼼짝두 못하게 할 걸.

115. **문희** 그럼 넌 결혼 안 하겠구나.

116. **명희** 세상 남자들이 데데해서 어디 결혼이나 하겠어.

〈자유결혼〉, 10면[35]

살펴본 것처럼 1948년의 〈여사장〉과 1959년의 〈여사장〉, 그리고 〈딸들 자유연애를 구가하다〉와 영화 〈자유결혼〉은 모두 해방 이후의 양풍-소비문화에 대한 비판적 시각을 담지하고, 이를 향유하는 헬로걸-아프레걸을 계도해야 할 대상으로 지목한다. 여기서 사장과 사원, 교수의 딸과 그의 조수라는 거리를 허무는 수단이 곧 자유연애-결혼으로, 극 중 교양있는 여주인공들은 연애 과정에서 모두 '철없는 여성'들로 자리매김된다. 그리고 자유연애는 남녀 간의 사회적 지위를 역전시키고 여성을 교화하는 장치로 기능한다.

2) 연애의 젠더화, 민족화

미국식 민주주의 사상은 남녀 간의 교제에도 일대 변화를 가져왔으며, 특히 양풍과 아프레 사조의 유행은 여성의 연애-결혼관에도 영향을 미쳤다. 이는 8·15해방과 6·25전란을 거치며 여성의 사회 진출이 늘어나고 그 지위가 상승하면서, 자유 의지가 존중되고 연애결혼이 증가했다[36]는 사실과 결부됐다. 이때 아프레 사조는 연애, 성, 결혼 삼자를 완전히 구별하는 것으로 간주됐는데, 미국식 자유연애를 신봉하는 여성, 특히 여대생은 도덕적인 면에서 비판의 대상이 됐다.[37] 이와 같이 연애에 있어 자유 의지가 존중될 지라도 연애와 결혼을 분리시키면서 발생하는 폐단은 여전히 문제시됐으며,[38] 여대생의 '아프레'한 연애는 허세스러운 것이라 비난받기도 했다.[39]

아프레한 연애를 '비정상'이라 규정[40]하는 근간에는, 김은하의 지적처럼 "새 시대의 연애론", 곧 "민족의 집단적인 정화를 꾀함으로써 국가의 발전을 기획하는 프로젝트, 아프레걸을 조정해 전통적 가부장제 규범을 부여하는"[41] 전략이 작동하고 있었다. 이에 따라 연애와 결혼을 별개로 두는 연애방식은 또 다른 이름의 방종이라 비판받았다. 해방공간의 경우 1950년대 중반 이후의 상황처럼 연애담론이 활성화되지는 않았지만, 미군정의 폐해와 맞물려 여성의 정조는 지속적으로 강조됐다.[42] 두 편의 〈여사장〉과 〈딸들, 자유연애를 구가하다〉, 〈자유결혼〉은 이와 같이 육체의 해방을 통제하려는 시대적 분위기와 맞물려 있었다.

원작 〈여사장〉에서 요안나는 잡지에 무엇이든 실을 '자유'를 주장하지만, 정작 연애를 하던 커플을 강제적으로 퇴사하게 하는 등 연애의 자유는 엄격히 통제한다. 그러나 남성의 교만과 횡포를 비판하며 연애에서도 무장할 것을, 남성을 '우리들 여성의 공동의 적'170면이라 규정했던 요안나는, "땐스를 배우기 전에 먼저 대가리들을 다시 뜯어 마치"177면라며 자신과 신여성문화사를 모욕하던 용호에게 굴복한다. 이때 용호의 매력은 "옳은 것을 위해 물불을 헤아리지 않고 고함을 치며 뛰어드는 그 씩씩한 남성적인 힘"199면으로 묘사된다. 요안나의 굴복은 사대주의의 일소 및 방탕한 여성의 계몽이라는 극의 주제의식과 직결되는데, 신여성

문화사의 상징인 요안나가 전통적 여성상으로 복귀함으로써 극은 해피엔딩으로 귀결된다. 주지할 점은 요안나가 굴복하게 되는 요인이 용호의 남성적 패기와 야성성이라는 점으로, 전쟁기 그리고 전후 〈털보와 여사장〉이라는 제목으로 이 극을 무대에 올릴 때 용호의 원초적, 야성적 이미지는 더욱 강조됐다.

젠더 질서의 재편성을 통해 계급구도가 반전되는 상황을 형상화했던 원작과 마찬가지로, 영화 역시 요안나의 사무실에 걸려있던 액자 속의 문구 '여존남비女尊男卑'가 용호와 요안나의 결혼 후 '남존여비男尊女卑'로 대체되는 결말을 통해 전통적 질서의 재구축을 희구한다.[43] 원작과 다른 점은 연극이 요안나와 용호가 감정을 확인하는 것으로 끝맺는 반면, 영화는 에필로그에서 결혼 이후의 장면을 삽입해 아내 대신 사장이 되어 회사를 운영하는 용호와 집 안에서 뜨개질을 하며 남편을 기다리는 '가정부인' 요안나의 모습을 대비시킨다는 점이다. 그렇게 영화는 당대의 아프레한 연애 방식에 대항해 연애와 결혼의 합일을 유도하며, 이같은 보수적 세계관을 자유연애라는 방식으로 포장한다. 극 중 요안나는 용호가 상대방을 때려눕히거나 스포츠맨으로 활약하는, 남성성을 과시하는 모습에 매료되며 이후 직업여성이 전통적 역할로 복귀함으로써 자유연애는 해피엔딩에 이르게 된다.

요안나 (딴데로 시선을 돌리며 혼잣말 같이) 좀 더 일찍 만나 뵀으면, 정말 그렇게 바꼈을지도 몰라요. (…중략…) 이것은 인격이에요. 이것을 나에게 가르쳐 준 사람은 이 세상에 단 한 사람 그이밖에 없어요. 진실을 위해서 말하고, 실천하는 사람의 눈에서는 샛별 같은 광채가 나는 것을 나는 보았어요. 딱 부릅뜨고 바라보는 두 눈. 금방 불이라도 튀어나올 듯 힘차게 닮은 입. 그리고 옳은 것을 위해서는 물불을 헤아리지 않고 고함을 치며 뛰어드는 그 씩씩한 남성적인 힘.

요안나　(쳐다보며 애원하듯) 간판을 떼겠어요……. 모든 걸 버리겠어요. 그러구 난, 난……. 당신이 명령하는 대루 당신이 가라는 대루 그 길루만……. 똑바루, 똑바루 가겠어요.

용호　요안나! (하고 두 손으로 힘있게 두 어깨를 껴안는다)

희곡 〈여사장〉, 199·205면

용호　요안나 씨.

요안나　어서 나가주세요. 용호 씨는 강도예요. 내 마음을 송두리째 뺏어간 강도예요. 용호씨. 늘 용호 씨 보고 사직 사직했지만 지금 이 시간부터 제가 사직하겠어요.

요안나　저예요. 오늘 별일 없으면 일찍 들어오세요. 당신이 좋아하는 생선찌개를 맛있게 끓여놨어요. 네네. 십만 부나요. 어머나 모두가 당신 수완이죠. 십만 부도 좋지만 일찍 들어오셔야 해요. 네!

시나리오 〈여사장〉, 24면

이와 관련해 '딸들 자유연애를 구가하다'라는 원작의 제목이 '자유결혼'으로 개제된 것은 연애와 결혼을 합일시키고자 했던 당대의 흐름과 관련하여 읽을 수 있다. 하유상은 자신들은 연애결혼을 했음에도 딸들의 연애결혼은 반대하는 부모와 자유연애를 주장하는 딸들의 대립을 풀어냈고, 종국에 새로운 세대의 의지를 관철시켰다. 희곡 속에서 연애결혼에 대한 세대 간의 입장차는 사랑을 '열병'으로 규정하며 중매와 연애를 절충할 것을 주장하는 고박사와, 당사자의 의지를 강조하는 명희의 토론을 통해 제시되는데, 종국에 딸들 모두 자신이 택한 상대와 결합하게 되면서 극은 해피엔딩을 맞게 된다. 그러나 가장 진보적인, 아프레한 여대생의 표상처럼 그려졌던 명희가 아버지 고박사가 중매한 연애상대 영수에게 끌려 그에게 굴복하고, 이같은 결합 역시 '자유연애', '자유결혼'으로 명명된다는 점을 주지할 필요가 있다. 작품 속에서 어머니 안 여사가 중매한 또 한 명의 상대, 곧 남존여비를 비판하며 명희의 취향을 존중하는 완섭과 달리, 영수는 미국에 대한 사대주의와 함께 여대생의 허영을 비난하는 등 명희를 모욕한다. 하지만 〈여사장〉의 요안나와 마찬가지로 명희 역시 유약한 완섭 대신 자신의 주장을 굽히지 않는, 짖어대는 개의 다리까지 부러뜨릴 수 있는 남성적인 영수에게 끌리고, 명희가 사랑을 고백하면서 두 사람의 자유연애 역시 결혼으로 이어지게 된다.

〈자유결혼〉에서도 '남성의 매력을 풍기는' 영수는 '미국식 사고방식과 생활양식을 받아들여 어색하기 짝이 없는' 완섭과의 대결에서 우위를 점하여, 명희가 완섭 대신 영수를 사랑하게 되면서 영화 역시 전통적 가족주의로 회귀한다. 또한 결말부에 이르면 신혼 첫날 밤 숙희를 떠났던 첫째 사위가 잘못을 뉘우치며 돌아오고, 고박사 부부가 둘째 딸 문희의 자살시도를 겪은 후 가정교사와의 사랑을 인정하게 되면서 '새로운 세대'의 사랑은 기성세대의 의지를 꺾게 된다. 그러나 실상 자유연애로 포장된 관계는 아프레걸에 대한 교화 의지, 전통적 젠더 질서의 재구축을 통한 가족의 형성이라는 민족국가담론과 분리되지 못한다.[44] 특히 명희가 아버지 고박사가 소개한 영수와 이뤄진다는 점에서, 자식세대가 주창하는 낭만적인 연애-근대적 가치관은 영화 속 고박사-가부장의 의지와 별도로 형성되지 못한다.

영수	난 명희 씰 사랑하질 않아요! 아니 사랑하지 않으려고 하오!
명희	오오! 이 거만한 입술! 내가 미워한 이 입술! (뛰어들어 키스한다)
영수	(꽉 껴안고 격렬히 키스한다)

〈딸들 자유연애를 구가하다〉, 266면

791. **명희** 영수씨 난 솔직히 고백하겠어요. 나도 오늘까지 남자를 경멸해 왔
어요. 허지만 영수씨만은 경멸할 수가 없었어요. 나는 내 자신을 강
한 여자라고 생각했어요. 그러나 실상은 약한 여자였어요. 영수씨
를 만난 후로 나는 몇 번이나 남 몰래 울었어요.

792. **영수** 소녀적인 '센치멘탈'이겠지요.

〈자유결혼〉, 83~84면

그리고 〈자유결혼〉에서 세 자매의 자유 의지가 강조되지만 실상 이들
의 연애는 가족이라는 자장을 벗어나지 못했던 것처럼, 영화 〈여사장〉
에서도 용호와 요안나의 연애는 이들이 술에 취해 댄스홀과 호텔을 전
전함에도 불구하고 결혼 이전에 '정조'는 지켜 가는, 매우 안전한 형태
로 그려진다.[45] 이처럼 두 영화는 개방적 성의식, "외국에서 영합했다는
색다른 도덕"[46]에 대항해, 젊은이들의 성, 연애, 결혼을 일치시킴으로써
1950년대식 가족주의에 입각한 보수적 도덕관을 확립한다.

3) 물질문화의 향유와 정신적 우위의 강조

미국식 소비문화와 이를 향유하는 여성들에 대한 노골적 거부감을 드
러냈던 원작과 달리, 〈자유결혼〉과 〈여사장〉은 시종일관 가벼운 톤으로
아프레걸들의 연애 방식을 담아낸다. 코미디의 '주된' 관심이 평범한 일

상생활을 표상하는 데 있고, 해피엔딩이라는 내러티브 형식과 웃음이라는 비내러티브 형식이 추가되어 장르의 특징을 갖추게 되는 것[47]처럼, 영화는 결혼이라는 정해진 해피엔딩을 향해 달려가면서 교양과 사회적 위치를 가진 여성들이 사랑에 일희일비하는 상황을 통해 유머를 자아낸다. 특히 영화는 할리우드 코미디영화의 슬랩스틱한 상황을 반복하거나(여사장), 이별이나 자살 시도처럼 자칫 어두워질 수 있는 설정을 과장된 상황과 병치해가면서(자유결혼) '웃음의 유발'이라는 코미디의 목적을 잊지 않는다.

이와 함께 원작이 각색되어 스크린으로 옮겨지면서, 자동차와 고층 건물이 즐비한 서울 도심을 배경으로 서양식 결혼식이나 댄스홀, 캬바레, 파티장, 미용실, 골프장, 스포츠 경기장 등 최신 유행 풍경이 스크린에 전시된다. 또한 무대 상연을 전제로 하는 희곡이 화려한 응접실이나 최신식 패션의 단면 외에 일상에 침투한 대중문화를 보여주는 데 한계를 갖고 있었다면, 영화의 경우 당대의 유행이 스토리의 진행과 직접적으로 결부되기도 한다.[48]

실상 미국식 소비문화를 일상적으로 향유하는 젊은이들의 모습은 이미 해방기 시나리오에 등장했다. 잡지 『백민』에 게재됐던 최영수의 〈청춘〉[49]은 고층 건물이 즐비하고 거리에는 자동차가 가득 차 있는 1946년 서울을 배경으로, 젊은이들의 일상에 침투한 미국문화의 양상을 스케치한다. 영화 속 교양있는 여성들은 쇼트케이크를 먹으며 그들이 직면한 연애와 결혼의 문제에 대해 논의하고, 남성 인물들은 댄스홀에 드나들며 그중 일부는 댄서와 위험한 관계를 즐기기도 한다. 다만 소비문화의 향유를 전경화한 〈청춘〉이 분단과 건국의 문제를 직접적 화두로 삼은 해방기영화의 주도적 흐름으로부터 벗어나 있었다면, 1950년대 중

〈그림 1〉 (좌) 〈자유결혼〉의 결혼식 장면. (우) 〈여사장〉의 호텔 장면

반 이후 제작된 한국영화는 미국식 대중문화의 흔적을 본격적으로 조명하기 시작한다.

그런데 미국식 유행을 전경화하는 〈자유결혼〉과 〈여사장〉에서 한국전쟁의 흔적은 단편적으로 상기될 뿐 영화의 내러티브에 별다른 영향을 끼치지 않는다.[50] 〈여사장〉에서는 원작에 없는, 미용실을 운영하는 전쟁미망인 혜련김신재이 등장해 용호를 사모하는 감정을 드러내고, 이같은 혜련의 존재로 인해 요안나가 잠시 갈등하는 모습이 비춰진다. 또한 〈자유결혼〉에서 영수가 여자를 믿지 못하게 된 이유가 전쟁 중 일선에 나간 그를 배신했던 간호원 때문임이 밝혀진다. 하지만 〈여사장〉에서 전쟁미망인의 존재는 두 사람 사이에 전혀 긴장관계를 조성하지 못하고, 〈자유결혼〉의 영수 역시 명희의 솔직한 고백 앞에 여자에 대한 불신을 접기로 결정한다. 이처럼 전쟁의 상흔이 단편적으로 반영되어 있지만, 영화는 명랑하고 쾌활한 여주인공을 부각하며 희극적인 톤을 유지해 나간다.

영화 〈여사장〉은 원작에서 그려졌던 신경전 대신 소비문화를 향유하며 가까워지는 두 사람의 감정 변화에 초점을 맞추며, 연애 과정 자체를 비중 있게 묘사하는 과정에서 시종일관 밝은 분위기로 1950년대 중산층계급이 향유하는 문화적 취향을 담아낸다. 미도파 앞 공중전화에서 두 남녀가 실랑이하는 장면으로 시작하는 영화는 미용실, 골프장, 요정, 농구시합장, 댄스홀, 호텔방, 파티장의 풍경을 담아내며, 극적 흐름과 관계없이 댄스홀에서 무희가 춤추는 장면을 삽입하기도 한다. 이때 요안나와 용호의 동선에 따른 장소 변화는 두 사람의 감정의 진전과 맞물리게 된다. 그런데 원작의 용호가 댄스에 대한 거부감을 노골적으로 드러내며 '스텝 밟는 법'에 대한 기사를 자의로 삭제함으로써 요안나와 충돌했던 것과 달리, 영화 속 용호는 요안나와 함께 댄스홀을 전전하며 능란하게 블루스를 출 수 있는 현대적 남성으로 그려진다. 그는 첫 만남에서 요안나의 무례함을 꾸짖고 입사 후 '신여성'의 편집 방향을 비판하지만, 원작에서와 달리 요안나와 신여성사 직원들을 인신공격하는 대신 요안나가 이끄는 대로 서울 거리를 배회하며 함께 소비문화를 향유한다. 뿐만 아니라 '본래 과감한 스포츠맨'으로 설정된 용호는 현대적 취향과 남성성을 함께 갖춰 요안나의 동생 숙이에게까지 사모의 대상이 되는 등, 로맨틱 코미디에 어울리는 남성 캐릭터로 거듭난다.[51]

| 용호 | 모두들 하루 두 끼 밥들두 못 먹어서 얼굴에 부황이 나는 데두 댄스는 다 뭐 말라 죽은 것이오. / 지금 우리들이 탱고니 왈쓰니 찾을 때요? / 댄스를 배우기 전에 먼저 대가리들을 다시 뜯어 마치시오. / 난, 남의 아가씨의 집엘 허락 없이 들어온 강도구……. 당신은 소위 여성문화의 강도구……. / 댄스홀루 가거라. 댄스홀루 가서 춤이나. 추어라, 하하하, 하하하하하. |

희곡 〈여사장〉, 176~177 · 203~204면

| 용호 | 사장님 무슨 자신이 있어서 사직 사직하십니까. 남에게 말하기도 |

부끄러운 이런 잡지를 가지구 모가지를 다 잘라버리면 누가 대신
들어온단 말입니까.

요안나 뭐라구?

용호 나 같은 것도 고맙다구 쓰셔야 합니다. 국장이 뭡니까 국장이. 잡지
가 중하지.

시나리오 〈여사장〉, 16면

원작과 마찬가지로 시종일관 고박사의 유복한 가정집을 배경으로 진
행되는 〈자유결혼〉의 경우, 당대의 유행을 시각화하는 대신 미국식 가
치와 전통적 가치, 연애에 대한 세대 간의 견해 차이를 대사로 풀어내는
데 집중한다. 다만 웨딩드레스와 턱시도를 입고 야외에서 웨딩사진을
찍는 결혼 장면, 최신 맘보 스타일로 차려 입은 명희의 모습과 함께 그녀
가 완섭과 골프를 치는 장면 등을 비추면서 역시 당대 중산층의 취향을
볼거리로 전시한다.

그런데 영수를 통해 아프레걸에 대한 혐오감과 신경질적 반응을 전면
에 드러냈던 원작과 달리, 영화 〈자유결혼〉은 여존남비 풍조나 미국식
취미를 평가절하할지라도 극장을 찾은 여성 관객을 감안한 듯, 여대생
에 대한 인신공격이 될 수 있는 비난은 삭제한다. 또한 영수의 폭력적인
면은 영화에서 희석되고, 고박사의 연구실과 응접실에서 벌어지는 남녀
의 신경전 역시 유머러스하게 묘사된다. 원작의 영수가 미국식 민주주
의, 유행에 대한 노골적인 반감을 표하며 여대생을 정면으로 공격하고,
술에 취해 춤을 추는 명희를 조롱하며 이후 그녀의 뺨까지 때리는 것과
달리, 영화 속 영수는 명희가 '한국여성'임을 강조해도 명희를 정면으로
비난하거나 유행을 추종하는 행위 자체를 문제 삼지 않는다.[52] 〈여사장〉

의 용호와 마찬가지로, 〈자유결혼〉의 영수에게도 원작에서 강조됐던 민족적, 계몽적 주체의 이미지는 희석되고, 그는 명희와 함께 자칫 침체될 수 있는 영화에 유머를 불어넣는 것이다.

이처럼 1950년대 후반 대중문화와 보다 밀접하게 맞닿아 있던 영화는 자칫 여성 관객을 불편하게 만들 수 있는, 원작 희곡에 드러났던 당대의 유행과 이를 좇는 여성에 대한 노골적 거부감과 풍자 의도를 걷어낸다. 더불어 최신식 유행을 스크린에 전시하면서 극장을 찾은 관객의 시각적 욕구를 충족시키는 데 주력한다.

그럼에도 불구하고 두 영화는 결론에 이르러 가장 보수적인 결말로 회귀한다. 〈여사장〉의 경우 사랑을 확인하는 것에서 멈추는 원작보다 한 발 더 나아가 요안나를 가정으로 돌려보냄으로써, 전통-남성-민족주의의 승리를 재확인한다.[53] 〈자유결혼〉 역시 미국식 사고에 젖어있는 완섭을 희화화하고 명희가 완섭 대신 영수를 택하게 함으로써 전통적 가치관의 우위를 강조한다. 그런데 두 영화에서는 표면적으로 여성이 주체가 되어 유약하고 서구화된 남성꼴푸, 완섭 대신 강인한 한국 남성용호, 영수의 손을 들어주는 것처럼 보이지만, 실상 이들은 사랑이라는 감정에 휩싸여 자신의 나약함을 인정하고 스스로를 변화시킬 것을 선언한다. 전통과 서구, 민족주의와 사대주의의 대립에서 각각 전자가 승리함으로써 극 중 질서가 확립되는 것이다.[54]

영수	공부하러 다니는 사람들이 그리 멋만 부리고 사치만 하는 겁니까?
명희	영수 씨는 일부의 학생을 가지고 전체를 비난하지 마세요.
영수	난 선생의 조수니까요……. 근데 현 여대생들의 놀아나는 꼬락서니라니 꼴불견이지……. 유행이라면 '헤프반·스타일', '토오니 파

아마', 'A형 스타일' 할 것 없이 맹목적으로 뒤쫓는 데만 열중하
니…… 이게 우리나라 최고의 지식 여성이 될 여대생들이 할 짓이
요? (명희, 조용히 일어나 영수 앞에 가서 뚫어지게 보다가 힘껏 따귀를 갈긴다)

영수   (유유히 셔츠 소매를 걷으며) 명희 씨가 숙녀가 아닌데 나만 신사일 필
요가 없겠죠……. 그리고 난 미국식을 모르는 한국 청년이요! (명희
의 따귀를 힘껏 갈긴다)

〈딸들 자유연애를 구가하다〉, 243~244·265면

599. 완섭 네. 난 제일 먼저 부부는 절대로 권리가 동등해야 한다는 걸 주장합
니다. 우리나라는 과거부터 남존여비의 악습에 의하여 남성이 폭군
처럼 여성을 학대해 왔습니다. 지금도 그 잔재가 남아 있습니다. 나
는 그 잔재를 일소하기 위하여 주부의 의사를 존중한다는 것보다
도 한 걸음 나아가서 주부의 의사를 절대로 복종할 생각입니다. 그
럼으로써 이상적인 가정이 건설될 줄 믿습니다.

603. 영수 요새 유행어군요 하……. 폐단 있기는 남존여비나 여존남비나 마
찬가지가 아닐까요. 결국 뒤집어 놓은 것 밖에는 안되니까요.

〈자유결혼〉, 62~63면

그런데 〈자유결혼〉과 〈여사장〉의 아프레걸들이 도발적인 발언을 일
삼음에도 '명랑 쾌활'한 멜로드라마의 여주인공으로 기능할 수 있었던
기반에는 배우 조미령의 역할이 있었다. 당시 "조그마한 체구와 앳된 미
모로 만년소녀라는 지칭을 받고 있"었던 스타 조미령[55]은 행복한 결말의
수순을 밟아 가는 두 영화에서 도발적이되 위협적이지 않은 아프레걸을
연기한다. 조미령은 두 작품에서 각각 여대생 명희와 여사장 요안나를

〈그림 2〉 최신 양장을 입고 아프레걸을 연기한 〈자유결혼〉과 〈여사장〉의 여주인공 조미령

맡아 허영기 있는 아프레걸의 전형을 연기하는데, 당시 미국문화 추종과 관련해 여성, 특히 여대생에 대한 반감이 높아지던 상황에서, 동양적 외모와 소녀의 이미지를 지닌 조미령은 일반 관객이 아프레걸의 도발을 위협적이지 않게 느낄 수 있도록 기여했다. 실례로 〈여사장〉에서 조미령이 연기하는 요안나는 희곡의 요안나에 비해 히스테리컬한 면이 희석되어 있고, 용호에 대한 사랑과 질투의 감정을 여과 없이 드러내면서 사랑스러운 로맨틱 코미디의 주인공으로 거듭나게 된다. 즉 조미령이 지닌 건강함과 청순함은 영화가 '건전한 웃음'을 가진 '즐거운 홈드라마'[56]로 평가받을 수 있게 이끌었다.[57]

여기서 배우가 과감한 행동을 해도 위협적이지 않게 느껴질 수 있다는 것과 관련해, 영화 속 여주인공의 수위를 넘나드는 행각이 자연스럽고 일상적으로 형상화되고 있음을 주지할 필요가 있다. 영화 〈여사장〉의 요안나는 요정에서 자신의 여성성을 활용해 꼴푸를 놀리거나, 호텔로 용호를 이끌어 노골적으로 애정을 갈구하기도 한다. 이같은 요안나의 행동은 일탈의 기준을 넘은 과감한 것이지만, 스크루볼 코미디라는 장르 안에서 요안나는 위협적이기보다는 사랑스럽게 그려진다. 더불어 명희와 요안나의 상대편에 배치되는 남성들을 연기한 배우 박암과 이수

런은, 원작 희곡이 묘사한 강인한 청년상과 어긋나는 이미지를 구축하고 있었다.[58] 따라서 두 영화 속 남녀의 연애는 원작보다 매끄럽게 묘사되는 것이 가능했다.

이와 같이 〈자유결혼〉과 〈여사장〉은 원작 희곡이 드러냈던 미국식 유행과 그 유행을 추종하는 여성들에 대한 반감은 걷어내고, 남성 캐릭터는 민주적, 합리적으로 묘사하면서 두 남녀의 결합을 보다 자연스럽게 그려낸다. 이 과정에서 원작이 강조했던 남성 인물영수, 용호의 과도한 남성성은 휘발되고, 여성 주인공은 보수적 결말에 이르기 직전까지 계속 이들을 리드해간다. 물론 1950년대 후반의 영화는 결말부에서 기존의 성역할을 재구축함으로써 남성, 전통, 정신의 우위를 재확인하고, 그런 점에서 영화 〈여사장〉의 결말은 해방기연극 〈여사장〉의 결말보다 더 보수적이며 노골적으로 젠더 역할에 대한 통제 의지를 드러낸다. 그러나 종국에 두 영화가 가족주의로 회귀해도, 극 중 형상화된 결혼과 일치하는 연애, 즉 철저한 정조관념에 입각한 '건전한 자유연애' 관념은 실제로 허약하다는 점을 주지할 필요가 있다.

3. 민족문화에 대한 양가적 반응,
   건전한 자유연애의 허구성

살펴본 것처럼 '자유가 방종으로 오해'되는 상황, '원자탄보다 더 무서운 댄스'[59]의 유행에 대한 비판의식은 한국전쟁 이후 보다 빈번하게 공론화됐지만, 서구식 민주주의가 가져온 무질서에 대한 반감은 이미 해방 직후부터 존재했다. 여기서 정조관념의 문란과 무비판적 사대주의 풍조는 해방이 가져온 부산물로 일컬어졌는데, 전통과 민족을 내세웠던 전후의 담론생산자들은 미국을 정면으로 비판하는 대신 미국문화를 향유하는 여성들을 비난함으로써 정신적 우위를 확보하고자 했다.

그리하여 원작 〈여사장〉은 민족 계몽의 길을 두 남녀가 나아갈 방향으로 제시하며 민족주의 논리로 회귀하고, 영화 〈여사장〉은 가부장적 근대화에 입각한 가족주의를 기치로 내세운다. 이처럼 건강한 가정과 결혼을 내세우는 논리는 연극 〈딸들 자유연애를 구가하다〉와 이를 개작한 영화 〈자유결혼〉에도 반복됐다. 1950년대 후반의 영화는 당대의 소비문화를 전시하는 한편으로 아프레걸을 통제하고 가족을 재구축하려던 지배담론 또한 충실하게 반영했던 것이다.

이선미는 1950년대 후반의 가족서사를 논하며, "대중문화로서 미국식 생활세계는 가장의 '민주주의'로 인해 의미를 변화시켜갔고, '미국화'는 한국의 민주주의에서 분리되기 시작"[60]했다고 설명하는데, 이같은 지적처럼 대중매체의 보수화가 진행되던 1950년대 후반의 정서는 '자유부인'을 통한 가능성이 제시됐던 1950년대 중반의 분위기와 사뭇 다른 것이었다.[61] 여기서 8·15해방이 제시했던 여성해방의 가능성이 건국의 필요성이 제창되기 시작하면서 민족주의의 자장 안으로 흡수됐던 1940년대 후반의 상황을 고려할 때, 연극 〈여사장〉과 영화 〈여사장〉은 각자 전후의 젠더의식이 보수화되는 지점을 극명하게 드러내고 있다. 애초 코미디 장르가 내재할 수 있는 풍자성과 저항성은 젠더화된 연애라는 소재와 결합하면서 퇴색했던 것이다.

하지만 두 텍스트 모두 노골적인 계몽 구호가 더 이상 대중을 선동할 수 없는 상황에 대한 인식을 내비친다는 점을 주목할 수 있다. 테드 휴즈는 영화 〈여사장〉의 구인 장면을 예로 들면서 이 영화가 반공주의와 민족주의를 패러디하는 데까지 나아가고 있음을 지적하는데,[62] 실상 선동적인 민족주의자가 우스꽝스럽게 묘사되는 부분은 해방기 발표된 원작에 그대로 등장한다.[63] 원작과 영화 모두 요안나가 당대의 지배담론, 즉 건국 사업과 북진통일의 논리를 내세우는 청년을 외면하는 장면을 유머러스하게 묘사하며, 이를 통해 노골적인 반공주의를 희화화하는 것이다.

이처럼 결말이 가장 보수적인 방향, '계몽'과 '결혼'으로 회귀할 지라도, 두 〈여사장〉은 건국기와 전후의 민족담론을 풍자한다는 점에서 코미디 장르로서 저항적 역할을 수행하기도 한다.[64] 이외에도 〈자유결혼〉과 〈여사장〉은 결말의 '아이러니',[65] 즉 아프레걸이 사랑에 굴복하며 질서가 전도되는 효과를 극대화하기 위해 결말 직전까지 시종일관 남성을 주도적으로 리드하는 여성 캐릭터를 구축한다. 곧 〈여사장〉의 요안나는 용호를 이끌고 서울의 환락가를 활보하며, 〈자유결혼〉의 명희 역시 영수를 자극시켜 결국 그의 고백까지 이끌어낸다. 전후의 코미디는 가장 안전한 결론을 택하지만, 그 결말에 이르기까지 아프레걸은 강한 남성과 팽팽한 힘의 균형을 이끌어 내거나 때로는 이들을 압도하는 것이다.

즉 결혼으로 결론을 맺음에도 불구하고 영화가 형상화하는 연애의 과정은 당대의 아프레한 풍조를 반영하고 있으며, 특히 영화는 아프레걸에 대한 공세적 태도를 드러내는 희곡과 달리 1950년대의 소비문화를 스케치하며 관객의 시각적 욕구-소비문화에 대한 욕구를 충족시키고자 한다. 영화는 여성의 무질서로 대변되는 한국식 민주주의를 풍자[66]하며 전통적 질서를 재구축하는 건전한 결론으로 마무리되고 있지만, 스크린에 제시된 환락적 서울 풍경, 도발적 아프레걸의 이미지는 보수적인 해피엔딩을 압도할 수 있는 것이었다.[67]

이 지점에서 영화는 지배담론과 불화할 수 있는 코미디로 기능할 수 있게 된다.[68] 원작 〈여사장〉이 전후 양풍을 숭상하는 풍조와 함께 민족주의에 대한 경도로부터도 거리를 두고 있었던 것처럼, 영화 〈여사장〉역시 반공주의를 희화화하고 나아가 양풍을 향유하는 젊은이들을 그려내면서 때로는 가부장적 근대화 논리와 다른 길을 걷기도 한다. 〈자유결혼〉의 경우 자유로운 연애를 구가하는 딸들이 실상 가부장-가정의 자장을 벗어나지 못한다는 점에서 보수적으로 회귀하지만, 딸들의 욕망은 때로는 상대 남성을 압도하고, 영화의 시선 또한 미국식으로 치장한 여성, 미국식 유행에 대한 매혹을 굳이 감추지 않는다.

이와 같이 전후의 연극과 영화는 보수적 결론으로 나아가는 과정에서 의식적, 무의식적으로 미국식 자유, 미국식 유행에 탐닉한다. 전후의 지식인들이 우리와 미국 사람의 '존재의식'의 차이[69]를 강조하며 차별점을 마련하고, 1940년대 후반과 1950년대 후반의 극작가들이 정신적 순수성을 제창하며 양풍을 흡수 불가능한 것으로 묘사했지만, 실상 양풍은 이미 대중의 일상과 신체에 체화되어 있는 것이었다. 따라서 종국에 여성이 복종하는 결말로 나아갈지라도 대중이 감각적인 허영에 도취되어 있던 시대에 자유라는 이름의 무질서를 완전히 통제할 수는 없었고, 전후의 연극과 영화 역시 이 지점에 대한 인식을 내비치기도 한다. "감각적인 허영이 들씌워 그 속에서 사회가 움직이는"[70] 해방 이후, 그리고 "본질적인 것보다는 말초신경을 간질이는 감각희롱感覺戲弄"[71]이 보편화됐던 1950년대 전후 상황에서 보수적 성모럴과 윤리를 확립한다는 것, 즉 양풍의 향유와 젊은이들의 연애를 완벽하게 통제한다는 것은 애초부터 불가능한 기획이었다.

살펴본 것처럼 1940년대 후반과 1950년대 후반은 모두 민족적인 것과 반민족적인 것을 구분함으로써 사회적 도의를 구축해 나가던 시기라는 점에서 겹쳐진다. 그 과정에서 민족주의의 대척점에 있는 양풍을 향유하는 여성의 신체는 불온하고 문제적인 것으로 규정됐으며, 1948년의 연극 〈여사장〉과 1959년의 영화 〈여사장〉은 문제적 여성상을 통제함으로써 전도된 질서를 바로 잡고자 하는 당대의 지배담론을 반영하고 있었다.

그러나 이같은 통치 전략과는 별개로 대중은 이미 미국식 자유가 대변하는 감각적 쾌락에 도취되어 있었으며, 전후의 코미디극은 결론에 이르러 보수화되는 시대적 분위기와 공명할지라도 그 지점에 이르기까지 경직된 민족주의를 희화화하거나 미국식 유행에 탐닉한다는 점에서 복합적이고 중층적인 텍스트로 남게 된다. 특히 〈자유결혼〉과 〈여사장〉의 사례에서 보듯이 전복된 관계와 질서는 결말부에 이르러 재정비되지만, 1950년대 스크린에 전시된 아프레걸은 양풍에 물든 신체를 과시하며 결말 직전까지 원작 희곡보다 유약하게 묘사되는 남성들을 이끌어간다. 여기서 그간의 전개와는 유리된 급작스러운 결말은 온전한 질서의 재건이 불가능한 상황에서 등장한 남성-민족 주체의 판타지처럼 보이기도 한다.

주지하듯이 두 개의 전후는 변화에 대한 대중의 갈망과 이를 통제하고 질서를 구축하고자 하는 욕구가 중층적으로 얽혀있던 시기였다. 이와 같이 도덕이라는 잣대를 내세워 개인의 자유를 규율하려던 움직임이 강화되던 시점에 등장한 코미디극은, 규제와 일탈이라는 담론생산자와 대중의 욕망을 함께 반영하고 있었다. 그리고 개인의 자유에 대한 완벽한 통제 불가능성에 대한 인식은, 당대의 풍속을 대변하는 전후의 코미디가 내포하는 현실인식이기도 했다.

* 이 글은 「체화 불/가능한 양풍과 불/건전한 자유연애 – 해방기와 50년대 전후 코미디극의 겹쳐 읽기」, 『한국극예술연구』 43, 한국극예술학회, 2014를 수정·보완했다.

제2장 ──────── **권총과 제복의 남성 판타지,**
해방기 '경찰영화'

1. 건국 전후, '민주경찰'의 탄생과 '경찰영화'의 기획

이 글은 1948년 단정을 전후해 개봉된 '경찰영화'의 기획과 영화의 관습적 특성 및 개봉 후 빚어진 일련의 논란을 분석함으로써, 종전 이후 프로파간다의 논리와 함께 당대 민족영화를 표방하고 제작된 선전영화의 문제성에 대해 고찰하고자 한다. 해방 이후 휴전에 이르기까지의 8년 동안은 경찰이 극우 국가 체제의 형성 및 유지에 있어 결정적인 역할을 담당했고, 준전시 체제 상황에서 강력한 통제장치들을 국민에게 적용시키는 데 핵심적 역할을 맡았다는 점에서 '경찰국가' 시기로 간주되기도 한다.[1] 훗날 '군정경찰 홍보영화'[2]라 불리기도 했던 경찰영화는 당시 언론이 군정경찰이 관여했던 일련의 영화를 일컬을 때 사용했던 명칭[3]으로, 해방기라는 특수한 시대적 맥락에서 탄생했다. 이 글의 경우 경찰영화를 건국을 전후해 경찰의 적극적인 지원하에 제작·개봉된 정책영화를 가리키는 개념으로 사용한다.[4]

당시 경찰영화로 명명된 영화는 〈수우〉원작 이하영, 각본·연출 안종화, 〈밤의 태양〉각본 최영수, 연출 박기채,[5] 〈여명〉각본 최영수, 연출 안진상 등 세 작품으로, 이들 영화는 8·15해방 이후 새로운 통치 주체로 지목된 '민주경찰'의 적극적인 후원을 받았다.[6] 이 중 〈수우〉는 제1관구 경찰청 후원으로, 〈밤의 태양〉과 〈여명〉은 각각 수도청경우회와 제7관구 경찰청의 지원하에 제작됐다. 군정경찰은 5·10선거를 앞두고 투표자들을 동원하며 선거를 자의적으로 조직하는데, 경찰영화의 제작과 개봉은 대한민국 정부수립과 맞물려 경찰이 여론을 통제하고 선거 준비를 주도하는 과정과 맞물려 있었다.[7]

이 중 〈수우〉는 제1관구 경찰청 보안과장인 이하영[8]의 원작을 토대로 제작은 건설영화사의 최철, 연출은 안종화가 맡았으며, 〈밤의 태양〉의 제작은 대조영화사의 김관수, 각본와 연출은 각각 최영수와 박기채가 담당했다. 〈여명〉의 경우 신인연출가 안진상이 메가폰을 잡았다는 점에서 화제가 됐는데, 그 외 제작은 최철, 각본은 최영수가 맡았다. 이처럼 〈수우〉와 〈여명〉은 건설영화사의 작품이었으며, 〈밤의 태양〉과 〈여명〉의 각본은 최영수가 썼다는 점에서 세 영화의 제작 주체는 겹쳐진다.

〈밤의 태양〉을 제작한 김관수는 영화의 기획 의도에 대해 "혼란混亂 돈탁頓濁한 세상世相과 전극戰剋 극탈極奪하는 인정仁情에 침투浸透하여 일종一種의 위안慰安과 일보一步의 계몽啓蒙을 책策함으로써 족足하다"는 것과 함께 "조선영화朝鮮映畵 성장成長에 추호秋毫나마 이바지함으로 자생自生 예활藝活하는 위대偉大한 희망希望에서 이 기획企劃을 시試한 것"[9]이라 설명한다. 여기서 관객을 계몽하고 조선영화 발전에 이바지하겠다는 의도는 건설영화사의 최철의 목표와도 일치하는 것이었다. 그런데 경찰의 지원하에 의욕적으로 제작 및 홍보된 이들 영화는 애초의 기대와는 달리 관객의 반향을 얻지 못하고, 개봉 과정에서는 미군정과 마찰을 빚으면서 건국 이후 더 이상 제작되지 못했다. 곧 세 영화는 단정 수립 전후의 시대상과 함께 당대 영화 제작 배경을 보여주는 텍스트로, 해방기 문화 프로파간다의 특수성을 방증하는 예시가 될 수 있다.

그간 해방기 영화연구는 당대 예술인들의 동향을 점검하고[10] 해방기 영화 텍스트의 특성을 분석하거나,[11] 미국의 공보정책과 영화[12] 및 할리우드영화의 수입과 관련해 당대 극장의 동향을 논하는 방식[13] 등으로 이루어져 왔다. 그 외 미군정기 남한과 소군정기 북한의 영화정책을 대비적으로 고찰하거나 외화가 촉발시킨 근대 경험을 설명하는 연구[14]가 진행됐다. 이처럼 해방기 영화 텍스트와 영화 정책에 대한 논의가 축적되어 있음에도 불구하고, 경찰영화는 단편적으로만 언급됐다. 이는 영화의 필름이 남아 있지 않다는 것 외에, 식민지 시기와 비교할 때 해방기 선전영화와 영화매체에 대한 논의가 활성화되지 못한 것과 관련지을 수 있다.

경찰영화를 논의하기 위해서는 해방기 경찰의 지위 및 역할에 대해 논의할 필요가 있다. 해방 이후 무력을 가진 권력기관이었던 경찰은 1946년 총파업과 인민항쟁을 진압하고, 이어 단독선거 과정에 깊숙이 개입하면서 국가 건설에 적극적으로 참여했다. 애초 미군정은 경찰을 질서와 안정을 도모하기 위한 기구로 간주했으며, 이후 경찰은 이승만 정권 수립의 "산파" 역할을 담당했다.[15] 구체적으로 해방 후 미군정은 경찰에게 실질적 통치권을 부여했고, 경찰은 무질서 상태를 이유로 들어 경찰력을 발동할 수밖에 없는 상황에 대해 강조했다. 대한민국 정부 수립과 함께 군대의 재편성 작업이 더뎌지던 "군비 없는 과도기"[16]에도 사회를 조율·통제할 수 있는 권한은 경찰에게 부여됐으며, 이후 경찰-군을 중심으로 한 통치기구는 이승만 정권의 극우반공 체제의 형성에 중요한 역할의 담당했다.[17] 특히 단정 수립을 전후하여 경찰은 신건국에 가장 실천적으로 공언할 치안의 주체로 호명됐다.

그 와중에 경찰의 폭압적 권리행사에 대한 잡음이 끊임없이 터져 나오면서 경찰의 이미지 쇄신은 중요한 과제로 대두됐다. 경찰 스스로 "조선민족의 평화로운 사회를 구성한"[18]다며 과거의 경찰과 구분 짓기를 시도했음에도 불구하고, 이들 '국립경찰'은 "일제 경관의 잔재"라 비판받는 등 반감의 대상이 됐다. 경찰의 솔선 노력이 부재하고 '악질 모리배'에 대한 감시가 제대로 시행되지 않는 가운데, "경찰은 무엇을 하나"는 비판의 목소리는 끊이지 않았던 것이다.[19] 이처럼 경찰이 비민주적 공권력의 표상처럼 인식되는 가운데, 경찰영화의 기획은 미군정의 공권력이 남한 정부에 이양되는 과정에서 민중을 통제하고 사회 질서를 확립하는 문제와 함께, 경찰의 이미지를 개선하고 이들의 행위에 당위성을 부여한다는 의도를 노골화하고 있었다.

대구10·1사건을 계기로 창간된 경찰기관지 『민주경찰』[20]은 경찰을 치안의 주체로 부각시키는 과정에서 경찰의 이미지를 쇄신하고, 관-민의 거리를 소거해 대중을 효과적으로 통제하고자 했던 움직임의 중심에 있었다.[21] 편집진은 새로운 시대가 요구하는 "새 경찰"의 지향점에 대해 다음과 같이 밝힌다.

'새 경찰'이란
- 때가 투석투석 묻고 추하고 더러운 낡은 옷古衣을 벗어버리고 복신복신하고 따스하고 깨끗한 새 옷을 입은 정淨 가리운 경찰警察을 가리킴이다.
  다시 말하자면
- 탄압彈壓의 경찰警察 공포恐怖의 경찰警察 무정無情의 경찰警察 착취搾取의 경찰警察 곧 제국주의적帝國主義的 전세기적前世紀的 전제경찰專制警察을 벗어나서 자유自

由와 인권人權을 보호保護하며 지도적指導的이고 계몽적啓蒙的이고 건설적建設的인 가장 친절親切하고도 온정溫情이 넘치는 애민경찰愛民警察

－ 건국建國과 민족民族의 평화생활平和生活을 방해妨害하는 모든 비합법적非合法的 무질서無秩序 내지 소위 혁명적革命的 파괴적破壞的 사회악社會惡을 탄압彈壓 방지防止하기 위爲하여 희생적犧牲的 봉공奉公의 정신精神을 견지堅持하고 용진勇進하는 신경찰

－ 공갈恐喝과 협박脅迫과 위혁威嚇의 총검銃劍을 버리고 영도領導와 편달鞭撻과 계몽啓蒙의 『경찰봉』을 높이 든 새 경찰이러한 것을 표징表徵한 명사名詞일 것이다.강조는 저자22

이와 같이 해방 이후 구축된 민주경찰의 형상은 새 나라의 건국에 이바지하는 친절하고 온정적인 모습이었으며, "복신복신하고 따스하고 깨끗한 새 옷" 곧 바뀐 제복이 일본 제국주의와의 단절을 가시화했다. 그리고 경찰은 각종 미디어를 동원해 새 경찰의 이미지를 유포하는 데 앞장섰다. 당시 경무부장으로 치안 담당을 지휘했던 조병옥은 민중과 접촉을 널리 하여 '경민협조정신警敏協助精神'을 증진시키는 방법으로 신문, 잡지, 라디오, 강연, 방송 등을 동원할 것23을 역설했으며, 일제 말기 〈지원병〉1941, 〈흙에 산다〉1942 등 국책영화 제작에 관여했던 안석주는 『민주경찰』에 기고한 〈선전과 민주경찰〉을 통해, 경찰의 발전과 개가를 위해 영화 외에 라디오, 포스터, 연극 등의 수단을 동원할 수 있음을 강조했다.24 이처럼 경찰의 이미지 개선을 위해 미디어가 동원되는 가운데, 영화는 대중성을 지닌 집단예술로서 경찰의 유력한 선전수단으로 등장하게 됐다.25

해방 후 미군정의 공보 활동은 "'통치'와 지배를 위한 포괄적 정보활

동"[26]이었으며, 군정 공보기구는 경우에 따라 경찰과 연계하여 여론을 관리하기도 했다.[27] 이같은 상황에서 경찰영화는 치안 유지와 여론 관리를 통한 통치라는 분명한 목적성을 갖고 기획됐다. 이 글은 경찰영화가 궁극적으로 의도하는 두 가지 지향점, 경찰을 내부적으로 단속함과 동시에 경찰의 통치 방식에 대한 관객 대중의 암묵적 동의를 이끌어내는 방식에 대해 논함으로써 건국기 프로파간다영화의 논리에 대해 규명하고자 한다. 이와 함께 영화가 경찰과 갱의 '피스톨'을 부각시키는 과정에서 할리우드 갱스터 장르의 문법을 따르고, '제복 입은 사나이'의 육체에 주목하는 과정에서 구현하고자 했던 남성성의 문제에 대해 고찰할 것이다. 궁극적으로 건국이라는 시대가 요구하는 청년상이 영화에 투영되어 있는 양상을 논하고, 이를 과도기 대한민국이 추구했던 남성적 민족국가상과 관련지어 성찰하는 것을 목적으로 한다.

2. 경찰영화의 제작 배경과 새로운 모럴의 지향

경찰영화의 정확한 제작 배경을 파악하는 것은 어렵다. 살펴본 것처럼 경찰 측에서 여론관리를 위한 선전 수단의 중요성을 인식하고, 가장 적절한 프로파간다라 간주했던 영화제작을 적극적으로 독려·후원했음을 추정해 볼 수 있다. 그러나 훗날 회고에 따르면 제작자들이 먼저 경찰을 찾아가 영화 제작에 대한 후원을 부탁했으며, 경찰 측이 이를 기꺼이 수락했다고 한다. 〈밤의 태양〉은 김관수가 수도청부청장을 만나 직접 후원을 부탁했고, 〈수우〉는 최철이 직접 각본을 쓴 다음 당시 1관구 청장이던 이하영을 각본가 명단에 올렸다는 것이다.[28] 이처럼 그 선후관계를 명확히 파악하려는 것은 어렵지만, 경찰영화가 통치방식을 정당화하려는 경찰 측과 급변하는 정치상황을 이용하려 했던 제작자의 이해관계가 맞물린 결과물임은 분명해 보인다. 그 과정에서 경찰의 봉급이 강제적으로 영화의 제작비로 투입되기도 했다.[29]

경찰영화 홍보에 주력했던 것은 연극, 영화잡지였다. 해방기연극, 영화 부문을 특화시켜 다뤘던 잡지는 『예술타임즈』[1945], 『영화시대』[1946~1949], 『신성』[1946~1947], 『영화순보』[1947~1948], 『예술영화』[1948], 『신영화』[1948], 『은영』[1949], 『희곡문학』[1949] 등 수 종에 달하는데,[30] 이 중 『영화시대』는 경찰영화뿐만 아니라 〈자유만세〉, 〈귀국선〉 등 조선영화의 제작 상황을 독자에게 상세하게 전달했다.

식민지 시기 동명의 잡지를 발간했던 박루월이 다시 주간을 맡았던 속간 『영화시대』의 경우 1946년부터 1949년에 이르기까지 좌익과 우익의 영화를 폭넓게 소개하고 있지만, 당대 극장에 즐비했던 미국영화는 상대적으로 소략하게 다루었다. 좌익 예술인들이 "외국영화를 무제한으로 상영"하는 미군정에 대한 비판을 노골적으로 드러냈다면,[31] 기관지적 성격이 강했던 잡지는 조선영화의 제작 상황을 전달하는 데 치중하면서 업계의 내부 결속을 다지고자 했다.

좌익 영화인들이 대거 월북한 이후 발간됐던 『영화순보』와 『예술영화』[32]의 경우 업계지임을 미리 밝히기도 했고,[33] 경우에 따라 기관지가 아님을 천명하기도 했다.[34] 그러나 표면적으로 어떤 입장을 취하는지와 상관없이 이들 매체는 '특집'란을 따로 꾸려 경찰영화 제작의 제반 상황을 독자에게 알렸다.[35] 그 과정에서 경찰영화뿐만 아니라 해방기 우후죽순 생겨난 영화사들의 다른 작품 역시 비중 있게 다루어졌다. 이 중 『영화순보』 2권 3호는 경찰영화 〈밤의 태양〉애초 〈최후의 밤〉이라는 제목으로 게재을, 『예술영화』 창간호는 영화 〈해연〉을 소개하는 특집을 마련했다. 그 외 『영화시대』는 〈수우〉 특집호2권 5호, 1947.12 외에 〈여명〉3권 1호, 1948.2에 대한 소개를 실었다. 이들 매체는 영화 제작진을 소개하고 시나리오를 싣는 것 외에, 제작 의도, 촬영 현장, 화보, 배우의 촬영일지 및 스테이지 방문기 등을 배치해 영화의 제작 과정 전반을 독자와 함께 공유하려 했다.

곧 미군정의 비호하에 외화가 영화 시장을 장악한 가운데, 남한에서 발행된 영화매체들은 해방 이후 '민족영화'의 방향을 고민하고 이들 영화를 홍보하는 데 심혈을 기울였다. 그렇다고 해서 이들 매체가 미군정의 공보정책과 분리된 것은 아니었다. 『영화순보』의 경우 창간호에 군정장관 고문 김길준 및 당대 공안국장이자 『민주경찰』의 주간이기도 했던 함대훈의 축사를 전면에 배치하기도 했다.[36] 이처럼 해방기 영화잡지의 공통된 성격을 규명하기란 어렵지만, 적어도 잡지에 소개된 세 영화가 공통적으로 의도했던 바는 식민지 과거와 절연한 민주적, 민족적인 '새로운 모랄'의 제시였다.

제작자 최철은 『영화시대』 지면을 빌려 일제시대의 잔재가 남아 있는 세태를 탓하며 건국을 지연시키는 비국민적, 비민주적 행동을 자계自戒하는 한 편 진실한 영화인으로서 영화 활동에 자성 비판하여 재출발할 것을 역설했다.[37] 김관수는 〈밤의 태양〉을 제작하면서 "국한된 남조선의 흥행 기구를 수학적으로 검토한다든가 혹은 물가고에 대비하는 일점의 설비도 없는 상황에서 상식적으로 영화제작의 기획이란 있을 수 없는 것"이라며 영화제작의 객관적 조건을 극복하려는 노력이 필요하다고 설명한다.[38] 이어 현실은 물론 예술가들도 도탄에 빠진 상황에서 이 영화의 제작을 통해 완전 자주독립의 전선에 한 국민적 임무를 이루었고, 민족의 예술을 이만큼이라도 쌓았다는 즐거움을 느낀다고 설명한다.[39] 〈여명)의 경우 해방 후 민중 생활은 도탄에 빠졌고 도덕은 사라졌으며 그 구제책은 막연한 상황에서, "민중의 생활에 가장 가깝지만 그 사명이 일반에게 절실히 이해되어 있지 않은 음덕陰德의 실천자 경찰관과 교원의 생활을 통하여 새로운 '모럴'을 제시"[40]하는 것을 목표로 했다. 이 영화를 통해 영화계에 입문한 연출가 안진상은 거듭하여 영화를 통해 일국의 문화수준을 끌어올리는 데 기여하겠다는 각오를 표명한다.[41]

이처럼 경찰영화의 제작 주체는 지면을 통해 혼란한 시대 비판이든, 민족영화를 생산하지 못하는 영화계 비판이든 공통적으로 과거와 절연한 새로운 영화, 새로운 모럴 제시의 필요성을 논한다. 문제는 그 모럴의 실체가 불분명했다는 점으로, 이들의 각오에는 절연과 새출발의 당위성만이 되풀이될 뿐 이후 나아갈 방향이 제시되어 있지 않았다.

경찰의 후원을 받았던 영화인들은 잡지 지면을 통해 경찰에 대한 감사인사도 잊지 않았다. 『영화순보』 특집호에는 영화를 사랑하는 '장 총감張澤相'에 대한 예찬 기사와 함께 영화 촬영 현장을 찾아 금일봉을 주고 간 총장에 대한 감사의 발언이 실렸다.[42] 뿐만 아니라 〈밤의 태양〉이 국민 모두가 보는 영화가 되길 바란다는 김태일 부청장의 의지를 담아, 잡지에는 영화의 전국적 보급 계획이 상세하게 수록됐다. 이 지면에는 보급계획의 목적과 함께 보급을 위한 중앙위원회의 구성 방식 등이 담겨 있었다.

텍스트 외적으로 경찰영화와 일제 말기 선전영화의 친연성이 두드러지는 지점은 이 부분이다.[43] 전쟁 중 군軍이 영화 제작에 개입했던 사례는 종종 확인할 수 있다. 내선일체를 선전하는 〈그대와 나君と僕〉1941는 일본 육군성 보도부의 후원으로 제작되는 과정에서 군軍-민民이 대규모로 동원됐고, 〈망루의 결사대望樓の決死隊〉1943는 조선총독부 경무국 지도 아래 제작됐다. 또한 〈젊은 모습若き姿〉1943은 조선군사령부의 협찬으로 만들어졌으며, 〈사랑과 맹세愛と誓ひ〉1945를 후원한 것 역시 일본 해군성이었다. 달라진 점은 영화의 후원자가 군에서 경찰로 변화됐다는 점뿐이었다. 무력기관이 영화 제작을 후원하고 매체가 이를 홍보하는 방식은 해방 후에도 이어졌던 것이다.

살펴본 것처럼 경찰영화의 제작 주체는 대중성에만 치우쳐있거나 식민지시대의 유산을 탈각하지 못한 해방 후 문화예술계의 문제를 지적하며, 혼탁한 시대 민족주의-민주주의 성립에 기여하겠다는 사명감을 내세웠다. 그 과정에서 〈여명〉의 사례에서 보듯이 신진 인력이 대거 영화 제작에 참여한다는 것을 내세워 과거와의 절연을 고했고, 모리배의 성행으로 요약되는 해방 후 사회 문제를 전면에 내세웠다는 것을 홍보하기도 했다. 그러나 해방 후의 사회상과 유행이 틈입했음에도 영화의 제작 배경과 내적 구조가 크게 달라지지 않은 이상 경찰영화에서 새로운 모럴을 찾는 것이란 불가능했다.

3. 경찰영화의 상像과 관습성의 문제

1) '피스톨'의 전경화와 갱스터영화의 모방

주지하듯이 1948년이라는 시대적 특수성과 직결되어 있는 경찰영화는, 제작 배경 및 소재적 측면 등을 기준으로 설정한 범주이기에 특정한 장르적 특성이 있다고 보기는 어렵다. 그러나 세 편의 경찰영화의 인물 설정 및 내러티브와 관련해 몇 가지 공통점이 발견된다. 필름이 남아 있지는 않지만, 영화매체에 수록된 시나리오와 대략의 줄거리 및 비평기사 등을 통해 텍스트 내적 특징을 확인할 수 있다.

〈수우〉는 "신혼新婚의 꿈은 깨어져 방만放漫한 남편男便의 비행非行과 학대虐待를 묵인黙認하고 오직 인종忍從의 길을 걸어가는 그 여자女子는 마침내 자살自殺을 결행決行할랴 하나 때마츰 남편男便의 제지制止로 남편男便을 과실치사過失致死케 한다. 사직司直의 손에 끌려간 그 여자女子를 민주경찰民主警察은 온정으로 인도한다"[44]는 내용을 담고 있다. 영화는 괴한을 검거하는 경찰 홍정식이금룡의 활약상으로부터 출발해 홍정식과 밀수꾼 김한주전택이의 가정을 대비적으로 조명한다. 김한주의 아내 정희김소영는 모리 행각을 벌이는 데다 마담신카나리아과의 연애에 빠진 남편으로 인해 괴로워한다. 정희는 남편의 요구로 어렵게 돈을 마련하나 그는 정부 앞에서 아내를 모욕하며 집을 정리할 것이라 통보한다. 절망한 정희는 권총으로 자살을 감행하려 하고, 김한주가 이를 만류하려다 총에 맞는다. 그는 눈을 감으면서 뒤늦게 아내에게 속죄하고, 자식들의 장래를 위하여 경찰에게는 괴한이 침입하여 자신을 죽였다고 진술하라 부탁한 후 숨을 거둔다. 정희는 남편의 뜻대로 처음에는 형사에게 거짓말을 하지만, 온정이 있는 경찰 홍정식의 말을 듣고 마음을 바꿔 모든 사실을 고백한다. 홍정식은 정희의 심경과 아이들의 장래를 감안해 관대한 처분이 필요하다는 판단을 내리고, 정희는 홍정식에게 감사를 표한다.[45]

"조선 최초의 일대 스펙터클 영화"로 홍보된 〈밤의 태양〉은 인천 뒷골목을 무대로 "캬바레를 근거지根據地로 암약暗躍하는 밀무역密貿易의 악질惡質 모리배謀利輩를 숙청肅淸할랴는 경관警官의 노력努力이 결실結實되어 그는 체포逮捕되였으나 그에겐 6년간六年間 못 만난 어머니와 누이동생이 있었으니 누이동생은 그 경관警官의 애인愛人이었다"[46]는 비극을 담고 있다. 〈수우〉가 극 초반 범인을 검거하는 민주경찰의 활약상을 비췄던 것과 흡사하게, 〈밤의 태양〉은 민주경찰의 질서정연한 모습을 비추며 시작한다. 한편 괴수 청사靑蛇, 장진가 수장으로 있는 청사단에는 심복 국현전택이의 배신으로 말미암아 문제가 발생하고, 청사의 여동생 복실최은희은 잃어버린 오빠를 추억하며 길을 걷다 차에 치이게 된다. 복실은 이때 자신을 도와준 김대식 순경김동원과 인연을 맺는다. 이후 청사단원들은 더욱 조직적이고 대담한 범죄를 감행하고, 본청의 명령으로 김 순경이 청사단의 수사에 가담하게 된다. 청사단 일원들은 경찰에 의해 차례차례 검거되고, 경찰은 복실의 양장점에 옷을 맡긴 정부情婦를 미행하여 청사단의 근거지를 찾아 일망타진하는데 성공한다. 하지만 청사가 복실의 오빠임이 밝혀지면서 극은 역시 눈물로 마무리된다.[47]

가장 늦게 개봉된 〈여명〉은 "상반相反되는 경찰警官의 두 타이푸를 그려 그 하나인 민주경찰民主警察이 동민洞民의 오해誤解와 몰이해沒理解를 묵묵黙黙히 실천實踐으로 풀고 마침내 희망信望과 사랑을 얻는 이야기"[48]이다. 한 어촌 마을 경찰서에는 성실한 경찰 윤태선 주임권영팔과 불성실한 경찰 이 순경이금룡이 근무하고 있다. 이 순경은 모리배의 유혹에 넘어가 라이터를 뇌물로 받은 다음 밀수 행위에 대해 눈을 감는다. 한편 윤 주임을 사모하는 모리배 충국의 누이 인선이향숙은 교원인 친구 명숙정득순 또한 그를 사모하는 것을 알고 괴로워한다. 그 와중에 충국과 결탁한 모리배 진훈이 인선을 첩으로 삼으려 하고, 인선은 오빠의 모리 행위를 막으려다 죽음에 이른다. 이 순경은 양심의 가책을 이기지 못해 윤 주임에게 모든 사실을 자백한 후 모리배의 일망타진에 나서지만, 진훈에 의해 죽음을 맞게 된다.[49]

살펴본 것처럼 세 영화에는 해방기의 도덕적 타락상을 대변하는 밀수꾼-모리배가 등장한다. 피스톨은 경찰영화의 주요 소재이자 모리배를 응징하는 도구로, 〈수우〉에서 밀수꾼 김한주는 오발사고로 인해 목숨을 잃고, 〈여명〉에서도 본분을 저버렸던 형사 이 순경은 모리배와 총격전을 벌이다 사망한다. 또한 〈밤의 태양〉에는 극 초반 대규모 총격 장면이 삽입되는 등, 영화에서 총은 민주경찰의 권위와 함께 모리배들의 타락상, 곧 이들의 분출하는 남성성을 대변한다. 피스톨은 영화 속 볼거리를 마련하는 동시에 남성들의 세계에 대한 상징이 되는 것이다.

〈밤의 태양〉 특집기사는 영화에 대해 "'멜로드라마'와 사회극社會劇인 동시同時에 대활극大活劇의 영화映畫다, 현실적現實的인 사회풍조社會風潮를 배경背景으로 하고 음모陰謀, 살인殺人, 밀수密輸, 알력軋轢, 결투決鬪, 치정癡情의 악자惡刺한 움직임이 있는가 하면 순정純情, 향수鄕愁, 애련愛戀이 일면一面이 절계節季를 마지한 꽃과 같이 피어오르는 것을 내용內容으로 한다"고 소개한다. 이어 영화 내용과 관련해 "현대적現代的인 감각感覺, 암흑가暗黑街에 도량跳梁하는 악惡의 화華, 민주경찰民主警察의 침투浸透하는 사회면社會面, 순정純情에 피는 청춘靑春의 애련송愛戀頌, 과학적科學的인 경찰警察의 활동活動, 인정人情의 희비喜悲를 교차交叉시킨 쌍곡선雙曲線"[50]이라 서술한다. 이를 통해 영화의 스펙터클은 암흑가에 대한 묘사와 범죄조직을 소탕하는 경찰의 활약상에서 발생한다는 것을 확인할 수 있다.

이 중 밀수단의 본거지인 캬바레를 배경으로 한 〈밤의 태양〉은 갱들의 범죄 행위를 묘사하는 데 주력하며, 영화 속에는 여성 갱까지 출현한다. 주지할 점은 암흑가에 대한 묘사, 이를 테면 세트 구축 방식 등이 할리우드 갱스터영화[51]의 관습을 충실히 따르고 있다는 점이다. 실상 영화에서 구현된 악의 소굴의 형상은 제작 주체가 목도한 것이라기보다 할리우드영화를 통해 체감-체화한 판타지에 가깝게 그려진다. 〈밤의 태양〉의 촬영 현장은 다음과 같이 묘사된다.

오늘 장면場面은, '모리배謀利輩' 윤주철尹周喆, 김승호金勝鎬의 응접실應接室, 여기에 '여女갱그' 한은진韓銀珍 양분孃扮의 '설죽雪竹'의 러브신이다. 은행銀行 수표手票 삼천만 원三千萬圓 짜리가 왔다갔다 하는 판인데, 김승호金勝鎬 씨氏의 유혹誘惑의 일 장면一場面이 어째 소심小心스러워서 박 감독朴 監督, 노발대발怒發大發이다. "어째 그리 소극적消極的이오? 그런 경험經驗도 많을 텐데!"(옛기, 이건 기자記者의 창작創 作?) 하여간 천하명성天下明星 김승호金勝鎬 씨氏도 이 러브신에서만은 땀 빼는 모 양! 그렇다고 보면, 한양韓孃도 병후病後라 그럴가 마구 끌어안는 윤주철尹周喆의 가슴 속에서 얼굴만 붉어졌다.[52]

천문학적 돈, 여자 갱, 수위 높은 러브신[53] 등 영화가 암흑가를 형상화 하는 방식은 할리우드 갱스터영화와 매우 흡사하다. 영화는 갱스터영화 의 장르적 관습을 차용해 남성 악한들의 세계를 그려냈고, 또한 이를 척 결하는 정의로운 민주경찰의 표상을 구축했다. 이와 함께 경찰의 적극 적 후원을 받은 영화는 '대스펙터클영화'를 내세우며 볼거리에 주의를 기울였다. 극 중 캬바레신은 당시 서울시내 일류 댄스홀을 빌려 촬영했 으며, 극 초반에는 갱들이 트럭을 습격하는 장면이 배치됐다. 이 장면을 위해서는 도로를 전면 통제하는 등, 조선영화상 유례없는 야외 대규모 촬영이 진행됐다.

서울서와 인천仁川으로부터 내왕교來往交 되는 연락連絡 부절不絕의 지프 트럭 버스들도 아무런 속력速力으로 질주疾走 했다야 일단一端은 이 어마어마스런 지 점地點에 와서는 모조리 스톱된다. 이런 가운데 〈밤의 태양太陽〉 톱신과 라스트 신은 전개展開되는 것이다. 이런 가운데 〈밤의 태양太陽〉은 톱신과 라스트신은 전개展開되는 것이다. 존, 칼 등의 트럭 습격襲擊이 있는가 하면 경기관총輕機關銃

경찰대警察隊의 일제一齊 사격射擊 인천仁川으로부터 철통鐵筒 같은 비상선非常線을 탈출脫出하여 쫓겨오는 청사靑蛇의 비호飛虎같은 활약活躍 말하자면 이러한 초활극超活劇 깽의 장면場面이 오늘밤 철야徹夜의 작업作業신인 것이다.

원동리洞里는 때아닌 총격銃擊과 화광火光 때문에 남여노소男女老小할 것 없이 판거리 씨름구경장場 모양으로 삽시간에 인산인해人山人海를 이루었다. (…중략…) 아마 이러한 야외野外 대大오픈신은 조선영화朝鮮映畵 세년卋年 최초最初의 호화판豪華版일 것으로 구견求見간 기자記者도 스스로 자랑스러움이었다.[54]

이같은 대규모 촬영은 수도청 경우 외의 전적인 지원하에서 가능했던 것으로 보이는데, 깽들이 거리에서 트럭을 습격하는 장면 역시 할리우드 갱스터영화의 관습적 설정을 답습하고 있다. 갱스터영화는 식민지 시기부터 지속적으로 조선에 수입되었으며 일정한 시간적 간격을 두고 조선 극장에 개봉됐다.[55] 이들 영화는 중일전쟁 이후 미국을 겨냥한 반서양담론이 확산되고, 타락한 미국문화에 대한 적대감이 확산되면서 개봉이 금지되었다가 해방 이후 다시 조선 관객을 찾았다.[56] 서광제는 1930년대 초반 윌리엄 웰먼William A. Wellman 연출의 영화 〈공공의 적〉에 대해 언급하기도 하는데,[57] 직접적인 영향관계를 설명하는 것은 불가능하지만, 경찰영화는 1930년대 폭력과 스펙터클을 결합했던 할리우드 갱스터영화와 마찬가지로 스테레오 타입화된 마초 깽의 흥망성쇠를 다루었다.[58] 그 과정에서 공통적으로 깽의 가족관계에 집중하고, 남성들의 권력싸움에 끼어있는 여성 캐릭터를 대상화한다.

다만 갱스터영화가 실존 인물을 묘사하거나 거리의 깽의 형상을 영화에 반영했다면, 경찰영화 속에서 총을 들고 유혈이 난무하는 난투극을 벌이는 범죄조직 청사단은 현실감을 결여하고 있었다. 금주법시대1919~1933

〈그림 1〉 (좌) 〈밤의 태양〉 촬영 현장 스케치. (우) 〈밤의 태양〉의 트럭 습격 장면

를 배경으로 한 갱스터영화는 계급투쟁의 긴박함을 폭로하며 미국식 자
본주의에 관한 불편한 진실을 입증했다. 무엇보다 영화는 부패한 지배계
급과 사회에 대한 대중의 분노 그리고 불신을 반영하고 있었다.[59] 반면 철
저한 정치논리에 의해 제작된 경찰영화는 갱스터영화의 설정만을 모방
할 뿐, 현 통치 체제의 정당성을 역설하면서 애초부터 사회 이면을 건드
리려는 시도는 진행하지 않는다. 그리고 갱스터영화가 종식되지 않는 폭
력을 이야기하며 사회를 위한 승리를 무의미한 것으로 만들어 버렸다면,
경찰영화는 범죄조직을 진압하는 경찰의 활약상을 예찬하며 사회의 안
정을 도모하면서 막을 내린다. 즉 범죄조직을 내세운 할리우드의 갱스터
영화가 계급의식을 내포하면서 도덕적 불온성[60]을 내재하고 있었다면,
해방기의 경찰영화는 총과 밀수라는 소재만을 가져올 뿐 사회 문제를 다
룬 영화가 가질 수 있는 불온성을 삭제한다. 경찰영화는 체제가 가진 불
합리성을 명랑한 전망으로 뒤덮는 것을 시도하면서 장르의 성격을 전유
했던 것이다.

또한 이 중 〈수우〉는 경찰의 활약상을 극화하는 과정에서 해방기 인기
를 끌었던 탐정영화의 설정을 보여주기도 한다. 당시 남한에서는 기이한

사건에 맞닥뜨린 형사가 문제를 해결해 가는 '탐정영화'[61]가 인기를 끌었는데, 〈수우〉의 주인공 홍정식 역시 "범죄 수사에 과학적이며 이론적"인 경찰로 묘사된다. 그는 김한주의 집에 살인사건이 발생했다는 보고를 듣자 즉시 현장으로 달려가 검증에 집중하고, 지문 채취를 포함한 각종 사상事象 및 피해자의 정부情婦가 남긴 유서 내용을 종합해 혐의자로 피해자의 아내 정희를 지목한다.[62] 홍정식의 과학수사는 영화 속에서 꽤 비중 있게 다루어지는 것으로 보이는데, 이처럼 영화는 민주경찰의 이미지를 구축하는 과정에서 탐정물의 전형적 설정을 모방하기도 한다.

외화의 전형적 설정을 취택하는 것 외에도, 운명이 초래한 비극을 이야기하는 세 영화는 공통적으로 식민지 시기 가족 멜로드라마[63]의 구조를 차용한다. 〈수우〉에서 순종적인 아내 정희는 권총 오발 사고로 남편을 죽음에 이르게 하고, 〈밤의 태양〉에서 헤어진 오누이는 경찰의 연인과 범죄자로 조우하는 비극적 운명에 처한다. 〈여명〉 역시 윤 주임을 둘러싼 두 여인의 삼각관계 및 모리배의 누이라는 상황으로 인해 죽음을 맞게 되는 인선의 비극에 초점을 맞춘다. 이 중 〈수우〉의 경우 민주경찰에 대한 언급을 걷어내면 1930년대 가족 멜로드라마의 내러티브와 더욱 흡사해진다. 현모양처인 아내가 운명의 장난으로 인해 남편을 죽음으로 몰고 가지만 공적 제도에 의해 무고함을 인정받게 되는 〈수우〉의 경우, 1930년대 극단 예원좌에서 공연한 대중극이자 1948년 윤대룡 연출에 의해 영화로도 제작된 〈검사와 여선생〉의 전개와 매우 흡사하다. 차이가 있다면 〈검사와 여선생〉에서 여주인공이 검사가 된 과거의 제자, 곧 법의 도움으로 무죄를 인정받는 것과 달리, 〈수우〉에서 억울한 여인의 무죄를 입증하는 기관은 민주경찰이라는 점이다.

경찰영화에서 여인들의 비극은 가혹한 운명으로부터 비롯되는데, 실상 모든 문제는 남성 안타고니스트의 모리-밀수 행각으로부터 촉발된다는 점에서 근본 원인은 돈이 된다. 이에 따라 영화에는 돈 때문에 비롯된 범죄를 소탕할 민주경찰이 활약할 여지가 발생하게 된다. 그런데 극중 경찰이 해방 후 민족주의에 입각한 남성 청년의 바람직한 형상으로 구축된다면, 그 반대편에는 경찰의 구원을 받는 신파의 여주인공이 배치되며 이들 여주인공은 〈여명〉의 사례에서 보듯이 모리배의 누이라는 이유로 희생양이 되기도 한다.

이처럼 세 영화는 비극적 운명을 가진 여인의 수난사를 중심으로 타락한 모리배와 대비되는 민주경찰의 활약상을 부각하는 것에 주력했으며, 각각의 세계를 묘사할 때 적절한 장르적 특성을 차용했다. 그 결과 영화에는 갱스터영화 속 남성들의 폭력이 빚어내는 스펙터클, 과학수사를 펴는 탐정영화의 설정이 만들어내는 서스펜스 및 비극으로 끝맺는 가족 멜로드라마가 의도하는 과잉의 파토스가 공존하게 됐다.

즉 해방기의 경찰영화는 민족영화를 기치로 내세웠지만, 실상은 갱스터영화와 탐정영화의 관습 및 과거 대중극의 멜로드라마적 성격이 중층적으로 얽혀 있던 착종된 결과물이었다. 여기서 갱스터영화와 멜로드라마적 특징은 당대 대중에게 익숙하고 인기 있는 소재를 형상화하는 과정에서 발현된 것으로 보이는데, 그 결과 경찰영화는 서스펜스를 갖춘 스펙터클한 멜로드라마로서 대중성을 갖게 됐다. 그럼에도 불구하고 영화는 관객에게 외면당했다. 경찰이 조직적으로 표를 강매하는 것에 대한 거부감 외에도, 당시 영화를 관람했던 이들은 영화의 개연성과 경직성을 문제로 지적했다. 그렇다면 영화가 대중에게 다가가는 데 장애물이 됐던 결정적 요인은 무엇인가.

2) '제복'의 클로즈업과 군국주의영화와의 친연성

제복은 해방기 새 경찰을 상징하는 요소였다. 당시 경찰은 "다른 정부 기관과는 달리 제복을 착용하고 직접 국가 사회의 법과 질서를 유지하는 기관인 까닭에 그 직무 수행상 사회의 주의를 끄는 대상"[64]이었으며, 제복은 곧 민주경찰의 상징이었다. 해방 후 1년이 지나도록 군정경찰이 일제의 경찰복을 그대로 착용하고, 이들이 식민지 통치의 상징인 대검을 차고 활보하던 상황에서 1946년 4월 '신복제新服制'의 실시는 경찰 내부적으로 기념할 만한 일이었다. 당시 새 제복의 오른 팔에는 태극장을 붙였고, 왼편 가슴에는 "봉사와 질서"라 쓴 흉장을 달게 했다.[65] 새 제복은 왜정경찰과 민주경찰을 구분짓는 외적 기준이었고, 새 경찰의 이미지는 "깨끗한 새 옷", "정복의 위엄성" 등으로 요약됐다.

이에 따라 〈밤의 태양〉과 〈여명〉의 시나리오를 썼던 최영수는 "나는 오히려 어떠한 제복 속에 잔잔히 흐르는 인간성을 묘사함으로써 숭고한 직무의 표상을 다-하고 따라서 혼란 잡도한 인정의 개화를 찾으려고 한 것이 이 극작의 붓을 들렀을 때의 의도였다"[66]며 인천의 암흑가를 소탕하는 '신예 경찰진'을 극화하겠다고 설명한다.

그렇다면 왜 제복이었는가에 대한 답을 찾아보면, 단정을 전후해 극우 정치세력은 경찰과 청년단체, 군정기구의 물리력에 의존하여 세력을 넓혀갔으며,[67] 제복을 입은 영화 속 남성 주인공은 반공정부의 출현을 떠받치고 있던 청년들의 이상적인 형상이었다는 점에 주목할 수 있다. 민주경찰의 상징이자 바람직한 청년상과 결부되는 제복에 긍정적 이미지를 부여하는 것이 영화의 선결과제로 인식됐던 것은 당연한 수순이었다.

여기서 해방기 강력한 프로파간다 중 하나였던 연극이 경찰의 선전수단으로 고려되지 않았으며, 영화가 홍보 수단으로 선택되었음에 주목할

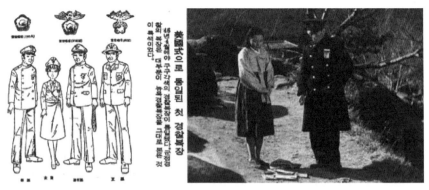

〈그림 2〉(좌) 1946년 통일된 경찰 제복. (우) 〈여명〉 속 제복을 입은 경찰

수 있다. 당시 수도경찰청부청장을 지낸 김태일은 영화의 기획자로서 "민중과 가장 가까운 거리에 있는 영화를 중요시하였다는 것은 순리"[68]라 설명하는데, 영화가 중요하게 동원된 맥락으로는 스펙터클을 보여주기 적절한 매체라는 점 외에 최영수가 언급했던 '제복'의 문제를 감안할 수 있을 것이다. 영화는 제복을 빈번하게 클로즈업하여 과시할 수 있다는 점에서 민주경찰을 홍보하기에 적합한 매체였다. 당시 경찰은 "다른 정부기관과는 달리 제복을 착용하고 직접 국가 사회의 법과 질서를 유지하는 기관인 까닭에 그 직무 수행상 사회의 주의를 끄는 대상"[69]이라는 점에서, 제복과 경찰은 불가분의 관계로 여겨졌다. 최영수의 발언에 더 주목해 보자.

'제복制服'이라고 하는 직무상職務上의 복장服裝은 항상恒常 사회성社會性과 인간성人間性에 관연關聯하여 마치 그 속에 무슨 비밀秘密이라도 있는 것처럼 탐구探求의 의욕意欲을 갖게 한다. 그래서 내가 경관警官을 주제主題로 한 극본劇本을 구상構想할 때 먼저 나는 그 '제복制服'이 내포하는 인간성人間性에 대對하여 새로운 경지境地를 발견發見하려고 노력努力한 것이다.

인정人情이라고 하는 것이 궁극窮極 눈물에서 결과結果하는 것이라면 엄숙嚴肅한 직무職務의 이면裏面에 그것은 마치 가시덤불 속에 피는 장미薔薇처럼 인정人情의 개화開花를 볼 수가 있는 것이오 이 인정人情의 개화開花는 곧 인간성人間性에 귀일歸一하여 가장 우리가 욕구慾求하는 선善과 미美의 세계世界로 거름을 가치할 수가 있는 것이다. 그럼으로 나는 초고初稿에서 경관警官을 주제主題로 하였다느니보다는 오히려 우리들의 시정생활市井生活의 일면一面에서 가장 자연自然스러히 접촉接觸할 수 있는 '제복制服입은 사나이'를 그리려 했던 것이다. 그래서 거기에 운명적運命的으로 교차交叉하는 청춘靑春의 행각行脚과 직무의식職務意識의 강렬强烈한 의욕意欲에서 인간성人間性의 뚜렷한 '모랄'을 표현表現하려 했던 것이다.[70]

그는 시나리오 집필 과정에서 가장 중시했던 것이 "제복 입은 사나이"임을 밝히고, 이를 통해 청춘의 행각과 경찰의 직무정신 및 인간성의 '모랄'을 제시하려 했다고 밝힌다. 이같은 의도를 반영하듯, 그가 집필한 〈밤의 태양〉과 〈여명〉은 제복 입은 청년이 범죄 집단을 일망타진하는 과정과 함께 이들의 일상과 연애를 풀어내면서 바람직한 민주경찰의 형상, 나아가 극우반공주의에 입각한 이상적 청년상을 형상화한다. 그리고 해방정국의 혼란상이 경찰에게 통치권을 부여했던 것처럼, 영화는 경찰의 제복에 위엄을 부여함으로써 이들의 치안유지 활동을 정당화시킨다.

〈밤의 태양〉은 태극기가 휘날리는 경찰 사열식상에서 정복한 경찰 천여 명이 집합해 있고, 총감이 이들을 향해 경찰관에게 부여된 임무를 역설하며 시작한다. 이후 영화는 공들여 촬영한 갱들의 트럭 습격 장면으로 이어진다. 이처럼 도입부 제복을 입은 경찰 무리는 갱들의 활약상과 함께 영화의 또 다른 볼거리가 된다. 이어 카메라가 클로즈업하는 경관의 제복에는 "질서와 봉사"라는 글귀가 붙어있다.

○ 창공蒼空

태극기太極旗가 휠휠 날고 있다.(카메라 PAN)

○ 경관警官 사열식査閱式

정복正服도 표표票票한 경관警官 천여명千餘名이 대열隊列로 집합集合하여 정연整然히 서 있다. 그들의 기개氣槪 충일充溢한 면면面面(이동移動)

○ 단상壇上

사열査閱을 마치고 단壇으로 오르는 총감總監과 그 일행一行

단壇으로 나와 훈시訓示하는 총감總監

"제군諸君 해방解放 이후以後의 조선朝鮮의 각各 행정 분야行政分野에 있어 우리 경찰관警察官에 부여賦與된 바 임무任務는 실實로 중대重大한 바 있는 것이외다. 사십년四十年에 가까운 질곡桎梏의 형태形態에서 해방解放되는 날 우리 민족의 환희歡喜와 더불어 새로히 건설建設되려는 국가 사회國家社會의 태동胎動은 결決코 온건穩健한 것이 아니오 오히려 해치解馳된 민심民心과 문란紊亂하는 질시秩序는 건국 전야建國前夜의 큰 오류誤謬와 파괴破壞 — 그리고 분산파쟁分散派爭의 암흑상暗黑相을 실현實現하게 된 것이외다……."

○ 엄숙嚴肅히 듣고 섰는 경관警官들-(Overlap)[71]

경찰들의 사열식을 담은 오프닝신은 갱들의 트럭 습격신 못지않게 공들여 촬영됐다. 대규모 경찰의 동원은 수도청경우회의 지원으로 가능했다. 문제는 제복이 곧 경찰의 이미지로 이어지는 과정에서 인물의 성격은 불분명해질 수밖에 없었다는 점이다. 더구나 영화 속에서 경찰이 제복을 함부로 벗는 것은 불가능했다. 〈밤의 태양〉에서 김 순경이 제복을 벗는 것은 본청의 명령으로 청사단을 소탕하기 위해 사복 근무를 할 때뿐이다.

제복을 입은 경찰의 신체에 주목한 것은 〈수우〉와 〈여명〉 또한 마찬가지였다. 〈여명〉의 개봉을 앞두고 마련된 좌담회에는 건설영화사관계자 외에도 김동리, 박계주, 정비석 등의 문인들이 모여 영화에 대한 관심을 표했다. 좌담회 중 제복의 문제를 언급한 부분은 다음과 같다.

최영수   한 마디 할 것은 경관警官의 생활生活도 사회생활社會生活의 일부면一部面인 이상以上 인간적人間的인 면面으로 그려서 안 될리는 없고 그래서 파구 들어갔지-

채정근   그렇지만 경관警官이라든가 군인軍人 같은 것은 그리기 힘들지 않을까. 물론 검열檢閱이라든가 그런 문제에서가 아니고 '타입'으로 들어가는 거니까 인간성人間性을 파내는 데 무척 힘들 거야-

박계주   일본日本에 〈전락轉落의 시집詩集〉이란 영화映畵가 있었지-

채정근   음-그렇지만 거야 복장服裝을 벗어 놓으니까- 〈여명〉에서두 복장服裝을 벗을 수만 있으면- (최철崔鐵 씨氏에게) 어떻습니까. 벗을 수 있습니까-

최철   (머리를 긁으며) 거기까진 좀-

채정근   거 보지-(소성笑聲)

최철   아니죠- 일제시대日帝時代부터의 관리官吏 숭배崇拜 의식意識의 잔재殘滓가 조금은 있을게구- 또 무엇보다도 그 '유니폼'에 대한-

채정근   흠- '유니폼'에 대해서-

정비석   그렇지만 이 작품作品에는 그러한 촌 처여處女의 막연漠然한 허영虛榮이 섞인 동경憧憬이 아니구 인간적人間的인 면面에서의 깊이 느끼는 애정愛情이니까 좀 더 그 필연성必然性을 강조强調해야지-

최영수   그게 힘들단 말야- 그런 면面에서 감정感情 표시表示를 하려면 자꾸

만 경관警官의 '유니폼'이 앞에서거든-

채정근   또 '유니폼'이야-

한형모   아닌 게 아니라 촬영撮影할 때에 '파인더'도 들여다봐서 제복制服의
　　　　 경관警官이 여자女子와 마주서서 사랑이니 무어니 하게 되면 무척 어
　　　　 색할 거라고 생각합니다.[72]

　여기서 참석자들이 공통적으로 지적하는 점은 제복이 연상시키는 경
찰의 유형적 특징으로 말미암아 인물의 개성을 드러내기 어렵다는 점이
다. 최영수는 경관의 인간적인 면을 파고 들어갔다 말하지만, 다른 참석
자들은 제복이 가로막고 있는 이상 인물의 개성을 드러내기 어려울 것
이라 말하고, 이에 대해 제작자 최철은 제복을 벗는 일이란 불가능하다
고 난색을 표한다. 이후 최영수는 인물 간의 감정 교류에도 제복이 제약
이 됐다고 토로하고, 촬영기사 한형모는 제복을 입은 경관이 연애를 하
는 것이 어색하게 느껴진다고 말한다.

　인물의 몰개성을 지적한 것은 평론가들뿐만이 아니었다. 정직한 순경
윤태선을 연기한 권영팔은 이렇게 연기하기 어려운 역을 맡아본 적이
없었다며, 그 요인으로는 "아무 특징特徵이 없고 평범平凡하고 전인격全人
格을 내면적內面的 연기演技로 표현表現하여야 되겠기 때문에 용치容易치 않
다", "경시警査이고 점잖고 별로 특징特徵이 없고 선善한 일만 한다"[73]며 역
할에 대한 불만을 털어놓는다. 경찰의 정의로움을 부각시키는 과정에서
그 극단에 배치된 악역 역시 생동감을 잃어 버렸다. 극 중 충국은 누이
를 모리배의 첩으로 넘기려는 모리배 앞잡이로, 모리배 진훈은 인선을
죽음으로 몰아갈 뿐만 아니라 변절했던 형사를 사살하는 등 기능적으로
활동한다. 악역을 맡은 배우 역시 극 중 기능적 역할과 관련해 푸념을 늘

어놓았던 것[74] 또한 지극히 자연스러운 일이었다.

결과적으로 경찰영화는 개연성의 부재와 인물 형상화의 도식성이라는 측면에서 비판을 받았다. 이는 경찰영화의 애초 기획, 곧 제복의 부각이라는 문제로부터 파생된 결과였다. 제복은 영화의 시나리오 구상단계부터 가장 우선적으로 고려해야 할 대상이었으며, 제복이 주는 위엄 혹은 위압감이 시나리오의 진행은 물론 관객의 감정 이입까지 방해할 수 있었다. 당시 인기있던 갱스터영화와 탐정영화, 그리고 관객에게 익숙한 가족 멜로드라마의 관습까지 차용했음에도 불구하고, 끊임없이 제복을 클로즈업하는 영화는 권위적인 경찰에 대한 관객 일반의 반감을 부채질할 만했다. 영화 개봉 후에는 제복과 피스톨이 등장인물의 심리를 묘사하기 위한 도구가 아니라 영화의 내용처럼 클로즈업되면서 작품의 감격이 감퇴됐다는 지적이 제기되기도 했다.[75] 경찰영화는 경찰의 지원을 받아 제복을 전면에 내세우는 과정에서 제복이 주는 위압감에 짓눌렸던 것이다.

당시 수도경찰청공보관 김약현은 "관복을 벗어버리는 순간 경찰은 그들과 똑같은 시민이고 동족이기에 인간적이고 평민적이라는 것을 알게 해야"[76] 한다고 역설했으며, 이에 따라 경찰영화 역시 이들의 인간성을 부각시키고자 했다. 그러나 제복이라는 세약에 직면한 영화는 인물의 내면을 파고 들어가는 데 실패했다. 제복입은 경찰을 통해 바람직한 청년상을 구현하고 반공우익 민족국가 건설에 이바지하겠다는 포부는, 관객들의 공감을 이끌어 내지 못하면서 한계에 부딪힐 수밖에 없었다.

뿐만 아니라 대본을 쓴 최영수 스스로 극 중 갱들의 이야기의 현실성 내지 예술성에 대하여 자신이 없다고 밝혔던 것처럼,[77] 영화 속 이야기는 관객이 체감하기 어려운 판타지일 뿐만 아니라 도식적인 대중극의 서사 구조를 답습하고 있는 것이었다. 평단의 반응도 미온적이었다. 그 중 〈수우〉는 "금일의 문화 사회에서 흔히 볼 수 있는 현실을 취급하여 대중적 흥미와 공감을 갖게 한다",[78] "흥행본위가 아닌 계몽선전영화로서 재미있는 스토리를 가졌다"[79]는 평가도 받았지만, 소설가 손소희는 극 중 남편의 학대 속에서도 끊임없이 인내하던 여주인공 정희가 자살하려는 설정을 두고, "너무나 상식을 초월한 영화", "한 여인을 틀 속에 모라 넣어서 의아스러운 형을 만들어 버린 것 같다"[80]며 혹평했다. 〈여명〉의 경우 해방 후 리얼리즘과 휴머니즘을 잘 구현한 작품이라는 평가도 있었지만,[81] 이태우는 〈밤의 태양〉과 〈여명〉 등에 대해 "전쟁기간 중에 익숙해진 선전영화 방식의 '만네리즘'에서 조금도 이탈하지 못한"[82] 영화라 비판했다. 민주경찰의 이미지 개선을 목표로 한 세 영화는 관객이 체감하기 어려운 이야기를 일제 말기 선전영화의 문법을 빌려 스크린에 전시했고, 그 결과 현실성도 예술성도 담지 못했다.

이처럼 경찰영화의 여성 인물들은 식민지 시기 가련한 누이-아내의 형상을 반복하고 있었고, 남성 인물들은 인간성이 삭제된 경찰 혹은 현실성을 박탈당한 갱의 형상으로 존재했다. 이와 함께 일제 말기의 선전영화가 전쟁 승리를 위해 군인이 되고자 하는 청년-소년과 이들을 후방에서 후원하는 누이-아내의 이야기를 형상화했다면, 경찰영화는 정부수립을 위해 경찰복을 입고 사회 안전에 앞장서는 청년과 이들에게 구제되는 여성의 이야기를 다루었다. 해방 이전과 이후의 영화는 각각 전쟁과 건국에 이바지하는 청년상을 묘사하는 지점에서 공통분모를 갖고 있었다.

세 영화에서는 경찰의 활약으로 범죄자들이 검거되고 운명의 장난 때문에 억울한 상황에 몰렸던 이들이 구제받게 되는데, 다분히 권선징악적 결론으로 나아가는 영화에서 새 시대의 도덕률은 발견할 수 없다. 또한 '죽을 각오'로 적과 싸워야 하는 건국경찰의 사명[83]이란 식민지 시기 전장으로 내몰린 군인에게 부여된 사명과 별반 다를 바 없었다. 차이가 있다면 태평양전쟁 시기의 적이 외부에 있었다면 이제 적은 사회 내부에 있다는 점인데, 극 중 경찰이 절대선으로만 존재하고 외화의 갱을 닮은 모리배들은 관객이 실감하기 어려운 대상이었다는 점에서 경찰영화는 극적 긴장감을 상실했을 뿐 아니라 관객과의 공감대 또한 형성하지 못했다.

곧 경찰영화는 과거 군국주의영화의 관습에 해방 이후의 사회상이 틈입하고, 당대 유행하던 할리우드영화의 설정까지 추가되면서 탄생한 선전영화였다. 이를 감안한다면 영화 개봉 이후 빚어진 논란은 차치하고, 군국주의 선전영화의 형식을 답습하고 있다는 비판 및 영화에 대한 관객의 외면은 지극히 당연한 수순이었다.

4. 관변영화로서의 한계와
남성적 민족국가상의 문제점

살펴본 것처럼 경찰영화는 종전 후에도 선전의 효력이 중요하게 인식되던 시기, 경찰의 통치권한을 공고히 하고 민중에게 경찰에 대한 친밀감을 심어주기 위한 목적으로 기획됐다. 그런데 새로운 도덕률의 제시와 민족영화의 기치를 내걸고 출발한 것과 달리, 영화는 식민지 시기 멜로드라마의 구조에 당시 인기를 끌었던 할리우드 갱스터영화 및 탐정영화의 설정을 조합한 복합적 구성물에 가까웠다. 영화의 결과물은 애초의 목적과 판이했고, 특히 민족영화를 표방했음에도 불구하고 절연해야 할 과거의 선전영화가 군軍을 형상화하는 방식, 즉 군 생활을 이상화하고 제복을 입은 청년의 신체를 미화하는 등의 문제를 반복했다.

한편 제작을 후원한 경찰은 영화 홍보과정까지 긴밀하게 관여했으나, 이에 대한 비판의 목소리가 높아지면서 미군정과 마찰을 빚게 됐다. 애초 미군정은 남한의 새로운 통치권자로 경찰을 지목했기에, 과도정부 시기 경찰의 치안 유지에 당위성을 부여하고 그 이미지 개선을 목표로 한다는 경찰영화가 미군정의 통치전략과 불협화음을 빚을 이유는 없어 보였다. 내외적으로 영화 제작은 순조롭게 진행됐고,[84] 5·10총선거를 앞두고 세 영화에 대한 기대는 높아져 갔다.[85] 문제는 일반 개봉 이후 벌어졌다. 세 영화는 모두 '정책 선전영화'라는 낙인이 찍히면서 관객을 모으지 못했는데, 경찰이 총동원되어 표의 강매가 이루어진 것에 대한 파문이 확산되면서, 딘Dean 미군정 장관은 영화를 유료로 공개하는 것에 대해 공식적 반대 입장을 표명했다. 그 결과 〈밤의 태양〉과 〈수우〉는 제작사의 의지와는 무관하게 무료로 상영됐다.[86] 뿐만 아니라 〈밤의 태양〉은 극 중 경찰의 친구로 등장하는 기자의 묘사 방식에 문제가 있다는 이유로 기자단의 집중 항의를 받아 공보국장이 유감을 표명하는 사태에 이르렀다. 정부 수립 이후 개봉된 〈여명〉의 경우 두 영화와 달리 유료로 상영됐지만 역시 흥행 결과는 별로였다.[87] 이처럼 경찰과 제작사 중 아무도 예상치 못했던 미군정의 부정적 반응을, 정권 이양과정에서 미군정과 이승만 사이에 빚어진 정치적 마찰과 직결시키기에는 무리가 있다.[88] 그러나 결과적으로 미군정은 경찰영화의 실패에 가장 중요한 역할을 담당했고, 그 실패에 대한 부담은 고스란히 제작사가 떠안았던 것으로 보인다.[89]

이와 같이 작품에 대한 완성도 논란이 끊이지 않았고 관객들도 등을 돌려 버린 경찰영화에 남은 것은 피스톨과 제복이라는 이미지뿐이었다. 세 영화는 피스톨과 제복을 보여주겠다는 목표 자체는 충실히 수행했지만, 애초 스토리보다는 민주경찰의 권위를 대변하는 상징물을 보여주고자 기획됐다는 점에서 태생부터 한계를 지니고 있었다. 극 중 경찰이 함부로 제복을 벗을 수 없었던 것처럼, 영화는 경찰기관을 벗어나는 상상력을 발휘할 수 없었던 것이다.

예상치 못한 미군정의 반대에 부딪히기까지, 제작자와 경찰은 조화로운 공모관계를 지속해갔던 것 같다. 양측의 이해관계는 정확하게 맞닿아 있었고, 그 지향점은 경찰이 주체가 된 반공-경찰국가의 건설이었다. 영화는 갱과 경찰 집단이라는 남성적 세계를 묘사하는 데 집중했고, 경찰이 밀수집단을 척결하고 모리배와 얽힌 여성을 구하는 과정에서 경찰의 권위는 재구축됐다. 이를 위해 극 중 경찰은 어떤 내적 갈등도 겪지 않은 채 국가 건설을 목표로 치안유지에 매달리며, 제복과 피스톨로 대변되는 경찰을 연기하는 배우는 공감하기 어려운 단선적 인물을 연기해야 했다.

앞서 언급했던 〈밤의 태양〉 트럭 습격 장면의 현장 스케치는 영화의 규모 및 영화에 대한 대중의 관심을 설명하다 갑자기 가도에서 질주하는 외인ㅆ들의 차와 그 차 안에 타고 있는 "우리네 아가씨들"에 대한 세태 비판으로 이어진다.[90] 이 단상은 애국심이 없는 타락한 여성들에게 "조국과 문화를 재건하는 예술가가 밤을 새는 이 거리를 어지럽히지 말라"는 당부로 마무리된다. 가벼운 잡감처럼 마무리 된 글이지만, 이는 건국 전후 영화인들이 계몽주의적 태도를 보여준다는 점에서 주목할 만하다.

자신들을 재건의 주체로 격상시키고 비국민 집단을 훈계할 수 있다는 태도, 이 지점에서 영화인은 치안의 담당자인 경찰과 같은 욕망을 갖게 되고, 이 편협한 계몽의 욕망은 해방 후 민족의 대변자를 자청하고 나섰던 지식인-청년들의 욕망과 겹쳐지는 것이기도 했다. 그러나 통제불가능한 이탈자들이 계속 증가하면서 민중을 계몽, 나아가서 통치하겠다는 의지가 좌절될 수밖에 없었던 것처럼, 경찰영화 역시 구조적으로 미완에 그쳐버린 데다 관객과의 소통에 실패하면서 사회문화의 선도역으로서 걸맞은 역할을 수행하지 못했다.

결론적으로 경찰영화는 선전영화와 할리우드영화, 그리고 대중극의 특징이 조합된 시대적 산물이었고, 그 안에는 현실성과 개연성을 상실한 이야기와 인물들이 놓여 있었다. 경찰영화는 이 어울릴 것 같지 않은 조합이 빚어내는 불협화음을 생생하게 노출함으로써, 왜곡된 시대에 예술이 존재하는 방식을 극명하게 보여주고 있었다. 그간 본격적으로 논의되지 못했고, 단편적으로 '실패한 선전영화'로만 언급됐던 경찰영화에 주목해야 하는 이유도 여기 있다.

* 이 글은 「권총과 제복의 남성 판타지, 해방기 '경찰영화' 연구─〈수우〉, 〈밤의 태양〉, 〈여명〉(1948)을 중심으로」, 『현대영화연구』 22, 현대영화연구소, 2015를 수정·보완했다.

1. 한국전쟁의 발발과 여성 영웅의 '발견'

이 글은 한국전쟁 중 발표된 연극 〈탄광사람들〉한봉식 각본, 안영일 연출, 국립극장
상연의 대본 및 이 작품을 둘러싼 논란을 통해 전쟁기연극의 특성 및 당대
북한의 젠더체계를 고찰하는 것을 목적으로 한다.[1] 구체적으로 전시 상
황 중 여성이 차별화된 방식으로 '헤게모니적 남성성hegemonic masculinity'[2]
을 확보하고 영웅으로 추동되는 방식을 살펴보고자 한다. 그리고 여성
주인공에게 헤게모니적 남성성이 주어지는 과정에서 다른 인물과의 차
별화는 어떻게 이루어지는지 확인하고, 이같은 전략이 당대 북한의 문
학예술, 연극의 방향성과 관련해 어떤 의미망을 형성하는지 파악할 것
이다.

전쟁기 북한의 젠더체계를 파악하는 과정에서, 젠더를 '역사의 산물'
이자 '역사의 생산자'로 간주하며 남성성과 여성성을 역사적인 것으로
간주한다.[3] 이어 사회주의 체제하 북한의 경우 전쟁 시기 어떤 방식으로
젠더관계를 재배치했으며, 이같은 젠더 질서를 반영하는 연극 속에서
여성 인물이 수행하는 역할을 논의하고자 한다. 특히 〈탄광사람들〉 속

여성 인물의 형상은 고상한 사실주의의 형상화와 자연주의의 폐기라는 당대 북한연극의 방향성과 맞물려 작품을 평가하는 기준이 됐다는 점에서 주목할 필요가 있다.

〈탄광사람들〉은 탄광기술자에서 빨치산으로 거듭나는 여성 주인공과 인민의 연대기를 다룬 작품이다. 남북한을 막론하고 전쟁 중 발표된 연극의 작품수가 많지 않은 상황에서, 드물게 여성 주인공을 전면에 내세운 〈탄광사람들〉은 전쟁 발발 후 북한의 젠더정치 방식이 문학적으로 극화되는 양상을 살펴보기 적합한 텍스트이다. 특히 이 희곡은 전쟁 중 김일성이 직접 관람한 후 교시를 내린 작품이며, 김일성의 지적에 따라 인물의 형상화와 관련된 자연주의 논쟁을 촉발시켰다는 점에서 주목할 수 있다. 전후 〈탄광사람들〉은 '조선인민군 창건 5주년 기념 문학예술상' '무대예술' 부문에서 박태영이 대본을 쓴 〈우리나라 청년들〉과 함께 1위를 차지하기도 했다. 살펴본 것처럼 〈탄광사람들〉은 동시기 김일성을 포함하여 예술인들에게 주목받은 것 외에도, 훗날 북한에서 전쟁기연극을 평가할 때 반드시 언급되고 있는 작품이라는 점에서 주목할 수 있다.[4] 더불어 역시 전쟁 중 제작을 시작한 문예봉 주연, 윤용규 연출의 영화 〈빨치산 처녀〉[1954]를 비롯해 전쟁 중 『문학예술』에 발표된 임순득의 소설 「조옥희」[1951], 리북명의 소설 「조국의 딸」[1952] 등과 함께 동시기 북한의 여성 전사상을 파악하는 데 중요하게 참고할 수 있는 텍스트이다.

〈탄광사람들〉의 저자인 한봉식은 남한연극사에서는 낯설지만, 해방 이후 소설과 희곡을 오가며 북한문학의 성립에 기여한 인물이라는 점에서 주목할 수 있다.[5] 특히 〈탄광사람들〉은 조영출의 단막극 〈전우〉와 함께 중국에 번역되어 출간되기도 했다. 저자 정보는 구체적으로 알려져

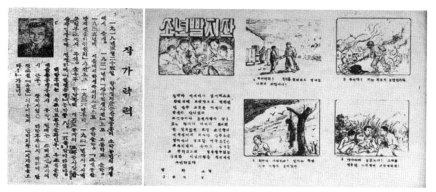

〈그림 1〉 (좌) 한봉식의 약력. (우) 한봉식이 글을 쓴 만화 「소년 빨치산」

있지 않다. 하지만 한봉식이 소련문학 작품을 번역하는 과정에 빈번하게 참여했다는 점은, 그가 국가 건설 시기 소련문학이 북한문학에 끼친 영향을 파악할 때 주목할 만한 작가임을 짐작케 한다. 한봉식은 1950년 소설 『마찌엡쓰기 박사』를 발표했고, 조소문화협회 중앙위원회에서 발행한 이 책의 발행자는 소설가 이기영이었다. 책의 서문에 다르면, 한봉식은 1918년 함남 소작농민의 가정에서 출생했으며, 1931년에 '광주학생사건'으로 보통학교에서 출학 조치를 받는다. 또한 1935년에는 서울 학생독서회사건으로 중학교에서 출학당했고, '조선공산당재건준비위원회'사건으로 6년간 서대문형무소에서 복역했다. 함남 황해 등지에서 '반전동맹' 공작을 펼치던 중 8·15를 맞이했고, 해방 후에는 북조선노동당 문화인부, 북조선문학예술총동맹 등에서 공작 활동을 했으며, 소비에트 신보사에서 근무했다. 그는 조선프롤레타리아문학동맹, 북조선문학예술총동맹 등의 단체에 이름을 올리기도 했다. 본격적인 창작 작업을 시작한 것은 해방 이후이며, 단편소설 「옥문」 외 단막희곡 〈서 자들을 보라!〉 등을 발표했다.[6]

북한에서 발표된 한봉식의 이력 중 식민지 시기 활동에 대해서는, 경성 헌병분대가 하숙집을 경영하면서 조선공산당재건본부를 결성해 적화운동에 나섰던 한봉식을 체포해 취조 중이라는 기사를 확인할 수 있다.[7] 이 기사에 따르면 1935년부터 1941년까지 형무소에 복역했다는 작가 약력에는 과장이 있지만, 그가 공산주의 이념에 입각해 반제국주의 활동을 펼쳤던 것은 분명해 보인다. 또한 그는 1946년 2월 서울 종로에서 열린 조선문학자대회에 참가하기도 했다.

앞서 언급한 것처럼 한봉식은 소련문학과 상당한 친연성이 있었던 작가로 보인다. 소작민의 현실을 다룬 한봉식의 중편 소설 「아버지」가 이태준의 「첫 전투」, 이기영의 「서화」 등과 함께 소련에서 번역되었다는 기록을 찾을 수 있다.[8] 그는 종전 후 『조선문학』에 수필 「10월의 모스크바」[9]와 「분격의 날」[10]을 발표하기도 했다. 한봉식은 매체 편집에도 관여하여 '조선인을 위한 붉은 군대의 신문'을 슬로건으로 내걸었던 『조선신문』1946.2 창간의 편집을 담당했다. 이때 함께한 인물은 민병균, 김조규, 이정구, 임순득이며, 임순득의 경우 한봉식과 마찬가지로 여성 빨치산을 소재로 한 작품을 썼다.[11] 그녀는 전쟁 직후 「녀빨치산의 수기」『조선여성』, 1950.8와 여성 영웅 조옥희를 형상화한 소설 「조옥희」를 발표했으나 전후 북한문단에서 종적을 감췄다.[12]

소련문학에 친숙했던 한봉식이 종파분쟁 과정에서 소련파로 내몰린 다른 문인들과 함께 숙청되었는지의 여부는 확인하기 어렵다. 종파사건 이후 『조선신문』에 함께 관여했던 민병균의 행방은 불분명하며, 김조규는 현지 파견이라는 방식으로 숙청을 당했다.[13] 임순득 역시 1956년에 숙청되었다는 것이 정설로 받아들여진다. 한봉식도 고초를 겪었을 것이라 짐작되지만, 1956년 이후의 정확한 행보는 알기 어렵다.

한봉식이 빨치산을 형상화한 것은 〈탄광사람들〉에서만은 아니었다.

그는 전쟁 중 발간된 북한의 시사만화잡지『활살』에 만화 〈소년 빨치산〉을 발표한다.[14] '소년 빨치산'은 같은 해 북한에서 동명의 영화로도 제작될 만큼 전쟁 중 빈번히 등장했던 소재였으며,[15] 이상의 궤적을 통해 한봉식이 빨치산 인민군의 영웅성에 관심을 두었다는 것을 확인할 수 있다. 특히 그는 한 사람의 영웅보다는 인민의 '대중적 영웅주의'를 강조했던 전쟁기, 소년과 여성처럼 이름 없는 인민 영웅의 투쟁상을 극화했다. 곧 소련문학의 영향과 인민 영웅에 대한 관심이 〈탄광사람들〉의 창작으로 이어진 것으로 보인다.

이상 이 글의 연구 주제와 관련해, 크게 세 가지 유형의 선행 연구를 참조할 수 있다. 먼저 1950년대 북한연극이라는 연구 대상의 유사성을 가진 논의가 있다.[16] 그 중 이석만은 전쟁-전후 복구 시기 북한연극론을 개괄하며, 당대 북한의 연극 평론을 토대로 전쟁기연극의 경향이 신파로 대표되는 형식주의와 부정적 잔재를 묘사하는 자연주의에 경도되어 있었다고 설명한다. 이상우는 전쟁기 북한희곡의 특징으로 '애국주의, 대중적 영웅주의'를 언급하며, 기동적인 공연 활동을 통해 연극을 유용하게 선전활동에 동원했음을 지적한다. 김정수는 전쟁기 북한연극의 공연 방식과 관련해 대극장 공연과 이동식 극장 공연을 비교해서 논의한다. 여기서 〈탄광사람들〉은 유형적 인물을 보여주는 전형적인 예로 설명한다.

다음으로 젠더적 시각을 도입해 북한 극문학을 분석한 연구가 있다.[17] 그 중 이상우는 북한희곡에 나타난 이상적 여성-국민의 구성 방식을 1960년대 이전과 이후로 구분해서 논의한다. 이 연구는 1940~1950년대 북한연극이 사상전, 경제전의 전사로 여성을 호명했고, 1960년대 이후 경제 개발에 집중하면서 모성적 어머니로 여성을 호명한다고 구분한다. 이어 전쟁기-전후연극에 대해서 영웅은 주로 남성이 담당하는 반면, 여성은 이상적 남성-국민을 보조하는 조력자로서 기능하고 있음을 한계로 지적한다. 전지니는 해방기 남북한의 연극을 비교하며 젠더담론과 민족담론이 폭력적으로 결합하여 북한연극 속 여성 인물이 청산해야 할 모리배와 연대해야 할 노동자로 구분되고 있음을 밝힌다.

　마지막으로 전쟁 중 북한 사회의 젠더 체계를 논의한 사례가 있다.[18] 박영자의 경우 해방 이후부터 현재까지 북한의 젠더 시스템gender system을 논의하며, 전시 체계와 관련해 한국전쟁은 북한 권력이 요구하는 여성 주체화혁신적 여성 노동자, 혁명적 어머니의 결정적 계기가 됐다고 설명한다. 김영선은 북한의 1960~1970년대 재생산 정책을 논의하며, 건국 초기부터 여성을 재생산 영역으로부터 해방시킬 것을 표방했던 북한 체제의 가부장적 성 통제 기제를 문제 삼는다. 그 외 조영주는 북한 공민의 의무로서 많은 여성들이 전쟁에 참여했으며, 전쟁이 끝난 후 국가가 영예군인 남성의 결혼을 추진하는 과정에서 이들과 결혼하는 여성들을 다시 영웅화했다고 설명한다. 이어 북한 사회 속 당원의 모습은 헤게모니적 남성성을 구성하며, 여성 역시 이 헤게모니적 남성성을 적극적으로 수행하거나 전유할 때 당원이 될 수 있다고 설명한다. 지금까지의 논의를 정리하면, 전쟁기 북한의 여성은 남성과 다르지 않은 전사 혹은 노동자이면서 도덕적인 아내, 어머니의 역할을 겸해야 했다. 헤게모니적 남성성과 전통적 여성성을 동시에 갖는 것은 여성이 북한 사회에서 영웅이 될 수 있는 방법이었다.

　이상의 연구는 북한매체 속 여성 표상과 젠더정치의 변화 양상을 읽어갈 수 있는 기반을 제공한다. 다만 북한연극에 대한 논의가 미진한 상황에서 젠더 문제에 주목한 논문 역시 소수에 불과하다는 점이 아쉽다. 북한연극 속 젠더정치의 문제에 관심을 기울인 연구 중, 이상우의 논의는 전쟁기 비로소 여성 영웅이 서사를 주도해 가는 텍스트들이 등장한다는 점에서 재고해 볼 여지를 남긴다. 그 외 북한 교과서를 살피는 김미숙의 연구는 젠더 문제는 침묵하며 민족국가담론을 재생산하는 교과서의 문제를 지적하지만, 교과서가 '처녀' 혹은 '소녀'의 학대 장면을 전시하는 전쟁기 텍스트의 관습적인 묘사를 반복하고 있다는 점은 고려하지 않는다.[19]

이 글의 경우 이상의 연구 성과를 감안해 전쟁기 북한의 여성 영웅 만들기와 조응한 연극 〈탄광사람들〉을 논의할 것이다. 제2장에서는 극 중 여성 인물을 배치, 형상화하는 과정을 살펴보며 전쟁기 북한의 젠더정치가 극을 통해 구현되는 양상을 살핀다. 이어 제3장에서는 김일성의 관람평과 연극에 대한 상반된 반응 및 당대 북한연극의 방향성을 확인하며 여성에 대한 이중적 성의식을 확인한다. 결론에서는 분단 체제하의 대중문화 텍스트가 총 든 여성의 섹슈얼리티를 묘사하는 방식을 살펴보며 전쟁과 여성성의 문제를 점검하고자 한다.

2. 연극 〈탄광사람들〉[1951]에 나타난 젠더정치

1) 동지애의 강조와 여성 빨치산의 탈성화

『조선문학사』에 의하면 전쟁 중 극 및 영화문학은 주제적 측면에서 '인민군 전사들의 대중적 영웅주의에 대한 진실한 극적 반영', '전쟁승리를 위한 후방 인민들의 영웅적 투쟁에 대한 생동한 현상', '미제의 침략적 본성과 멸망의 불가피성에 대한 예리한 폭로'를 다룬 경우로 구분된다. 여기서 투쟁의 방식은 전선에서 싸우는 전사와 후방 인민들의 투쟁을 반영한 경우로 구분하고 있으며, 〈탄광사람들〉은 남궁만의 〈싸우는 로동자들〉 등과 함께 후자로 분류된다.[20] 연극은 빨치산 전사로 거듭나는 탄광 여성기술자의 이야기를 다룬다. 이는 전쟁기 적극적으로 여성 영웅을 '발굴'했던 북한 사회의 시도를 보여주는 것이기도 하다. 김은정에 따르면 전쟁기간 조옥희를 비롯해 실제 전투를 이끌었던 5명의 여성이 영웅 칭호를 받았고, 후방에서 인민경제에 힘쓴 상당수의 여성이 노력 영웅으로 배출되었다.[21] 〈탄광사람들〉의 주인공 김은순은 후방의 기술자인 동시에 전쟁 발발 후 빨치산 부대를 이끈다는 점에서 남성 당원, 남성 영웅에게 주어진 헤게모니적 남성성을 수행한다. 김은순은 훌륭한 전기기술자이자 뛰어난 사격술과 상황 판단력을 가진 완벽한 투사이다. 동시에 그녀는 인민을 보듬는 지도자이며, 작가는 김은순 개인의 탁월한 능력과 함께 적을 격파하는 과정에서 지도자와 인민 사이에 어떤 유대관계가 형성되는지 묘사한다. 이처럼 〈탄광사람들〉은 전쟁기 북한문학이 표방했던 대중적 영웅주의를 잘 묘사하면서 '성과작'으로 격상될 수 있었다.

현재 확인할 수 있는 〈탄광사람들〉의 두 대본은 전쟁 중 공연된 대본과 동일하지 않은 것으로 보인다. 당시 북한의 경우 연극, 영화를 본 김일성의 견해를 반영해 재차 작품을 수정하는 작업을 진행했기 때문이다. 〈탄광사람들〉의 대본은 공연 후 1955년 조선작가동맹출판사에서 발행한 희곡선집 『해토 무렵』[22]에 수록됐다. 이 판본의 경우 김일성의 지시 후 개작된 것이기에, 2016년 발행된 『1950년대 희곡선』에 실린 〈탄광사람들〉과 거의 동일하다. 미세한 차이가 있다면, 김은순이 쫀을 비꼬는 대사김은순: 과연 미국의 신사다운 신사들이요. 쫀: 오! 무슨 말씀입니까?(147면)가 최근 판본에는 삭제된 점, 그리고 1955년 판본에서 오영자로 불렸던 탄광병원 간호

원의 이름이 오영실로 변경된 점을 꼽을 수 있다.[23]

2016년 〈탄광사람들〉이 실린 작품집 해제에 따르면 김일성은 전쟁 중 연극을 관람하고 극작가들이 "사소한 편양도 없이 극문학 창작 사업을 진행해 나가도록 이끌어 주시었"다. 여기서 〈탄광사람들〉은 김일성이 특히 주의를 기울여 지도해 준 작품이라 설명하고 있다는 점에서, 전쟁 중 이 텍스트가 갖는 위치를 확인할 수 있다.

특히 위대한 수령님께서 주체 40년[1951] 6월 30일 문학예술부문에서 발로되고 있는 형식주의적 및 자연주의적 잔재에 대하여 하신 교시와 연극 〈탄광사람들〉을 지도하시며 주신 가르치심을 깊이 연구하고 극문학의 사상예술성을 한층 높이기 위한 투쟁을 힘있게 벌리는 과정에 새로운 발전을 이룩하였다.[24]

살펴본 것처럼 〈탄광사람들〉에는 전쟁 중 청산되어야 할 문학예술의 잔재가 드러나 있었고, 김일성이 직접 수정 작업을 지시한 결과 연극의 문제라고 지적했던 부분, 곧 적과 변절자들의 만행과 추악함을 폭로하는 과정에서 드러나는 자연주의적 요소가 순화, 삭제될 수 있었다.[25] 이외 작품 해제에 따르면 극의 주제사상은 김은순을 비롯한 긍정 인물의 형상을 통해 구현되고 있으며, 김은순은 "엄혹한 정황에서도 맡은 임무를 책임적으로 해 제끼며 대중이 앞장에 서서 희생적으로 싸우는 슬기롭고 대담한 인물"이다. 이어 작가 한봉식이 주요 인물들의 형상도 생동감 있게 창조했다고 평가한다.[26]

작품의 시간적 배경은 '전략적 후퇴 시기'인 1950년 10월부터 12월까지이며, 사건이 벌어지는 곳은 평양 근처의 어느 탄광이다. 긍정적 인물 유형으로는 김은순과 인민군 군관인 그녀의 남편 외에 시어머니, 탄광

병원 간호원 오영자 및 군인들과 노동자들이 배치되고, 부정적 인물 유형으로는 미 군대좌 쫀, 치안대 대장 최주구, 그의 동생이자 쫀의 첩인 최창녀, 예수교 장로, 정감록 신자 등이 등장해 당대 북한 사회의 지향점을 보여준다. 무대는 김은순의 집, 치안대의 집무실 등으로 사실주의적으로 세밀하게 구현되어 있다.

전쟁 중 인민은 미군의 침탈로부터 탄광을 고수하는 데 주력하고, 김은순은 탄광 내 기계정리라는 임무를 자원한다. 북한군이 후퇴하는 가운데 김은순의 남편 한형국이 돌아온다. 김은순과 한형국은 길이 엇갈리고, 한형국이 군으로 돌아가자 치안대 대장 최주구가 김은순의 행적을 말하라며 어머니를 협박한다. 임무를 마치고 돌아온 김은순은 치안대로 끌려가 모진 고문을 당한다. 최창녀는 미군 쫀에게 몸을 의탁해 탐욕을 부리며, 변절자 윤명덕은 미군이 자신의 처를 강간했다는 이야기를 듣자 흔들리기 시작한다. 쫀은 김은순의 어머니를 비롯한 인민들을 총살하고, 김은순은 윤명덕과 힘을 합쳐 유치장을 탈출한다. 한편 산악밀림지대에서는 한형국이 중국인민지원군과 함께 전세를 뒤집고자 하며, 김은순은 빨치산을 이끌고 적과 전투를 벌인다. 농민들도 빨치산이 되기 위해 이들을 따라 입산하고, 빨치산의 사기도 높아진다. 쫀은 공산군이 자신들을 포위했다는 이야기를 듣자 경악하고, 이어 빨치산이 미군 병영을 급습한다. 김은순에게는 변압기를 지키는 임무가 주어지고, 최창녀는 미군의 총에 맞아 죽는다. 김은순은 변압기를 파괴시키려는 적과 총격전을 벌이는 도중 사망한다. 빨치산은 전투에서 승리하고, 김은순은 탄광을 찾았다는 이야기를 듣고 남편의 품에서 숨을 거둔다.

살펴본 것처럼 김은순은 모진 고문에도 굴하지 않는 심지가 굳은 인물이며, 종국에 총을 들고 탄광을 지켜낸다. 흥미로운 점은 작가가 김은순을 묘사하는 방식이다. 전쟁은 여성에게 남성의 역할을 담당할 것을 요구했고, 북한의 경우 남성이 맡았던 쟁기질을 여성이 담당하는 '여성 보잡이운동'이 활성화됐다.[27] 이같은 분위기에 조응해서 김은순은 탄광 '여성'으로 설정되어 있으나, 자신을 '여자'로 취급하는 동료들에게 반발하며 스스로 여자임을 부인한다. 김은순은 당원이 되기 위한 헤게모니적 남성성을 획득하는 과정에서 총을 들고 전투 능력을 과시한다.[28] 성차를 부정하고 전투 의지를 드러내는 것은 또 다른 빨치산 여성투사이자 탄광병원 간호원으로 등장하는 오영자 역시 마찬가지다. 작가는 김은순과 남편 한형국의 관계를 묘사할 때도, 이들을 완벽한 동지로서 묘사된다. 인민의 대중적 영웅주의를 묘사하기 위함이라 하지만 두 사람의 관계는 극 중 별다른 비중을 갖지 못하고, 부부의 관계는 어머니의 죽음을 알리고 복수를 다짐하기 위한 과정에서 기능적으로 묘사된다.

그런데 여성으로서의 섹슈얼리티를 드러내지 않는 탈성화된 김은순의 대척점에는, 자신의 섹슈얼리티를 적극적으로 피력하는 최창녀가 있음을 주목할 수 있다. 등장하는 장면부터 '화냥년'으로 지칭되며 이후 미군 대좌의 첩이 되는 최창녀는 주로 술에 취해 있거나 춤을 추며 등장하면서 성적 매력을 과시한다. 그리고 금반지에 대해 집착을 보이며 물욕을 드러내다 결국 쫀의 총을 맞고 숨을 거두게 된다. 육체성을 철저히 감추는 김은순과 이를 적극적으로 과시하는 최창녀의 대비는 전쟁 중 북한의 여성이 나아가야 할 바를 적시한다.

김은순   위험합니다. 그것은 저에게 맡겨주십시요. 위험도 위험이려니와 위
        원장 동무는 이 공작이 끝나면 노동자 동무들의 후퇴 정형도 돌보
        실 게 아닙니까. 그러니 거리로 보아도 가까운 면으로 가시는 편이

좋아요. 홍도길 동무, 어떻게 생각하십니까?

김은순 왜요? 여자이기 때문에요?[131면][29]

△ 조국평, 다시 수류탄을 왼손으로 던져 두 놈을 넘어뜨리고, 윤명덕 달려나
가 총창으로 한 놈을 사살하고, 김은순 또 한 놈을 사살한다. 마지막 한 놈
이 김은순에게 달려든다. 조국평과 윤명덕은 계속하여 올라오는 적을 막기
에 바쁘다.

김은순 돌격![151면]

김은순 저의 눈물을 약한 표현이라고 오해하지 마세요.

한형국 아니, 나는 당신을 굳센 전우로 존경하오.

김은순 우리에게는 희망이 있어요. 미제야수들은 고용병처럼 눈앞이 캄캄
하지 않아요![155면]

최창녀 정말 그런 금반지는 보구 죽재도 없어요. 보통 금반지야 흔하지만
그렇게 다이아몬드로 곱게 장식한 것은 정말 쉽지 않아요. (쫀의 손
목에 찬 금시계를 보고 놀래며) 아이야, 또 금시계를 샀네!

쫀 오- 아닙니다. 당신 모르는 말 마십시요!

최창녀 모르긴 뭘 몰라요? 당신 맘 잘 알았어요![141면]

극 중 김은순과 최창녀는 치안대에서 한 번 대면한다. 이때 김은순은
이미 자신을 유혹하고자 하는 쫀 대좌를 거절한 상황이며, 술을 마시고
들어와 자신에게 시비를 거는 최창녀의 얼굴에 침을 뱉는다. 모진 고문
속에서도 굴하지 않는 김은순과 술에 취해 금반지를 자랑하는 최창녀를

대비시키는 묘사 방식은 해방기 노동자와 모리배의 아내를 대비시켰던 북한연극의 관습을 이어가고 있다.[30] 염두에 둘 점은 탈성화된 은순의 대척점에 있는 최창녀의 경우 해방기연극 속 모리배의 아내, 연인보다 한층 더 적극적으로 섹슈얼리티를 노출하고 있다는 점이다.

언급한 것처럼 극 중 김은순의 영웅성이 묘사될 때 그녀가 자신을 남자로 대할 것을 요구하는 발화가 삽입된다. 작가는 훌륭한 기술자가 빨치산의 지도자로 거듭나는 과정에서 성별은 중요하지 않다는 점을 강조한다. 주목할 점은 성별의 문제가 중요해지는 것이 여성 주인공이 고문을 받을 때라는 점이다. 작품 속 전투 장면 등에서 김은순의 여성성은 의도적으로 지워지는 반면, 고문 장면의 경우 유일하게 '여성'으로서 그녀가 겪는 고초를 강조하고 있다.

2) 스펙터클로서의 여성 학대 장면

북한에서는 종전 후 미제국주의자들의 '천인공노할 만행'을 상세하게 묘사하며 '조선인민의 살육 규모'를 상세하게 제시했다.[31] 염두에 둘 점은 전쟁 중 여성 영웅상을 구축할 때 이들의 고문 과정을 극적으로 배치하고 있다는 점이다. 이는 김은순의 모델이 된 것으로 보이는 실존 인물 조옥희를 다룬 『로동신문』 기사에서도 확인할 수 있다. 기자 박영호에 따르면 군 여맹 위원장이었던 조옥희는 육탄으로 적진 속으로 들어가 적을 닥치는 대로 때려 부수다 사로잡히게 된다. 기사에 의하면 원수들은 조옥희의 열 발가락을 잘랐고, 조옥희를 희롱하며 고문 장면을 사진으로 찍어두었으며, 그녀의 양 눈을 인두로 지지고 코를 베었다. 그럼에도 불구하고 그녀는 끝까지 빨치산의 비밀을 토로하지 않는다.[32] 조옥희의 일대기를 순차적으로 열거한 이 기사에서 잔혹한 고문 장면은 클라이막스에 배치되고, 기자는 조옥희가 북한 여성들에게 주는 교훈을 강조한다. 한봉식은 조옥희, 리수덕 등의 빨치산 전사들이 사망 직후 영웅으로 격상되었던 북한 사회의 분위기에 조응해, 여성 주인공을 창조한 것으로 보인다.

흥미로운 점은 극 중 탈성화되어 있는 김은순이 '여성' 영웅으로서 묘사되는 부분이 치안대에 끌려가 고문을 당할 때라는 점이다. 제2막은 김은순이 물고문을 당하는 장면으로 시작한다. 그리고 이 장면에서 김은순은 '몸을 뒤틀며 가냘프게 신음'138면한다. 적들은 휘파람을 불며 김은순을 희롱하고, 미군 대좌 쫀은 그녀의 아름다움을 예찬하며 회유하고자 한다. 이어 김은순은 쫀에게 일침을 가하고, 최창녀가 소란을 피우는 사이 용맹스럽게 인민을 이끌고 유치장을 탈출한다.

주목할 점은 여성 영웅의 고문 장면이 당대 북한 매체를 비롯한 극문학에서 관습처럼 사용되고 있다는 점이다. 월북한 배우 문예봉이 주연을 맡은 영화 〈빨치산 처녀〉의 시나리오에서도, 미군이 젊은 여성 투사를 유혹하는 장면과 여성 주인공이 고문을 받는 장면이 삽입되어 있다. 아래는 〈탄광사람들〉과 〈빨치산 처녀〉의 대본에서 여성이 고문을 받는 장면을 묘사한 부분이다.

△ 치안대 한 놈이 곁에 있는 물통을 들어 김은순의 얼굴에서부터 들씌워 버린다.
△ 김은순, 몸을 뒤틀며 가냘프게 신음한다.

〈탄광사람들〉, 138면

쫀   나는 당신 같은 아름다운 숙녀를 살해하기 좋아하지 않습니다. 당
       신 같은 중요 범인을 이때까지 살려둔 나의 심정을 모르십니까? 흐
       흐흐……. 나도 미국의 신사입니다.

김은순 과연 미국의 신사다운 신사들이지요.

쫀   오! 무슨 말씀이십니까?

김은순 젖먹이 어린애의 배 우로 그냥 땅크를 몰고. 곡식 낟가리에다 불을
       지르고, 부녀자들의 정조를 유린하며, 무고한 인민들을 학살하는
       것이 미국의 신사도란 말이지?

〈탄광사람들〉, 147면

존슨   나는 당신과 같은 녀성에 대해서 특별한 관심을 가지고 있습니다.
       어떤 길로 가시겠습니까? 아가씨, 행복하게 살고 싶지 않습니까?

영숙   (태연하게 정면 향해 앉아서 내쏟다)

영숙   살고 싶다. 자유스럽고 행복하게.

고문실

화로불에 꽂히운 인두가 달고 있다.

카트 방안 구석으로 가서 불에 달군 인두를 고문대 앞의 화로에 꽂아 놓고
영숙을 노려보고 섰다.

벽에 기대인 채 눈을 감고 쓰러져 있는 영숙.

카트 고문대 앞에 서서 영숙을 보고 책상 우의 가죽채찍을 든다.

〈빨치산 처녀〉, 53~54면[33]

살펴본 것처럼 미군이 여성 빨치산을 유혹하고, 이들이 그 유혹을 단

호하게 거절하며 잔혹한 고문을 받는 장면은 당시 극문학에서 반복되는 관습이었던 것으로 보인다. 특히 가냘픈 여성이 고문을 당해 실신해 있는 장면은 관객의 공분을 일으키는 동시에 미군의 잔학함을 강조할 수 있었다. 염두에 둘 점은 극작가들이 오로지 여전사들이 고문당할 때만 이들의 생물학적 성을 강조한다는 점이다. 실례로 김은순은 전투를 벌이거나 인민을 지킬 때는 탈성화된 여성 영웅으로 등장하지만, 고문을 당할 때만은 '가냘프게' 신음한다. 그리고 이 고문 장면은 대규모 전투신 못지않게 극에 '볼거리'를 제공한다. 특히 영화에 비해 전투신의 스펙터클을 강조하기 어려운 연극의 경우, 김은순이 잔혹하게 고문을 당하는 장면이나 화려하게 치장한 최창녀와 대립하는 장면이 관객의 공분을 일으키는 일종의 볼거리를 제공할 수 있었다.

곧 극 중 여성 인물은 당원이 되는 과정에서 헤게모니적 남성성을 얻기 위해 고군분투하는데, 극작가는 인민의 공분을 일으키기 위해 필요에 따라 여성 영웅의 섹슈얼리티를 강조한다. 그 장면은 바로 가학과 피학이 점철되어 있는 고문 장면이었으며, 여성 인물의 몸은 적에 대한 적개심을 불러일으키는 과정에서 무대에 전시된다. 그런데 〈탄광사람들〉이 공연 후 자연주의적 잔재라고 비판받았던 부분은 미군의 잔혹한 범죄 행각과 최창녀의 타락상을 묘사한 지점이었다. 남아 있는 대본은 당대 공연에 비해 묘사 강도가 순화된 것으로 보이지만, 최창녀의 몸뿐만 아니라 주동인물인 김은순의 몸까지도 편의적으로 전시되고 있는 것을 확인할 수 있다.

이와 함께 주목할 점은 김은순이 죽음을 위해 달려가는 인물이라는 점이다. 극 중 비중있게 등장하는 여성 인물은 김은순과 최창녀 외에 간호원 오영자, 김은순의 어머니 등 네 명이다. 여기서 오영자 외에 세 명

의 여성 인물이 모두 죽음을 맞으며, 김은순의 죽음은 극 중 클라이막스
에 배치되어 비장함을 강화시키는 역할을 한다.

3) 극적 분기와 인민 연대를 위한 희생제의

2014년 발간된 『태양의 품에서 영생하는 녀성들』[34]에서 전쟁기 활약
한 여성 영웅으로 지목하고 있는 것은 앞서 언급한 조옥희 외에 간호장
교로서 전사한 안영애,[35] 수류탄을 안고 적의 탱크로 돌진했던 조순옥,
내무일꾼으로 역시 용맹스럽게 전사한 고혜순, 4·3 당시 제주도 무장
대 지도부였던 고진히[36] 그리고 포수 출신의 영웅 리수덕[37] 등이다. 이들
의 공통점은 모두 전투 과정에서 사망한 인물로, 이후 '시대의 영웅'이
자 '열렬한 애국자'로 격상됐다. 곧 전쟁 중 전사한 여성들은 북한의 '총
대 영웅'으로 헤게모니적 남성성을 획득함으로써 남성 영웅과 동일한
지위에 오를 수 있었다.[38] 관련하여 김은정은 혁명열사릉에 안치된 여성
공화국 영웅의 공통점이 강한 의지와 신념으로 저항하다 당과 수령에
게 마지막 말을 남기고 적에게 죽임을 당하는 것이라 설명한다.[39] 영웅
이 되기 위해서는 '죽음의 방식'이 중요했으며, 적에게 저항하다 장렬하
게 죽음을 맞는 여성 영웅들이 추앙받았다는 것이다.[40] 이에 따르면 전
쟁 중 전사한 다른 여성 영웅에 비해 조옥희에 문학예술계가 더 빠르게
반응한 것은 '고문'과 관련한 일련의 서사를 갖고 있었기 때문이고, 〈탄
광사람들〉 역시 제2막의 고문실 장면을 비중 있게 배치하고 있다.

한봉식은 실존 인물의 삶에 전적으로 기대는 대신, 김은순을 고문실
에서 탈출하게 한 후 총격전 과정에서 죽음을 맞도록 한다. 변압기를 지
킨다는 숭고한 임무는 여성 영웅에게 주어지지만, 결론은 역시 장렬한
죽음이다. 김은순은 제4막에서 최후의 결전을 앞두고 돌진할 것을 선언

한 후, 변압기를 지키기 위해 보고병들과 총격전을 벌이다가 총을 맞고 숨을 거둔다. 그녀는 죽어가면서도 총과 변압기에 대해 언급하고, 김일성을 상징하는 태양이 밝아 오는 가운데 숨을 거둔다. 남편 한형국은 은순과 어머니를 번갈아 부르다가 아내의 고귀한 희생을 계기로 적과 더 치열하게 싸울 것을 다짐한다.

언급한 것처럼 〈탄광사람들〉에서는 주요 여성 인물 중 세 명이 죽음을 맞는다. 이 중 조국을 배신한 최창녀가 '당연히' 처단당해야 할 인물이라면, 어머니와 김은순의 죽음은 인민이 투쟁 의지를 다지는 계기가 된다. 이와 함께 극 중 등장하지 않는 윤명덕의 아내는 해산 후 미군에게 강간을 당한 것으로 설정된다. 윤명덕은 아내가 강간당한 후에야 비로소 적의 실체를 직시하고 다시 조국을 위해 투쟁할 것을 다짐한다. 여성 인물들의 죽음은 남성 인물, 그리고 인민부대의 심경 변화에 지대한 영향을 미친다.

염두에 둘 점은 인민이 투쟁 의지를 재확인하는 과정에서 굳이 여성 인물이 죽음을 맞아야 할 이유는 없다는 점이다. 한봉식이 실화를 적극 표방하는 대신 김은순이라는 가상의 인물을 주조했다면, 다른 방식의 마무리, 예를 들면 김은순이 빨치산의 지도자가 되어 투쟁을 이어가는 결말 역시 생각해 볼 수 있었을 것이다. 하지만 작가는 당대 여성 영웅서사의 관습대로 김은순을 치안대 고문실에 밀어 넣고, 이어 탈출한 김은순이 죽음을 맞는 결말을 설정한다. 전쟁 중 북한의 여성들은 저항하다 비장하게 죽음을 맞이할 때 비로소 영웅으로 추앙될 수 있으며, 죽음은 그녀가 온전히 헤게모니적 남성성을 획득해 당원으로 거듭날 수 있는 방안이었다. 김은순 역시 '당원'으로서, '로동계급의 딸'로서 변압기를 파괴하려는 기도와 싸우다 희생되며, 노동계급의 사상성이 그녀를 희생

으로 이끌어낸다.[41]

어머니와 김은순의 죽음은 순차적으로 인민부대를 각성하게 만드는 과정에 놓여 있다. 치안대장 최주구를 나무라다 총살당한 어머니는 한형국과 김은순이 재차 복수를 다짐하는 계기를 만들고, 김은순의 죽음은 인민 전체를 다시금 각성하게 만든다. 여성들의 죽음은 인민이 전쟁으로 나아가는 과정에서 극적 분기점을 만들며, 또한 비장함을 조성한다.

어머니	(앞으로 거꾸러지다가 의자를 집어 쫀에게 내던지며) 이놈! 이 개 같은 놈! 내가 무슨 죄가 있다고……. 내가 네 놈의 집에다 불을 질렀단 말이냐? 네놈의 애비를 죽였단 말이냐? (쫀에게 덤비려고 한다)
쫀	(당황해 하다가 권총을 꺼내어 어머니의 가슴을 쏜다) 끌어내!

△ 어머니 총 맞은 가슴을 붙잡고 신음하며 쓰러진다.144~145면

한형국	여보! 정신을 차려요!
김은순	(손을 간신히 쳐들고 무엇을 찾으며) 총, 내 총을…….

△ 먼동이 훤히 밝아온다.

장원제	이놈들 있느냐! (김은순을 보고) 어! 이게 웬일이야! 이런! (김은순을 잡는다)
한형국	은순이! 나요! 형국이요!
윤명덕	(김은순을 잡으며) 소대장 동무!
김은순	변압기……. 수류탄을- (절명한다)
한형국	변압기는 잘 있소! 탄광을 찾았소! (환상이 떠오르는 듯) 어머니!169~170면

고문실 장면에서 가냘픈 여성 인물을 밀어 넣을 때 선전적 효과가 배가되는 것과 마찬가지로, 클라이막스에서 남성이 아닌 여성 빨치산이 끝내 죽음을 맞을 때 관객을 더 분개하게 만들 수 있다. 이는 전쟁 중 일련의 '소년 빨치산'을 소재로 한 텍스트에서 어린 소년이 미군과 대적하고, 고문을 받은 후 죽음에 이르도록 설정했던 것과 흡사한 방식이다. 실례로 김학연의 서사시 『소년빨치산 서강렴』은 빨치산 소녀 희숙이 미군 장교의 권총에 희생되는 장면, 그리고 소년 서강렴이 미군에게 채찍을 맞고 인두로 고문을 당하는 장면을 클라이맥스에 배치한다.[42] 그리고 작가는 김은순과 오영자의 대사를 통해 남자와 '다르지 않은' 여자들의 투쟁 능력을 강조하지만, 고문 장면과 죽음 장면을 묘사할 때는 이들이 여자임을 강하게 인식한다. 극 중 변절자인 최주구나 기독수 등과 비교할 때 여성으로서 최창녀의 육체적, 정신적 타락상이 유달리 강조되는 것과 마찬가지로, 여성이 영웅이 되는 방법은 협박과 고문을 이겨내며 종국에 숭고한 희생으로 나아가는 것이다. 이 과정에서 여성의 봄은 희생 제의의 핵심 요소가 되며, 고문은 여성이 영웅으로 격상되는 결정적 과정이 된다.[43]

곧 김은순은 극 중 국경을 초월한 남은 인민들,[44] 그리고 전쟁 중 연극 제작진과 관객의 연대를 공고히 하는 과정에서 일종의 제물이 된다. 김은순은 여성과 남성이 다를 바가 없다고 재차 강조하고 남편은 그녀를 전우로서 존경한다고 말하지만, 그녀의 성별은 고문을 당할 때, 그리고 숭고한 죽음을 맞을 때 여전사로서 차별화된 극적 효과를 만들어낸다.

3. 북한문단 내 자연주의 논란이 보여준
이중적 성의식

그렇다면 이름 없는 여성 영웅의 투쟁기를 통해 인민의 영웅성을 드러내고, 또 극적인 고문 장면과 죽음을 통해 적군의 잔인성을 고발한 〈탄광사람들〉에 대한 북한연극계의 반응은 어떠했는가. 주지하다시피 이 극은 훗날 '성과작'으로 자리매김했지만, 발표 당시 상반되는 반응이 존재했다.

〈탄광사람들〉의 공연 양상은 남아 있는 대본과 평론으로만 추측할 수 있을 뿐이다. 이 작품의 경우 동시기 북한의 다른 연극에 비해 무대 묘사가 매우 상세하며 지문 역시 구체적으로 지시되어 있다. 변압기의 사수와 김은순의 죽음이라는 사건이 일어나는 제4막의 무대 역시 '무질서하게 놓인 박물관 소장 그림, 조선 고대 보물, 라디오, 피아노' 등이 놓여있고, 술에 취한 존이 트림을 하고 최창녀와 동료 미군은 비틀거리며 춤을 추는 모습을 구체적으로 지시하는 등, 무대와 연기에 관해 세부적으로 설명하고 있는 것에 주목할 수 있다. 관련하여 해방 이후 북한연극의 지향점이었던 '고상한 사실주의'를 구현하는 과정에서 김은순이 변압기를 사수하고 적군과 격투를 벌이는 과정 역시 구체적으로 드러나 있다. 이처럼 시각적으로 미군의 타락상을 강조하며 이와 대비되는 김은순의 숭고함을 무대에 재현하면서 극은 전쟁기연극이 구현하고자 했던 선동효과를 극대화시킬 수 있었다. 미군의 재즈음악 소리는 인민의 노랫소리 및 만세 소리와 대비되고, 어머니와 김은순이 연이어 되장할 때 분노한 인민의 발언이 이어진다. 그런데 미군의 추악함에 대한 상세한 묘사는 작품이 자연주의 논쟁에 휘말리는 기반이 됐다.

훗날『조선문학사』는 〈탄광사람들〉에 대해 은순의 형상을 통해 인민이 발휘한 대중적 영웅주의가 수령에 대한 충실성과 열렬한 사랑에 기반하고 있음을 생동하게 보여주는 작품으로 정리한다. 은순 외에도 탄광당 부위원장 조국평과 치안대원이었지만 과거를 참회한 윤명덕의 형상 등을 개성있게 보여주었다는 이유였다. 또한 이 책에서는 작품에 대해 "미제와 그 앞잡이들의 형상을 통하여 미제의 침략성과 포악성, 추악성을 발가놓았으며 계급적 원수들의 반동성을 낱낱이 폭로하였다"고 정리한다.[45] 그런데 원수들의 타락상을 낱낱이 폭로한다는 의도는 상연 당시 북한에서 문제로 지적되는 대목이었다. 리령 역시 연극의 성과를 강조하지만 "진실성이 결여된 자연주의적 요소들이 부분적으로 발로되었"음을 비판한다.[46]

곧 〈탄광사람들〉은 김은순의 애국적 형상과 혁명성을 잘 부각했으나, 연출상의 자연주의적 수법이 문제로 지적받았다. 이는 연극을 본 김일성의 평가에 입각한 것이기도 했다. 김일성은 공연 관람 후 미군의 만행을 너무 자세하게 묘사했으며, 특히 최창녀의 추행이 과다하다는 점을 지적했다. 남아 있는 시나리오에서 금반지에 집착하고 미군에게 몸을 맡기는 최창녀의 행각이 김일성의 지시에 의해 수정된 판본임을 가정한다면, 애초 이 연극의 묘사 수위는 더 높았음을 감안할 수 있다. 언급한 것처럼 한봉식은 지극히 사실주의적인 무대와 구체적인 행동 묘사를 지시했으며, 이것이 적군을 묘사할 때는 '자연주의 수법'이라는 이유로 비판의 대상이 됐다. 적들의 구호를 무대에 그대로 재현할 때 역효과를 가져올 수 있다는 우려 때문이었다.[47]

관련하여 한효는 "자연주의는 우리 문학의 적"이라 공표하며 자연주의를 "리얼리즘과는 정반대되는 개념", "리얼리즘적인 외피를 쓰고 나타나는 반反리얼리즘"이라 정리한다.[48] 그에 따르면 자연주의는 고립된 사실이나 기록을 마치 현실의 전부인 것처럼 확대해석하고 일반화시킨다. 자연주의는 문학을 '기록', '사진', '등사' 등으로 교체하며 모든 현상을 상호 간의 관련성에서 고찰하는 합법칙적 사고를 외면한다.[49] 그는 이어 해방 후 자연주의적 요소를 드러내는 작품들로 〈조국을 위하여〉1947, 〈열풍〉1948, 〈순이〉1950 등을 거론한다. 이 작품들은 북한연극계에서 부정 인물을 강조하거나 자극적인 묘사에 치중한다는 이유로 비판받았다.

> 이 작품들은 대개 진기한 개성의 형식주의적인 탐색과 '자극적'인 적은 사실들의 추구로써 거기에 본질적이 아닌 의의를 부여하려는 시도에서 전혀 동일한 경향에 빠져 있다. 이 희곡들에서 조선 인민들은 저급한 취미와 풍습을 가진 우매한 사람들로 묘사되고 있으며 그 반면에 부정적 인물들은 더 선명한 성격들을 가지고 있어 의지 굳고 수단있는 사람들로 묘사되어 있다. 〈열풍〉에 나오는 긍정인물들과 부정인물들을 비교해 본다면 누구든지 작가가 조선 인민들의 새 생활에 옳지 못한 의곡적 태도를 취하였다는 것을 이해할 수 있을 것이다.[50]

한효의 글은 해방 후 희곡의 자연주의적 요소를 지적한다는 점에서 〈탄광사람들〉과 정확히 맞물리지는 않는다. 그러나 이 글에서 '자극적'인 것을 추구하고 부정성을 선명하게 묘사하는 태도를 자연주의적 묘사 방식이라고 간주하는 점을 확인할 수 있다. 〈탄광사람들〉에 대한 신고송의 평가는 이 작품의 논란 지점을 보다 명확히 보여준다. 이 글에서 신고송은 자신이 연극에 대한 김일성의 말씀을 소개하게 되는 영광을 갖게 됐다고 설명하며, 고상한 사실주의와 구분되는 형식주의 및 자연주

의 요소를 지닌 연극을 비판한다.[51]

해방 이후 북한연극의 비판 대상은 순수예술지상주의와 형식주의 그리고 자연주의로 요약된다. 신고송의 경우 연극이 경계해야 할 요소로 "자연주의적 형식주의적특히 신파적 경향 경향"을 지목한 바 있다.[52] 그리고 논쟁에 휘말린 작품에 대해서는 '합평회' 등의 형식을 빌린 강력한 비판이 이어졌다. 합평회는 창작 주체가 참여해 참석자들로부터 작품에 대한 비판을 듣고 개선사항을 발화하는 자리로, 북한 문학예술의 검열 장치로 기능할 수 있었다.[53] 여기서 〈탄광사람들〉에 대한 지적과 결부된 자연주의의 개념은 다음과 같이 요약할 수 있다. 신고송의 평가를 더 들여다보자.

자연주의와 형식주의는 혁명적으로 발전하는 생활의 진리이며 현재 미래 및 과거의 진리 새로운 것을 향하여 나아가는 생활의 타승할 수 없는 운동을 가장 중요한 것으로 간주하는 사실주의와는 정반대로 정치에 대한 무관심 무사상성 퇴폐주의들로써 특징지을 수 있다. 그렇기 때문에 부르조아지의 예술인 형식주의적 자연주의적 예술은 오늘 인민들의 전진운동 곧 현실을 혁명적 발전을 통하여 진실하게 묘사할 것을 요구하는 사실주의적 예술과는 날카롭게 대립되는 것이며 그렇기 때문에 오늘 세계 재패를 념원하는 미제국주의자들의 사상적 무기로 이용되는 세계주의의 가장 편리하고 힘 있는 도구로 되는 것이다.[54]

그는 이 글에서 자연주의와 형식주의를 정치에 대한 무관심, 무사상성, 퇴폐주의로 규정짓는다. 이 중 자연주의에 대한 비판은 퇴폐주의, 곧 추악함에 대한 날것 그대로의 재현과 연결될 수 있었다. 신고송은 김일성이 이 연극을 보고 미군이 김은순에게 감행한 만행을 비롯해 최창녀의 추행이 과다하게 묘사했음을 지적했다고 밝힌다. 더불어 제2막 치안대 사무실 장면에서 미군이 써 붙인 표어가 불필요하다고 지적했음을 언급한다.[55] 관련하여 전쟁 중 상연한 이동연극 〈우정〉 역시 자연주의적이라 비판하는데, 그 근거는 나무에 결박당한 미군이 영웅처럼 보일 요소가 있으며 나머지는 미군이 여자를 강간하는 장면이 '추잡하고 에로틱한 인상을 관객에게 줄 수 있다'는 점이었다.[56]

이처럼 동시기 북한연극에서 여성 인물의 수난사와 타락상을 체현하는 여성 인물/여배우의 몸은 적군과 결부될 때 적개심을 고취하는 대신 에로틱한 인상만을 남길 수 있다는 점에서 문제시됐다. 남아 있는 대본이 김일성의 평가에 의해 수정됐음을 감안하면, 김은순이 고문당하는 장면과 최창녀가 미군과 벌이는 모든 행동의 수위는 초연 당시 훨씬 높았으리라는 결론을 내릴 수 있다.

문제는 적에 대한 분노와 적개심^{고상한 사실주의}을 고취시키는 수법과 추잡하고 에로틱한 인상^{자연주의}을 주는 수법의 경계가 모호하다는 점이다. 극작가들은 사실주의를 표방하는 과정에서 극적 개연성을 확보하기 위해 편의적으로 적과 희생양을 연결 짓는 방법을 취한다. 곧 적에 대한 분노를 자극하기 위해서는 타락상을 상세하게 묘사하는 것이 효과적인 방법이었고, 이 와중에 '민족 수난사 이야기'의 관습대로 여성의 육체가 동원됐다. 한봉식이 희곡으로서는 드물게 여성 주인공을 내세운 것은 대중적 영웅주의라는 전쟁 중 구호에 부합하기 위함이었던 것으로 보인다. 그는 김은순에게 당원으로서의 자격을 부여하기 위해 남성 전사 못지않은 전투신을 배당하지만, 적군을 비판하고 그녀를 영웅으로 만드는 과정에서 '여성'으로서 겪는 잔혹한 고문신을 삽입했다. 문제는 김일성과 비판자의 시선에서 가학과 피학이 얽혀 빚어내는 여성들의 신음소리와 비명소리가 퇴폐적으로 들리면서 애초의 극작 의도와 불협화음을 빚어낸다는 것이다.

김은순과 같은 탈성화된 여성 전사든, 최창녀와 같이 과장스럽게 섹슈얼리티를 드러내는 '추잡한 인간'이든, 혹은 미군에게 강간당하며 죽어가는 마을 처녀든 여성의 몸은 적군과 결부될 때 모두 퇴폐적이고 에로틱하게 해석될 소지가 있다. 이는 북한이 여성해방을 제창하는 한편으로 적군에게 수탈당한 여성의 몸이 불온하다는 인식을 갖고 있었음을 보여준다는 점에서 체제가 표방했던 해방의 구호와 배치된다. 물론 실존 여성 영웅에 대한 일련의 서사 역시 이들이 여성으로서 고문을 견디는 상황을 강조했으며, 이들의 육체가 훼손되는 과정을 지난하게 서술했다. 문제는 무대에서 미군에 의한 고문신과 강간, 그리고 미군과의 난교 장면이 재현될 때 이는 기사, 글로 상황을 접하는 것과 전혀 다른 극적 효과를 가져 올 수 있었다는 점이다.

한봉식의 경우 인민군 전사의 대중적 영웅주의에 입각해 여성 영웅을 형상화했지만 여성 영웅의 활약과 관련한 상상력은 펼쳐 보이지 못한다. 그리하여 관습적으로 김은순을 고문실에 밀어 넣고, 인물 간 대조 효과를 위해 그 반대편에 최창녀를 배치하는 등 여성의 육체를 통한 민족의 수난사를 강조하고자 했다. 그러나 학대당하는 여성의 육체가 무대 위에서 형상화될 때 사회주의의 목표와는 정반대로 갈 수 있었고, 여성의 몸이 줄 수 있는 에로틱한 인상이 자연주의적 잔재로 해석될 요지 또한 다분했다. 그렇게 〈탄광사람들〉은 북한 문학예술의 이상향과 적폐 요소 사이에서 갈팡질팡하고 있었고, 한봉식은 김일성의 비판 이후 학대와 타락의 수위를 대폭 완화하는 것으로 절충선을 마련했다.

이상 〈탄광사람들〉과 관련한 논란은 해방 이후 북한연극이 고상한 사실주의라는 방향성을 확립해 가는 과정과 동시에 연극에 대한 사후 검열이 작동하는 방식을 보여주고 있다. 이와 함께 사회주의 체제하에서 여성이 헤게모니적 남성성을 획득하기 위해 사용해야 하는 전략과 더불어 당대 사회에 깔려 있는 이중적 성의식을 드러내기도 한다. 곧 여성이 여성성을 탈피할 때 북한 사회의 영웅으로 격상될 수 있지만, 민족의 수난사를 보여주기 위해 여성으로서 겪어야 하는 육체적 수난 또한 반복적으로 강조했다.

문제는 여성의 몸이 누구와, 또한 어떻게 결부되느냐에 따라 얼마든지 부정적으로 인식될 수 있다는 점이었다. 이같은 정리되지 않은 모순된 입장은 북한 사회의 여성성이란 무엇인가에 대해 질문하게 하면서, 당대 젠더정치가 가동되는 방식에 대한 의구심을 갖게 만든다. 여성이 인민이 되기 위해서는 치열하게 남성 '되기'를 수행해야 하는 동시에, 민족의 수난을 증명하는 이들의 몸은 전쟁이라는 비상시를 넘어서기 위해 편의적으로 활용될 수 있었던 것이다. 〈탄광사람들〉은 이같은 북한의 젠더정치, 곧 형식적 남녀평등이 극적으로 구현되는 양상을 명징하게 보여주는 텍스트다.

4. 분단 체제 여성 총대전사의 섹슈얼리티

이 글은 한국전쟁 발발 이후 여성 영웅이 발견되는 과정과 함께 드물게 여성 주인공이 전경화된 한봉식의 희곡 〈탄광사람들〉을 중심으로 전쟁기 북한의 젠더 전략이 작품 내에 어떻게 구현되고 있는지를 규명했다. 이어 이 작품이 자연주의 논란에 휩싸인 경위를 살펴보며 여성해방을 논하는 한편으로 필요에 따라 여성의 몸은 불온시하는 북한 사회 속 뒤틀린 성의식을 짚어 보고자 했다.

언급한 것처럼 전쟁 중 김일성이 강조한 대중적 영웅주의에 입각해 여성, 소년 등 약자가 인민과 연대하여 전쟁을 이끌어 가는 일련의 문학 작품이 발표됐다. 이 작품들은 일괄적으로 육체적 약자가 미군에게 모진 고문을 당하는 장면을 관습처럼 활용했으며, 그 대상이 여성일 경우 육체가 훼손되는 과정에 집중했다. 〈탄광사람들〉 역시 이같은 관습을 적극적으로 활용한 작품이었지만, 희곡이 무대화되는 과정에서 전사화된 여성이 학대당하고 타락한 여성의 육체가 드러나면서 섹슈얼리티가 적극적으로 노출되자 해당 장면을 적극 수정하는 절차를 거쳤다. 그렇게 공식적으로 여성의 해방을 제창하는 한편으로, 여성의 섹슈얼리티는 은폐되고 부정되었다.

전쟁 중 북한에서는 남성의 일을 여성에게 위임하며 신체적, 정신적으로 여성이 남성과 다르지 않음을 강조했고, 김은순은 이같은 프로파간다를 수행하기 위해 창조된 인물형이었다. 그런데 전쟁이 끝난 후, 여성들은 여전히 경제전의 전사로 호명되었음에도 불구하고 다시 가정으로 돌아가 여성의 의무를 부여받는다. 전쟁 중 헤게모니적 남성성을 획득해야 하는 김은순에게는 자식이 없었지만, 이후 '여성 천리마 기수들'은 산업전선에서 활약하는 동시에 누군가의 어머니이자 딸로서 가정을 보살펴야 했다. 그렇게 바람직한 여성상은 시대적 변화에 조응해 변모했다.

이 글에서는 〈탄광사람들〉 한 작품만을 중점적으로 논의하며 작품의 특성과 공연 직후 논쟁을 주로 설명했다. 관련하여 동시기 총을 든 여성상은 포수 리수덕을 소재로 한 남궁만의 희곡 〈바람부는 고원지대〉에도 등장한다. 이 작품은 리수덕 사망 직후 발표됐으며, 극 중 리수덕은 붙잡혀 고문당하는 대신, 미군에게 잡힌 남편 리수일을 구하고 함께 전선으로 달려 나간다. 곧 이 작품은 주인공이 숭고한 죽음을 맞는 대신 전의를 다지는 것으로 마무리되며, 연극 〈탄광사람들〉, 영화 〈빨치산처녀〉와 달리 고문의 서사를 확인할 수 없다. 다만 극 중 리수덕은 완전히 탈성화된 모습으로 등장해 남편보다 뛰어난 전투 능력을 과시한다는 점에서, 여성의 섹슈얼리티를 의도적으로 배제하는 동시기 북한 문학예술의 특징을 살펴볼 수 있다.

장르는 다르지만, 동시기 여성 빨치산을 소재로 한다는 점에서 떠올릴 수 있는 텍스트는 남한에서 발표된 이강천의 영화 〈피아골〉[1955]이다. 이 영화에는 두 명의 총을 든 여성 빨치산 대원이 등장한다. 이 중 성격파 배우 노경희가 연기한 극 중 애란은 모든 상황을 관조하는 동시에 자신의 감정과 섹슈얼리티를 사랑하는 대상인 철수[김진규]에게 적극적으로 드러낸다. 반면 또 다른 여성 인물 소주는 전투 중 부상을 입고 돌아와 탐욕스러운 동료 빨치산에게 강간당하고 이어 살해당한다. 극 중 철수를 제외한 남성 빨치산들은 애란과 소주의 육체를 탐하며, 두 사람의 결말은 다를지라도 여성의 섹슈얼리티는 당시 남한 사회에서 적대시하던 빨치산의 극악함을 드러내기 위해 도구적으로 활용된다. 뒤집어 보면, 빨치산을 다룬 북한의 연극과 영화 역시 미군의 타락을 드러내는 과정에서 이전까지 후경화했던 여성 빨치산의 섹슈얼리티를 드러낸다. 그렇게 분단 체제하 남북한의 문학예술은 여성 빨치산의 수난사를 묘사하는 과정에서 공통분모를 갖게 됐다.

북한의 연극과 영화는 여성 빨치산을 영웅시하는 과정에서 이들이 겪은 고문을 형상화할지라도, 여성 주인공이 성고문을 당하는 과정을 직접적으로 보여주지 않는다. 그럼에도 불구하고 '몸을 뒤틀며 가냘프게 신음'하는 인물의 모습은 그 이상을 암시한다. 이들의 죽음은 영웅의 숭고함을 부각시키고, 전쟁 중 전투 의지를 재확인하며, 김일성의 위대함을 강조하기 위한 목적으로 배치된다. 그러나 모티브는 얻었을지언정 실존 인물을 소재로 하지 않은 〈탄광사람들〉조차 여성 주인공의 죽음이라는 결말로 나아가는 것은, 성고문을 당한 (혹은 당했을 것이라 추정되는) 여성 영웅이 다시 북한 체제로 받아들여질 수 없는 상황을 암시한다. 표면적으로 여성 전사 이야기는 해방 후 북한 정부가 공표한 것처럼 여성의 역량과 가능성을 열어 놓고 있는 것처럼 보인다. 그러나 여성 전사 표상은 건국 혹은 전쟁이라는 시대적 사명에 따라 편의적으로 동원됐으며, 이들의 섹슈얼리티는 전쟁 중 강간당한 후 죽어간 수많은 여성들의 단편적 이야기와 마찬가지로 적군의 잔인함을 고발하는 것 이상의 기능을 수행하지 못했다.

언급한 것처럼 〈탄광사람들〉은 전쟁 중 성과작이자 북한연극의 사후 검열 방식을 보여주는 사례라는 점에서 북한문학사, 연극사에서 주목할 만한 작품으로 규정하는 것이 가능하다. 동시에 텍스트 및 관련 논쟁을 읽어가는 과정에서 전쟁 중 북한 사회 속 젠더체계의 모순을 찾아볼 수 있다는 점에서 북한의 젠더 연구와 관련해 눈여겨 볼 수 있다. 이 작품은 동시기 문학예술 속 여성 영웅상 및 이후 북한의 여성 영웅상과 아울러 논의하면서 새로운 해석 가능성을 찾아볼 수 있을 것이다.

---

* 이 글은 「전사(戰士)형 여성상으로 본 1950년대 북한연극의 젠더체계 – 〈탄광사람들〉(1951)을 중심으로」, 『한국연극학』 68, 한국연극학회, 2018을 수정·보완했다.

제2장 ─────── 사회주의영화 속 총을 든 붉은 여전사들

<조야>[1944]와 <빨치산 처녀>[1954]를 중심으로

1. 스크린으로 간 붉은 여전사들

이 글은 전쟁 중 만들어진 사회주의 체제하의 영화 속에서 여성이 동원되는 방식과 여성 영웅이 만들어지는 양상을 논의하고자 한다. 구체적으로, 이 글은 전쟁 중 제작된 두 편의 프로파간다영화 <조야>[1944][1]와 <빨치산 처녀>[1954]를 논의한다. 구체적으로 독일-소련전쟁을 소재로 한 소련영화 <조야>와 한국전쟁 중 미군의 침탈을 다룬 북한영화 <빨치산 처녀>를 비교하며 사회주의 체제하의 영화 속에서 여성 영웅 형상이 만들어지는 방식을 고찰할 것이다.[2] 곧 사망 직후 양국에서 "애국의 상징patriotic icon"이 된 실존 인물을 소재로 한 두 영화를 비교 및 분석함으로써, 사회주의 체제하 총을 든 여성 전사戰士의 형상과 함께 젠더화된 빨치산의 신화가 만들어지는 방식에 주목할 것이다.

두 작품은 각각 '조야Zoya Cosmodemiyanska, 1923~1941'와 '조옥희趙玉姬, 1923~1950'와 라는 실존 인물, 곧 동시대 활약한 여성 빨치산의 이야기에서 모티브를 얻어 전선에서 투쟁하는 여성 전사의 형상을 구축했다. 이와 함께 적군에게 체포된 후 잔혹한 고문을 받는 여성 주인공의 고투와 함께 영광스러운 죽음에 이르기까지의 과정을 상세하게 묘사함으로써 관객의 감정선을 자극하고자 했다. 이 중 〈빨치산 처녀〉의 조옥희를 연기한 배우는 이후 당대 북한의 공훈 배우이자 인민 배우로 등극한 문예봉1917~1999이었다. 그녀는 영화 속에서 "공화국 영웅" 조옥희를 연기함으로써 여성 빨치산 신화의 제작에 동참하고, 배우로서의 위치 또한 공고히 할 수 있었다.[3]

조옥희와 조야는 같은 해 태어났고, 국가의 명운을 건 전쟁에서 활약했으며, 사망 직후 인민의 영웅으로 추앙되었다는 공통점이 있다. 조옥희의 경우 사망 4개월 만에 여성으로서는 처음으로 영웅 칭호를 하사받았으며, 조야 역시 사망 직후인 1942년 최초로 소비에트 연방 영웅 칭호를 수여받았다. 그리고 이들의 일대기는 전쟁 기간 당국의 선전 활동에 적극적으로 활용되었다. 조옥희의 생애 및 상세한 고문 과정을 담은 기사와 그녀가 남겼다는 일기, 그리고 조야에 대한 기사와 젖가슴이 잘린 채로 교수형 당한 사진은 전쟁 중 널리 유포되었으며 이후 양국에는 두 사람의 동상이 세워졌다. 전쟁 중 제작을 진행한 〈빨치산 처녀〉와 〈조야〉는 이같은 선전 작업의 일환으로 기획된 영화였다. 김일성은 그의 회고록에서 조옥희를 '강한 여자'로 지칭하며, "온 나라 인민들과 세계의 양심 앞에 조옥희를 내세우고자 하며 그를 형상한 영화를 만들라"고 직접 지시했다 밝힌 바 있다.[4]

주목할 점은 북한에서 조옥희의 형상을 만들 때 소련의 여성 영웅 조야의 이미지가 구축되는 방식을 상당 부분 참조했다는 점이다. 북한의 매체가 형상화하고자 했던 조옥희의 이미지는 이미 제2차 세계대전 중 소련에서 만들어진 조야의 형상과 매우 닮아 있었다. 북한에서는 1952년 조야의 어머니가 썼다는 책 『조야와 슈라The Story of Zoya and Shura』가 번역, 출판되었다. 이와 함께 한국전쟁 발발 후 북한 『로동신문』은 조야의 일대기를 상세하게 설명했으며, 전쟁 시기부터 종전 후에 이르기까지 조야의 어머니가 북한 인민에게 보내는 편지 내용을 보도하기도 했다.[5] 북한에서는 제국주의자들에 의해 처형당한 빨치산 여성 조옥희와 조야의 친연성을 강조했다. 관련하여 조옥희의 일대기를 기록한 『로동신문』 기사는 조옥희가 쓴 일기에 "소련의 영웅 조야처럼 끝까지 모든 것을 아끼지 않고 용감히 싸우련다"는 언급이 있다고 밝히고 있다.[6] 또한 조옥희에 대한 회고는 조야에 대한 결정적 이미지가 독일군이 찍은 '사진'으로부터 만들어졌다는 것을 감안한 듯, 미군이 고문당한 그녀의 사진을 찍으려 하다 실패했다는 일화를 강조한다.

조야의 존재는 소련의 저널리스트 표트르 리토프Pyotr Lidov가 목격자들의 진술을 참고해 그간의 일을 재구성한 기고를 1942년 『프라우다Pravda』지에 기고하면서 비로소 소련 사회에 알려지게 됐다. 이 기고에 따르면 조야는 독일군들의 잔혹한 고문에도 입을 열지 않았다. 그녀는 줄곧 나치에 대한 강한 적개심을 드러냈으며, 자신의 진짜 이름을 말하지 않았을 뿐더러 동료를 배신하지 않았다. 이 기고는 조야의 고문 과정을 매우 구체적으로 묘사하고 있으며, 그녀가 교수형 당하기 전 군중을 향해 자신은 죽음이 두렵지 않으며, 혼자가 아니라고 말한 후 당당하게 죽음을 맞았다고 밝힌다. 리토프의 글은 소련 전체에 충격을 던졌으며, 이후 독일군이 찍었다는 교수형 당한 조야의 사진이 유포되기에 이른다. 스탈린은 그의 기사를 읽고, 조야가 바로 "인민의 여성 영웅The People's heroine"이라 지목했다. 조야가 소련 연방의 영웅으로 격상된 이후, 그녀의 일대기를 소재로 한 시, 소설, 연극, 영화 등이 연이어 발표되었다. 영화 〈조야〉 역시 이같은 기념 작업의 일환으로 제작됐다. 영화는 조야에 대한 기록과 장편 서사시 〈조야〉[1942]를 토대로 만들어졌다. 서사시 〈조야〉의 경

우 그녀를 소비에트 애국주의의 귀감이자 '처녀 빨치산 영웅'으로 칭송하는 작품이었다.[7]

그렇다면 조옥희의 경우는 어떠했는가. 조옥희 사후 그녀의 일대기를 보도했던 『로동신문』에 따르면, 황해도 빈농의 딸로 태어난 조옥희는 어릴 적 지주의 박해를 받아 가면서 인민정신을 자각했다. 그녀는 1947년 노동당 입당 후 한국전쟁이 발발하자 머리를 깎고 빨치산 부대에 들어간다. 조옥희는 미군과의 전투 과정에서 체포된 후 모진 고문을 당한다. 이 기사에 따르면, 미군은 조옥희의 손가락과 발가락을 뽑았고, 눈알을 뽑았으며 코를 베었다. 조옥희는 체포된 지 11일 만에 사형장으로 끌려가면서 '김일성 만세', '노동당 만세'를 부르고 숨을 거둔다. 조옥희의 일대기가 소개된 직후, 월북 작가 임순득은 그녀의 인간적인 면모를 소재로 한 소설 「조옥희」[1951.6]를 발표했다. 그런데 전후 조옥희의 다양한 문학적 형상화에 주목한 김은정이 지적하는 것처럼, 전쟁 기간 여성 영웅 칭호를 받은 것은 비단 조옥희뿐만이 아니었다. 그럼에도 불구하고 이 중 문단이 가장 즉각적으로, 또한 적극적으로 반응한 것은 조옥희였다.[8] 전쟁 기간 조옥희는 임순득의 소설 「조옥희」와 리북명의 소설 「조선의 딸」[1952.10~12], 문학수의 회화 〈조옥희 영웅〉[1952]에서 형상화되었으며, 전후에도 영화 〈빨치산 처녀〉, 박팔양의 시집 『황해의 노래』[1958], 김제옥의 무용극 〈조옥희〉[1960] 등을 통해 끊임없이 소환됐다. 이처럼 전쟁 시기부터 전후에 이르기까지, 조옥희의 생애가 재생산되는 과정은 조야의 일대기가 확산된 과정과 매우 유사했다.

흥미로운 점은 두 여성 빨치산에 대한 회고가 모두 여성이 고문당하는 과정을 묘사하는 데 상당한 비중을 할애하고 있다는 점이다. 익히 알려진 조야의 사진은 가슴이 잘린 채로 목이 매달려있는 처참한 모습이었다. 그리고 이같은 공식적 '이미지'가 없는 북한매체의 경우 고문이라는 클라이맥스를 향해 달려가는 과정에서, 결말에 이르기 직전 조옥희에게 가해지는 고문 장면을 지극히 상세하게 묘사했다.

그런데 사후 발굴된 여성 영웅 조야와 마찬가지로, 조옥희에 대한 정보는 매우 제한되어 있었다. 다만 조야의 경우 저널리스트 표트르 리토프가 조야에 대해 알고 있고, 그녀의 죽음을 목도했던 이들을 인터뷰하여 취재했다고 밝히며 최소한의 신빙성을 확보하고자 했던 반면, 조옥희의 극적인 일대기의 출처는 더욱 불분명했다. 이와 함께 조야에 대한 기록이나 그녀를 형상화한 텍스트가 인물의 가족관계나 성장 과정 등 기본 정보를 구체적으로 명시하고 있었던 반면, 조옥희의 경우 출생지와 신분 외에 주어진 정보는 극히 일부에 불과했다. 그럼에도 불구하고 조옥희에 대한 기사는 그녀가 '일기'를 썼음을 강조하며, 기사가 사실을 토대로 작성되었음을 주장했다. 여기서 조옥희가 이름 없는 여성이라는 점은 특정 개인을 영웅적으로 형상화하는 것을 지양했던 북한 체제의 통치전략과 맞아떨어질 수 있었다. 또한 알려지지 않은 조옥희의 배경은 당의 정책 방침에 맞춰 얼마든지 가공될 수 있었다. 무엇보다 인물에 대한 정보가 소략하다는 것은 창작자 입장에서 예술적 상상력을 발휘해 여백을 채워 나가는 계기가 됐다.

이같은 여성 영웅의 추모 붐에 부응해, 소련과 북한의 영화계는 전쟁 중 파괴된 시설을 재정비한 후 즉각 조야와 조옥희를 스크린으로 옮겼다. 영화의 경우 다른 장르에 비해 전쟁의 스펙터클을 재현하기에 가장 적합했으며, 이전부터 가장 효과적으로 대중을 선동할 수 있는 매체로 간주되었다. 이에 따라 조야와 조옥희는 사후 스크린을 통해 애국심과 민족주의를 표상하는 여성 영웅으로 구축되었다. 북한은 건국 이후 '사회주의 리얼리즘' 문학예술의 방법론을 마련하는 과정에서 당시 소련의 문학예술 이론을 적극적으로 도입했고, 이를 북한 문학예술이 나아가야 할 모범으로 제안했다. 실례로 해방기 북한문학의 창작방법론이었던 '고상한 리얼리즘'은 본질적으로 사회주의 리얼리즘과 동일한 것으로, 마르크스-레닌 세계관으로 무장해 사회 발전의 역사적 필연을 인식하는 것으로 요약된다.[9] 이후 한국전쟁을 소재로 한 문학예술의 서사 역시 소련이 제2차 세계대전을 형상화하는 방식을 차용했다. 소련에서 제2차 세계대전을 "조국해방전쟁"으로 명명한 것처럼 북한 역시 한국전쟁을 "조국해방전쟁"으로 명명했으며, 한국전쟁의 영웅을 만들어낼 때도 소련의 영웅 찬양 방식을 참조했다.[10]

영화 〈빨치산 처녀〉에서 조옥희를 대변하는 캐릭터 '영숙'을 연기한 것을 월북한 배우 문예봉이었다. 그리고 당시 북한의 영웅서사가 소련 영웅서사의 영향을 받았던 것처럼, 〈빨치산 처녀〉는 10년 전 제작된 〈조야〉의 서사 전개 방식을 차용하고 있으며, 문예봉 역시 〈조야〉에서 고문 장면을 실감나게 연기한 배우 갈리나 보댜니츠카야Galina Vodyanitskaya의 연기를 참고한 것으로 보인다. 문예봉은 일제말기 프로프간다 영화의 꽃이었으며, 8·15해방 이후 월북하여 북한의 인민 배우로 자리매김했다.

그렇다면 각각 소련과 북한의 해방전쟁을 배경으로 한 두 영화, 〈조야〉와 〈빨치산 처녀〉는 어떻게 여성 빨치산의 신화를 형상화하는가. 두 영화는 어떤 점에서 공통점과 차이점을 갖는가.

2. 낭만화된 소녀의 성장 드라마, 〈조야〉[1944]

소련의 경우 "위대한 조국 전쟁Great Patriotic War", 곧 독일-소련전쟁을 지나면서 급작스럽게 여성 영웅을 발견하는 일이 빈번해졌으며, 이에 따라 여성이 프로파간다영화 속 주인공들로 등장하게 됐다. 실례로 비슷한 시기 제작된 영화 〈그녀는 조국을 수호한다She defends the motherland〉1943는 독일군에게 가족을 잃은 후 여성 빨치산 리더로 성장하는 여성을, 〈마리야Maryte〉1947 역시 빨치산 리더로 거듭나는 순수하고 아름다운 10대 소녀 영웅의 이야기를 담았다. 전쟁영화에서 여성 영웅은 많은 기능을 할 수 있었으며, 무엇보다 진실한 도덕성의 상징이 되었다. 영화 속 여성 영웅은 결말부에 이르러 목숨을 잃은 상황에 처하지만, 숨이 멎을 때까지 강인한 정신력을 유지한다. 특히 선전영화에서 소녀는 나치가 파괴하고자 하는 사회주의 체제의 젊음과 순수함을 드러내는 기능을 하기에 보다 적합했다. 〈조야〉는 스탈린시대 전쟁영화의 가장 전형적인 예였다.[11]

여성 시인 마르가리타 알리게르Margarita Iosifovna Aliger의 시 「조야」에서, 조야는 소비에트의 아내이자 어머니로서 소녀와 여성, 사랑과 영웅적 행위 사이에서 균형을 잡고 있다. 그리고 소련의 여성 전사와 영웅들이 정신적인 측면과 여성적 자질을 통해 찬사를 받았던 것과 달리, 남성 주인공들은 그들의 영웅적 행위를 통해 칭송을 받았다. 특히 여성 영웅은 남성 전사들의 사기를 높이기 위해 존재하기도 했는데, 그 증거로 스탈린그라드 전투 전야에 출판된 알리게르의 시 「조야」는 전선에서 싸우는 소련 병사들에게 보내지기도 했다.[12] 저널리스트 리토프의 기록과 시인 알리게르의 인물 형상화로부터 영향을 받은 영화 〈조야〉 역시, 이같은 소

〈그림 1〉 영화 〈조야〉(1944) 포스터

〈그림 2〉 영화 〈빨치산 처녀〉(1954) 포스터

녀·여성이자 전사인 조야의 두 가지 면모를 동시에 잡아내고 있다.

레프 아른슈탐Lev Arnshtam이 연출을, 갈리나 보댜니츠카야가 주연을 맡은 〈조야〉는 1946년 칸느영화제 경쟁 부문에 출품되었으며, 소련 국가상USSR State Prize을 수상하는 등 작품성을 인정받았다. 〈조야〉는 소녀가 빨치산으로 성장하는 과정에 초점을 맞춘 영화로, 조야의 성장담을 형상화하는 데 상당한 비중을 할애하고 있다. 연출은 조야의 조국이 어떻게 그녀에게 용기를 주었으며 또한 강인하게 길러 냈는지를 묘사하는 데 집중한다. 스탈린시대의 역사적 사건과 조야의 일생을 겹쳐 진행하는 방식은, 그녀의 정체성이 사회적으로 구성되는 것과 관련해 이 인물이 단순히 조국의 산물로써 주어진 것이 아님을 제시한다. 정확히 말하면, 영화 속에서 조야는 그녀의 조국 그 자체로 존재한다. 이처럼 스탈린시대의 영화는 '리얼리즘'에 초점을 두고 있음에도 불구하고, 상징과 신화를 중요한 특징으로 갖는다.[13]

그런데 조야의 성장 과정을 공들여 묘사하는 영화에서 가장 비중 있게 등장하는 장소는 전쟁터가 아닌 기숙학교이며, 서사의 가장 많은 부분을 차지하는 부분 역시 조야의 학창시절이다. 영화 초반 양갈래 머리를 한 낙천적인 소녀 조야의 외양과 행동은 할리우드영화 속 소녀 캐릭터를 연상시키지만, 영화 후반부에서는 머리를 자르고 전연방 레닌주의 청년 공산주의자 동맹Komsomol에 입소하면서 소련의 잔다르크로 거듭나게 된다. 영화는 조야가 독일군 처소에 불을 붙이려다 체포되는 장면으로부터 시작해 고문 장면으로 이어진다. 그리고 곧 조야의 과거로 돌아가 출생부터 빨치산으로 성장하기까지의 과정을 묘사한다. 러시아혁명 후 소비에트연방공화국이 수립된 직후 태어난 조야는, 교사인 어머니와 사서인 아버지 사이에서 많은 사랑을 받으며 성장한다. 모스크바로 이주한 후 학교에 입학한 조야는 때로 남학생들과 대립하기도 하지만, 이를 슬기롭게 극복하고 친구들과 우정을 나누며 행복한 학창시절을 보낸다. 영화는 친구들과 함께 공부하고 노래하며, 교사에게 혁명정신을 배우는 등 조야의 행복한 학창시절을 묘사하는 데 상당 비중을 할애한다. 학구열을 가진 조야는 학생들을 대표해 선서하고, 짓궂은 남학생을 압도하는 등 적극적인 소녀로 거듭난다. 특히 카메라는 조야가 어머니뿐 아니라 소녀들을 포함한 동료 학생들과 유대감을 갖는 과정을 비추며, 여성 간의 공동체, 그리고 청년 간의 공동체가 형성되는 과정을 조명한다.

영화는 문학과 음악을 사랑했던 소녀 조야의 학창 시절을 다분히 낭만적으로 묘사한다. 물론 영화 속 조야의 학창 시절에 대한 형상화는 기존의 '기록'에 입각한 것이지만, 그럼에도 〈조야〉가 소녀의 성장기라는 점에 주목할 수 있다. 연출은 조야가 기숙학교에서 크고 작은 위기를 극복하며 친구들과 우정을 쌓아가는 과정과 사랑의 감정이 싹트는 순간을 포착하는 데 집중한다. 성장한 조야가 학교 댄스파티에 참석해 연인과 춤을 추고, 은밀한 대화를 나누며 즐거워하는 장면은 영화 속에서 비중 있게 묘사된다. 학교 밖 변화하는 시대상이 자막과 함께 영화 곳곳에

〈그림 3〉 조야의 학창시절

끼어들고, 자료화면을 통해 전해지는 유럽의 위기가 기숙학교의 청춘들에게 불길한 기운을 드리우지만, 영화는 중반부까지 시국에 크게 집중하지 않는다. 특히 독일-소련전쟁이 발발하기 직전, 조야가 연인과 함께 손을 잡고 모스크바 시내 곳곳을 거닐며 이야기를 나누는 시퀀스는 영화 속에서 가장 낭만적인 지점이자 공들여 연출된 부분이기도 하다. 이 시퀀스는 러시아의 혁명 정신과 사회주의 영웅의 발자취를 묘사하기 위해 삽입된 것인 동시에, 소녀의 설렘과 흥분을 동시에 느낄 수 있는 지점이다.

영화에는 조야가 거리에서 변화하는 시대상을 목도하는 장면이 반복해서 등장한다. 또한 카메라는 일기를 쓰는 조야의 모습을 비추기도 한다. 그렇게 영화는 조야의 내면에서 일어나는 변화를 섬세하게 따라간다. 그리고 학창 시절 인민 군대의 위대함을 지켜보던 조야는, 전쟁 발발 후 인민의 틈에 휩쓸려 보다 굳건한 혁명 정신을 갖게 된다. 이후 조야는 머리를 자르고, 만류하는 어머니를 설득한 후 빨치산에 합류한다.

그런데 〈조야〉가 전쟁영화임에도 불구하고 극 중 전쟁 장면은 모두 뉴스 영상으로 처리되고 있다는 점에 주목할 수 있다. 조야의 성장 서사를 다룬 영화는 레닌의 사망부터 대략 20년의 시간을 아우른다. 그리고 영화의 결말부에 이르면, 연출은 조야를 영웅으로 만든 정치적, 역사적 사건을 아우른다. 그 중심에는 레닌의 상례식, 스탈린의 집권 등의 사건이 놓여 있고, 독일군에 의해 고문당한 조야의 얼굴 위로 마치 환영처럼 소련이 성취한 군사적 위업이 오버랩되는 방식을 통해, 조야의 삶과 순교는 모든 인민에게 속해 있음이 강조된다.[14] 이처럼 영화가 전쟁 스펙터클을 도외시하는 것 외에도, 영화 속에서는 독일군이 별다른 비중을 갖지 않는다는 점을 염두에 둘 수 있다. 독일군은 극 초반과 후반 조야를 고문하고 살해할 때 짧게 등장하며, 뉴스 장면으로 대체된 영상 속에서도 존재감을 드러내지 않는다. 영화는 오로지 조야라는 순수한 혁명 정신의 표상에만 집중하며, 빨치산 대원들과의 유대관계 역시 비중 있게 다루지 않는다.

이처럼 다분히 낭만적으로 조야의 성장 과정 및 복잡다단한 심리를 묘사하고 있는 영화에서, 빨치산으로서 조야의 투쟁 과정은 후경화된다. 그리고 고문 장면으로부터 시작해 조야의 과거를 순차적으로 비추던 영화는 다시 현재 시점으로 돌아와, 훌륭하게 자란 조야가 어떻게 혹독한 고문을 견뎌내고 있는지를 보여준다. 이같은 고문 장면은 관련 기록을 참고한 것이지만, 동시에 관객을 향해 완성된 조야의 현재를 전시하는 것이기도 하다. 영화 〈조야〉는 영웅의 투사적 면모보다는 '여성' 사회주의자로서의 차별화된 면모를 탐색하는 데 집중한다. 극 중 조야의 유대관계는 학창 시절 친구들 외에 어머니, 그리고 고문 장소에서 만나는 할머니와 소녀 등 주로 여성과 이루어지는데, 그녀는 처형당하기 전 자신을 보러 온 마을 사람들에게 격렬한 심정을 토로하는 대신 차분하게 조언을 전한다.

〈그림 4〉 조야의 고문 장면

　영화는 조야의 죽음처럼 감정을 극대화할 수 있는 장면에서 감정을 절제하고, 그녀가 담담하게 죽음에 이르는 과정을 담아낸다. 또한 소련 군의 승전보를 스펙터클하게 전시하는 대신, 전투 장면을 담은 영상과 조야의 얼굴을 오버랩시키는 방식을 취한다. 이처럼 여성 영웅의 탄생 과정을 형상화한 프로파간다영화 〈조야〉는 위대한 투쟁상을 형상화하기보다는 십대 여성 영웅의 '소녀성'과 '여성성'을 강조함으로써 사회주의적 도덕성이 무엇인지 강변한다.

　그렇게 극 중 조야의 일대기는 젠더화되어 전시되고, 소녀의 순수성이 곧 혁명정신의 순수성을 표방하게 된다. 그렇다면 〈조야〉와 마찬가지로, 역시 한국전쟁 중 전쟁 영웅 기념 작업을 위해 마련된 영화 〈빨치산 처녀〉의 경우 여성 영웅의 형상은 어떻게 만들어졌는가.

3. 젠더화된 여전사와 인민의 연대기,
   〈빨치산 처녀〉[1954]

조야에 대한 기록이 상대적으로 통일성을 갖고 있는 반면, 조옥희에
대한 기록과 텍스트는 그녀의 일대기에 대해 조금씩 다르게 서술하고
있다. 우선 조옥희에 대한 최초의 기록인 『로동신문』 기사에는 조옥희의
남편과 자식에 대한 언급이 없다. 반면 훗날 발표된 『태양의 품에 안긴
녀성들』에는 그녀가 부모를 위협해 자신을 취하려는 마름을 피해 도망
가서 결혼을 했고 남편이 죽은 후 홀로 아들을 키웠다고 설명한다. 이 글
에서는 아들을 두고 빨치산 부대에 합류해야 하는 조옥희의 절절한 심
정을 부각시키고 있다.[15] 또한 전쟁 시기 발표된 임순득의 소설 「조옥희」
나 리북명의 소설 「조국의 딸」 역시 문학적 윤색을 감안하더라도 동시대
의 영웅 조옥희에 대해 모두 다르게 접근하고 있다. 〈빨치산 처녀〉의 경
우 김승구가 대본을 쓰고 윤용규가 연출을 맡았다. 극작가 김승구와 연
출 윤용규는 모두 월북 예술인이었으며, 이 중 윤용규는 이미 한국전쟁
중 소년 빨치산의 활약을 다룬 영화 〈소년 빨치산〉[1951]을 연출했다. 전쟁
중 김일성은 전쟁 영웅을 형상화한 문학예술작품을 만들라는 교시를 내
렸는데, 〈빨치산 처녀〉는 그 교시에 따라 기획된 영화이기도 했다.[16]

조옥희가 전쟁 때문에 연인과의 결혼을 연기한 '처녀'임을 강조한다.
관련하여 영화는 다른 기록이나 문학 텍스트에는 존재하지 않는 다른
설정을 가져온다. 영화에는 플래시백이 한 번 등장한다. 그 회상 장면
속에서 조옥희의 이머니는 미군의 공습으로 죽음에 이르고, 이후 조옥
희는 강렬한 반미의식을 갖게 된다. 평범한 여성이 가족의 죽음으로 인
해 적군에게 적대감을 갖고 빨치산에 합류하게 됐다는 설정은 소련영화

〈그녀는 조국을 수호한다 She defends the motherland〉의 설정과 흡사하다. 〈빨치산 처녀〉의 경우 소작농의 딸로 태어난 조옥희의 전사前史를 구구절절 설명하는 대신, 가족의 죽음이라는 새로운 설정을 추가해 조옥희의 투쟁 의지에 개연성을 부여한다.

북한에서 조옥희의 일대기가 구성, 확산되는 과정에서 조야의 사례를 참고한 것처럼, 영화 〈빨치산 처녀〉역시 〈조야〉를 상당 부분 참고한 흔적이 드러난다. 실제 서사에 기반해 고문이라는 클라이맥스로 달려가는 것 외에도, 치열한 전쟁 상황과 여성 영웅의 얼굴을 오버랩하거나, 고문 장면을 상세하게 묘사하기보다는 고문을 당하는 인물의 심리에 주목하는 방식이 흡사하다.

그런데 당시로서는 지명도가 낮았던 배우 갈리나 보댜니츠카야가 여성 영웅을 연기한 〈조야〉와 달리, 〈빨치산 처녀〉에서는 북한 관객에게 가장 익숙했던 배우 문예봉이 인민의 영웅을 연기한다. 문예봉은 한국전쟁 발발 직후 이승만을 강하게 비판하며 전체 인민과 함께하는 투쟁을 약속한 바 있다.[17] 그녀는 전쟁 중 전선위문단에 소속되어 적극적으로 위문공연을 펼치며 선전활동을 자임하기도 했다. 식민지 시기 '삼천만의 연인'으로 조선영화 최고의 스타였던 문예봉은, 전쟁 중 북한에서 가장 큰 상징성을 가진 여성 영웅 조옥희를 연기하기에 가장 적합한 후보였다.

다만 조옥희는 이제까지 문예봉이 연기했던 군인의 연인이나 소년의 어머니와는 괴리가 있는 역할이었다. 월북 이후 〈내 고향〉1949에서 혁명군의 연인으로 지주와 일제의 압박에 굴하지 않는 여성 옥단을 맡은 문예봉은, 극 중 역할과 관련하여 좀 더 활달하고 담력 있는 연기가 필요하다, 새로운 공부와 꾸준한 전진이 필요하다는 지적을 받았다. 이외에도

〈그림 5〉 (좌) 영화 〈내 고향〉(1949)의 문예봉. (우) 영화 〈소년 빨치산〉(1951)의 문예봉

문예봉만에 국한된 것은 아니었지만, 그녀는 신파극의 냄새를 탈피하지 못한 배우들이 있고 영화 연기의 대대적인 혁신이 필요하다는 비판으로부터 자유롭지 못했다.[18]

이후에도 문예봉의 연기에 대한 지적은 이어졌다. 〈용광로〉[1950]에서는 점차 계몽되어 가는 무지한 아내 역으로 출연하며 최선을 다했지만, 영화를 본 김일성은 극 중 어머니의 형상이 해방 후 노동계급이 주인이 된 북한의 현실에 적합하지 않다는 의견을 제시했다.[19] 〈소년 빨치산〉[1951]에서 홀로 두 아이들을 일본에 저항하는 투사로 키워내는 어머니 역할을 맡았다.[20] 전쟁 중 개봉한 〈소년 빨치산〉은 호평을 받았지만, 아들이 처형당할 때 어머니가 울지 않는 장면이 비현실적이라는 비판을 받았다. 〈용광로〉와 〈소년 빨치산〉의 경우 김일성의 지적을 받아들여 이후 수정, 보완 절차를 거쳤다. 문예봉은 자신이 연기한 어머니 형상에 대한 김일성의 지적을 수용한 후, 연기 형상 창조 과정에서 정치성과 예술성의 결합이 얼마나 중요한지 절감했다고 회고한 바 있다.[21]

〈빨치산 처녀〉의 영숙은 이제까지 문예봉이 주로 연기한 수탈당하는 처녀, 인내하는 아내 혹은 어머니 등과는 차별화된 역할이었다. 그리고

실존 인물 조옥희를 연기한다는 것은 배우에게 있어 감격이자 도전이었다. 〈빨치산 처녀〉의 경우 김일성의 교시를 받들어 창작된 영화였다. 그리고 문예봉에게 이 영화는 월북 이후 처음으로 온전히 극을 이끌어 가는 주인공을 맡아 영화의 전면에 서게 됐다는 점에서 의미를 갖고 있었다.

월북 후 신파 색채를 완전히 탈피하지 못했다고 지적 받기도 했던 문예봉이 택한 방안은 인물에 대한 연구 및 인물 형상과 일상 생활의 연계였다. 그녀는 배우 수업 과정에서 인물들을 진실하게 창조하기 위해 현실 속에 있는 인물들의 정신 상태, 취미, 언어, 성격 등 여러 측면을 이해하고자 노력했다고 설명한 바 있다.[22] 특히 〈빨치산 처녀〉의 영숙 역할을 맡으면서, 인물의 전형적인 환경을 깊이 연구하고 애국 투사의 생활을 체현하기 위해 인물의 사상과 정신을 일상생활에서 체험하고자 했다.[23] 문예봉은 여성 혁명가이자 본인보다 한참 어린 처녀 역할을 수행하기 위해 평상시에도 20대 처녀의 심정으로 살았고, 연기에서 모방이 나타나지 않도록 애썼다. 무엇보다 강인한 조선여성의 성격적 특질을 체현하기 위해 노력했다.[24] 그 결과 〈빨치산 처녀〉는 월북 이후 문예봉의 대표작으로 자리매김할 수 있었으며, '혁명적 정신을 일상생활에서 체험하려고 노력하는' 태도는 그녀가 공훈 배우로 지정되는 기반이 됐다.[25]

〈빨치산 처녀〉에서 문예봉은 지령을 받고 마을로 내려와 인민들을 선동하고, 미군과 총격전을 벌이며 이들에게 수류탄을 던지는 인민군 전사 '영숙'을 연기한다. 조옥희를 모델로 만들어진 영숙은 뛰어난 지략을 가진 인물로, 미군이라는 절대악에 대항해 마을 인민을 선동하는 리더로 형상화된다. 관련하여 영화가 참고한 〈조야〉가 조야의 가족관계와 학창 시절을 묘사하는 데 상당한 비중을 할애하는 반면, 영화는 영숙의 전사를 간략하게 처리한다. 그리고 전쟁 때문에 결혼을 미룬 영숙과

〈그림 6〉 (좌) 뛰어난 전사로서의 영숙. (우) 영숙의 처형 장면

그녀의 연인 남용의 관계를 언급하기는 하지만, 만날 때마다 전략 회의에 골몰하는 두 사람의 관계는 연인보다는 빨치산 동료에 가깝다. 영숙은 영화가 시작할 때부터 완벽한 영웅으로 성장한 단계이며, 극 중 작은 실수도 하지 않는다. 그녀는 마을 인민들이 미군에게 사로잡히자 미군 처소를 습격한 후 자신이 방패막이 되어 이들을 산으로 탈출시킨다. 그리고 자결할 여유가 있었음에도 불구하고, 기록대로 미군에게 잡혀가서 고문을 당한다.

〈빨치산 처녀〉의 경우 〈조야〉의 서사구조와 촬영기법을 상당 부분 참고했지만, 다음과 같은 차이점이 있다. 먼저 〈조야〉가 익히 알려진 인물의 생애를 다루면서 빨치산 처녀의 성장 과정을 연대기적으로 묘사했다면, 〈빨치산 처녀〉는 스펙터클과 서스펜스적 요소를 강조하면서 극적인 재미를 만들고자 한다. 〈빨치산 처녀〉에는 선전 영화적 요소와 함께 다양한 장르적 설정이 활용된다. 총 12권 분량으로 러닝타임이 긴 영화는, 극적 긴장감을 이어가기 위해 매 상면에 '악센트'를 부여하며 '긍정의 정신'과 '부정의 정신'을 대조시킨다.[26] 특히 후반부 대규모 전투 장면에서는 군사물의 관습을 활용해 치열한 전투 과정을 묘사하고, 미군이 마을에 침투시킨 스파이에 관한 시퀀스에서는 미스터리 장르의 긴장감을 만들어낸다. 극 중 스파이의 침투 및 색출과 관련해서, 미군의 계략과 이를 역이용하려는 영숙의 계략이 충돌하며, 마을 인민들이 미군을 피해 영숙을 숨겨주는 과정에서 긴장감이 극대화된다.

또한 〈조야〉와 비교할 때, 〈빨치산 처녀〉는 실존 인물을 보다 영웅적으로 형상화하는 데 집중한다. 〈빨치산 처녀〉 역시 고문 장면은 영화의 클라이맥스에 배치된다. 그런데 가슴이 잘리고 눈이 뽑혔다는 조옥희에 대한 기록은 물론, 역시 인물의 심리 묘사에 집중했던 영화 〈조야〉의 고문 장면과 비교할 때도, 〈빨치산 처녀〉의 고문 장면 수위는 상대적으로 낮은 편이다. 카메라는 영숙이 고문받는 장면을 클로즈업하는 대신, 미군의 회유와 협박 속에서도 굴하지 않는 영웅의 모습을 묘사하는 데 주력한다. 그리고 꿋꿋하게 고문을 견뎌낸 영숙은 형장에서 떠오르는 태양을 보면서 김일성 만세를 부르고는 당당한 죽음을 맞는다. 〈조야〉에서 조야가 교수형을 당하는 장면이 독일군이 걷어찬 의자를 클로즈업하며 마무리되는 것과 비교할 때, 영숙이 태양을 보며 환희에 차서 만세를 부르는 처형 장면은 보다 희망적이며, 또한 극적으로 처리된다.

전사로서의 면모와 강인한 혁명 정신 외에, 영화 속 영숙이 완벽한 영웅일 수 있는 또 다른 이유는 마을 인민과의 유대관계에서 비롯된다. 영숙은 산에서 내려온 후 빨치산 군대와 마을 인민을 중개하며 이들의 정신적 지도자 역할을 한다. 영화는 특히 아이들, 그리고 마을 여성들과 영숙이 맺는 관계를 집중적으로 묘사한다. 〈빨치산 처녀〉에는 미군이 아이를 괴롭히는 장면이 반복적으로 등장하며, 영화 속 아이들은 미군의 잔혹함과 영숙의 도덕성을 강변하는 요소로 활용된다. 마을로 내려온 영숙은 어머니를 찾아온 소년을 살해하는 미군을 보고 극렬하게 분노하며, 이어 여아를 희롱하는 미군을 벽돌로 쳐서 살해한다. 이후에도 미군은 영숙을 추적하는 과정에서 여아에게 총을 겨누며 윽박지르고, 이와 대조적으로 영숙은 상처받은 어린 아이들을 보듬고자 한다. 또한 영숙은 마을의 여성들과 친밀한 관계를 맺고 이들이 훌륭한 인민으로 거듭나는 데 기여한다. 곧 〈조야〉가 학교라는 공동체의 묘사에 집중한다면, 〈빨치산 처녀〉는 마을 공동체를 형상화하는 데 비중을 둔다. 영숙은 늘 인민과 함께 행동하고, 김일성의 지령을 전달하면서 희망을 제시한다.

곧 두 편의 선전 영화는 인민을 선동하는 과정에서 비슷하지만 다른 방식을 취한다. 〈조야〉가 소녀 조야의 성장과정을 통해 순수한 혁명정신을 강조했다면, 〈빨치산 처녀〉는 이미 완성된 영웅 영숙이 인민과 어떤 유대관계를 맺어가며 악랄한 미군에 저항했는지에 초점을 맞춘다. 두 영화에는 모두 고문당한 여주인공이 환영을 보는 장면이 삽입된다. 이 중 〈조야〉에서 탈진한 조야 위로 어머니와 친구들, 선생님, 연인 등 사랑했던 사람의 이미지가 겹쳐진다면, 〈빨치산 처녀〉에서는 쓰러진 영숙과 조국해방의 날이 겹쳐진다. 이처럼 〈빨치산 처녀〉의 경우 〈조야〉의 서사와 연출 기법을 참고해 보다 강건한 전쟁 영웅상을 구축하고 북한의 전후에 대한 낙관적인 전망을 드리운다. 영화는 영숙의 죽음 이후에도 이어진다. 남은 시간 동안 빨치산 군대가 마을에 당도해 미군을 응징하고, 마을에 인민위원회가 설치되는 과정이 구체적으로 형상화된다.

주목할 점은 배우 조옥희의 이미지를 구축하기 위해 활용되는 배우 문예봉의 이미지이다. 극 중 문예봉이 구축해야 하는 영숙의 이미지는 크게 세 가지로 구분된다. 먼저 영숙은 뛰어난 전사가 되어야 하며, 마을 인민들을 보듬는 온화한 리더로서의 역할을 수행해야 하며, 마지막으로 영화의 클라이맥스라 할 고문 장면에서는 처절함을 극대화해야 한다.

〈그림 7〉(좌) 문학수, 「조옥희 영웅」(1952)의 조옥희. (우) 영화 〈빨치산 처녀〉의 영숙

그리고 식민지 시기 팔려가는 딸과 군인의 아내를 반복해서 연기했던 문예봉의 이미지는, 〈빨치산 처녀〉에서 적군에게 고문당하는 가련한 여성을 연기할 때 극대화된다. 문예봉은 해방 전후 〈지원병〉1941, 〈내 고향〉 등의 영화에서 공통적으로 지주의 농간에 흔들리지 않는 결연한 처녀를 연기했고, 〈빨치산 처녀〉에서는 역시 미군의 유혹에 단호하게 대처하는 모습을 보인다. 그런데 조옥희 관련 기록에서 미군이 그녀로부터 여성적 매력을 느끼고 유혹했다는 설정은 발견할 수 없다. 곧 이 설정은 마치 배우 문예봉을 위해 새로 삽입된 것처럼 보인다. 이처럼 영화 속에서 형상화된 조옥희는 같은 시기 문학수의 그림 속에서 그려진 조옥희의 이미지와는 분명 차별화된 것이었다.

같은 시기 남한에서 개봉된 남한영화 〈피아골〉1955에는 두 명의 여성 빨치산 대원이 등장한다. 이 중 성격파 배우 노경희가 연기한 극 중 애란은 모든 상황을 관조하며 자신의 감정과 섹슈얼리티를 적극적으로 드러내는 반면, 또 다른 여성 인물 소주는 부상을 입고 돌아와 탐욕스러운 동료 빨치산에게 강간, 살해당한다. 이처럼 두 영화는 미국 제국주의, 그리고 북한의 실상을 폭로한다는 명목으로 악인에게 능욕당하는 여성 인물의 수난사를 배치한다. 분단 체제하 두 프로파간다영화의 목적은 극단에 위치해 있지만, 여성 빨치산을 묘사하는 방식에서 공통분모를 갖게 된 것이다.

〈빨치산 처녀〉의 영숙은 기존에 문예봉이 프로파간다영화에서 연기했던 역할들과 분명히 다르게 보이며, 문예봉의 필모그래피 내에서 가장 흥미로운 작품이라 할 만하다. 하지만 이 영화 역시 배우가 가진 기존의 이미지, 곧 프로파간다영화 속 수난사의 주인공, 젠더화된 여주인공의 이미지를 재생산하고 있었다. 그렇게 전쟁 중 선전활동에 앞장섰던 배우 문예봉은 북한에서 빨치산 신화를 만들어 가는 과정에 적극적으로 참여했고, 그녀 역시 〈빨치산 처녀〉에 출연함으로써 북한문화예술인의 귀감이자 모범이 될 수 있었다.

이제까지 전쟁 중 활약하다 고문 과정에서 사망했고, 양국의 국가 원수에 의해 사회주의 체제하의 여성 영웅으로 자리매김한 조야와 조옥희의 형상이 영화 속에서 형상화되는 방식을 살펴보았다. 그렇다면 진실과 거짓의 경계 속에서 여성 영웅은 어떻게 동원되고, 또 이들의 신화는 어떻게 만들어졌는가.

4. 동원된 여성 영웅과 젠더화된 빨치산 신화

살펴본 것처럼 〈조야〉와 〈빨치산 처녀〉는 남성 영웅을 능가하는 여성 빨치산의 혁명정신을 찬양하지만 이들이 여성, 그 중에서도 처녀였다는 점을 강하게 의식하고 있다. 이들에 대한 기록이 적군에 의해 농락당하고 가슴이 잘린 젊은 여성이라는 점을 강조했던 것의 연장선에서, 〈조야〉는 문학과 음악을 사랑했던 소녀가 어떻게 빨치산 영웅으로 성장하게 되는지의 과정에 집중한다. 〈빨치산 처녀〉 또한 초점은 다르지만, 여성 영웅의 차별화된 투쟁기와 수난사에 주목한다. 그렇게 전쟁 한가운데에 놓여 있는 프로파간다영화 속 젠더화된 여성 영웅은 잔혹한 죽음이라는 해피엔딩을 위해 달려간다.

조야와 조옥희는 종전 후에도 양 국가에서 끊임없이 소환됐다. 소련에서는 스탈린 사후에도 조야에 대한 다큐멘터리, 저서 등이 지속적으로 발표되었다. 그런데 소련 연방이 해체된 후, 이 신화의 진실 여부에 대한 본격적인 문제 제기가 시작됐다. 교수형 당한 사진의 조작 여부에 대한 의심부터 사진 속 여인이 과연 조야인지에 대한 의문도 제기됐다. 또한 조야를 체포한 이는 독일 군인이 아닌 마을 주민들이었다는 증언, 조야가 붙잡혀 교수형 당했다는 페트리셰보^{Petrischevo} 마을에는 독일군이 머무른 적이 없다는 지적도 등장했다. 이처럼 조야의 신화화 여부와는 별개로, 전쟁 중 저널리스트 리토프의 기사를 통해 확산된 그녀에 대한 모든 기록을 신뢰할 수 없는 지경에 이르게 됐다. 그런데 소련 연방의 해체 후 조야에 대한 신화가 무너지기 시작했던 반면, 북한이라는 닫힌 세계 속 영웅 조옥희의 신화는 흔들리지 않았다.

조옥희는 오늘날까지 민족의 영웅으로 빈번하게 소환되고 있다. 앞서 언급한 것처럼 조옥희의 기념 사업은 김일성의 직접적인 지시에로 이루어졌으며, 김정일시대에도 그녀는 조국해방전쟁의 영웅으로서 인민의 귀감이 됐다.[27] 이어 오늘날까지도 조옥희를 비롯한 여성 영웅의 투쟁상은 '김정은 원수'를 높이 받들자는 구호에 활용되고 있다. 곧 조옥희는 김정은의 시대에 들어서서도 여성 전위 투사의 모범으로 거론되었다. 특히 조옥희는 "조선 여성의 기개와 조선로동당의 불굴의 신념을 남김없이 과시한 공화국 최초의 여성 영웅"으로서 오늘날까지 회자되고 있다.[28] 이처럼 조옥희라는 혁명정신의 표상은 수령을 제외하고는 특정인에 대한 우상화를 극도로 경계하는 북한 체제하에서 어느 시기나 무리 없이 소환될 수 있었다.

전쟁 중 조옥희를 연기함으로써 선전 활동의 정점을 찍은 배우 문예봉의 기록 역시 만들어졌으며, 인민 배우의 신화 역시 조작된 부분이 있다. 문예봉의 경우, 1960년대 후반 다시금 반복된 북한 예술인의 숙청 결과 대략 십 년간 영화 활동을 중단했던 것을 제외하고는, 이후에도 꾸준히 연기 활동을 이어갔다. 그녀는 월북 이후부터 1960년대 초반까지 수십 편의 예술영화에 출연했고, 1970년대 후반 이후에도 여러 영화에 조연으로 등장했다. 문예봉은 『영화와 함께 70년』이라는 제목의 회상록을 집필하던 중에 사망했고, 사후 애국열사릉에 안장됐다.[29] 그녀가 인민 배우로 추앙받는 과정에서 결정적인 걸림돌은 일제 말기 다수의 프로파간다영화에 출연했다는 것이었다. 북한에서도 그 기록을 완전히 지울 수는 없었다. 이에 따라 문예봉이 '민족영화의 원로'로 지정되는 과정에서, 일제 말기 프로파간다영화에 출연했던 사실은 1944년 『조선일보』에 「나는 영화계에서 은퇴한다」는 성명을 발표한 후 시골로 내려갔다는 거짓 기록으로 대체됐다.[30] 하지만 주지하다시피 『조선일보』는 1940년 총독부의 강압에 의해 폐간됐다. 그렇게 친일활동으로부터 자유롭지 못했던 북한 인민 여배우의 신화가 만들어지는 과정에서, 또 다른 거짓이 마치 진실인 양 유포되었다.

살펴본 것처럼 비슷한 시기 태어난 사회주의 체제하의 여성 영웅, 조야와 조옥희, 그리고 문예봉은 국가적 명운을 건 전쟁의 한 가운데에 있었다. 이들은 유사한 방식으로 국가가 인민의 신화를 만드는 과정에서 반복적으로 소환됐고, 세 사람에게는 인민의 적과 투쟁하는 연약하지만 굳건한 투사의 이미지가 덧입혀졌다. 이처럼 사회주의 체제는 지속적으로 영웅의 기록을 만들어갔으며, 그 과정에 진실은 전혀 중요하지 않았다. 그리고 조야와 조옥희, 그리고 문예봉은 전쟁의 승리를 위해 각자의 방식으로 투쟁하는 동시에 자의 혹은 타의에 의해 전쟁 중 시작된 젠더화된 빨치산 신화의 생성 과정에 동참했다. 그리고 이들에 관한 기록 중 일부는 신빙성이 없거나 거짓임이 판명되었지만, 닫혀 있는 체제하에서 형상화된 여성 영웅은 독재자에 대한 여성의 무한한 애국심을 증명하는 사례로 활용되었다.

이 글은 전쟁 중 제작을 시작한 두 편의 사회주의 프로파간다영화에서 동시기 양국의 독재자에 의해 발굴된 여성 영웅이 형상화되는 방식을 비교하며, 젠더화된 빨치산의 신화를 만들어 가는 과정에서 여성이 동원되는 방식을 논의했다. 사회주의 체제를 확립해 가는 과정에서 스크린의 여성 빨치산 신화가 만들어지고, 또한 재생산되는 양상을 확인할 수 있었다.

적군에게 항거하다 잔혹하게 살해당한 처녀의 이야기는 전쟁 발발 이후부터 종전 후에 이르기까지 독재자가 국민을 단합시키는 과정에서 유용하게 활용할 수 있었다. 이야기는 신문과 잡지 등 매체를 통해 신빙성을 얻었고, 독재자로부터 공식적인 인정을 받은 후 당시 가장 효과적인 프로파간다 도구였던 영화로 재생산되었다. 이 과정에서 이름이 사라질 수 있었던 두 명의 희생자 조야와 조옥희는 독재자가 지목한 여성 혁명가로 거듭났고, 훗날 그들의 어머니 또한 각종 선전에 동원되며 영웅의 가족으로서 존경을 받았다. 해방 이후 북한에서 수차례 연기 지적받았던 남로당 출신의 배우 문예봉은 이 프로파간다에 적극적으로 참여함으로써 인민 배우의 자질 또한 증명했다. 이를 통해 문예봉은 두 명의 빨치산 처녀, 조야 그리고 조옥희와 함께 거짓과 진실의 경계를 넘어 오늘날까지도 회자되는 젠더화된 프로파간다의 주인공이 될 수 있었다.

지금가지 전쟁 중 전사형 여성상이 만들어지고 또한 미디어를 통해 신화가 확산, 강화되는 양상을 살펴보았다. 이같은 사회주의 체제하의 여성 영웅 형상은 스탈린시대의 소련영화, 전쟁 전후 북한영화를 비롯해 역시 전쟁을 배경으로 한 중국영화와 비교함으로써 보다 확장된 논의가 가능하다. 그리고 이는 사회주의 체제하 전쟁 소재 미디어 연구이자 이데올로기의 경계를 넘어 여성이 프로파간다에 동원하는 방식을 논의하는 바탕으로 활용될 수 있을 것이다.

* 이 글은 "Female warrior imagery in the North Korean film A Partisan Maiden(1954) and the Soviet film Zoya(1944)", *Journal of Japanese and Korean Cinema*, Vol.13 Issue 2, 2021을 수정·보완했다.

제3장 ──────────────────── **반공과 검열,
그리고 불온한 육체의 기묘한 동거**
1970년대 영화 '특별수사본부' 여간첩 시리즈에 대한 고찰

1. 유신 이후의 영화정책과 국책영화의 방향

이 글은 유신 체제하에서 제작된 영화 특별수사본부 시리즈를 통해
1970년대 영화검열과 반공, 그리고 섹스의 불안한 공모관계를 구명하는
것을 목적으로 한다. 박정희 체제의 영화 검열을 둘러싼 논란은 1960년
대에 집중되어 있는데,[1] 검열망이 한층 강화된 1970년대에는 오히려 이
같은 논쟁도 사라지게 된다. 곧 1970년대에 접어들면서 제작 주체는 당
국의 영화 검열을 의식하고 이를 내재화한 텍스트만을 생산하는 상황에
이르게 된다. 그 결과 검열의 필터를 통과한 국책영화·반공영화 및 일련
의 호스티스영화가 1970년대 영화의 주류를 이루게 됐다. 그리하여 영
화사에서 1970년대는 "당국의 시책에 맞춰 외화수입권만 얻자는 풍조가
우리 영화계를 침체의 수렁에 빠뜨렸으며 우수영화 심사 기준에 맞춘 콩
볶기식으로 영화가 만들어"[2]지던 시기로 정리되는데, 특별수사본부 시리
즈는 이같은 시대적 분위기 속에서 파생된 특수한 형태의 반공영화였다.

주 분석대상은 '동아방송'의 다큐멘터리 드라마 〈특별수사본부〉의 에
피소드를 극화한 영화 특별수사본부 시리즈 일곱 편으로, 1973~1976

년 사이에 제작된 이 시리즈는 1973년 개정된 유신영화법, 곧 제4차 영화법 제정과 맞물려 있었던 반공영화였다. 영화의 토대가 된 동아방송의 특별수사본부 시리즈는 1970년부터 대략 10년간 인기리에 방영됐으며, 초창기 대본을 담당했던 극작가 오재호[3]가 방송극을 이야기식으로 엮은 전집이 동시기에 21권에 걸쳐 발간됐다. 영화 특별수사본부 시리즈는 라디오드라마, 서적 출간과 맞물려 제작 및 개봉됐으며,[4] 총 일곱 편의 시리즈의 대본과 각색 작업에는 모두 오재호가 관여했다. 그리고 드라마와 책이 그랬던 것처럼, 영화는 극 중 사건이 철저하게 실화에 기초하고 있다는 것을 관객에게 주지시키고자 했으며, 홍보 과정에서도 이 이야기가 실록임을 강조했다. 시리즈의 주인공이자 이야기의 신빙성을 증명하는 인물은 해방 이후 '반공검사'로 활약했던 오제도로, 그는 책의 서문을 썼으며[5] 극의 주인공으로 등장하기도 했다. 특히 영화에서는 최무룡, 이순재 등 당대의 대표 미남 배우들이 프락치의 암살 위협에 시달리지만 결국 이들을 소탕하는 반공의 표상 오제도를 연기했다. 주목할 점은 라디오드라마에서 스크린으로 옮겨진 일곱 편의 이야기 중 다섯 편이 여간첩을 전면에 내세웠으며, 영화는 남한 정부를 전복시키고자 하는 여간첩의 이적 행위와 함께 이들의 교화 과정에 초점을 맞췄다는 점이다.

당시 10월 유신 선포를 전후로 반공反共에 대한 중요성이 재인식됨에 따라 방첩防諜의 필요성과 조응해 간첩담론 역시 재구축되기 시작했다. 박정희는 7·4남북공동성명과 관계없이 반공교육을 계속 강화해야 할 필요성을 역설했으며, 이에 따라 국민방첩연구소는 '방첩의 노래'를 제정·보급하고, 또한 '방첩문고'를 발간해 공산주의와 북한에 대해 바로 알아야 할 당위성을 강조했다. 그 중 하나인 『지공교육독본』1972에서는 남파간첩을 조선노동당 소속 간첩, 민족보위성 소속 간첩, 조총련 소속

간첩으로 구분하고, 이들의 선발과 양성 과정 및 남파 방법과 연락 방법 등에 대해 상세하게 서술했다.[6] 이어 『방첩과 스파이전』1974에서는 "'스파이' 이른바 붉은 간첩이라는 그림자 없는 적의 무리는 어제도 오늘도 아니 내일도 우리들 주변에서 암약하고 있으리라"며 "지피지기 백전불태知彼知己 百戰不殆"를 강조했다.[7] 이 책은 기원 전 스파이 활동을 개괄하는 것에서 시작해 간첩의 정의와 역할, 대남간첩의 활동 및 공작형태를 총 망라했으며, 결론적으로 전 국민이 방첩전사가 되어 북괴간첩을 소탕할 것을 역설했다. 곧 1970년대 영화와 라디오, 만화 등의 대중매체를 통해 유포된 간첩 표상은 반공, 방첩을 강조하던 시대상 속에서 파생했다. 흥미로운 것은 국민방첩연구소가 제시하고 있는 간첩의 유형은 이중간첩, 연락녀 간첩, 학장 간첩, 고아 간첩 등으로부터 시작해 대학원 수료 간첩, 농민 간첩까지 무려 316건[8]에 달하는데, 일련의 특별수사본부 시리즈, 특히 영화에서는 여간첩을 형상화하는데 주력했다는 점이다.

그간 1970년대 영화와 관련해서 유신영화법과 국책영화에 대한 논의 및 〈별들의 고향〉1974처럼 시대상을 드러낼 수 있는 호스티스영화에 대한 연구가 축적되었다. 그런데 이제까지의 1970년대 반공영화 연구[9]나 여간첩 표상에 대한 연구[10]에서 특별수사본부 시리즈는 크게 주목받지 못했다. 이는 방화의 불황기에 파생한 1970년대 영화에 대한 낮은 평가 외에도 이들 시리즈가 'B급 영화'로 분류되어 진지한 연구대상이 되지 못했으며, 몇 차례 이루어진 여간첩에 대한 논의 역시 식민지 시기와 해방~1950년대에 한정되어 있어 이 시기까지는 감안하지 않았던 것과 관련지어볼 수 있다.

특별수사본부 시리즈 중 1~3편이 개봉한 1973년은 영화법이 대폭 개정되고 영화진흥공사가 발족한 시기[11]이며, 이같은 정책 변화는 영화 제작방향의 일대 변화를 초래했다.[12] 특히 이듬해 영화진흥공사가 분기별로 우수영화를 선정해 외국영화 수입쿼터 1편씩을 보상하게 되자, 각 영화사는 외화 수입권을 얻기 위해 문예영화와 반공영화 제작에 더욱 매달리게 됐다. 이어 영화진흥공사는 1975년 '폭력영화의 제작 및 수입 불허 기준'을 발표하고 현행 영화검열제도를 대폭 강화하게 되는데,[13] 특별수사본부 시리즈는 이처럼 규제와 보상을 동반한 당대의 검열 체제하에서 4년 동안 모두 7편이 제작 및 개봉됐다.

〈표 1〉 영화 특별수사본부 시리즈의 크레디트

제명	연출	출연 배우	제작사	제작 및 개봉년도
〈특별수사본부 기생 김소산〉	설태호	최무룡, 윤정희	한진흥업	1973
〈특별수사본부 여대생 이난희사건〉	설태호	최무룡, 안인숙	한진흥업	1973
〈특별수사본부 배태옥사건〉	이원세	신일룡, 윤소라	한진흥업	1973
〈특별수사본부 김수임의 일생〉	이원세	신일룡, 윤소라	한진흥업	1974
〈특별수사본부 국회푸락치〉	권영순	박근형, 박암	한진흥업	1974
〈특별수사본부 외팔이 김종원〉	이원세	박근형, 우연정	한진흥업	1975
〈구삼육사건〉	김영효	최민희, 박지훈	우성사	1976

영화검열 기준의 강화에 대한 필요성은 국가안보를 위해 사회불안 요소를 철저히 배제한다는 취지의 국가비상사태가 선포된 1971년을 전후하여 꾸준히 제기됐다. 이미 '국가비상사태에 따른 영화시책'이 논의되어야 한다는 전제하에 "영화, 공연물의 대중오락을 안보 우선의 새 가치관과 민족 주체의식을 고취하는 방향으로 육성 보급함으로써 사회 기풍을 쇄신하고 국민적 총화를 이룩한다"[14]는 방향에 대한 공감대가 형성되어 있었던 것이다. 그리고 1973년 선포된 제4차 개정 영화법 영화시책 중 2조, '우수영화제작 및 수입방침'은 우리영화에 대한 조항을 다음과 같이 규정한다.

1. 10월 유신을 구현하는 내용

2. 민족의 주체성을 확립하고 애국·애족의 국민성을 고무 진작시킬 수 있는 내용

3. 의욕과 신념에 찬 진취적인 국민정신을 배양할 수 있는 내용

4. 새마을운동에 적극 참여케 하는 내용

5. 협동·단결을 강조하고 슬기롭고 의지에 찬 인간 상록수를 소재로 한 내용

6. 농어민에게 꿈과 신념을 주고 향토문화발전에 기여할 수 있는 내용

7. 성실·근면·검소한 생활자세를 가진 인간상을 그린 내용

8. 조국근대화를 위하여 헌신 노력하는 산업전사를 소재로 한 내용

9. 예지와 용단으로서 국난을 극복한 역사적 사실을 주제로 한 내용

10. 국난극복의 길은 국민의 총화된 단결에 있음을 보여주는 내용

11. 민족수난을 거울삼아 국민의 각성을 촉구하는 내용

12. 수출증대를 소재로 하거나 전국민의 과학화를 촉진하는 내용

13. **국가와 민족을 위하여 헌신하는 공무원상을 부각시킨 내용**

14. **우리의 미풍양속과 국민정신정화에 기여할 수 있는 내용**

15. **건전한 국민오락을 개발·보급하여 생활의 명랑화를 기할 수 있는 내용**

16. 문화재 수호정신을 함양하는 내용

17. 고유문화의 전승 발전과 민족예술의 선양에 기여할 수 있는 내용

18. 창작에 의한 순수문예물로서 예술성을 높인 내용 강조는 저자[15]

이어 법령은 영화검열에 대한 조항을 다음과 같이 명시한다. 구체적으로 ① 사회 질서를 문란하게 하거나 국민총화를 저해할 우려가 있는 내용의 지양 ② 음란 선동적인 묘사 등 퇴폐성향이 짙은 내용의 지양 ③ 사치와 낭비 등 소비성향을 조장할 우려가 있는 내용의 지양 ④ 안일무사주의의 무기력한 국민성을 조장할 우려가 있는 내용의 지양 ⑤ 패배의

식을 조장할 우려가 있는 내용의 지양 ⑥ 고유문화의 발전과 민족정서를 해치는 내용의 지양[16]을 통해 퇴폐풍조와 무사안일주의를 근절하겠다는 의지를 드러낸 것이다. 이후 문공부문화공보부는 영화법 시행 규칙을 강화해 시나리오 심의 및 영화기능 검열에 있어 준법정신을 해하거나 상해, 고문 장면 등을 잔인하게 그린 것, 지나친 노출이나 성도덕 관념을 해하는 영화를 규제하겠다고 선포했다.[17] 개정법령 발표 2년 후에는 검열기준을 완화하겠다는 취지의 시책[18]이 발표되지만, 그 기준은 모호했으며 오히려 1975년을 기점으로 법령은 더욱 경직된 방식으로 개정됐다. 1976년부터 민간영화사의 국책영화 제작을 의무화하는 동시에 일정기간1975.4.1~12.21 동안 우수영화를 제작하지 못했을 경우 행정적 지원을 중단하는 것은 물론, 외국영화 수입쿼터 배정 대상에서 제외하기에 이르면서 업자들은 사활을 걸고 우수영화 선정에 매달리게 됐던 것이다.[19]

이같은 분위기와 맞물려 '반공영화' 지원에 대한 필요성은 1970년대 초반부터 꾸준히 제기됐다. 당시 반공영화는 '국책영화'의 하위개념으로 안보영화와 동일한 개념으로 사용되기도 했는데, 대통령의 비상시국 선언에 따라 반공영화 기금을 마련하여 우수한 반공영화에 대해 제작비 전액 지원 같은 최대한의 보상을 수여하자[20]는 주장이 제기됐다. 이와 함께 반공영화의 제작 방향에 대한 논의도 활발해지면서 소재의 획일성과 안이한 처리를 극복하기 위한 대안, 즉 생경하고 재미없는 반공영화에 대한 인식을 탈피하기 위한 방안으로 '주제의식과 극적 전개의 조화'[21]의 필요성이 대두되기도 했다.

이 글에서 논할 특별수사본부 시리즈는 이상 살펴본 1970년대 영화 정책과 유착되어 있을 뿐 아니라, 반공영화 제작을 지원하고 그 중 상당수를 우수영화로 선정해 포상하던 당대의 특수한 상황을 대변하고 있었다. 그런데 당국의 지속적인 지원 외에도, 이들 시리즈가 단기간에 계속 제작, 개봉 될 수 있었던 근간에는 최무룡, 윤정희 등 톱스타의 출연 및 관객의 지속적인 호응이 있었다. 이처럼 특별수사본부 시리즈는 유신 이후 한국 영화계의 변화와 당대 관객의 동향을 함께 대변하고 있었다.

2. 강화된 영화검열과 특별수사본부 시리즈의 흥행

우수영화 지원 사업은 제3차 개정영화법[1970] 21조에 명시된 영화진흥 조합 주요 사업의 일환으로, 영화진흥조합은 1971년 하반기부터 우수 영화 선정과 보상과정의 실무를 담당하며 우수영화 선정작에 보상금을 지급하였다. 당시 시행된 '우수영화 보상제도'는 반공영화나 전쟁영화 를 확연히 우대했으며, 우수영화의 심사 기준은 ① 제작과 기술면에서 뛰어난 창의력을 보인 작품, ② 새로운 국민상을 발굴한 작품, ③ 건전한 대중오락 영화, ④ 아름답고 슬기로운 민족고유 예술작품을 재현한 작품, ⑤ 사치와 낭비를 몰아내고 근면 정신을 일깨운 작품, ⑥ 반공승화 작품, ⑦ 미풍양속을 순화시킨 작품, ⑧ 밝고 명랑한 사회 기풍을 진작한 작품, ⑨ 신인을 주연급으로 기용한 작품, ⑩ 그 밖에 작품내용 및 구성이 우수한 작품 등 10가지였다. 우수영화로는 이 중 최소 3개 항목 이상에서 채점된 작품을 선정하게 됐는데, 이 기준에 부합해도 외화표절, 어두운 사회풍조, 성 문제를 심하게 늘어놓은 작품 등은 제외했다.[22] 이후 영화진흥공사가 출범하고 우수영화의 선정이 외화의 수입쿼터와 직결되면서, 제작사들 사이에 외화쿼터를 얻기 위해 한국영화를 제작하는 풍토가 조성되었다.[23] 곧 1962년 영화법이 제정된 이후 수출영화와 우수영화에 외화쿼터를 배정하는 정책은 그 출발부터 지속됐지만, 1973년 개정 영화법 발표 이후 우수영화 선정에 문공부가 본격적으로 관여하게 되면서 비로소 그 제도적 기반이 마련됐던 것이다.[24]

특별수사본부 시리즈는 우수영화 심사 기준 중 특히 새로운 국민상 및 공무원상을 발굴하였으며, 반공승화를 주제로 다루었다는 점에서 좋은 평가를 받을 수 있었던 것으로 보인다. 그리하여 총 일곱 편 중 세 편, 〈김수임의 일생〉, 〈국회푸락치〉 및 〈외팔이 김종원〉[25]이 문공부가 선정한 그 해의 우수영화로 꼽혀 보상을 받았으며,[26] 〈배태옥사건〉은 아세아영화제 출품작으로 지정되면서 이에 상응하는 수혜를 누렸다. 이와 함께 〈기생 김소산〉과 〈국회푸락치〉가 각각 1973년과 1974년 대종상 영화제 '우수반공영화상'을 수상함으로써 이 시리즈는 대표적인 반공영화로 자리매김할 수 있었다. 그 외에도 〈배태옥사건〉은 1974년 한국연극영화예술상, 1975년 국제영화예술상 최우수상을 수상했으며, 〈배태옥사건〉의 여주인공 윤소라가 국제영화예술상의 여우주연상을, 〈여대생 이난희사건〉의 여주인공 안인숙이 특별연기상을 수상하는 등 특별수사본부 시리즈는 유달리 상복이 많은 작품이었다.

총 7편 중 6편을 제작했던 한진흥업의 경우 이 시리즈를 통해 대표적인 '반공영화 메이커'[27]로 자리매김했다. 시리즈는 표면적으로 10월 유신의 기조인 반공주의와 민족정신을 가장 잘 담아낼 수 있는 기획이었는데, 제작자 입장에서 우수영화 선정을 위해 반공영화 제작에 매달리는 것은 영화사 존립을 위한 최선의 방안이기도 했다. 그 과정에서 당대의 스타들이 영화에 출연한 것 외에도, 용팔이 시리즈로 이름을 날렸던 설태호 외 '영상시대'의 일원이었던 이원세 등 당대 지명도를 확보하고 있던 감독이 연출을 담당하게 됐다. 그리하여 제작을 맡은 한진흥업은

〈표 2〉 영화 특별수사본부시리즈의 검열 결과와 관람등급 및 분류 현황[28]

제명	제한사항	미성년자 관람여부	분류
〈특별수사본부 기생 김소산〉	화면단축 1	국민학생 이상 가능	반공
〈특별수사본부 여대생 이난희사건〉	없음	고등학생 이상 가능	반공
〈특별수사본부 배태옥사건〉	없음	국민학생 이상 가능	반공
〈특별수사본부 김수임의 일생〉	화면삭제 2	고등학생 이상 가능	반공
〈특별수사본부 국회푸락치〉	화면삭제 1	중학생 이상 가능	반공
〈특별수사본부 외팔이 김종원〉	화면단축 2	국민학생 이상 가능	반공
〈구삼육사건〉	화면삭제4 대사삭제5 화면단축1	중고생 이상 가능	액션

이 시리즈를 통해 방화가 부진하고 영화사의 해체가 빈번하던 시기[29] 존재 기반을 굳건히 하며, 외화 수입과 방화 제작 양면에서 모두 흑자를 거둘 수 있었다.

특별수사본부 시리즈는 우수영화 지원 정책의 수혜를 입었을 뿐 아니라 유신영화법의 검열 과정으로부터도 상대적으로 자유로웠다. 살펴본 것처럼 개정된 영화법은 영화의 폭력성, 음란성에 대한 검열을 강화할 것을 선언했고, 대중오락물에 대한 정부의 규제 의지가 구체적 시책으로 발현되는 상황에서, 특별수사본부 시리즈는 가장 나중에 제작된 〈구삼육사건〉을 제외하고는 모두 별다른 문제없이 검열망을 통과할 수 있었다.

〈구삼육사건〉에 대한 제한사항을 1975년 이후 더욱 세분화된 검열체계 및 제작사의 변동과 관련짓는다면, 이 시리즈는 대개 별다른 규제를 받지 않고 순탄하게 개봉에 이를 수 있었다. 이 중 〈여대생 이난희사건〉과 〈배태옥사건〉은 수정 없이 통과했으며, 전편이 관람등급 분류에 있어 상당히 너그러운 판정을 받았다. 7편 모두 간첩사건을 다루고 있고, 그 중 5편의 영화가 대남공작을 일삼는 여간첩의 모습을 담아내는 과정에서 영화법 시행령이 지적하는 음란성과 폭력성 문제와 결코 무관하지 않았지만, 시리즈 중 단 한 편도 미성년자 관람 불가 판정을 받지 않았다. 특히 남로당 여간첩의 일대기를 극화하는 과정에서 개정 영화법이 지적한 고문 장면을 노골적으로 그리고, 남성들을 유혹하는 스파이의 육체를 부각시킨 〈배태옥사건〉은 국민학생 이상 관람가로 지정되기도 했다. 이외에 〈여대생 이난희사건〉은 여간첩의 노출 장면을 부각시켰고, 〈김수임의 일생〉은 진한 키스, 포옹신과 함께 미국인 남편의 벗은 몸을 쓰다듬는 여주인공을 묘사하면서 선정적 묘사 혐의로부터 자유로울 수 없었지만, 모두 미성년자 관람불가 판정을 피해갔다. '음모와 섹스의 광란이 난무한'[30] 간첩 세계를 묘사한 〈국회푸락치〉 또한 중학생 이상 관람 판정을 받았다. 영화시나리오의 반려 비율이 급격히 늘어나던 상황,[31] 그리고 1975년 이후 명목상으로는 검열기준을 완화해도 관람 등급에 대한 규제의 필요성은 더욱 강조되던 상황에서 특별수사본부 시리즈는 검열 주체로부터 별다른 제재를 받지 않았을 뿐 아니라, 관람등급 지정에 있어서도 비교적 호의적인 평가를 받았던 것이다.

이처럼 반공영화를 표방한 특별수사본부 시리즈는 규제와 보상 양면에서 수혜를 입으면서 지속적으로 이어질 수 있었다. 염두에 둘 점은 반공영화가 생경하고 재미없다며 관객이 회피하는 상황 속에서도 정부가 주도가 되어 관객을 동원하려는 움직임이 이어졌지만[32] 〈증언〉1973이나 〈아내들의 행진〉1974을 제외하고는 영진공이 관여한 국책영화들의 대부분이 흥행에 실패했다는 점이다.[33] 반면 라디오, 책, 영화로 이어지는 특별수사본부 시리즈에 대해서는 상당한 호응이 이어졌다. 후편으로 갈수록 관객 수가 현저하게 줄어들기는 했지만, 가장 먼저 개봉된 〈기생 김소산〉의 경우 서울지역에 한정해 6만 명이 넘는 관객을 동원하며 당해의 흥행작으로 꼽혔다.[34]

〈표 3〉 영화 특별수사본부 시리즈의 관객수 및 상영일수, 개봉관[35]

제명	서울 개봉관 관객수	상영일수	개봉관
〈특별수사본부 기생 김소산〉	64,456명	21일	국도극장
〈특별수사본부 여대생 이난희사건〉	31,216명	11일	국도극장
〈특별수사본부 배태옥사건〉	16,844명	8일	국도극장
〈특별수사본부 김수임의 일생〉	11,149명	12일	대한극장
〈특별수사본부 국회푸락치〉	5,350명	7일	대한극장
〈특별수사본부 외팔이 김종원〉	6,708명	7일	국도극장
〈구삼육사건〉	6,376명	13일	중앙극장

　살펴본 것처럼 〈김수임의 일생〉까지 시리즈는 만 명 이상의 관객을 동원했으나 〈국회푸락치〉 이후 관객이 눈에 띄게 감소했고, 이후 제작사가 바뀌어 〈구삼육사건〉이 제작됐지만 이미 수그러든 인기를 되살리지는 못했다.[36] 그럼에도 불구하고 특별수사본부 시리즈는 백 편이 넘게 개봉되는 방화 중 24편만이 흑자를 거두고 무려 70여 편의 영화가 1만 명의 관객도 유치하지 못하던 상황[37] 속에서 비교적 꾸준하게 흥행할 수 있었다.

　그렇다면 영화계 전체가 불황에 허덕이고 방화의 질적 저하가 논란이 되면서 '방화 = 저질'이라는 관념이 지배적인 상황,[38] 특히 반공영화들이 외면 받는 와중에 이 시리즈가 꾸준히 인기를 얻을 수 있었던 요인은 어디에 있었는가. 첫 번째로는 동아방송 라디오드라마의 인기를 꼽을 수 있는데, 거의 동시대에 제작된 영화는 라디오드라마의 후광을 얻을 수 있었던 것으로 보인다. 두 번째로 당대 대표스타로 꼽히던 배우들의 출연을 들 수 있다. 〈기생 김소산〉의 경우 최고의 스타였던 최무룡과 윤정희가 주연을 맡았고, 최무룡은 후편인 〈여대생 이난희사건〉에도 출연해 간첩과 사랑에 빠지는 수사관을 연기했다. 〈배태옥사건〉부터 관객수가 반 토막이 난 것은 스타 파워와도 관련될 수 있는데, 제작사는 애초 신영균과 김지미를 섭외하려 했으나 이들이 거절하면서 당시 확고한 주연급으로는 자리 잡지 못했던 신일룡, 윤소라에게 배역이 돌아갔다.[39] 그럼에도 〈김수임의 일생〉까지 흑자를 낼 수 있었던 요인은 관객들이 이 시리즈를 생경하지 않고 재미있게 받아들였다는 점에 있을 것이다.

1편과 2편의 연출을 맡았던 설태호는 〈기생 김소산〉의 제작에 앞서 "간첩행위보다 사랑과 사상 사이에서 방황하는 한 여인의 비극에 초점을 맞춰 보았다"[40]고 설명한다. 여성 수난사를 강조한 것은 비단 영화뿐만이 아니었는데, 영화의 토대가 된 라디오드라마와 전집 역시 '팔자 사나운 여자'의 수난기를 다루고 있었다. 매체를 불문하고 극작가 오재호가 참여한 특별수사본부 여간첩 시리즈는 사상, 국가, 민족 등 거대담론에 대해 무지한 여자가 한 남자에 대한 사랑 때문에 어쩔 수 없이 이적행위를 하게 되고, 종국에 파국을 맞는 이야기를 반복적으로 재생산했던 것이다.

> 김소산의 죄는 미웠다. 그리고 기소된다면 김소산은 갈데 없는 사형이라는 게 확실했다. 그러나 김소산은 여성, 그것도 사상도 신념도 없는 일개 기생, 어쩌다 잘못 부화뇌동하다가 젊은 나이에 세상을 등져야 했다.
>
> 『기생간첩 김소산』, 379면

> 겉보기가 여자듯이 속도 여자예요. 국가다 민족이다 하고 그렇게 큰 것만 생각하는 인물이 못돼요. 저는 다만 여자일 뿐이에요. 여자라면 여자답게……. 그게 제 소원이에요. 저의 어머니는 화류계 출신이고 그 일에 종사할 때 저를 낳았어요. 호호…….
>
> 『운명의 여인 배태옥』, 66면

사실 오제도의 심중엔 그녀가 만일 단단히 약속만 해준다면 그리고 그 약속을 이행만 해준다면 그 녀를 당장 석방하고 싶은 심정이었다. 그것은 한 인간에 대한 연민의 정이었다. 그리고 그녀에게 개전할 수 있는 모든 기회를 주고 싶은 것이었다.[41]

『여간첩 김수임, 교육자협회사건』, 134~135면

살펴본 것처럼 시리즈의 흥행에는 반공이라는 '의도'뿐만 아니라 당대 관객의 취향에 부합하는 '재미'가 있었고, 그 재미는 간첩들을 소탕하는 과정에서 벌어지는 액션 활극 외에 기구한 운명을 지닌 여인의 사랑과 수난사를 통해 구축됐다. 설태호에 이어 이원세가 메가폰을 잡은 이후에도, 시리즈는 여간첩이 극의 주인공으로 등장하지 않는 〈국회푸락치〉, 〈외팔이 김종원〉[42]을 제외하고는 일관적으로 첩보행위보다 간첩의 안타까운 사랑과 비극에 초점을 맞추었다. 이와 함께 영화는 라디오드라마를 스크린으로 옮기면서 통쾌한 액션 장면과 함께 노골적으로 여간첩의 육체를 부각시킴으로써 관객의 볼거리를 충족시켰다. 시리즈에서 여간첩을 연기한 여배우는 윤정희, 안인숙, 윤소라, 우연정, 최민희 등으로 "영화계 사상 처음으로 석사스타로 군림하였"[43]던 윤정희를 제외하면, 나머지 네 사람은 모두 1970년대 성적 매력을 강조하던 배우였다.[44]

이같은 점을 염두에 두고, 제3장에서는 시리즈 중 여간첩을 전면에 내세운 다섯 편(기생 김소산), 〈여대생 이난희사건〉, 〈배태옥사건〉, 〈김수임의 일생〉, 〈구삼육사건〉의 공통된 문법을 세 가지 항목으로 나누어 고찰한다. 이어 제4장에서는 이 시리즈와 1970년대 '호스티스 멜로드라마'[45]와의 접점, 그리고 그 지점에서 파생되는 반공영화로서의 과잉을 규명코자 한다. 이 글은 이를 통해 국가 비상사태의 선포와 강화된 문화검열, 그리고 영화에 나타난 섹슈얼리티의 불안정한 유착관계를 고찰하려 한다. 이같은 작업은 궁극적으로 반공영화로서 특별수사본부 시리즈가 지닌 특이성과 함께 1970년대 영화검열제도의 한계를 지적하는 것으로 나아갈 것이다.[46]

3. 특별수사본부 시리즈의 세 가지 문법

1) 해방기 여간첩의 소환과 실증성의 강조

영화 특별수사본부 시리즈는 공통적으로 영화가 제작된 동시대가 아닌, 남로당이 활약하던 해방기를 배경으로 삼고 있다. 국민방첩연구소가 "지금 우리 주변에도 얼마나 많은 북괴 간첩이 우글대고 꿈틀대고 있는" 것에 대해 경계하고, 국제 간첩에 대한 기사 외에도 북괴 간첩을 검거했다는 기사가 연이어 보도되던 유신 전후의 상황[47] 속에서, 오재호의 원작에 입각한 특별수사본부 시리즈는 모두 대중이 실감할 수 있는 현재가 아닌, 역사적, 심리적으로 거리가 먼 해방기를 배경으로 택했다. 영화의 경우 유일하게 〈구삼육사건〉이 해방기가 아닌 5·16 이전을 배경으로 일상에 잠복해 있는 간첩들의 형상을 묘사했지만, 이 역시 영화가 제작, 상영된 시점과는 거리를 두고 있었다. 1970년대 초반 이차훈, 채수정 등 거물급 여간첩에 대한 보도가 계속되던 시점에서,[48] 극작가 오재호는 동시대의 보도자료를 통해 사건을 재구성하는 대신 해방기 반공검사로 활약했으며 당시에는 변호사로 활동하고 있었던 오제도를 직접 만나, 그의 증언에 입각해 여간첩의 드라마를 구성하는 방식을 택했다.

곧 저자는 동시대의 보도보다는, 핵심 관련자의 증언이 있다 해도 굳이 분류하면 비화에 가까운 여간첩의 서사를 드라마화하는 방식을 택하면서도 이것이 실제 이야기임을 강조했다. 특히 매 권마다 후기를 실어서 간첩사건이 주는 교훈과 함께 이를 취재하게 된 경위 및 협조해 준 인사들에 대한 감사 인사를 전했다.[49] 이외에도 전집에는 매권마다 사건과 관련된 사진들이 실렸다. 그러나 그 대부분은 간첩과 관련된 직접적 증거보다는 해방기 남로당의 흔적을 보여주는 모호한 이미지들이 차지했다. 즉 영화로 옮겨진 일곱 편의 에피소드 중 김수임과 국회프락치 사건을 제외한다면, 나머지 이야기는 구전되면서 비화처럼 떠돌았을 뿐 그 실체가 불분명한 것이기도 했다.[50] 오재호 역시 이 점을 인식한 듯, "여지껏 공개되지 않았던 몇 가지 새로운 증언을 해주신"[51] 관계자들에게 감사 인사를 전하고, 남로당이 큰 사건 외에 "여러 가지 크고 작은 상상할 수도 없는 희한한 일들을 저질렀다"[52]는 부언을 삽입하기도 했다. 그럼에도 특별수사본부 시리즈는 증언과 판결을 기초로 했으며 오제도, 김임전 등 실존 인물 외에 이강국, 김삼룡 등 남로당의 핵심인물이 등장한다는 것을 근거로 라디오, 서적, 영화를 막론하고 모두 '반공수사실록'임을 강조했다.[53] 이처럼 이 이야기가 실제임을 뒷받침했던 결정적 증거 중 하나는 시리즈 속에서 빈번히 언급되는 임화, 박헌영 등 북한 측 인사였다. 그런데 전집의 경우 해방기 벌어진 주요사건과 간첩의 행각을 병치시켜가며 이야기의 신빙성을 확보하고자 했으나, 영화에서는 이같은 지점을 배재한 채 실존 인물의 등장과 도입부의 내레이션 삽입 및 남로당 인사의 실명 언급을 통해 신빙성을 증명하려 했다.

특히 영화는 반복적으로 "이 드라마는 남로당 범죄사실에 대한 검, 군, 경찰의 수사기록과 법원의 판결 및 증언을 중심으로 한 반공수사실록이다"라는 내레이션을 삽입해 이 이야기가 실제임을, 픽션 없이 만들어졌음을 강조했다. 이와 함께 〈기생 김소산〉과 〈배태옥사건〉의 광고는 모두 "실화였기에 더욱 가슴을 쳐⋯⋯!"라는 문구로, 〈배태옥사건〉은 영화 시사회에 현재 가정부로 일하고 있는 57세의 배태옥이 직접 참석해 "너무 지나치지 않게 사실대로 영화화해주어서 감사하다고 고마움을 표시했다"는 보도자료[54]를 통해 영화의 진실성을 입증코자 했다.

그렇다면 특별수사본부 시리즈가 현재가 아닌 과거의 간첩 이야기를 주소재로 택했던 이유는 무엇인가. 먼저 동시대 간첩사건을 다룰 경우 현 체제의 안보 문제를 드러낼 수 있지만, 해방기라는 심리적으로 먼 과거의 이야기는 보다 유연하게, 또한 안전하게 극화할 수 있었다는 점을 감안할 수 있다. 그 결과 해방기의 여성 스파이는 그 불온성과 위협성을 삭제당한 채 영화 속에서 새로운 형상으로 등장하게 됐다. 또한 사건의 정확한 진위여부에 관계없이, 김소산이나 김수임 등에 관한 이야기는 여간첩에 대한 대중의 말초적 호기심과 맞물려 비화처럼 소비되었던 것으로 보인다. 전시동원기 유포됐던 적색 미녀 스파이에 대한 담론은, 건국 이후에 민족 반역행위와 이적행위를 저지른 조선 여성들에 대한 담론으로 대체됐다. 일본 제국주의의 간첩으로 활약했던 "반민자 중 유일한 여성" 배정자[55]에 이어, 전쟁 직전 이어진 김수임에 대한 언론 보도[56]는 여간첩에 대한 대중의 흥미를 반영하는 동시에 자극하고 있었다. 이 중 정확한 실체가 드러나지 않은 채 떠돌던 김수임의 이야기는 이후 〈나는 속았다〉1964 같은 "반공사상을 띤 오락영화"[57]로 부활했으며, 대중매체가 만들어낸 일련의 여간첩 서사는 1970년대 관련사건을 담당했던 오제도의 증언을 통해 신빙성을 얻으면서 '다큐멘터리'라 명명됐다.[58]

염두에 두어야 할 것은 동시대의 관객이 이 이야기를 제작 주체가 의도한 것처럼 실화로 받아들이고 있었는지의 여부이다. 앞서 살펴본 것

〈그림 1〉 왼편부터 〈기생 김소산〉, 〈김수임의 일생〉, 〈배태옥사건〉의 신문광고

처럼 시리즈가 반공물로 구분됨으로써 너그러운 관람등급의 적용을 받았기에 경우에 따라 국민학생부터 영화를 관람할 수 있었고, 당시 영화의 주요 관객층은 10~20대였음을 감안한다면,[59] 주 관객층에게 그들이 실감하기 어려운, 곧 현 체제의 안보상황과는 별다른 관련이 없는 해방기 간첩의 행태는 픽션처럼 받아들여졌을 가능성이 크다.

흥미로운 것은 이 이야기가 실화라는 사실이 반공영화로서 시리즈의 객관성과 구체성을 증명하는 것 외에, 홍보 과정에서 실화를 바탕으로 하였기에 더욱 가슴 아픈 비극이라는 것이 강조되기도 했다는 점이다. 곧 당대 주 관객층이 실감하기 어려운 해방기 여간첩의 이야기는 북괴의 치밀한 공작에 대한 대중의 경계심을 고취시키기보다는, 여인의 수난사에서 빚어지는 가슴 아픈 비극으로 소비될 수 있었다. 특히 영화는 미모의 여간첩의 육체를 현시한다는 것과 함께 이 이야기가 한 여자의 파국을 그리는 멜로드라마라는 것을 홍보 전략으로 삼았다. 정확한 실체를 알 수 없는 남로당간첩사건은, 영화로 재구성되는 과정에서 동시대 관객의 감성에 입각해 각색됐던 것이다.[60] 이처럼 제작 주체는 작품의 실증성을 강조함으로써 검열 주체에게 반공극의 진정성을 과시하고자 했으며, 동시에 관객에게는 감정이입이 쉬운 실화라는 것을 강조했다.

2) 여간첩의 수난사와 멜로드라마 구조

제1절에서 논한 것처럼, 영화의 홍보과정에서는 이야기의 신빙성과 함께 연약한 여인의 비극을 다루었다는 점이 강조됐다. 애초 원작자 오재호는 감정에 휘둘리는 여인의 비극에 주목하며 의식 없이 이적행위에 말려든 "감상적인 여자들의 심리"[61]에 대해 지적하기도 했는데, 영화 역시 "잔혹한 비극에 깔린 숙명의 여인상", "종래의 열혈적 여간첩과는 달리 인간적인 더 좁혀서 말하면 여성적인 비극"을 담는데 주력했다.[62] 이외에도 〈김수임의 일생〉의 광고는 "이화여전 출신의 인테리로 능숙한 외국어를 구사하는 미모의 여인이, 왜 이러한 비극의 길을 걸어가야 했을까"라는 질문과 함께 "情정과 肉체의 갈등 속에 몸부림치는 여인의 고뇌!"를 담았다는 것을 홍보했다.[63] 전편을 일괄할 수는 없지만, 여간첩을 다룬 특별수사본부 시리즈에 한해서 영화 제작과 홍보의 방향은 미모의 여성이 남로당 간첩과 사랑에 빠지면서 겪게 되는 파국에 맞춰졌다.[64]

시리즈 속에서 사랑 때문에 이적 행위를 했던, '팔자 사나운' 여간첩들의 끝은 대개 죽음이었다.[65] 〈기생 김소산〉, 〈김수임의 일생〉에서 애인을 위해 이적행위를 했던 두 여간첩은 사형장의 이슬로 사라지고, 〈여대생 이난희사건〉에서 특별수사본부 김 반장과 사랑에 빠져 수사에 협조했던 남로당 여비서 이난희는 간첩의 칼에 맞아 사망한다. 책에서 이난희가 김 반장과 이별할 지언정 끝까지 살아남았던 것과 달리, 영화는 비극성을 고조시키기 위한 방안으로 살고 싶다고 몸부림치는 이난희를 죽이는 길을 택한다. 또한 여간첩이 전면에 나서지 않는 〈외팔이 김종원〉

〈그림 2〉 남·녀 간첩의 서로 다른 결말.
위쪽부터〈김수임의 일생〉,〈외팔이 김종원〉

에서도 간첩 임충자는 특별수사본부의 정보원이 된 김종원의 배신으로 인해 죽음에 이르게 된다. 이외에도 〈구삼육사건〉의 임신한 여간첩 연실은 사랑 때문에 무장봉기를 포기하고 체포되는 길을 택하는 등, 붉은 스파이들은 모두 사랑 때문에 파멸에 이르게 된다. 이 중 예정된 결말을 비켜 나가는 것은 '자비로운 법'의 인정을 받아 징역 10년을 선고받는 〈배태옥사건〉의 배태옥뿐이다. 벤 싱어Ben singer는 멜로드라마의 핵심요소로 강한 연민의 감정을 유도하는 강력한 파토스, 과도한 감정선, 도덕적 절대성, 선정주의 등을 설명하는데,[66] 과잉의 파토스와 선정성, 스펙터클의 강조는 여성 수난사를 다룬 특별수사본부 시리즈의 반복되는 특징이기도 했다.

주목할 것은 대개 죽음으로 생을 끝맺는 여간첩들과 달리, 동시대 국책, 반공영화 속 남성 간첩은 전향과 사상교화를 통해 남한 국민으로 재생한다는 점이다. 〈5천리 대도망〉1974과 같은, 군이 간첩이 등장하는 다른 반공영화를 들지 않더라도, 동시리즈 중 〈외팔이 김종원〉의 김종원은 남로당에서 버림받은 후 특별수사본부를 도와 남로당 일파를 퇴치하는데 앞장서면서 민주 사회의 일원으로 거듭나게 된다. 라디오드라마와 책에서 김종원이 서대문형무소에서 쓸쓸하게 목숨을 거두는 것과 달리,[67] 영화 속 김종원은 출옥 후 아내와 아이들과 함께 새 삶을 기약한다. 곧 영화 속에서 여간첩은 박정희시대의 "배제의 논리"에 따라 축출되지만[68] 남성 간첩은 전향의 확고함만 입증한다면 남한 체제 안으로 편입하게 된다.

이와 같이 특별수사본부 시리즈에서 '팔자 사나운' 여간첩의 죽음은 극적 파토스를 강화하는 데 종종 활용되었다. 종국에 이들이 모든 사실을 뉘우치고 오제도 검사에게 진실을 털어놓거나 특별수사본부에 협력하는지의 여부와 상관없이, 멜로드라마의 공식 안에서 여간첩은 파국을 면치 못했다. 그 과정에서 끝까지 '마미'를 찾는 여간첩의 아이〈김수임의 일생〉나 혼자 남겨진 연인〈여대생 이난희사건〉은 극의 비극성을 심화시켰고, 여간첩을 전면에 내세운 반공영화는 동시대의 반공영화, 즉 '첩보 스릴러' 형식을 표방한 영화들「잔류첩자」, 1975;「원산공작」, 1976 등과 다른 노선을 걷게 됐다. 개별 작품을 담당한 감독의 성향에 따라 액션, 활극적 요소가 강조된다 해도, 영화는 애초 오재호의 원작이 초점을 맞추었던 여인의 비극적 운명이라는 테두리를 벗어나지 않았으며, 스크린으로 옮겨지는 과정에서 여간첩이 온몸으로 겪게 되는 수난사가 시각적으로 더욱 강조되면서 비극성은 고조됐다.

시리즈 속에서 '고백의 형식'은 관객이 여간첩에게 동정심을 갖게 하는 요소로 활용됐다. 여간첩은 오제도 검사, 오상규 해군방첩대장, 특별수사본부의 김윤호 반장 등 권위 있는 남한 남성을 만나고, 처음에는 그에게 반항하거나 남로당의 지령에 따라 암살을 시도하기도 하지만, 자신의 불행한 과거사를 모두 고백한 이후 남로당을 타진하는데 도움을 준다. 사상보다는 사랑 때문에, 무지로 인해 의식 없이 남로당혹은 북로당 남성들에게 이용당했던 간첩들은 오제도 등과 대면하는 과정에서 지나간 삶을 회개하고, 남한 남성들 역시 이들의 기구한 삶을 동정하게 되면서 처형을 면하게 하려 노력하기도 한다. 즉 영화 속에서 고백의 형식은 잔혹해 보이는 여간첩들이 얼마나 순수하고 무지했는지를 증명하기 위해 동원되고, 이들을 동정하는 남한 남성들은 인간적인 반공 영웅으로 묘사된다.[69] 그리하여 사랑밖에 몰랐던, 사상도 신념도 없었던 여간첩은 공포와 경계의 대상이기보다는 사랑과 자비를 베풀어야 할 연민의 대상으로 자리매김하게 된다.[70]

이 과정에서 영화는 여간첩과 남한 수사관의 연애 혹은 유사연애를 그림으로써 극적 흥미를 고조시킨다. 간첩과 수사 반장의 로맨스를 전면화했던 〈여대생 이난희사건〉 외에도, 〈배태옥사건〉에서 아내가 있는 오상규 대장은 배태옥과 술을 마시며 농을 주고받고, 배태옥을 보호하기 위한 명목이라 해도 함께 여관방에 드나들면서 인간적인 신뢰를 쌓아간다. 또한 〈기생 김소산〉, 〈김수임의 일생〉에서 여간첩이 오제도에게 모든 것을 고백할 수 있었던 기반에는 자신을 온전히 이해해준 오 검사에 대한 전적인 신뢰가 있기에 가능했다. 그렇게 극 중 여간첩은 사랑이나 동정 같은 인간적인 감정에 좌우되고, 그 감정에 입각해 중요한 결정을 내린다.

문제는 여간첩이 이처럼 감정적이고 나약한 존재로 묘사됨으로써 공산주의의 실체와 위력은 희미해지고, 결과적으로 반공영화가 표방하는 '반공'의 지향점 역시 모호해진다는 점이다. 극 중 사건의 핵심에 있는 여간첩들의 사상은 무력하고, 이들이 이적행위를 하게끔 내몰았던 남로당 간첩들은 여자들을 이용할지언정 때로는 로맨스의 주인공처럼 등장한다. 영화 속에서 여주인공을 극한으로 내모는 거물급 간첩은 하명중〈배태옥사건〉의 황룡, 신일룡〈김수임의 일생〉의 이강국 등 미남 배우들이 담당했는데, 이들 역시 종국에는 여간첩과 마찬가지로 북한의 정치논리에 의해 이용당하는 희생양처럼 그려진다. 특별수사본부 시리즈 속에서 남로당 간첩의 대다수는 잔혹한 존재로 묘사되지만, 결정적으로 여간첩을 파국으로 이끄는 남로당 핵심인물은 멜로드라마 속 비운의 주인공처럼 형상화되기도 했던 것이다. 이에 따라 '반공反共', '타공打共'을 표방하는 영화에서 국민이 경계하고 투쟁해야 할 공산주의의 실체는 모호해지며, 그 결과 시리즈가 강조하는 반공의식의 기반 역시 취약해진다.

남로당의 침투 행위가 얼마나 공포스럽고 극악한 것인지를 강조하는 대사가 반복되지만, 영화는 정작 남로당의 위협성보다는 여간첩이 실상 얼마나 안타까운 존재인가를 묘사하는데 공을 들인다. 시리즈를 담당했던 연출자의 성향을 떠나, 영화는 공통적으로 현모양처를 꿈꿨지만 사랑 때문에 정반대의 길을 걸어야 했던 여인의 비극을 극적으로 포장하는데 주력했고, 북괴의 대남공작은 비극의 배경처럼 소비되기도 했다.

3) 관음증의 대상 혹은 여성연대의 기반으로서의 육체

앞서 언급한 것처럼, 특별수사본부 시리즈의 여간첩은 윤소라, 우연정, 최민희와 같은 1970년대의 섹스심볼이 연기했고, 영화의 광고는 간첩의 수난사를 표방하는 동시에 이들의 육체 또한 부각시켰다. 곧 매체 특성상 이미지를 전시할 수 없는 전집이나 라디오가 이야기의 실증성과 여간첩의 수난사를 부각시켰다면, 영화는 이에 더해 간첩의 섹슈얼리티를 관객의 볼거리로 전면에 배치했다. 이처럼 간첩을 성애화시킴으로써 대중의 말초적인 호기심을 충족시키는 방식은 당대의 흥행 코드였던 '벗기기 전략'에 편승하는 것이기도 했는데, 영화 특별수사본부 시리즈는 노골적으로 간첩의 육체를 탐닉하고 있음에도 불구하고 반공을 화두로 내세움으로써 규제와 보상을 통해 이루어진 검열제도의 수혜를 입을 수 있었다.

〈그림 3〉 성애화되는 여간첩.
(상단)〈여대생 이난희사건〉.(하단 좌측)〈배태옥사건〉.(하단 우측)〈김수임의 일생〉

그리하여 정도의 차이는 있을지언정, 영화는 공통적으로 여간첩의 몸을 자극적으로 화면에 담아내는데 주력했다. 국일관에서 훌라춤을 추는 김소산윤정희 분의 유혹적 몸짓이 강조되는 것 외에도, 역시 설태호가 감독한 〈여대생 이난희사건〉에서 이난희를 연기한 배우 안인숙은 특별수사본부의 눈을 피해 도주하는 과정에서 속옷만 입고 배 밑에 숨어있는 장면을 연기했다. 그 외에도 〈김수임의 일생〉과 〈배태옥사건〉에서 여간첩을 연기한 윤소라는 상반신을 탈의한 외국인 배우와의 침실 장면 및 자극적인 고문 장면을 연기했다. 이들 영화에서 여간첩의 첩보행위란 주로 성적인 매력을 이용해 남성들을 유혹하는 것이었고, 이에 따라 여배우들 벗기기는 서사 내에서 당위성을 얻었다.

여간첩의 몸은 침실 장면뿐만 아니라 고문 장면에서도 강조되면서 관객의 새디즘적 관음증을 충족시켰다. 〈여대생 이난희사건〉에서는 남로당 일파가 이난희를 눕힌 다음 폭탄을 떨어뜨리겠다고 협박하는 과정에서 공포에 떠는 여간첩의 상반신이 부각됐고, 〈배태옥사건〉에서는 배태옥이 특별수사본부에게 몸을 수색당하는 과정에서 속옷을 벗은 채로 괴로워하는 모습이 강조됐다. 그런데 이같은 잔인한 고문 장면은 문공부의 영화 시행규정[71]에서 가장 먼저 언급될 만큼 엄격하게 규제하기로 한 부분이었으나, 영화는 자극적 고문 장면은 물론 육체를 지나치게 노출시키는 문제로부터도 결코 자유롭지 못했다. 하지만 이는 심의 과정에서 별다른 문제가 되지 않았고, 시리즈 중 반 이상이 당해의 우수영화 혹은 우수반공영화로 선정됐으며 일부는 해외로 수출됐다.

흥미로운 것은 영화 속에서 여간첩의 몸은 성애화의 대상이 될 뿐 아니라, 여성 간의 유대가 이루어지는 기반이 되기도 한다는 점이다. 〈여대생 이난희사건〉의 경우 오재호의 원작보다 교우관계인 이난희, 강소옥의 관계를 더욱 밀착시킨다. 극 중 이난희는 친구인 강소옥을 전향시키기 위해 직접 설득하려다 연인인 김 반장의 의심을 사고, 이후 강소옥의 어머니를 데려와 친구의 전향을 이끌어낸다. 그리고 이난희가 남로당 일파에게 잡혀간 후, 강소옥은 특별수사본부를 직접 남로당의 아지트로 안내한 다음 이난희를 구출하는 데 앞장선다. 영화의 결말은 연인을 앞에 두고 숨을 거두는 여간첩의 비극적 종말을 그리지만, 그 직전에 남로당을 퇴치하는 과정에서 김 반장이 간첩들과 대적하기에 여념이 없는 가운데, 목숨을 걸고 이난희를 구하려 했던 강소옥과 그런 친구를 보며 안타까워하는 이난희의 우정이 부각된다. 그리고 죽음의 시차는 있지만, 두 여자는 남로당의 소굴을 탈출하는 과정에서 함께 죽음을 맞는다. 〈여대생 이난희사건〉에서 남로당의 희생양이 된 여대생 간의 우정은, 간첩과 수사관의 애절한 사랑 못지않게 비중 있게 다뤄지는 것이다.

〈구삼육사건〉의 경우 특별수사본부 수사관의 첩으로 위장한 간첩의 임신으로 인해, 본처와 첩의 유대관계가 형성된다. 영화의 도입부는 처첩 간의 갈등으로 시작되지만, 두 여성이 이후 함께 곰탕집을 경영하고 이어 불임인 본처를 대신해 첩인 연실이 임신을 함으로써 관계는 더욱 밀착된다. 연실의 임신은 본처가 가장 먼저 알게 되고, 연실은 정체가 드러날 위기에 처하자 남편이 아닌 본처에게 도움을 청한다. 여기서 본처가 임신한 첩을 만나 음식을 사주고 요청하는대로 돈까지 주는 장면은 상당히 애잔하게 그려진다. 이처럼 임신한 첩을 무조건 도와주려했던 본처와 달리, 남편인 조민은 아내가 지하조직 936의 핵심인물이었다는 것을 알게 되자 그녀가 무장봉기를 포기했음에도 무자비한 폭력으로 다스린다. 극 초반 조민이 특별수사본부에 입성한 이후 처첩 간의 유대는 비중있게 형상화되는데, 두 여성의 관계는 "저도 인간이에요. 느낀 게 있었어요"라는 연실의 고백을 이끌어내는 과정에서 중요하게 작용한다.

이처럼 특별수사본부 시리즈 속에서 여간첩의 육체는 관음증의 대상으로 묘사되는 동시에 극 중 여성 간의 연대가 이루어지는 기반이 된다. 두 작품 속에서 여성 간의 유대는 목숨을 건 전향과정에서 공산주의의 폭력에 온몸으로 대항하면서, 혹은 임신이라는 여성적 체험을 통해 형성되는 것이다. 물론 간첩의 몸이 시각적 쾌락을 위해 스크린에 전시되든 혹은 서사 내에서 극적 파토스를 강화하기 위해 이용되든 모두 상업적으로 고려되는 것은 분명해 보인다. 그러나 이들 영화가 당대 섹스심볼의 이미지를 적극적으로 활용하고 있음을 감안하더라도, 여성의 유대에 대한 비중 있는 묘사는 시리즈가 여성 취향을 반영한 멜로드라마로 독해될 수 있는 가능성을 제공한다.

4. '호스티스 멜로드라마'와의 접점, 반공영화로서의 과잉

주지하다시피 1970년대를 대표하는 영화 장르는 일련의 '호스티스 멜로드라마'로, 〈별들의 고향〉[1974], 〈영자의 전성시대〉[1975]로 시작해 〈꽃순이를 아시나요〉[1978] 등으로 이어지는 호스티스 소재 영화는 당대의 흥행작이자 대표작이었다. 호스티스영화는 "시골출신의 미혼여성이 상경해 가정부, 버스 안내양, 노동자가 되고 여기서 이탈해 서비스 산업에 종사하다 성산업으로 이전하는" 것을 비극적 전형으로 포착했는데, 사회비판적 메시지를 전면화하지 않고 남성의 관음증적 시선과 결합하면서 한계를 지니게 됐다.[72] 그런데 극 중 순수한 여성들이 호스티스로 전락하는 과정의 표면에는 기형적 근대화 상황 대신 그녀들을 잘못된 길로 이끄는 남성들이 있었고, 현모양처를 꿈꾸지만 사나운 팔자를 탓하며 전락하는 호스티스물의 여주인공은 영화 특별수사본부 시리즈의 여간첩과 공통분모를 갖고 있었다.[73]

1970년대 한국영화의 불황 돌파 전략은 '벗기기'였고, 화류계를 배경으로 한 당대의 흥행작들은 유곽과 창녀를 소재로 불륜, 매매춘 등을 다루고 있었다.[74] 그런데 수차례 우수영화로 선정되며 검열의 수혜를 입었던 특별수사본부 시리즈 역시, 당대의 섹스심볼을 캐스팅해 이들의 육체를 부각시킨다는 점에서 야한 장면을 만들어내기 위한 벗기기 논란으로부터 결코 자유롭지 않았다. 주목할 점은 '무지하고 팔자 사나운' 여자가 사랑 때문에 죽음-파국에 이르게 되는 구조가 당대 특별수사본부 시리즈와 호스티스물의 공통 구조였다는 점이다. 곧 호스티스물이 사랑 때문에 화류계에 몸을 담게 되고 결국 파국을 맞는 여성의 수난사를 그렸다면, 여간첩 시리즈 역시 사랑 때문에 이적 행위를 하다가 사형 혹은 죽음에 이르게 되는 여인의 비극을 형상화했다.

실례로 〈별들의 고향〉에서 순수했던 경아는 첫사랑에게 버림받고 돈 많은 남자의 후처가 되지만, 낙태한 과거 때문에 다시 버림받고 세 번째 남자에 의해 호스티스로 전락한다. 〈꽃순이를 아시나요〉의 순박한 처녀 은아는 다방 레지로 일하다 첫 번째 남자에게 육체를 유린당하고, 레슬링 선수와 동거하다 부모의 반대로 헤어져 호스티스가 된다. 즉 이들 호스티스물은 순진한 여자가 남자를 잘못 만나는 바람에 팔자가 꼬여 환락가에 진입하는 과정을 순차적으로 묘사하고, 그 과정에서 여주인공의 정사 장면이 이어졌다. 이와 마찬가지로 특별수사본부 시리즈 역시 여간첩들이 사랑 때문에 이적행위를 하는 과정에서 이들의 벗은 몸을 부각시키고, 예정된 비극적 결말로 나아간다.[75]

정리하면 여간첩은 호스티스와 함께 유신시대의 영화 속에서 가장 용이하게 성애화될 수 있었던 대상이었다. 천성환은 '센더'를 가진 존재로서 '간첩'에 대해 논하며, 북에서 온 여간첩이 남한 남성의 역사적 판타지와 결부되어 쉽게 성애화될 수 있는 존재[76]임을 언급하는데, 특별수사본부 시리즈 안에서 여간첩은 성적 대상이자 비극의 주인공으로 그려졌다. 식민지 시기 조선에 유포되었던 여간첩 표상이 당시 조선인에게는 이질적인 존재인 동시에 권력과 비범한 능력을 지니고 있었다면,[77] 영화 속 여간첩은 수동적이고 감정적인 존재로 관객에게 익숙한 멜로드라마의 여주인공처럼 그려졌다. 그리고 이같은 묘사는 1970년대 남한 언론이 북괴 여간첩의 치밀함과 잔혹함을 보도하던 것과 전혀 다른 방식이기도 했다. 곧 영화 속에서 나타나는 여간첩의 첩보행위란 사안의 심각성과 관계없이 육체적 매력을 활용해 정보를 캐는 것에 지나지 않았

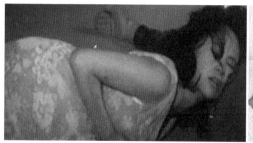

〈그림 4〉 1970년대 영화 속 간첩과 호스티스의 유사한 결말
출처 : 〈여대생 이난희사건〉과 〈별들의 고향〉

으며, 이들은 자신을 진심으로 이해해주는 반공 영웅에 감화되어 회개하는 수순을 밟았다. 그 중 가장 적극적이고 비범한 모습으로 등장하는 〈구삼육사건〉의 연실은 남편을 특별수사본부로 보내 정보를 얻고 무자비한 살인도 일삼는 936의 수장으로 그려지지만, 임신과 함께 본처의 도움을 받는 과정에서 무장봉기를 포기하고 자발적으로 체포되는 길을 택하게 된다.

그런데 얄팍하게 묘사할지라도 호스티스 멜로드라마가 개발독재시대의 근대화가 파생시킨 이면, 즉 계층 분화와 도시화에 대한 문제의식을 담고 있었다면, 특별수사본부 시리즈 안에서 분단 현실에 대한 문제의식은 찾아볼 수 없다. 영화로 옮겨진 시리즈는 분단 체제에 대한 나름의 입장을 표명하는 대신 시각적 흥미와 극적 파토스를 끌어내는데 더욱 치중함으로써 대중영화로서의 면모를 강화했다. 따라서 반공영화에 대한 집단 관람이 있었을 가능성을 인지하더라도, 시각적 쾌락을 동반한 익숙한 구조의 이야기를 심각하지 않은 분위기 속에서 즐길 수 있었던 것이 시리즈 흥행의 주요 요인이 됐으리라 보인다.

제작사 입장에서도 어느 정도의 흥행을 보장할 뿐더러 지속적으로 우수영화로 선정되면서 외화수입권 보상까지 받는 실리를 누릴 수 있었던 특별수사본부 시리즈를 계속해 나가는 것은 당연한 수순이었다. 서울 관객 수가 만 명 이하로 급감한 이후에도 〈외팔이 김종원〉을 제작했던 것은 시리즈를 계속함으로써 잃는 것보다는 얻는 것이 많다는, 이미 반 공영화 메이커로 자리매김했던 한진흥업의 계산이 깔려 있었던 것으로 보인다. 즉 시리즈의 연속적 기획 및 제작은 반공의식을 강화한다는 유 신시대의 문화정책과 맞물려 있었지만, 동시에 여성의 수난사를 다루면 서 벗은 몸을 부각시키는 멜로드라마가 흥행하는 당대 시장논리에 입각 한 것이기도 했다.

5. 영화 검열의 자의성과 경직된 도덕주의의 이면

살펴본 것처럼 특별수사본부 시리즈는 전반적으로 상업주의적 의도 를 분명히 드러냈지만, 심의 과정에서 별다른 문제가 되지 않았을 뿐 아 니라 빈번하게 우수영화로 선정되는 영광을 누렸다. 반공의식을 고취하 겠다는 애초의 의도는 대중의 취향에 맞게 각색되는 과정에서 후경화됐 고, 퇴폐풍조의 근절 의지가 강조되는 와중에도 반공영화의 상업적 의 도는 복잡한 검열 과정 속에서 별다른 문제가 되지 않았던 것이다. 유신 체제의 선포와 영부인 육영수의 피격 이후 사회 전반에 한층 경직된 엄 숙주의가 강요되는 가운데 한국영화의 선정성은 도리어 강화되는 양상 을 보이는데, 이같은 경향은 유신영화법의 지향점을 반영한다고 간주됐 던 특별수사본부 시리즈에도 노골적으로 드러나고 있었다.[78]

1970년대에는 반공영화의 성행과 맞물려 반공만화도 줄을 이어 출간 됐다. 이 중에는 반공을 표방한 일련의 성인만화도 끼어 있었는데, 특별수사본부 시리즈와 동시대에 발표된 『세기의 여간첩 마타하리』 및 『기생간첩 김소산』과 같은 여간첩물, 그리고 김일성의 변태적 성행위의 전말을 고하는 『김일성의 침실』 등이 반공을 전면에 내세운 성인만화의 대표작이었다.[79] 흥미로운 것은 특별수사본부 시리즈와 마찬가지로, 이들 만화 역시 '반공실화', '반공실록 극화'를 내세우면서 무사히 심의를 통과했으나 실제 내용은 여간첩 혹은 김일성의 섹스 행각을 그리는 데 초점을 맞췄다는 점이다. 곧 만화 역시 공산주의의 문제성 대신 정보를 빼내는 여간첩과 김일성에게 유린당하는 여인들의 육체를 부각시키는 데 주력했고, 이에 따라 만화의 독자 역시 반공사상보다는 섹슈얼리티를 소비하게 됐다. 그 결과 영화 특별수사본부 시리즈와 마찬가지로, 일련의 성인만화 속에서도 각각 유신 체제의 기조이자 척결대상이었던 반공과 섹슈얼리티는 불협화음 없이 공존할 수 있었고, 이들 성인만화는 반공이라는 표어를 뒤집어쓴 채 책방과 만화방에 유통되었다. 이처럼 박정희 시기 반공을 화두로 내세운 여간첩물은 드라마와 책 외에도 성인만화의 형태로 대중에게 소비되면서 특수한 하위문화를 형성했고, 영화 특별수사본부 시리즈는 벗기기 전략과 멜로드라마의 문법을 참조하면서 동시대 관객의 취향에 부합할 수 있었다.

이 시리즈는 해방기 여성 스파이를 소환해 이들을 무력한 멜로드라마의 여주인공으로 묘사함으로써 냉전 체제하에서 형상화된 스파이의 치밀하고 전략적인 이미지를 삭제하고, 여성 스파이가 가질 수 있는 위협성과 불온성을 무력화시키는 서사를 반복했다. 그러나 스파이의 육체를 부각시키고 당시 인기가 있던 호스티스 멜로드라마의 문법을 차용한 결과, 반공영화는 상업영화와의 차별점을 구축하지 못하면서 오히려 1970년대 반공논리의 한계를 입증했으며 당대 통치 체제의 한계를 기입하는 불온함을 드러냈다. 제작 주체가 검열을 의식하고 내재화하고 있던 시기, 반공정신을 표방한 특별수사본부 시리즈는 선정주의의 무리수를 안고 있음에도 검열망을 통과해 우수영화로 선정됨으로써 검열의 허구성과 모호성을 증명했던 것이다. 여기서 불온을 한 통치 체제를 위협하고 교란하는 행위, 감정, 주체 등을 총칭하는 것으로 확장시켜 이해한다면, 특별수사본부 시리즈와 이 시리즈 속에서 형상화된 여간첩 형상은 유신시대 정치문화의 한계를 입증하고 있었다고 볼 수 있다.

물론 특별수사본부 시리즈를 예로 들어 1970년대 영화검열의 허구성 혹은 무용론을 지적하기에는 무리가 있다. 그러나 유선영의 설명처럼, 검열관들의 자의적이고 일관성 없는 검열 기준은 영화인에게 오히려 기회가 될 수 있었으며, 영화제작자와 공무원들의 공생관계 속에서 정치적이거나 사회적인 메시지를 담지 않은 이상 영화사는 검열 완화의 혜택을 누릴 수 있었다.[80] 이미 당대에도 방화의 부진을 불러오는 검열 행정[81] 및 우수영화 심사 과정의 폐해는 꾸준하게 지적되고 있었고,[82] 선문공부 예술국장의 뇌물수수를 둘러싸고 심사위원의 자격 및 문공부 지침의 제작사 전달 과정에서 빚어지는 문제점 등이 논란이 됐다. 물론 이를 비판하는 입장 또한 그 시행과정에서의 문제이지 영화법의 정책 및 정신이 잘못된 것은 아니라는 전제를 깔고 있었지만,[83] 이미 검열의 폐해 및 한계는 곳곳에서 드러나고 있었으며, 문공부의 반공영화에 대한 규정 역시 실상 모호한 것이었다. 그리하여 특별수사본부 시리즈의 경우에서 보듯이, 반공이라는 표어가 텍스트 내부에서 문제시될 수 있는 과다한 섹스묘사, 선정주의의 불온성을 덮어주기도 했다.[84] 살펴본 것처럼 해방기 남로당의 상흔은 제작자의 철저한 계산을 통해 소환된 것이었으며, 여성의 섹슈얼리티와 수난사가 조합된 영화는 보편적인 흥행코

드를 담고 있었던 것이다.

정리하면 반공을 국시로 하여 경직된 도덕주의를 강요하는 체제하에서 호스티스 멜로드라마나 여배우의 스캔들을 필두로 한 성담론은 오히려 번창했으며, 특히 특별수사본부 시리즈는 1970년대 대중문화의 모순된 측면을 반영하고 있다는 점에서 주목할 수 있다. 그 결과 영화는 반공과 검열, 그리고 불온한 섹슈얼리티가 기묘한 형태로 공존하는 양상을 보여주게 됐다. 특히 공산주의의 실체에 대한 구체적 규정이나 묘사 없이 과거의 유령을 불러내 그에 대한 적개심만을 강조하는 반공, 게다가 때로는 상업주의 논리에 압도될 수 있는 반공 논리는 분명 그 지반의 허약성을 드러내고 있었다. 유신 체제의 지향점을 가장 잘 보여줄 수 있다고 평가받았던 영화 특별수사본부 시리즈는 (무)의식적으로 그 통치 전략의 틈을 드러내고 있었던 것이다.

* 이 글은 「반공과 검열, 그리고 불온한 육체의 기묘한 동거－1970년대 영화 '특별수사본부' 여간첩 시리즈에 대한 고찰」, 『여성문학연구』 33, 한국여성문학학회, 2014를 수정·보완했다.

제4장 ——————— 유신 이후의 반공영화와 오제도라는 '신화'

1. 실록實錄과 비화祕話 사이, 사상검사 오제도의 글쓰기

이 글은 유신 이후 영화법 개정과 동시에 기획, 제작된 영화 특별수사 본부 시리즈를 중심으로, 국가보안법의 기틀을 마련했고 이후 전향자를 관리하며 간첩 색출에 앞장섰던 사상검사 오제도가 극화되는 방식을 논의하고자 한다. 평남 출신의 월남 인사로 검사, 정치인으로서 명성을 누렸으며, 사망 후 국가유공자의 자격으로 국립현충원에 안장된 오제도 1917~2001의 일생은 '반공反共'과 '방첩防諜'으로 요약할 수 있다. 반공이라는 신념을 고수해 온 오제도는 간첩담론이 주기적으로 활성화될 때마다 언론의 주목을 받았고, 그 역시 대중매체를 적재적소에 활용했던 인물이었다. 무엇보다 오제도는 신문, 잡지 등에 어느 문인 못지않게 활발하게 글을 기고했으며 여러 차례 수기를 발표하기도 했다. 이 글에서 주목하는 점은 1970년대 라디오드라마, 영화, 만화 등 대중문화 전 영역에서 오제도를 빈번히 소환했다는 점이며, 이 중에서도 반공영화 속에서 오제도라는 영웅이 구축되는 양상을 논의하고자 한다.

오제도 자신의 회고에 따르면, 독실한 기독교 신자였던 그는 신의주지방법원에 근무하다 해방 후 '붉은 군대'에 대한 거부감으로 민족통일에 대한 기대를 가지고 월남을 택하게 된다. 그는 솔선해서 북한 인민을 데리고 남하했고, 1946년 검사특임고시에 합격하면서 활동을 시작했다고 술회한다.[1] 오제도가 본격적으로 언론의 주목을 받게 된 것은 1949년 일명 '국회 프락치'사건을 지휘하면서부터이다. 당시 반민법 제정에 앞장섰고 반민특위 활동을 주도했던 노일환, 이문원 외 국회부의장을 지냈던 김약수 등의 정치인이 남로당 스파이 활동을 했다는 이유로 구속되면서 반민특위 조직이 와해됐고, 이때 오제도는 사건을 주도했다.[2] 이외에도 그는 북한 공작원 성시백을 비롯해 김삼룡, 이주하 등 남로당 간부를 검거하는 데 앞장서면서 반공투사로 영웅시될 수 있었다.

전쟁 중 부역자 소탕의 전면에 나섰던 오제도는, 공용으로 배급받은 면사를 횡령했다는 죄목으로 체포령이 떨어지자 은닉 생활을 이어가다 검사직에서 파면된다. 변호사 개업을 했던 오제도는, 전후 다시 전향자에 대한 사상검증의 필요성을 역설하면서 입지를 구축한다.[3] 그런 오제도가 검사직으로 복귀한 것은 1957년이었다. 1958년 총선을 앞두고 서울지검으로 돌아온 오제도는 타공전의 선봉에 서서 "다시 간첩들이 많이 잡히는 데" 활약했고, 이듬해 1월 평화통일론을 제창했던 조봉암을 비롯한 진보당 정치인을 간첩 혐의로 구속하는 데 주도적 역할을 맡는다.[4] 이처럼 무너져 가는 자유당 정권의 정당성을 지지했던 오제도는, 4·19혁명 후 사표를 제출하고 공금횡령혐의로 기소되기에 이른다. 그는 3·15부정선거에 관여했다는 의혹을 받았으며, 혁명과업 수행의 방해자로서 낙인이 찍히게 된다. 하지만 다시 변호사로 복귀해 사회문화 곳곳에서 목소리를 내며 사상검사로 활약했던 과거를 회고한다.

그가 다시 부활한 것은 유신 전후였다. 그런데 이제 오제도를 소환한 곳은 법조계가 아닌 문화계였다. 1970년 창간한 월간 『북한』의 이사장으로 이름을 올렸던 오제도는, 이제 탐정물과 액션물, 그리고 멜로드라마적 상상력이 중첩된 반공 텍스트의 주인공으로 활약하게 된다. 1970년부터 방송을 시작한 동아방송의 라디오드라마 '특별수사본부'의 주요 에피소드는 총 21권의 단행본으로 발표됐고, 같은 시기 영화와 만화로 만들어졌다. 그 개작 작업의 중심에는 극작가 오재호가 있었으며, 그는 이야기를 취재하는 과정에서 특별수사본부, 그 중에서도 오제도의 증언을 중요하게 참고했다. 오재호는 라디오드라마의 대본을 쓰는 과정에서 동료들의 안전 때문에 입을 열기 꺼리는 오제도를 여러 번 설득해 취재에 성공했다고 언급했으며, 오제도는 오재호의 취재의욕과 구성력 등을 높이 사 어렵게 취재에 응했다고 밝혔다. 오제도가 '특별수사본부' 연작의 서문을 쓴 배경 역시 여기에 있었다.[5]

그간 해방-전쟁기 오제도의 위상에 대한 논의로는 다음의 연구 성과에 주목할 수 있다. 강성현은 해방기 사상검찰의 역할과 기능에 대해 논하며 국가보안법 성립 이후 검찰의 재조직화 과정에서 오제도가 맡았던 역할을 설명한다. 그에 따르면 대한민국 정부 수립 과정에서 오제도, 선우종원 등이 선거관리 및 선거사범 처리에 동원됐고, 이들은 사상범죄 처리의 실무방침을 세워나갔다.[6] 이행선의 경우 한국전쟁기 수기들을 논하는 과정에서, 오제도가 편집자로서 관여했던 수기집 『적화삼삭구인집』1951을 반공 프로파간다로 간주하며, 전쟁기 오제도의 수기가 과거의 활약상을 소환해 자신을 '기념화'하는 작업이었다고 설명한 바 있다.[7]

그 외 1950~1960년대 반공영화에 대한 연구 성과들이 축적되었다. 이 중 정영권은 가변적으로 소급 적용되는 '장르'적 관점에서 반공영화에 접근하며, 1960년을 기점으로 그 이전에 반공영화 담론 및 장르가 형성되고, 이후 반공영화가 제도적 장르로서 실체화되는 과정을 통시적으로 서술했다.[8] 이와 함께 1970년대 반공영화로서 특별수사본부 시리즈와 관련한 다음의 논의가 발표됐다. 이인규는 1970년대 반공영화를 온전히 선전적인 반공영화와 정부 영향력 바깥에서 소비된 반공영화로 구분하고, 〈국회 푸락치〉를 제외한 나머지 특별수사본부 시리즈를 '멜로적 반공영화'로 분류한다.[9] 전지니는 시리즈 속에서 반공이라는 구호와 여간첩의 섹슈얼리티가 맞물리며 형성되는 불협화음과 실화를 내세운 영화 홍보방식, 그리고 '호스티스 멜로드라마'와의 공통분모에 대해 논의한다.[10] 그 외 이하나는 1970년대 유행한 간첩／첩보 서사로 연구 범위를 넓혀 당대를 '논픽션시대'라 명명하고, '특별수사본부'를 비롯한 간첩 이야기의 다수가 "실화이거나 실화처럼 보이도록 홍보되었다"고 설명한 바 있다.[11]

이 글의 경우 반공영화 장르의 형성 및 영화 '특별수사본부'와 관련한 기존 연구 성과를 이어가고 있지만, 오제도라는 실존 인물을 통해 영화의 제작과 홍보 과정 및 텍스트의 의미를 재고하고 있다는 점에서 차별화된다. 관련하여 이하나는 실화를 소재로 한 간첩／첩보 서사의 본격적인 시작을 1960년대 후반으로 간주하지만, 극劇을 통한 실화와 반공담의 만남은 이미 KBS 드라마 '실화극장'이 인기를 끌었던 1960년대 중반부터 시작한 것으로 보인다. 또한 이 글에서는 "여간첩 이야기가 눈에 띄게 늘면서 관심을 받게 된 중심에 특별수사본부 시리즈가 있었다"[12]라고 설명하지만, 실화를 강조한 여간첩 이야기는 한국전쟁 이후에도 대중잡지에서 끊임없이 소비되었다. 곧 1970년대 특별수사본부 시리즈와 이전의 반공 실록극과의 차이점은 오제도라는 실존 인물의 적극적 개입에서 찾아야 할 것이다.

주목할 점은 오제도가 글쓰기에 매우 익숙한 법조인이었다는 점이다. 그는 일간지, 대중잡지 등 매체를 가리지 않고 간첩을 검거했던 경험담과 간첩을 판별하는 기준에 대해 설파했다. 이 과정에서 해방기 오제도의 경험담은 한국전쟁 기간부터 1990년대에 이르기까지 지속적으로 매체에 발표됐다. 그리고 '수기'를 표방한 오제도의 글쓰기는 그가 같은 사상검사 출신인 선우종원, 정희택 등보다 대중과 친숙해지는 데 기여했다.

그의 글쓰기 작업은 단독정부 수립 이후부터 이어진다. 먼저 국가보안법 제정 이후『국가보안법 실무제요』를 발표하여 '우리 민족의 붕괴 멸망을 바라 마지않는 국외의 어떤 세력' 곧 좌익분자를 소탕하기 위한 방안을 제안한다. 당시 국가보안법의 적용 기준이 모호하고 자의적이라는 비판을 의식해 구체적 처리 기준을 제안한 것이다. 그는 이 책에서 국가보안법의 입법정신에 대해 다음과 같이 설명한다.

다시 강조強調하면 우리 대한민국大韓民國은 왜제하倭帝下의 조선朝鮮에서 완전完全히 탈脫하고 완전完全히 광복光復된 우리 배달민족倍達民族의 독립국가獨立國家라는 데 깊이 명심銘心하고 왜국倭國 식민지植民地 보강補强을 위爲함이 절대絶對아니고 우리 '대한민국大韓民國'을 보안保安하기 위해 제정制定된 특별형법特別刑法이다. 따라서 국가보안법國家保安法에 저촉抵觸하는 행위行爲를 감행敢行하는 자者는 아국我國家에 반역反逆, 도는 매국도배賣國徒輩 이외以外에 아무것도 아닐 것이다. 그런데도 불구不拘하고 여지껏 대한민국大韓民國을 단정單政 운운云云의 부온위험사상不穩危險思想을 일소一掃하지 못하고 이북以北 괴뢰집단傀儡集團과 동등시同等視하며 그 위에 미소량군정시美蘇兩軍政時 사용使用하던 초연超然한 '남북통일南北統一'이라는 미명하美名下에 국헌國憲을 부정否定하고 어떤 반국가주의운동反國家主義運動을 전개展開함은 애국지사愛國志士라고는 도저到底히 긍정肯定할 수 없고 당연當然

히 본법本法의 단속대상團束對象으로 하며 민족정의民族正義를 살려 엄중처단嚴重處 斷하여야 됨을 재언再言 불요不要일 것이다.[13]

여기서 '남북통일'이라는 미명하에 반국가주의운동을 전개하는 이들에 대한 비판은 국회프락치사건을 통해 간첩으로 몰렸던 한국민주당 소속 국회의원들을 겨냥하고 있고, 그는 애국심과 민족주의를 내세워 국가보안법을 비판하는 이들을 '사상범'으로 규정했다. 그는 사상범에 대한 엄벌주의를 주장하는 동시에 이들에 대한 전향, 교화의 필요성을 역설하기도 했다.

한국전쟁이 발발한 후 오제도는 문인들과 함께『적화삼삭구인집』[1951]을 발표했고, '일민주의 문학의 첫거름'이라는 부제를 붙인 글에서 '민족문학'을 부정하는 저들의 문학은 "스딸린, 김일성을 우상화시켜 그들의 노예착취 등을 합리화시키기 위하야 국민을 기만하는 저급한 야만적, 마취제의 역할을 담당하는 것"이라 정리한다.[14] 그는 전쟁 중『붉은 군상』[1951],『자유를 위하여』[공저, 1951],『공산주의 ABC』[1952],『평화의 적은 누구냐』[1952] 같은 책들을 연이어 발간했으며, 이 중『공산주의 ABC』와『평화의 적은 누구냐』는 은신 도중 발행됐다.

염두에 둘 점은 이 책에 실린 내용은 오제도 자신에 의해 지속적으로 개정, 발행되었고, 여기 실린 내용의 일부를 발췌해 여러 매체에 다시 기고하는 과정이 이어졌다는 점이다. 실례로 전후 발표된『사상검사의 수기』[1957]는『붉은 군상』제2집에 해당하는『평화의 적은 누구냐』의 개정 증보판으로,[15] 발표 당시 자신이 지휘했던 간첩김정제사건 및 국세법률가대회인상기를 추가시킨 것을 제외하면 전체 내용이 동일하다. 또한 1969년 '반공지식총서'로 묶인『추격자의 증언』[16]에는 '국회푸락치사건의 편모', '성시백의 무명당 투쟁' 등 『붉은 군상』에 실린 에피소드가 그대로 수록되어 있다. 또한 희망출판사에서 발행한 『해방 20년사』에는 김수임사건, 국회프락치사건, 간첩성시백사건 등 전쟁 중 오제도가 발표했던 이야기가 실려 있으며,[17] 그는 일간지에 「그때 그 일들」[18] 등의 회고록을 연재하기도 했다. 이같은 개정, 발췌, 재발표 등의 과정은 1990년대까지 진행됐다. 그리고 동일한 이야기를 수차례 재확산하는 과정에서 오제도의 글은 '실화'처럼 받아들여졌다.

실제로 최근까지 반복되고 있는 김수임 서사의 원형이 된 것은 『평화의 적은 누구냐』[1952]에 실린 오제도의 수기였다. 그는 이 글에서 '국제 여간첩 김수임'사건의 핵심 키워드를 '애정유죄愛情有罪'로 두었으며, 불우한 환경을 딛고 명석한 머리와 뛰어난 외모로 주목을 받았으나 남로당원 이강국에 대한 사랑 때문에 미국인 남편을 배신하고 형장의 이슬로 사라진 가련한 김수임의 이야기는 이후 발표된 김수임 서사의 근간이 됐다.[19] 또한 광주리장사로 가장한 여간첩의 국부에 숨겨신 박헌영의 지령을 발견하고, 이 문서를 통해 국회에서 활동 중인 남로당 프락치들을 일망타진한 이야기는 반복되는 오제도의 회고를 통해 마치 진실처럼 간주됐다. 살펴본 것처럼 오제도는 이미 수기를 통해 사건의 전모를 상세하게 설명하고 있었다는 점에서, 오재호가 『특별수사본부』 후기에 쓴, 오제도는 "살아 있는 동료들의 생명과 관계된 이야기이기에 입을 열기를 주저했다"[20]는 회고는 납득하기 어려운 것이었다.

그런데 실증성을 강조한 오제도의 수기는 다분히 '문학적'이라는 점에 주목할 필요가 있다.[21] 오제도가 쓴 수기에는 간첩의 탄생부터 종말까지, 혹은 수사의 시작부터 끝이라는 명백한 서사가 존재하며, 남로당 아지트나 이들의 범죄 행각에 대한 상세한 묘사가 담겨 있다. 또한 사건 관련자들 간의 생동감 있는 대화가 삽입되기도 한다. 이 중 국회프락치 사건이나 성시백검거사건 등에 대한 회고글은 마치 첩보물을 연상시키며, 김수임사건의 경우 이에 더해 멜로드라마처럼 두 남자를 함께 사랑한 여자의 심리를 조명하고 있다. 정리하면 오제도의 수기는 탐정소설이나 연애소설처럼 대중의 흥미를 끌어당길 만한 '독물讀物'이었다.[22] 동일한 내용이 시대를 초월해 재생산될 수 있었던 배경에는 '재침을 획책 중인 북한 괴뢰의 도발'[23]에 대한 의식이 있었던 동시에, 그의 글이 독자의 시선을 잡아둘 만한 흥밋거리이기에 가능했다. 여간첩의 국부에서 찾은 남로당 지령의 암호를 해독한다는 설정은 스파이물에 등장할 법한 자극적인 소재였던 것이다.

오제도는 대중문화와 친연성이 있는 법조인으로, 일찍이 대중문화의 선전효과에 주목했으며 적성영화와 불온서적의 범람에 주의를 기울였다. 그는 적성영화 시비 논란과 관련해 "공산주의자는 영화를 최대한 '선전'에 이용한다며, 대중이 세뇌되는 것을 방지해야 한다"고 주장했다. 이외에도 1950년대 후반 아시아영화제 출품작을 선정하는 정부추천심사위원회의 일원으로서 활동하기도 했다. 오제도가 1970년대 대중문화 텍스트의 주인공으로 등장한 배경에는 이같은 다양한 글쓰기 이력 및 대중문화와의 친숙함이 작용했음을 감안해야 한다.

특별수사본부 시리즈를 설명할 때 오제도의 글쓰기로부터 시작해야 하는 이유는 그가 영화의 주인공으로 등장할 뿐 아니라 영화의 전개가 전적으로 그의 수기에 의존하고 있기 때문이다. 실례로 이 글에서 중점적으로 다룰 영화〈국회 푸락치〉는『붉은 군상』,『추격자의 증언』에 반복해서 실려 있는「국회 푸락치 사건의 편모」의 내용을 그대로 스크린에 옮겨 왔다. 이 수기는 남로당의 인기 유도책에 넘어간 국회의원 노일환이 소장파 의원들과 연합해 국회에 외군철퇴안을 상정하고, 미 군사 고문단 설치 반대의 서한을 유엔 한위에 전달하게 된 경위를 서술하고 있다.[24] 그리고 제작진은 사건의 전개 및 인물의 형상화 등 모든 면에서 다분히 '문학적'인 오제도의 회고록에 전적으로 의존했다. 그렇다면 오제도가 대중문화의 히어로로 배치된 배경은 무엇이었는가.

2. 유신 전후 반공물의 성행과
대중문화 속 히어로가 된 오제도

오제도는 부정선거 논란에 기여했다는 의심을 받으며 잠시 목소리를 낮추다 1960년대 중반 이후 다시 과거의 간첩 소탕기를 개정하여 발표하기에 이른다. 이처럼 오제도의 글이 주기적으로 소환될 수 있었던 배경에는 역시 주기적으로 활성화되는 간첩담론이 자리 잡고 있었다. 월남한 오제도가 사상검사로서 두각을 나타낸 시점 및 전후 검사로 복귀한 시점에는 각각 국회프락치사건과 진보당간첩사건이, 1960년대 후반 이후 다시 반공교육 주체로서 대중문화 전반에 등장한 배경에는 유신 전후 반공, 방첩담론의 활성화가 놓여 있었다. 반공주의는 통치 체제를 합리화하는 과정에서 내부의 적을 필요로 했고, 오제도는 여러 편의 기고를 통해 내 옆의 누군가가 간첩일 수 있음을 경고했다. 간첩에 대해 가장 잘 설명해줄 수 있었던 실존 인물 오제도는 그렇게 빈번히 여러 영역에서 호출됐다.

오제도와 이승만의 친연성은 널리 알려져 있다. 그는 전쟁 중 발표한 수기 「자유를 위하여」에서 이승만을 '민족의 위대한 영도자'로 칭하며

"이승만 대통령께옵서 창도하시는 그리고 건국이념인 일민주의야 말로 자유의 구현임을 깨달아야 한다"[25]고 역설했다. 반면 5·16 이후 수감된 이력이 있는 그는, 박정희에 대해서는 상당히 부정적이었던 것으로 보인다.[26] 오제도는 7·4남북공동성명에 대해서도 비판적인 입장이었다.

대신 오제도는 1970년대 대중문화 전반에 적극적으로 호출되기에 이른다. 10월 유신 선포를 전후로 방첩防諜의 필요성에 입각해 간첩담론이 활성화됐다. 박정희는 '총력안보'를 내세우며 반공교육을 강화해야 한다고 역설했으며, 문화예술계 역시 유신 정신에 입각해 '문화 유신'을 제창했다. 그 가운데 영화계에서도 '국민 사기의 앙양'과 '국민정서의 순화'라는 사명을 띠고 새마을운동과 반공을 소재로 한 영화들이 늘어났으며[27] 시나리오 심의 및 영화검열 기능이 강화되면서 '사회의 불건전성' 등 일체의 불안요소가 배격되기에 이른다.[28] 반공을 표방한 영화는 이같은 분위기하에서 활성화될 수 있었다. 1970년대 검열 현황자료 분류에 따르면 당시 영화는 소재에 따라 멜로, 액션, 소년, 코미디, 미스테리, 시대 등으로 구분되는데 특별수사본부 시리즈는 모두 '반공'으로 적시됐다.[29]

김종원에 따르면 한국 최초의 반공 극영화는 해방기 제작된 〈성벽을 뚫고〉한형모 연출, 1949이며, 그는 반공 극영화를 '전쟁을 배경으로 한 군사액션물', '멜로드라마의 형식을 빌린 승공앙양의 메시지를 담은 작품', '이데올로기의 갈등과 휴머니티를 부각시킨 작품', '분단의 비극이 주제가 된 사회드라마'로 분류하고 있다.[30] 이 중 특별수사본부 시리즈는 멜로 성향의 반공영화로 구분할 수 있으나, 여기 1960년대부터 유행하던 스파이영화의 수사 형식과 활극적 요소가 추가되고 '실록'으로서의 특징을 강조한 한시적 반공영화였다.

'실화'를 표방한 반공물이 본격적으로 제작된 것은 1960년대였다. 19
60년대 중반 이후 실화를 소재로 한 영화 〈저 하늘에도 슬픔이〉1965 등
이 큰 인기를 끌었고, 반공을 내세운 영화뿐만 아니라 대중문화 전반에
서 이야기의 실증성을 내세우는 분위기가 구축됐다. 1964년부터 대략
10년 동안 방영된 '실화극장'은 반공사상을 고취시키겠다는 목적으로
단막극으로 출발했으며 이후 연속극 형태로 변모한다. 그리고 '국가 안
보'를 다룬 이 프로그램에 신영균, 문희 등 스크린 스타들이 출연할 수밖
에 없는 여건이 조성됐으며,[31] 이외에도 김강윤을 비롯한 시나리오 작가
들이 대본 작업에 참여했다.[32] '실화극장'의 주요 에피소드는 영화로 만
들어져서 〈8240 K.L.O〉제일영화사, 1966, 〈돌무지〉대양영화사, 1967, 〈방콕의 하리
마오〉연합영화사, 1967 등이 관객과 만났다. 그리고 '실화극장'의 인기와 반공
담론의 활성화에 따라 동아방송은 보다 강화된 '수사실록'을 내세우며
1970년부터 라디오드라마 '특별수사본부'를 방영하기에 이른다.[33]

 '실화극장'이 반공을 표어로 내세우며 한국전쟁 중 국군의 활약이나
이국홍콩, 방콕 등을 배경으로 한 간첩 궤멸 등 비교적 다양한 소재를 다루
었다면[34] 오재호가 대본을 맡았던 동아방송의 심야 드라마 특별수사본
부 시리즈는 오제도를 내세워 해방기의 간첩 소탕담에 초점을 맞췄다.
프로그램의 연출자 이병주는 라디오드라마 제작 당시 오재호가 대본을
쓴 뒤 오제도 검사에게 내용을 검증받았다고 회고하기도 했다.[35] 그리
고 '실화극장'이 '세미 다큐멘터리'로 선회했을 때 영화 특별수사본부 시
리즈는 '실록 다큐멘터리'를 홍보문구 전면에 내세웠다. 관련하여 오제
도는 동아방송 〈0시에 만난 사람〉에 출연해 국회프락치사건을 직접 들
려주기도 했고,[36] 그의 존재 자체가 시리즈의 실증성과 진정성을 증명할
수 있었다. 이처럼 역사의 증인이 적극적으로 개입한 특별수사본부 시

작품명	장르	작가
특별수사본부 시리즈(1970~1980)	라디오드라마	오재호
실화극장 〈19호 검사실〉(1974)	TV드라마	오재호[37]
특별수사본부 시리즈(1972) 전체	단행본	오재호
특별수사본부 시리즈 중 〈기생 김소산〉(설태호 연출, 1973) 〈김수임의 일생〉(이원세 연출, 1974) 〈국회 푸락치〉(권영순 연출, 1974)	영화	오재호 원작, 신봉승 외 각본 오재호 원작, 오재호 각본 오재호 원작,[38] 권영순 외 각본
『기생간첩 김소산』(발행 연도 미확인)	만화	박수산
『19호 검사실』(발행 연도 미확인)	만화	박수산

리즈는 여타 실화 소재 텍스트 중에서도 가장 적극적으로 실록을 표방했고, 반공과 실록을 내세워 심야에 자극적인 이야기를 들려줌으로써 청취자의 귀를 사로잡았다.

라디오드라마는 동아방송이 통폐합될 때까지 10년이 넘게 이어졌으며, 대본을 바탕으로 한 단행본 또한 계속 재발행됐음을 감안하면 시리즈의 인기는 상당했던 것으로 보인다.[39] 다만 라디오드라마와 단행본은 특별수사본부의 액션과 여간첩의 섹슈얼리티를 시각화할 수 없다는 장르적 한계를 가지고 있었기에, 비슷한 시기 발표된 영화와 만화는 상상 속의 여간첩 이미지를 시각화하는 데 주력했다. 이 과정에서 오제도의 형상도 시각적으로 구축될 수 있었다.

이처럼 1970년대 오제도의 수기는 라디오드라마, 단행본, 영화, 만화 등 전방위로 확산됐고, 오제도는 대중문화 속 반공 히어로로 재탄생했다. '북괴가 단정 후부터 공산주의 통일을 목적으로 지속적인 모략을 벌이고 있다'는 인식은 오제도가 반복적으로 등장하는 배경이 될 수 있었다.[40]

영화 제작자의 입장에서 오제도의 활약상을 극화하는 작업은 반공이라는 국시에 호응해 우수영화로 선정되는 동시에 추리, 액션, 멜로가 혼

〈그림 1〉 (좌) 해방기 활약했던 사상검사 선우종원과 오제도
(우) 수기 「남로당 국회 푸락치 사건」(1976)에 삽입된 젊은 오제도의 사진

〈그림 2〉 박수산의 만화 「기생간첩 김소산」(1979)에서 형상화된 오제도

합된 영화를 만들어 관객에게 호소하는 방안이기도 했다. 영화 '특별수
사본부'의 제작사는 한진흥업으로, 사장 한갑진은 이 시리즈로 말미암
아 '반공영화 메이커'[41]로 명명됐다. 그는 과거 "영화 자체 내에 계몽적이
거나 반공적인 데가 있으면 그것으로 자연히 국민을 계몽하게 되는 것
이지 흥미 없는 영화를 만들면 관객만 줄어든다"[42]고 역설한 바 있으며,
자신의 제작사를 차린 후 새 영화법에 호의적인 태도를 취한다. 그는 각
영화사는 매년 6편 이상의 영화를 제작할 의무가 있고 연초 지난해 제
작한 영화 중 우수영화를 선정해 외화 쿼터 1편씩을 할당한다는 내용
의 '새 영화법'이 자신에게 유리하다고 판단했다.[43] 곧 검열 강화와 관련

하여 우수영화의 제작 방침이 마련되고 의무화되는 상황에서, 한갑진은 정부 시책에 부합하는 동시에 재미를 추구하는 반공영화를 제작하기 시작한다. 영화 특별수사본부 시리즈는 반공 글쓰기를 통해 자신의 입지를 확보해갔던 반공검사와 '흥미있는' 반공물을 만들고자 했던 제작사의 입장이 맞물리면서 만들어진 결과물이었다.

영화 '특별수사본부'는 〈특별수사본부 기생 김소산〉1973, 〈특별수사본부 여대생 이난희〉1973, 〈특별수사본부 배태옥사건〉1974, 〈특별수사본부 김수임의 일생〉1974, 〈국회 푸락치〉1974, 〈특별수사본부 외팔이 김종원〉1975, 〈구삼육사건〉1976 등 총 7편이 만들어졌다.[44] 이 중 오제도가 실명으로 등장하는 작품은 〈기생 김소산〉, 〈김수임의 일생〉, 〈국회 푸락치〉 등 세 편이며,[45] 정확한 사건 기록을 확인할 수 있는 에피소드는 〈김수임의 일생〉, 〈국회 푸락치〉이다. 두 편을 제외한 나머지 다섯 편은 공판기록이나 언론보도를 찾을 수 없다. 〈기생 김소산〉은 "국일관에서 미인계로 명예를 떨치며 암약한 기생 간첩"이라는 언급을,[46] 배태옥에 대해서는 실존 인물이 영화를 관람했다는 짤막한 기사[47]만을 확인할 수 있다. 박헌영의 아들로 알려진 원경스님에 따르면 자신의 고종사촌 누이였던 김소산본명 김정진은 '오제도 검사 암살 음모'사건에 휘말려 투옥당했으나,[48] 김소산의 이야기는 자신의 영웅담을 과시했던 오제도의 수기 속에서 다뤄지지 않았다.

특별수사본부 시리즈는 영화 시작 전 이 모든 이야기가 '실화'임을 강조했고, 당대 신문자료를 삽입하여 이야기에 실증성을 부여했다. 그러나 영화 〈기생 김소산〉의 도입부를 보면, 삽입된 신문 이미지는 '김소산'에 관한 것이 아닌 해방 이후 급변하는 정치 사회적 혼란을 담은 것이다. 곧 이상 일곱 편의 에피소드는 5·10총선거나 여순사건, 국가보안법제정 같은 주요 사건을 배경으로 실존 인물을 등장시키지만, 이 중 비교적 실체가 분명한 사건은 〈김수임의 일생〉과 〈국회 푸락치〉에 불과했다. 그리고 이 또한 전적으로 오제도의 기억과 증언에 의존하고 있었다는 점에서 '실화'로서의 가치는 무색해진다. 해방 이후 김수임을 비롯한 남로당 간첩에 쏟아진 언론의 관심, 그리고 전후 대중잡지를 통해 만들어진 공산군 스파이에 대한 호기심은 '비화祕話'로서 특별수사본부 시리즈에 이르러 만개할 수 있었다.[49]

영화 특별수사본부 시리즈는 반공영화와 전쟁영화를 우대하는 우수영화 선정정책과 관련하여 반공주의와 실증성을 표방함으로써 연속적으로 제작, 개봉될 수 있었다. 그리고 〈김수임의 일생〉, 〈국회 푸락치〉, 〈외팔이 김종원〉 등 총 3편이 문공부에서 선정한 우수영화로 지정됐다. 6만 명이 넘는 관객을 동원한 〈기생 김소산〉 이후 시리즈를 거듭하며 관객수는 급감했지만,[50] 영화가 계속 제작될 수 있었던 배경에는 외화 쿼터라는 확실한 보상책이 자리 잡고 있었다. 그리하여 흥행 실적과 상관없이 영화는 이어질 수 있었으며, '1970년대식' 반공 영웅 오제도의 형상이 스크린에 주조됐다.

3. 특별수사본부 시리즈를 통해 구축된 오제도의 형상

1) 남성 스타가 연기한 인간적 영웅

오제도가 처음 영화에 등장한 것은 이강천 감독의 〈나는 속았다〉[1964] 였다. 김수임사건을 토대로 한 이 영화에는 문정숙, 신영균 같은 스타들이 등장했으며, 신영균은 김수임의 연인 이강국을 연기했다. 주목할 점은 극 중 오제도의 비중이 거의 없다는 점으로, 오리지널 시나리오에 등장하지 않았던 오제도는 심의 대본에서 남로당 간첩 소탕 계획을 세우는 와중에 잠시 모습을 드러낸다. 이처럼 김수임의 일대기에서 주변으로 물러나있었던 오제도는, 자신의 증언에 의존해 만들어진 특별수사본부 시리즈에 이르면 주인공으로서 존재감을 드러낸다.

특별수사본부 시리즈에서 오제도를 연기한 배우는 최무룡(기생 김소산), 이순재(김수임의 일생), 박근형(국회 푸락치) 등 당대의 미남 배우였다.[51] 이 중 최무룡의 경우 '소시민형의 남우'라는 한 매체의 평처럼 '선량한 소시민형의 마스크'를 가진, '건실하면서도 의지가 굳은 역할'에 어울리는 배우였다. 당시 잡지는 최무룡에 대해 '일류의 청년 신사형이나 영웅적인 군인 역할보다는 누더기 '잠바'나 낡은 '와이샤쓰'의 주인공 역할이 더욱 어울린다고 적고 있다.[52] 이같은 최무룡의 이미지는 권위를 가진 검사이지만 본부원들과 격의 없이 어울리면서 소박하게 생활하는 극 중 오제도의 이미지와 잘 어우러질 수 있었다. 실제로 오제도가 수기를 통해 강조한 자신의 이미지는 젊음과 강직함, 그리고 청렴함이었다. 그는 "젊은 나이에 사상검사로서 사회적 혼란이 극심한 가운데 테러쯤은 각오해야 했다", "검사가 되어 출근해보니 청 내에 형편이 말이 아니었다"[53]고 서술하고 있고, 영화 또한 오제도가 구축하고자 했던 모습을 그대로 형상화했다.

오제도는 1960년대 이후 발표한 수기에서 자신이 간첩들을 소탕하던 해방 직후, 곧 20대 후반의 모습을 담은 사진을 반복적으로 삽입했으며, 특별수사본부 시리즈에 출연한 세 배우는 모두 오제도의 트레이드마크인 콧수염을 붙이고 강직하면서도 인간적인 영웅을 연기했다. 이 중 〈김

수임의 일생〉에서 오제도를 연기한 이순재는 존경하는 대선배 최무룡이 연기했던 오제도로 분한다는 것에 감격했으며, 결과적으로 연기한 배우는 달랐지만 이들이 구축한 오제도의 형상은 동일했다.[54] 검사 오제도는, 시리즈 안에서 각자 구분되는 개성을 가지고 등장했던 여간첩, 그리고 이들의 남로당 연인들에 비해 천편일률적으로 묘사됐다.

〈그림 3〉 오제도를 연기한 스타들
(위) 〈기생 김소산〉의 최무룡, 〈국회 푸락치〉의 박근형.
(아래) 〈김수임의 일생〉의 이순재

오제도의 반대편에 배치된 남로당 간첩 혹은 이들에게 포섭된 위정자를 연기한 배우는 문오장〈기생 김소산〉, 〈김수임의 일생〉, 〈국회 푸락치〉, 신일룡〈김수임의 일생〉, 정욱〈국회 푸락치〉 등이었다. 이 중 1970년대 미남스타 신일룡을 제외하면, 개성있는 악역을 주로 연기했던 문오장이나 아직 스크린에서의 존재감이 미미했던 정욱은 간사하거나 물질에 연연하는 유약한 인물로 그려지면서 극 중 오제도를 부각시켰다.

영화는 오제도를 청렴한 영웅으로 배치하는 데 주력했다. 오제도가 활동하는 공간은 소박한 집무실로, 시리즈가 이어지며 감독이 바뀌어도 오제도가 팀원들과 소박하게 한 끼를 때우는 장면은 반복해서 등장했다. 이는 술과 난교가 난무하는 국일관〈기생 김소산〉, 호화로운 파티가 벌어지는 베어드의 집〈김수임의 일생〉, 남로당에게 포섭된 국회의원들이 단합하는 요정〈국회 푸락치〉 등과 선명한 대조를 이루며, 영화 속에는 오제도가 타락한 위정자들을 비아냥대는 대사가 삽입됐다.[55]

감독들은 그를 인간적인 영웅으로 묘사하는 데 중점을 두었다. 세 편의 영화는 모두 오제도의 '고뇌하는 얼굴'을 클로즈업하는 데 집중한다. 그는 사랑 때문에 남로당 간첩으로 전락한 여간첩김소산, 김수임을 동정하며, 오랜 친구 김옥주와 선배 검사의 변절로 인해 괴로워한다. 오제도가 전후 기고를 통해 전향자를 세분화하여 사상검증의 필요성을 강조한 것과 달리, 영화 속 오제도는 전향자에 대해 포용적이고 약자여자에게는 관대하며 간첩의 사연을 동정하는 관용적인 인간으로 묘사됐다.[56] 극 중 오제도는 사형 구형을 받은 김소산에게 마지막 식사로 자장면을 시켜준 후 담배에 불을 붙여주고, 화장할 시간을 달라는 김수임의 요구를 들어주며, 잘못된 선택을 한 오랜 친구를 보며 괴로워한다. 또한 수사 과정에서 벌어진 동료의 숭고한 희생에 오열하기도 한다. 영화는 모두 간첩에 대한 선고가 이루어지고, 처형당하거나 끌려가는 간첩들과 함께 코트를 입고 쓸쓸하게 걸어가는 오제도의 모습을 비춘다〈기생 김소산〉,〈국회 푸락치〉. 자신의 손으로 간첩을 잡고도 고뇌하는 오제도의 얼굴은 시리즈의 반복되는 클리셰였다.

이처럼 1970년대 미남 스타들이 구축한 오제도는 젊고 강직하면서도 청렴하고 관대한, 홀로 꿋꿋하게 반공 외길을 걸어가는 시대의 영웅이었다. 이들은 경우에 따라 액션과 추리를 담당하고, 기꺼이 간첩의 수난사를 들어주는 대화 파트너가 되기도 했다. 그렇게 제작진은 '철 지난' 반공 영웅 오제도를 매력적으로 그리고자 했으나, 시리즈의 탄생에 결정적인 기여했으며 영화가 제작되던 당시에도 활발하게 활동하던 오제도를 자유롭게 형상화하는 데는 한계가 있었다. 여간첩이 전면화되지 않는 〈국회 푸락치〉를 제외하면, 극 중 오제도는 뜻하지 않게 첩보전의 중심에 놓이면서 나락으로 떨어지게 되는 여간첩은 물론 이념과 사랑 사이에서 갈등하는 남로당 공작원에 비해서도 상대적으로 평면적인 인물이었다.

2) 육체파 여간첩과 대비되는 탈성화脫性化된 남성

'특별수사본부'에서 부각된 것은 여간첩의 성적 매력과 기구한 팔자였다. 영화화된 7편의 에피소드 중 5편이 여간첩에 초점을 맞추고 있으며, 당대의 육체파 여배우라 할 만한 인물들이 여간첩을 연기했다. 안인숙〈여대생 이난희사건〉, 윤소라〈배태옥사건〉, 〈김수임의 일생〉, 우연정〈외팔이 김종원〉, 최민희〈구삼육사건〉 등 배우들 간의 인지도는 차이가 있지만, 이들은 모두 당대의 섹스 심볼이었다. 김소산을 연기한 윤정희 또한 〈기생 김소산〉에서 국일관을 찾은 손님들 앞에서 훌라춤을 추고 상대역인 문오장과 베드신을 연출했다. 이외에도 안인숙, 윤소라는 속옷 차림으로 등장하거나 남성 배우들과 농도 짙은 러브신 및 자극적인 고문신을 연기했다.[57] 여배우들의 몸은 요정에서 벌어지는 향락 장면과 함께 영화 속 주요 볼거리로 배치됐다.

곧 〈기생 김소산〉, 〈배태옥사건〉, 〈김수임의 일생〉 등의 영화에서 제작진은 특별수사본부의 활약보다 여간첩의 일대기 묘사에 비중을 두었다. 영화는 오제도의 영웅성과 여간첩의 일대기 중 후자에 초점을 맞추고 있고, 이들의 존재감은 검사 오제도를 압도했다. 실례로 시리즈 중 가장 스타급 여배우가 출연한 〈기생 김소산〉은 김소산이 간첩이 되는 계기로부터 시작해 사형선고를 받는 과정까지를 다루고 있으며, 영화가 여순사건 이전부터 한국전쟁 발발 이후까지 수년의 시간을 아우르는 동안 애초 허영기 있는 기생이었던 김소산은 의지하던 동료에게 총까지 겨누는 표독스러운 간첩으로 거듭난다. 영화는 얼굴에 찍은 점, '뷰티포인트'의 위치를 바꿔 남로당에게 신호를 보내고, 홀라춤을 추며 모스부호로 지령을 전달하는 김소산의 활약상을 묘사하는 데 치중한다. 영화 속에서 오제도보다 김소산이 부각되고 있는 데는 '한 여인의 비극'에 초점을 맞춤으로써 멜로드라마에 방점을 둔 감독의 의도,[58] 당시 슬럼프에 빠져 있었던 최무룡과 '트로이카' 중 유일하게 남아 굳건한 팬층을 확보했던 윤정희의 위상 차이를 감안할 수 있을 것이다.[59] 결과적으로 다양한 요인이 결합되면서 영화 속 오제도의 존재감은 휘발된다.

시리즈 중 여배우의 비중이 가장 작은 작품은 남성 배우 위주로 구성된 〈국회 푸락치〉였다. 그러나 이 작품에도 당시 육체파 배우로 알려진 남수정[60]이 '전 마담'으로 분하여 순차적으로 오제도와 국회의원 노일환을 유혹하고, 오제도의 유혹에는 실패하지만 곧이어 노일환과 동침하게 된다. 관련하여 영화에는 시나리오에는 없는, 서사와는 관계없는 장면이 두 차례 삽입된다. 전 마담이 오제도와 노일환을 유혹하는 과정에서, 장소가 불분명한 어느 곳에서 헐벗은 채 누군가에게 쫓기는 전 마담의 모습이 삽입되고, 카메라는 다시 전 마담과 노일환이 동침하는 침실을 비춘다. 관객의 눈요깃거리를 위한 것이 아니라면 설명하기 어려운 이 장면은, 육체파 여배우를 기용한 제작진의 판단하에 삽입한 것으로 보인다. 관련하여 〈국회 푸락치〉에는 이 모든 사건의 시발점이 되는, 국부에 박헌영의 지령을 숨겨온 의문의 여인 정재한의 몸을 수색하는 장면이 등장한다. 이 시퀀스에서 경찰에게 몸수색을 당하는 남로당 간첩 정재한 역의 배우는 뒷모습을 완전히 노출한 채로 등장한다. 발표 시기는 다르지만 과거 〈춘몽〉[1965]의 감독 유현목이 영화 속 여배우의 뒷모습 노출사건으로 인해 음란죄 혐의를 받았던 것과 달리, 〈국회 푸락치〉는 '중학생 이상 관람가' 판정을 받았다.

이처럼 관능적인 여간첩이 등장하지만 '실화'를 강조한 영화 속에서, 오제도는 타락한 위정자들과 달리 간첩에 대한 경계를 늦추지 않는다. 그는 김소산과 적당히 농담을 주고받지만 수사관으로서의 본분을 잊지 않으며, 여간첩에게 매혹되는 대신 그를 '인간적으로' 동정하는 시혜적 입장을 취한다.[61] 또한 그는 전 마담의 유혹을 단호하게 거절하면서 곧바로 유혹에 넘어가는 국회의원과 대조를 이룬다. 극 중 여간첩의 수난사에 공감하는 오제도는 멜로드라마의 주인공이 될 수 있지만, '실증성'을 강조한 영화는 오제도의 역할을 관찰자이자 수사관으로 제한한다. 독실한 기독교 신자였던 오제도는 수기를 통해 자신의 절제력을 강조했고, 영화 역시 오제도의 금욕적인 면을 묘사하는 데 치중한다. 이에 따라 영화 속 오제도는 여간첩과 육체적으로 접촉하지 않는 것은 물론, 반공 일념 외에는 어떤 욕구도 없는 인물로 그려진다.

오 검사   미인이라고 소문이 자자하던데?

김소산   영감이야말로 멋있는 양반이라 하던데요.

오 검사   실망했나?

김소산   다소간.

(오 검사의 처다보는 얼굴)

김소산   절 소환하신건가요? 그냥 구경하기 위해 부르셨나요.

오 검사   보고 싶어서는……. 안 되나?

김소산   흥! 창경원에 원숭이 같은 기분이 들어요. 하기야 술 파는 계집이지만!

오 검사　　이봐! 김소산!

(약간 놀래는 소산의 얼굴)

오 검사　　넌 큰 죄를 지었어! 내 눈을 똑똑히 보라구.

〈기생 김소산〉심의대본, 8면

전 마담　　저와 단 둘이 이차 어때요? 조용한 데로 안내할게요.

(오제도와 전 마담의 비죤 및 카트)

오제도　　임자 몸매가 좋아서 내 기억해두지!

전 마담　　저도 기억해 두겠어요!

〈국회 푸락치〉심의대본, 10면

　그리고 이 과정에서 오제도의 개성은 물론 존재감도 휘발된다. 특히 여간첩이 전경화되는 〈기생 김소산〉과 〈김수임의 일생〉에서 절제력 있고 청빈한 기독교 신자 오제도는 사건의 핵심이 되는 간첩의 일상 내부로 들어가지 못한 채 상황을 관조하고 이들을 자신의 집무실로 소환하는 데 그친다. 영화 홍보자료부터 오제도가 아닌 여간첩에 초점을 맞춘 것은 자연스러운 결과였다. 특히 〈김수임의 일생〉의 경우 당시 신성일의 아성을 뒤흔들 차세대 미남 스타로 꼽혔던 배우 신일룡이 이강국을 연기하며 그들만의 애틋한 서사를 만들어갈 때, 영화 속 강직한 오제도의 존재감은 미미해진다. 극 중 액션과 추리를 담당하며 특별수사본부를 지휘하는 검사 오제도는 지극히 '남성적'일 수 있는 영웅이지만, 반공이라는 절대적 신념에만 몰두하며 금욕적인 생활을 자처한다는 점에서 탈성화脫性化된, 종교인에 가까운 형상으로 그려진다. 영화는 젊고 청렴하면서도 인간적이고 금욕적인 영웅으로 오제도를 형상화하고자 했으

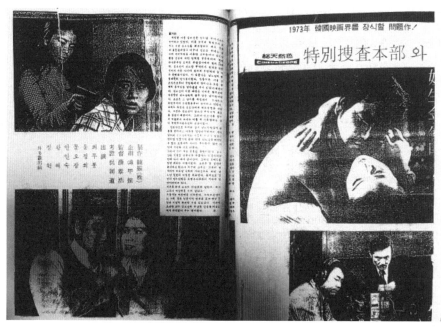

〈그림 4〉 영화 〈기생 김소산〉의 보도자료

며, 영화의 제작 기반을 마련한 '살아 있는' 증인을 극화, 미화美化하는 과
정에서 경직성을 탈피하지 못했다.

　배우 최무룡은 특별수사본부 시리즈 중 〈기생 김소산〉과 〈여대생 이
난희사건〉 등 두 번 등장했다. 이 중 최무룡이 상대적으로 존재감을 드
러낸 것은 오제도가 아닌 허구의 인물 김 반장을 연기한 〈여대생 이난희
사건〉이었다. 여기서 그는 역시 특별수사본부를 지휘하는 인물로 등장
하지만, 오제도를 상징하는 콧수염을 떼버리면서 집무실을 벗어나 여간
첩과 위험한 사랑에 빠지고 남로당을 직접 소탕하는 보다 능동적인 '남
성 영웅'으로 거듭난다. 최무룡 역시 실존 인물의 강박에서 벗어남으로
써 영화 속 그의 존재감도 분명해질 수 있었다.

　특별수사본부 시리즈는 냉전기 간첩과 이를 소탕하는 수사관의 활약을 다루고 있다는 점에서, 1960년대 중반 이미 한국에서 열풍을 일으킨 007 시리즈와 닮아 있다.[62] 실례로 영화 속 김소산의 '뷰티포인트' 같은 설정은 1960년대 인기를 끌었던 스파이영화를 참고한 듯한 인상을 준다. 하지만 얼굴의 점을 옮겨 찍거나 모스 부호로 지령을 전달한다는 설정이 007 시리즈의 문법에 익숙한 관객의 눈높이를 맞추기는 어려웠고, 반공 일념에 가득 찬 투사 오제도는 외화 속 남성성으로 흘러넘치는 첩보원과는 비할 수 없는 매력 없는 주인공이었다. 이 중 여성 관객을 겨냥한 멜로드라마에 방점을 둔 〈기생 김소산〉, 〈여대생 이난희사건〉은 흥행했지만,[63] 그럼에도 시리즈가 거듭될수록 관객수는 반토막 나게 된다.[64] 관객이 좋아할 만한 액션과 멜로로 버무렸다 해도, 비슷한 형식의 간첩 이야기가 반복되는 과정에서 대중문화 수용자 중 상대적으로 평가 기준이 높아진 관객의 눈높이를 지속적으로 충족시킬 수는 없었다.

3) 젊은 몸과 구시대적 정신의 '영감'

젊은 날의 자신이 대중문화 속 아이콘으로 등장할 당시 오제도는 이미 50대 중반이었으며, 그는 1970년대 발표한 수기와 기고에도 과거 자신의 사진을 관습적으로 삽입했다. 이처럼 오제도는 '28세'의 어린 나이에 검사가 된 후 대공수사를 지휘하며 제1공화국 통치전략의 기틀을 만들었던 젊은 날을 소환, 확산하고자 했다.

흥미로운 점은 오제도가 주축이 되는 영화 〈국회 푸락치〉에서 그의 대척점에 있는 인물들, 곧 미군 철퇴를 외치는 국회의원 및 정부 정책을 비판하는 청년들이 모두 '소아적', '유아적'인 인물로 묘사된다는 점이다. 이 중 인기에 연연하는, 치기 어린 국회의원에 대한 서술은 실제 오제도의 수기에 등장하는 부분이다. 오제도는 반민특위에 적극 참여했던 국회의원 노일환에 대해 "기타의 사람들로부터 추켜세우는 바람에 일종의 영웅심이 그를 지배하여 이와 같은 반역적 행위를 감행하게 되었다. (…중략…) 이것을 예증하는 하나로서 법무장관을 지낸 김준연 씨는 노를 보고 "너무 그렇게 덤비는 것이 아니야"라고 하고, 한참 노盧의 서슬이 퍼렀을 적에 일침一針을 놓은 일이 있다"[65]고 서술한다. 또한 노일환과 함께 평화통일과 미군철퇴를 역설한 이문원에 대해서도 '과대망상증 환자'로 묘사하며 "이문원의 너무나 어린애 작난 같은 수작을 가엽게 생각했다"고 회고한다. 오제도의 수기에서 국회의원들은 물욕과 인기에 연연해 반역행위를 일삼게 되고,[66] 이들의 유아스러움은 오제도와 극명한 대조를 이루게 된다.

이에 따라 영화 속에서는 『동아일보』 사장을 지낸 원로 백관수가 노일환의 '젊은 혈기'를 꾸짖는 장면이 삽입되고, 감옥에 갇혀서도 현실을 파악하지 못하는 이문원이 오제도를 꼬드기다 무안을 당하는 장면이 등장한다. 오제도의 회고를 반영해 극본을 쓴 오재호 역시 국회의원들을 '버르장머리를 고쳐놔야 하는', '어린애 장난'이나 벌이는 치기 어린 존재로 규정한다. 관련하여 오제도 스스로 자신의 옛 친구라고 표현한,[67] 국회의원 김옥주에 대한 극 중 설정을 확인해 볼 필요가 있다. 김옥주와 오제도 가족의 친분관계를 표현하기 위함이라고 하지만, 〈국회 푸락치〉에는 김옥주가 아이처럼 '눈깔사탕'을 좋아한다는 언급이 두 차례 등장한다. 오제도는 김옥주를 비롯한 국회의원들의 치기를 우려하고, 원로들을 대신해 이들의 버르장머리를 고치는 일을 맡는다.

어머니   자 된장찌개 끓기 전에 이거나 먹지.
김옥주   아이구 눈깔사탕!

어머니	한 나라 국회의원이 되도 아직껏 사탕을 좋아하는군.
김옥주	그럼요 입이야 어디 변합니까?
백관수	자네 춘부장하고 나하곤 죽마고우니깐 친자식 같아서 하는 말일세……. 앞으로도 그따위로 처신하면 국회의원이고 뭐고 다 걷어치우고 당장 시골로 데려가라고 이를테니 그리 알게.
노일환	급한 일이 있어서 이만 물러가겠습니다.
백관수	아니 미꾸라지처럼……. 잘도 빠져나가는군!
김준원	아무리 젊은 혈기라지만 좀 지나쳐.
백관수	버르장머리를 고쳐놔야 해요.

〈국회 푸락치〉심의대본, 7면

여간첩의 역할이 미미한, 주목할 만한 여성 인물이 등장하지 않는 〈국회 푸락치〉에서 가장 비중 있게 등장하는 여성 인물은 오제도의 어머니다. 오제도는 비슷한 시기 발표한 수기에서 "내 조국, 내 강토를 좀먹는 빨갱이들을 잡겠다고 내 젊은 날의 모든 정열을 불살라 일념했을 때, 나의 뒤에서 말없이 나를 지키고 계시던 어머니의 피나는 괴로움을 지금도 잊을 수 없는 것이다"[68]라고 회고한 바 있다. 극 중 오제도의 어머니는 사상검사로서의 삶을 택한 아들을 묵묵히 지원하는 현모양처로 그려지는데, 동시에 국회의원 김옥주의 유아스러움을 부각시키는 역할을 수행한다. 도입부 김옥주는 오제도의 어머니에게 어리광을 피우며, 오제도에게 검거된 이후 어머니가 보낸 눈깔사탕을 보며 오열하고 진정한 참회의 과정을 거치게 된다.[69]

오제도의 회고를 거의 정확히 따라가는 〈국회 푸락치〉에서, 추가적으로 삽입된 부분은 여자를 동원한 남로당의 계략 및 청년들의 집단 시위 장면이다. 청년은 정치인과 함께 치기 어린 집단으로 폄하되는 것이다. 청년 집단에 대한 묘사는 오제도의 수기 및 오재호의 시나리오 어디에도 등장하지 않으며, 연출 과정에서 삽입된 것으로 보인다. 〈국회 푸락치〉에는 남로당에 포섭된 국회의원들과 직접적인 상관이 없어 보이는, 외군 철퇴를 주장하며 시위를 벌이는 젊은 청년들의 모습이 반복적으로 등장한다. 앞서 김옥주가 성인이 되어도 눈깔사탕에 열광하는 장면 및 인기에 연연하는 정치인들의 객기를 꾸짖는 원로의 등장 장면에서 영화가 남로당에 포섭된 정치인들을 '유아적'으로 묘사하고 있음을 지적했다. 나아가 영화는, 남로당의 계략을 알면서도 돈과 인기 때문에 '남북평화통일안'을 상정한 정치인들의 자축 장면과 이들에게 현혹돼 외군 철퇴 시위를 벌이는 청년들의 시위 장면을 병치한다. 이를 통해 철없는 청년들의 행동이 얼마나 근시안적이고 탈선적이며, 반민족적인 것인지를 역설하고 있다.

주지하다시피 유신 체제기 반독재 투쟁을 벌인 주도 세력은 학생 집단이었으며, 학생 시위는 3선 개헌 반대와 교련반대 투쟁, 그리고 부마항쟁까지 이어진다. 〈국회푸락치〉가 제작되기 직전에는 전국 각 대학의 운동세력이 일제히 봉기한 전국민주청년학생총연맹민청학련 투쟁이 발발해 학생운동의 분수령을 마련했다.[70] 이처럼 1974년에 제작, 개봉된 〈국회푸락치〉는 유신헌법의 공포와 격렬한 반대 움직임의 한 가운데 있었다. 또한 영화의 감독은 한국의 첫 번째 반공영화라 일컬어지는 〈성벽을 뚫고〉[71] 조연출로 활약하기도 했던 권영순이 맡았다.

여기서 청년의 시위 장면이 원작자, 연출자 혹은 제작자 중 누구의 의지에 의해 반영된 것인지는 불분명하만, 영화 속 청년의 시위는 다분히 유신 전후의 상황을 상기시킨다. 그리고 반공을 표방한 영화는 해방기를 소환하는 동시에 당면한 정치적 사안과 관련하여 과거와 현재를 병치하는 방법을 택한다. 그 과정에서 청년의 시위는 남로당에 동조한 정치인으로부터 조종을 받은, 역시 '치기 어린' 행위로 규정되는데 이는 영화가 제작된 시점에서 정부의 통치전략에 동조해 청년 시위대를 반국가단체로 낙인찍는 것이었다.

이 점에서 〈국회 푸락치〉는 액션과 섹스, 그리고 멜로드라마가 적당히 어우러진 '비화祕話'를 보듯이 관람할 수 있는 다른 작품과 달리, 시리즈 중 가장 불편한 작품일 수 있었다. 이인규는 오제도가 등장하는 같은 시리즈임에도 불구하고 〈국회 푸락치〉를 반공주의에 강박된 교과서적-도구적 특징을 지닌, 기존 상업영화 장르 분류 체계에 들어올 수 없는 '독자적 반공영화'에 포함시킨 바 있다.[72] 관련하여 앞서 언급한 것처럼, 〈국회 푸락치〉는 여간첩의 활약상을 축소하고 '재미없는' 오제도에게 초점을 맞춘 영화였다. 이후 개봉된 〈외팔이 김종원〉, 〈구삼육사건〉보다도 적은 관객수는 이같은 경직성에 따른 결과였다.

4. 스크린 속 오제도의 퇴장과
   반공 표상으로서의 불멸성

알려진 것처럼 오제도는 1977년 국회의원에 선출됐고, 오제도를 다룬 라디오드라마와 만화[73]는 계속 재발행됐다. 그는 두 차례 국회의원으로 당선되면서 의정활동을 마치고 변호사로 돌아간 이후에도 각종 일간지와 월간지에 기고를 계속하면서, 여전히 화려했던 과거를 소환하거나 국민의 안보의식을 염려하는 일을 지속했다. 오제도는 본업으로 돌아간 후에도 계속 정치권의 러브콜을 받았다. 실례로 1997년 대선을 앞두고 새정치국민회의는 김대중에 대한 색깔론 공세를 차단하기 위해 당시 80세의 오제도를 영입하는 전략을 고민하기도 했다.[74] 그는 이승만 정권 이후 정권이 바뀔 때마다 가장 '구시대적'인 인물로 간주되었으나 '반공 표상'이라는 상징성으로 인해 정치, 언론, 대중문화 등 각 방면에서 오랜 기간 소환될 수 있었다.

그리고 1980년대 후반 오제도의 전적에 대한 본격적인 문제 제기가 시작됐다. 실례로 '국회프락치사건'은 반민특위를 무산시키기 위해 조작된 측면이 강하다는 비판이 설득력을 얻었다. 당시 변호사였던 박원순은 수기와 영화에도 등장하는, 정 여인정재한의 몸수색과 지령의 발견 과정이 "너무 코믹하고 드라마틱해서 믿기 어렵다"고 적은 바 있다.[75] 실상 "중대하였고 조직적인" 이 사건이 밝혀지는 데 결정적 계기가 되었던, 박헌영이 남로당에게 전달하는 기밀문서를 몸속에 숨겨두었던 정재한은 정확한 신분이 밝혀지지 않았을 뿐더러 법정에 증인으로 출두하지도 않았으며, 공판 중 사형선고를 받고 총살당했다.[76] 이같은 의혹에 대해, 오제도는 "중요한 것은 증거가 아니라 그들의 주장이 당시에 공산당이 아니면 주장하지 않던 내용미군철퇴, 남북협상, 평화통일 – 저자 주이라는 데 있다"고 강변했다.[77] 동시에 국회프락치사건은 '순수한 대공사건'이라며 자신이 사찰과장과 함께 암호를 풀었으므로 따로 증인을 내세울 필요가 없었다고 주장하기도 했다.[78] 관련하여 국회프락치사건의 모든 공판 진행 과정을 기록했던 그레고리 헨더슨은, 이 사건을 '정치사건'으로 간주했다. 그는 1972년 오제도와 만나 정재한의 신원 및 작가 오재호 등에 대해 캐물었으며, 오제도는 그 자리에서 정재한의 결말과 관련해 거짓 답변을 하기도 했다.[79]

시간이 흘러 2005년 KBS 다큐멘터리 〈인물현대사〉는 '한국판 마타하리, 신화인가 진실인가'라는 제목으로 김수임사건을 재구성했다. 이 프로그램에는 특별수사본부 시리즈의 시나리오를 쓴 오재호가 직접 등장해 중앙정보부의 검열하에 많은 부분이 조작됐다며, "사실 첫 출발은 제가 조작한 게 분명합니다. 김수임을 간첩으로 만들어야 하니까"라고 밝히기도 했다. 그는 이어 특별수사본부 시리즈를 쓰며 관계자들과 인터뷰를 진행하는 과정에서 김수임이 극심한 고문을 당했다는 이야기를 들었다고 밝히기도 했다.[80] 앞서 언급한 것처럼 오재호의 창작 작업의 근간이 된 것은 오제도의 수기와 인터뷰였다. 오제도는 '미모의 여간첩'이자 '애정유죄'의 대상이 된 김수임을 비롯해 그가 맡은 사건들을 신화화하면서 그 자신도 신화가 됐다.

이 글은 1970년대 대중문화의 아이콘으로 등장한 오제도와 영화 특별수사본부 시리즈를 관련지어 논의했다. 소략하게 논의했지만 월남 이후 오제도의 궤적을 훑어가는 작업은 한국 현대사를 재구하는 계기가 될 수 있을 것이다. 그리고 이 과정에서 오제도의 수기를 토대로 한 영화 특별수사본부 시리즈는 1970년대 정치 논리와 대중문화가 공명하면서 만들어진 결과물이라는 점에서 주목을 요한다.

---

* 이 글은 「유신 이후의 반공영화와 오제도라는 '신화' — 영화 〈특별수사본부〉시리즈를 중심으로」, 『한국극예술연구』 56, 한국극예술학회, 2017을 수정·보완했다.

제1장 ——————————— 스캔들메이커, '인민'과 '국민' 사이의 배우 김소영

1. '새로운 제네레슌'의 여성 배우들, 그리고 김소영

김소영金素英, 1914~1989은 식민지 시기 '새로운 제네레슌'의 여배우들[1] 중 독특한 개성을 가진 배우였다. 『모던일본-조선판』1939에서는 '삼천만의 연인' 문예봉을 "조선 제일의 스타이며 염문을 뿌린 적이 없는 성실한 여배우"로 소개하면서, 표지모델로 등장한 김소영에 대해서는 "청초하고 영리하며 아주 요염한 느낌"을 가졌고, "착실히 연기를 쌓으면 대성할" 배우라 설명한다.[2] 역시 『모던일본-조선판』1940의 좌담회에 참여한 감독들은 새로운 여배우 트로이카를 거론하며 '현모양처로 규정할 수 있는 문예봉'이창용, '만년 소녀인 김신재'방한준, 그리고 '마스크는 조선영화 여배우들 중 제일이며 담배를 내뿜으며 한탄하는 모습이 어울리는 김소영'이창용, 방한준[3]으로 구분한다.[4] 세 배우는 스크린에서 각각 '현모양처', '소녀 혹은 누이', '타락한 여자'의 이미지를 구축하며 자기 영역을 확보해 갔던 것이다. 이 글은 토키의 도입 이후 가장 주목받았던 스타였지만 영화와 실생활을 막론하고 '현모'상과 거리를 두었던, 또한 해방 이후에는 인민과 국민의 경계에 있었던 배우 김소영에 대한 연구로, 1930년대 후반부터 해방 이후까지 김소영의 작품 활동과 정치적 행보 및 그녀를 둘러싼 논란 등을 짚어 보려 한다. 이를 통해 해방 전후 여성 배우들이 수행해야 했던 공적 역할과 함께, 사생활이 반듯하지 못했던 여성 배우의 행적을 확인하고자 한다.

최근 식민지 조선의 2세대 여성 배우, 곧 전시 프로파간다에 동원됐던 여배우들에 대한 연구가 꾸준히 진행되는 가운데, 기존 논의는 문예봉과 김신재, 특히 문예봉을 중심으로 이루어졌다. 지금까지 연구를 살펴보면, 이화진은 선전영화에서 총후 여성을 연기했던 문예봉, 김신재를 통해 조선의 여성 배우들이 스크린에서 제국과의 차이를 환기시킴으로써 '국민되기' 수행 역시 연기延期되는 양상을 설명한다.[5] 박현희는 문예봉과 김신재의 해방 전후 활동을 검토하면서 전시 프로파간다의 전면에서 함께 활동했지만 이후 남과 북에서 다른 길을 걸었던 두 배우의 연기와 삶을 조명하고,[6] 주창규는 '감시', '참조', '고백'으로 이루어진 '권력 테크놀로지'를 통해 국민 여배우 문예봉의 이미지가 형성되는 과정을 확인한다.[7] 또한 유현주는 여배우와 미디어의 직접적인 소통을 가능케 한 『삼천리』라는 공론장에서 문예봉이 조선의 현모양처로 구현되는 양상을 살펴본다.[8] 이와 같이 문예봉과 김신재에 대한 논의가 계속 진행되는 반면, 트로이카의 한 축에 있었던 김소영에 대한 연구는 상대적으로 부진한 실정이다. 박현희가 김신재를 논하면서 '현모양처' 혹은 '현숙한 어머니'로서의 이미지를 구축하지 못했던 김소영의 스캔들을 살펴보지만, 역시 논의의 중심은 다른 두 배우에게 맞춰져 있다.

김소영에 대한 연구가 부진한 것은 문예봉, 김신재와 비교할 때 일제 말기 선전영화의 중심에서 멀어져 있었고, 또한 분단 이후 남북한영화계에서 활발하게 활동했던 두 배우와 달리 일찍 영화 활동을 마감했기 때문으로 추정할 수 있다.[9] 그럼에도 김소영을 주목하는 이유는 해방 전후 〈국경〉1939, 〈반도의 봄〉1941, 〈귀국선〉1946 등 의미 있는 출연작을 남긴 것뿐만 아니라, 반듯한 사생활로 일궈낸 '현모' 이미지를 지닌 다른 두 배우와 달리 스크린과 실생활에서 타락한 여자로 구축되면서 변별점을 갖고 있었기 때문이다. 또한 김소영은 해방 후 대다수 예술인들이 선택해야 했던 '인민' 되기와 '국민' 되기의 기로에서 제3의 길을 택하는데, 이를 통해 배우로서의 이상과 삶의 지향점을 확인할 수 있을 것이다.

연극 무대에서 단련된 연기력과 스크린에 걸맞은 미모를 갖춘 김소영은 〈심청〉1937을 통해 스타로 발돋움했고, 이어 최인규의 〈국경〉에 출연하면서 호평을 얻지만 스캔들에 연루되면서 배우로서의 이미지는 실추된다. 그리하여 선전영화의 중심에서 밀려나 있었던 김소영은 해방 후에는 '조선영화협단'의 단원으로서 활발하게 무대에 등장했고, 안종화의 〈수우愁雨〉1948에 주연으로 출연했으며, 이후 남편 조택원을 따라 더 큰 연기의 꿈을 펼치기 위해 미국으로 떠난다. 하지만 그녀의 연기 인생은 〈수우〉를 끝으로 종결됐고, 조택원과 결별한 후 홀로 미국에 남았다. 앞으로 제2장에서는 식민지 시기 김소영의 기고와 인터뷰 및 그녀를 둘러싼 가십, 그리고 영화 〈국경〉과 〈반도의 봄〉을 중심으로 해방 이전의 영화 활동을, 제3장에서는 8·15 이후 김소영의 기고와 키노드라마 〈귀국선〉, 영화 〈수우〉를 통해 해방기의 행보를 확인할 것이다. 이어 제4장에서는 현모양처 이미지를 구축하지 못한 데다 인민과 국민의 경계에 있었던 배우의 중단된 필모그래피, 그리고 좌절된 욕망에 대해 짚어보려 한다.

2. 전시동원기, 타락의 이미지와 프로파간다의 주변화

김소영이 연기 활동을 시작한 시점은 1920년대 후반으로, 목사인 아버지 밑에서 배우의 꿈을 키워오다 집안의 파산으로 인해 학교를 그만두고 영화에 출연하게 된다.[10] 토키영화 배우로서의 자질 및 명랑한 성격을 갖췄던 김소영은 이운방 원작, 김상진 감독의 〈방아타령〉[1931]의 주연을 맡았고, 극단 신건설에서 배우로 활동할 무렵 첫 번째 남편 추민^{秋民}을 만난다.[11] 김소영은 첫 영화 주연작 〈방아타령〉에서 구한 말 적도^{賊徒}의 습격 과정에서 헤어진 연인을 수십 년 동안 기다리는 인고의 여인 항아를 연기했다.[12] 시대극 〈방아타령〉은 개봉 당시 연출이 부족하다는 혹평[13]을 들었고, 주연 배우 김소영은 촬영 이후 극단 생활을 하다 집안 문제로 낙향하게 된다.

이후 복귀해 문예봉 주연의 〈무지개〉[1936] 등에 조연으로 출연했던 김소영은, 〈심청〉을 통해 일약 스타가 된다. 김소영은 〈심청〉에서 아버지를 위해 삯바느질을 하며 기도를 올리는 소녀 심청을 연기했고, 감독 안석영은 『조광』에 발표한 「내가 감독한 주연여우 인상」에서 김소영이 평범한 아름다움을 가진 이가 아니며 세파에 시달리면서 비롯된 애수를 가졌다고 평가했다. 또한 그녀가 문예봉과 같이 여배우로서 '한 타입'의 스타가 될 것이라 예견하고, 이제 사생활에도 관리가 필요하다고 덧붙인다.[14] 이 특집에서 감독들은 자신이 연출한 영화 주연 배우의 장점과 단점을 적나라하게 짚어내고 있는데,[15] 안석영의 경우 김소영에 대해 언급하며 칭찬으로 일관하고 있다. 〈심청〉은 토키영화 주연으로서 김소영의 가능성을 인정받은 작품[16]으로, 이 영화 이후 그녀의 미래는 밝아 보였다.

〈심청〉의 개봉 후 김소영은 남편 추민과 함께한 인터뷰에서 해외영화 중 〈암흑가의 탄흔〉[17]의 '씨드니' 역을 해보고 싶다고 말한다.[18] 그녀가 흥미를 가졌던 〈암흑가의 탄흔〉의 실비아 시드니ㅋ^중^{에디}는 은행강도사건 용의자로 몰린 남편이 살인을 저지르자 함께 탈출하다 사살되는 역이다. 남편을 사랑하기에 범법도 감행할 수 있는 격정적인 여주인공의 역할은 김소영의 열정을 자극했는데, 부부 모두 극도로 말을 아끼는 인터뷰에서 그녀가 이 배역에 대한 애착을 드러내고 있다는 점은 주목할 만하다.

스타가 된 김소영은 미디어에 사생활을 공개하면서 대중의 관심에 보답하는 동시에 자신의 이미지를 구축해낸다. 김소영은 잡지 기고를 통해 아내가 있으면서 다른 여자에게 눈을 돌리는 남자들을 비난하며,[19] 또한 어린 나이에 남편과 결혼해 시집살이를 하며 겪었던 고통 및 남편의 잦은 수감 생활로 8년 동안 떨어져 지내야 했던 고충을 털어 놓는다.[20] 여기서 김소영은 몸은 떨어져 있어도 남편에 대한 마음은 그대로일 것이라며 글을 마무리하는데, 당시 그녀의 이미지는 "부군이 하로 속히 무사히 나오기를 바라면서 가을 밤 긴 깊은 밤에 홍루紅淚를" 흘리는 인고의 여성이었다.

일본 군부의 검열을 통과하지 못하면서 사장됐던 오카자키 렌지 감독의 〈아름다운 이웃사랑隣人愛の麗客〉1938[21]에 출연한 후, 김소영은 〈국경〉에서 불가역의 상황에 휩쓸려 여급으로 전락하는 영자 역을 연기한다. 이창용의 언급처럼 〈국경〉에서 영자가 담배 연기를 내뿜으며 한탄하는 장면[22]은 김소영의 이미지를 집약하는 컷이 됐는데, 김소영 자신도 〈국경〉의 영자 같은 역은 또 맡고 싶다며 배역에 대한 애착을 드러냈다.

〈그림 1〉 영화 〈국경〉의 한 장면

〈국경〉은 밀수입을 하다 감옥에 갔던 세림이 고향으로 돌아오면서 시작된다. 세림은 빈농 김용태의 데릴사위로, 용태의 딸 영자는 약혼자인 세림이 돌아오자 기뻐하나 용태의 채권자이자 영자를 사모하는 동일은 세림의 귀환을 경계한다. 용태는 두 사람을 하루 바삐 결혼시키려 하는데, 동일과 세림의 싸움을 말리던 마을 청년이 넘어지면서 숨을 거두는 사건이 벌어진다. 동일은 도망가고, 힘없이 집으로 돌아온 세림과 영자는 두 사람의 미래를 위해 자결한다는 용태의 유서를 보고 슬퍼한다. 수년의 시간이 흐르고, 8년의 징역 선고를 받은 세림을 출소시키기 위해 색주가를 전전했던 영자는 자신의 운명에 대해 한탄한다. 한편 영자를 만난 동일은 양심적인 인간으로 변해서 지난날을 사죄하는데, 두 남녀가 권총을 들고 옥신각신하는 와중에 영자가 다리에 총상을 입는다.[23] 다시 세월이 흐르고, 밀수단을 밀고한 동일은 영자에게 돈을 내밀며 다리를 고치라는 말을 전한 후 떠난다. 이후 밀수단 두목을 만난 영자는 태연하게 동일은 자신의 원수라며 죽여도 상관없다고 말한다.[24] 마침내 세림이 형무소에서 나온다. 우연히 세림을 만난 동일은 영자의 셋집으로 세림을 데려가고 5년 만에 만난 연인은 얼싸안고 눈물을 흘린다. 하지만 세림은 영자가 동일의 아이를 낳았음을 알게 되고, 그에게 영자를 부탁한 후 다시 길을 떠난다.[25]

잔존하는 시나리오가 완전치 않아 전모를 파악하기는 힘들지만, 〈국경〉은 알려진 것처럼 활극적 요소가 강한 액션물이 아니라 원치 않은 상황에 휩쓸려 타락해 가는 여자를 둘러싼 멜로드라마로, 영화의 개연성 문제에 대해서는 개봉 당시에도 지적이 제기됐다. 그럼에도 김소영의 연기는 좋은 평가를 받았는데,[26] 그녀는 색주가에서 담배를 피우고, "허벅지가 드러나는 야한 중국옷"을 입은 채 남자에게 권총을 겨눌 뿐만 아니라 복수를 위해 밀수단 두목에게 태연하게 살인을 하라고 말하는 타락하고, 냉혹한 여자를 잘 소화했다.[27] 이같은 김소영의 호연에 힘입어 최인규의 감독 데뷔작 〈국경〉은 평단의 고른 호평을 얻을 수 있었다. 다음은 이창용이 '담배 연기를 내뿜는' 김소영을 기억하는, 〈국경〉의 한 장면이다.

영자, 잠시 말을 끊고 담배를 빨고 나서 길게 뿜어낸다.

영자　　좌우간 팔 년 징역이야. 한 번 밀수입을 하다가 죽을 뻔한 신의주에 서 이번에는 징역! (…중략…) 그것두 자그만치 팔 년!

담배를 빨고 뿜어낸다.

영자　　팔 년이라니 말이 쉽디.

자조적인 웃음이 새여 나온다. 영자의 얼굴을 지켜보는 여급들.

영자　　생각다 못해서 나는 마지막 수단으로 오라반 모르게 몸을 팔아 변호사를 줬디. 평양에다 공소를 해달라구. 그러나 무죄는 안 되구 단 삼 년이 감형되었을 뿐이야. 몸값 삼백 원 때문에 색주가, 갈보 참말, 지긋지긋하게 소와 말새끼처럼 팔려 다녔어. 그러나 마음만 은 오라반의 물걸이라구. 요만큼이라두 몸을 뽑아 왔는데 안돼. 안돼. 이태 녀름이 오믄 오라버니는 평양 형무소를 나오는데……

어느덧 목이 막히고 눈물이 어린다.[28]

짙은 화장을 하고 연신 담배 연기를 뿜으며 자조적으로 웃는 〈국경〉의 영자는 이창용 개인뿐만이 아니라 당대 대중의 뇌리에 박힌 가장 인상적인 김소영의 이미지였다. 한 남자에 대한 순정을 갖고 있지만 영화 속 영자의 행각은 실로 파격적인 것으로, 극 중 영자는 세림을 사모하지만 색주가를 전전할 뿐 아니라 동일과의 사이에서 아이까지 낳으면서 여성의 미덕이었던 정조관으로부터 거리를 둔다. 〈국경〉의 영자 역을 동료들뿐 아니라 배우 스스로도 가장 어울리는 배역이라 여겼던 점은 흥미로운 지점으로, 김소영은 순수한 처녀보다 굴곡 많은 여인 역할에 경도됐다.[29] 하지만 본격적인 전시동원 체제에 돌입한 이후 타락한 여성 주인공이 전면에 등장하는 〈국경〉 같은 영화는 더 이상 만들어질 수 없었다.

1939년 5월 〈국경〉이 개봉해 호평을 받은 후, 『조광』 10월호는 「조택원 김소영 애욕탈출기」라는 제목으로 희대의 스캔들을 보도한다. 당시 추민과의 법적관계가 정리되지 않은 상태에서 동료 배우 김신재의 남편인 최인규, 그리고 조택원과의 사이에서 벌어진 스캔들은 김소영의 이미지를 추락시켰다. 다음은 김소영을 둘러싼 스캔들을 소개한 『조광』의 기사 일부다.

미모의 여우 김소영이 감독 최인규와의 사랑의 집 '중진옥中津屋'을 돌연 탈출하여 무용가 조택원과 손을 마주 잡고 현해탄의 창파蒼波를 헤쳐 동경으로 고비원주高飛遠走하기까지의 파란만장한 애욕 도피행! (…중략…) 그는 집 밖에 나와서는 뭇 사나이에게 천한 애교를 아끼지 않았고, 집 안에 들면 어린 딸을 꼬집고 때리고 학대하기에 주저치 않았다. 이러한 모순된 생활이 계속되면서부터 그의 이중성격은 비로소 싹트기 시작했고, '히스테리-'는 맹렬한 기세로 병적화해갔던 것이다. (…중략…) 신의주 일대를 오르내리며 근 한 달 동안이나 '로케'를 하는 사이 최와 소영의 거리는 점점 가까워졌다. 사건이 이렇게 벌어지자 우선 번민하기 시작한 편은 최 감독이었다. 그는 이미 결혼한 아내가 있고 또한 아버지로서의 새로운 책임을 가진 사람이 아닌가. 그러나 결국 그들의 사랑은 강하였고, 화산 같이 터지는 정열은 막을 수 없었던 것이니, 소영이 똑똑한 어조로 "난 벌써 추와는 정식으로 이혼하였고, 그와는 아무 상관없는 사람이에요" 하자 신재를 제 집으로 보내고, 소영에 대한 정열을 속이지 않기로 다짐했다. 물론 최가 이렇게 태도를 결정하였음에는 사회적 우ㅈ는 도덕적으로 많은 비난과 공격을 받아야 옳을 것이다. 그러나 허위를 거부하고 정열을 존중하는 그의 선명한 태도에 얼마의 이해는 있어야 될 줄 안다. (…중략…) 수원에서 로케를 마치고 하숙으로 돌아와 보니 소영은 보이지 않고, 편지만 한 장 놓여있었다. 이때는 벌써 소영은 무용가 조택원과 손에 손을 맞잡고 원산으로 함흥으로 호탕을 즐기고 있을 때이니 최로서는 꿈엔들 이 속을 알았으랴.[30]

김소영에게 허영, 타락, 비도덕의 모든 부정적 관념을 덮어씌우며 사건의 가해자로 낙인찍는 이 기사는, 삼각관계의 주축 최인규에 대해서는 사건의 피해자이자 동정 받아야 할 대상으로 묘사한다. 기사는 김소영을 병적인 히스테리에 시달리며 딸을 학대하는 타락한 여자로 묘사하는데, 최인규를 꾀어내 살림을 차린 다음 물적 허영심을 충족시켰고, 그가 〈수업료〉의 연출 때문에 집을 비운 사이 조택원과 향락을 즐겼다고 비판한다. 기사는 모든 사실을 알게 된 최인규가 김소영을 사랑하기에 그간의 과오를 용서했으나, 김소영은 자신을 본처로 입적시켜 달라며 돈을 요구하면서 그를 농락했고, 결국에는 동경으로 조택원과 도피했다며 이들의 앞날에 대한 호기심을 자극하는 것으로 끝맺는다.[31]

스타 김소영을 나쁜 어머니이자 악녀로 묘사한 이 기사가 조선에 일으켰던 파장은 지대한 것이었다. 그런데 사건이 보도된 후 김소영이 복역 중인 남편을 기다리는 인고의 여인에서 타락한 여자로 추락한 것과 달리, 역시 가정이 있는 최인규는 요부에게 홀려 불행을 겪은 남자로 형상화되면서 아내를 저버린 것에 대한 면죄부를 얻었다. 〈심청〉 개봉 직후 김소영을 극찬했던 안석영은, 이 스캔들 이후 "현숙한 주부로 여우女優들에게 존경을 받고 있는" 문예봉, 김신재를 언급하면서 김소영에 대해서는 "그 애정의 여행에서 돌아온 모양"이라며 빈정거리기도 했다.[32] 식민지 조선에서 유명인의 스캔들은 줄곧 미디어와 대중의 가십거리가 되곤 했지만, 김소영의 경우는 본격적인 선전영화가 등장하고 영화인들의 사생활이 통제 대상이 되는 시점에서 더 큰 물의를 빚을 수 있었다.

조택원과 일본에 간 김소영은 내지 문화계 대표 인사들과 교류하며 동보東寶의 여배우로 입사해 활동을 도모해 보지만, 이듬해 다시 조선으로 돌아온다. 당시 『삼천리』는 돌아온 김소영을 만나 스캔들에 대한 변명의 기회를 제공한다.[33] 김소영은 기자와 만난 자리에서 시종일관 면목 없다는 태도로 법적 남편이었던 추민과의 이혼 및 최인규·조택원과의 관계, 짧은 동경 생활, 그리고 딸에 대한 모정을 털어놓는다. 여기서 김소영은 최인규와의 부정을 인정하면서도, 자신만을 "요부"로 묘사한 『조광』의 보도에 대해 불편함을 토로한다. 또한 최인규의 비도덕성을 힐난하는 동시에 그의 아내 김신재는 "현숙한 아내"로 추어올리고, 딸에 대한 절절한 모정을 토로하면서 독자에게 용서를 구한다. 이처럼 『삼천리』가 김소영에게 변명의 기회를 제공했음에도 불구하고 한 번 추락한 이미지는 쉽게 회복되지 않았던 것으로 보인다.

그리하여 문예봉과 함께 조선의 대표 여배우로 꼽혔던 김소영[34]은, 스캔들 이후 집에서 두문불출 지내야만 했다. 대략 2년의 시간이 흐른 후에 허영 연출의 〈너와 나〉, 이병일 연출의 〈반도의 봄〉에 등장하지만, 내선일체를 구현하는 여학생 이백희를 연기한 〈너와 나〉는 원래 캐스팅됐던 김신재가 임신함으로써 그녀를 대신해 출연할 수 있었다. 또한 〈반도의 봄〉 출연에는 동향 출신이었던 조택원과 이병일의 친분이 작용했던 것으로 보인다.[35] 2년을 쉬면서 연기에 목말라 있었던 김소영은, 〈반도의 봄〉 촬영이 끝난 후에 자신의 연기에 대해 불만족을 표하며 되도록 많은 작품에 출연하고 싶다고 토로한다. 또한 이제는 어머니 역할을 해보고 싶다는 의지를 표한다.

금년에는 나에게 맞는 역을 할 수 있는 대로 많이 하고 싶사오나 차례에 그렇게 쉽게 오게 되는지 모르겠습니다. 1년 동안에 수로 몇 본本 되지 못하는 현재에 있어서 희망만으로는 될 수 없을 것은 사실이겠습니다만은 될 수만 있다면 많이 출연하고 싶습니다. 부족한 연기에 야욕 같기도 합니다만은 연기가 부족할수록 자꾸 공부하고 싶은 마음이 북받쳐 오릅니다. 그리고 재래在來에는 처녀역을 주로 하여왔사오나 앞으로는 될 수만 있다면 젊은 어머니역 같은 것으로 많이 하여 보았으면 합니다. 연기의 범위가 일정한 것보다 넓은 범위의 연기를 연마하는 것이 연기자로서의 누구나 다 희망하는 일이라고 생각합니다.[36]

하지만 조선적 현모양처는 문예봉에게 적역이었고, 김신재 또한 남편의 스캔들을 감내하면서 현명한 부인의 이미지를 갖게 됐다. 이같은 상황에서 유부남과 불륜을 감행한 후 그를 떠났고, 자식을 학대한다는 소문까지 돌았던 김소영이 어머니를 연기할 수 없었던 것은 당연한 귀결이었다. 김소영이 원했던 역할은 〈국경〉과 같은 개성 강한 역 혹은 자기

나이에 어울리는 어머니 역할이었지만 그녀의 연기력과 매력을 살릴 수 있는 배역은 선전영화가 요구하는 여성상이 아니었으며, 현모양처는 배우의 이미지와 어울리지 않았다.

식민지인의 영화 제작 고충을 다루는 〈반도의 봄〉에서, 김소영은 극 중 영화 〈춘향전〉을 통해 스타로 발돋움하는 정희 역으로 출연한다. 영화 속에서 정희는 영화 제작자 영일^{김일해}을 사이에 두고, 춘향 역할을 중도에 내팽개치고 여급이 된 안나^{백란}와 삼각관계를 형성한다. 그런데 조선어와 일본어가 어색하게 뒤섞이는 영화에서 감독 허훈^{서월영}은 조선영화 사절 자격으로 동경으로 가는 연인들을 배웅하는 날까지 찡그린 얼굴을 펴지 않는다. 시종일관 우울함에 짓눌려 있는 듯한 영화인들은 반도영화주식회사가 출범하고 〈춘향전〉이 성공한 후에도 침통한 표정을 걷어내지 못하는 것이다. 반도영화주식회사 출범 장면과 어색하게 끼어드는 일본어를 배제한다면, 〈반도의 봄〉은 자본 문제로 고뇌하는 식민지 영화인들의 고충을 다룬 영화로 정리할 수 있다. 여기서 양장을 하고 자기 의견을 거침없이 드러내는 안나와 한복을 입고 얼굴을 붉히는 정희는 신여성과 전통적 조선여성의 이분 구도를 재현하고 있는 것처럼 보이며, 삼각관계의 중심인 영일은 두 여성 사이에서 갈등하다 결국 정희와 함께 하기로 한다.[37]

그런데 경성에 와서 영화일을 하겠다는 의지를 표출하는 정희는 영일이 위기에 몰리자 적극적으로 그를 구하러 다니고, 영일을 구할 돈을 주겠다며 결혼을 요구하는 투자자의 요구를 단호하게 거절한다는 점에서 인고하는 조선 여성의 이미지를 탈피하고 있다. 오히려 영화 중반 이후 영일에 대한 지고지순한 사랑을 바치며 그를 위해 스스로 떠나기까지 하는 전통적 여성상을 연기하는 것은 여급 안나로, 정희는 영일을 염려하지만 그가 없는 상태에서 촬영을 마치고 배우의 꿈을 성취한다. 종국에 안나로부터 영일을 되찾고 조선영화를 알리기 위해 내지 일본으로 떠나는 정희는, 조선적 현모양처라기보다 자의식 있는 여배우의 인상을 강하게 남긴다. 이러한 점에서 극 중 정희는 다양한 역할에 대한 도전 욕구와 연기 욕심을 지닌 배우 김소영과 닮아 있었다.

김소영은 〈반도의 봄〉에서 자신의 연기에 대해 만족하지 못했다. 『삼천리』가 기획하고 문예봉, 김신재 등 탑스타들이 참여한 여배우들의 좌담회에서, 문예봉은 〈반도의 봄〉에서 김소영의 연기는 너무 지나쳤고, 〈너와 나〉에서의 연기는 나쁘지 않지만 여학생처럼 좀 더 명랑했으면 좋았을 것이라 말한다. 평소 존경했던 문예봉의 지적을 받은 김소영은, 과장과 어색함이 묻어나는 두 작품의 연기는 부끄러운 것이며 이제 여학생이나 처녀 역할을 탈피하고 싶으나 젊은 어머니 역이 주어지지 않는 것에 대해 안타까움을 표한다.[38]

하지만 1940년 조선영화령이 공포되고 영화인들에 대한 통제가 더욱 극심해지면서, 사생활에 있어 타락한 여자로 고착된 김소영의 입지는 더욱 위축됐다.[39] 조선영화주식회사의 야심작으로 문예봉과 김신재가 각각 인고하는 총후부인과 현명한 누이 역을 맡아 극을 이끌어 가는 〈조선해협〉[1943]에서, 스타 김소영에게 주어진 역할은 결말부에 잠시 등장하는 간호부 역이었다. 태평양 전쟁 발발을 전후해 본격적인 선전영화가 등장하고 현모양처의 이미지를 통해 프로파간다의 중심에 있을 수 있었던 문예봉, 김신재와 달리, 반反 현모양처상에 가까운 김소영은 총후부인의 역할을 수행하기 적합하지 않았다. 이후 김소영은 방한준의 〈거경전〉[1944] 등에 출연[40]하지만, 사생활이 반듯하지 않은 그녀가 일제 말기 프로파간다의 중심에서 멀어지는 것은 자연스러운 수순이었다.[41]

3. 해방기, '인민'에서 '국민'으로의 신원 증명

해방 직후 김소영은 문예봉과 함께 조선영화동맹의 중심으로 활약했다. 1945년 12월 결성된 조선영화동맹은 추민, 서광제, 김한 등 과거 카프 영화인들이 주축이 됐고 미군정과의 긴장관계 속에서 존재했는데,[42] 문예봉은 조선영화동맹의 중앙집행위원을, 김소영은 서울지부 위원을 맡았다.[43] 김소영의 이념적 성향을 단정하기는 어렵지만, 당시 남편 조택원의 성향이 좌익에 가까웠으며, 영화계 핵심 인사들과 함께 활동을 지속해 나가는 방편으로 조선영화동맹을 택한 것으로 보인다. 이후 김소영은 2세대 여배우 트로이카 중 배우로서 가장 활발하게 활동했다. 일제 말기 프로파간다의 주인공 문예봉이 스크린보다는 집회에서 대중을 만났고, 역시 8·15 직전까지 가장 왕성하게 활동한 김신재가 〈독립전야〉[1948] 이전까지 침묵하던 상태에서, 해방 직후 김소영의 연기 행보는 주목할 만한 것이었다.

해방 이후 재발행된 연극·영화 전문 잡지 『영화시대』는 발행 초기 좌익적 색채가 강한 편이었으며, 조선영화동맹의 일원인 김소영의 근황과 활동도 활발하게 소개했다. 흥미로운 것은 김소영을 "사생활에서나 또는 스크린 생활에서도 동일한 성격을 가지고 있는 다정다한多情多恨한 사람"[44]으로 설명한다는 점으로, 과거와 같이 부정적으로 언급되지는 않지만 김소영의 스캔들은 해방 이후에도 배우의 이미지를 고착시켰다.

이후 김소영은 조선영화협단의 전속 단원으로 활발하게 활동한다. 해방 후 극영화 제작이 원활하지 않은 상태에서 1946년 활동을 시작한 조선영화협단은 "진보적 민족문화 수립"을 목표로 무대를 통해 대중과 만나는 방법을 택했다.[45] 독은기, 남승민, 최운봉, 김일해, 문예봉, 이

〈그림 2〉 해방 후 한 자리에 모인 여배우들 김신재, 문예봉, 김령, 김소영
출처 : 『영화시대』, 1947.3

병일 등이 주축이 됐던 조선영화협단은 마르세 파뇰 원작·함세덕 번안의 〈안개낀 부두〉[1946]외에 〈고향〉[1946], 김영수 극본·이병일 연출의 〈귀국선〉, 김영수 번안·이병일 연출의 〈결혼조건〉[1947] 등을 제작했고, 김소영은 이들 작품에 주연으로 출연했다.[46] 김소영이 조선영화협단의 연극에서 맡았던 배역 중 특이한 것은 3회 공연작인 〈귀국선〉의 위안부 역할이었다. 〈귀국선〉에서 그녀가 연기한 위안부 춘자는 〈국경〉의 영자와 겹쳐지면서도 식민지 조선의 비극을 현시하는 인물이라는 점에서 주목된다.

〈귀국선〉은 1946년 8월이라는 동시대를 배경으로, 상해에서 조선으로 돌아오는 귀국선 갑판을 무대로 진행된다. 여기서 서월영과 독은기는 각각 일본에 대한 적개심에 불타는 60대 노인과 30대 젊은이를, 극에 갈등요소를 제공하는 친일파 송덕수 역은 김일해가 맡았다.[47] 〈귀국선〉의 대본을 확인할 수 없는 상태에서 정확한 줄거리를 파악할 수는 없지

〈그림 3〉 태극기를 든 조선영화협단의 여배우들 김소영, 이숙, 문예봉
출처 : 『영화시대』, 1946.10

만, 『일간예술통신』은 이 작품의 줄거리를 다음과 같이 소개하고 있다.

상해에서 댄서로 있던 미도리는 그의 정부 송덕수와 같이 귀국선에 올랐
다. 그들은 돈을 가지고 본국으로 들어갈 수 없다는 것을 알자 있는 것을 모두
털어서 금덩어리로 바꾸었던 것이다. 그러나 전에 상해 본영사관에서 스파이
짓을 하던 송은 끝끝내 참다운 인간으로 돌아갈 수 없었다. 마침내 금덩이를
저 혼자 먹으려고 미도리를 멀리하고 경계하기에 용의주도하였다.

그러나 미도리는 미도리대로 생각이 있었다. 생각다 못해 그는 송의 품에
서 금덩어리를 훔쳐내었다. 반타작을 하자는 미도리와 송두리째 먹으려는 송
과 사이에는 마침내 생사를 결朿하는 싸움이 벌어진다. 이것이 바로 내일이면
인천에 입항한다는 전날 밤 귀국선에서 벌어진 이야기의 한 토막이다.

또 이를 싸고도는 가지각색의 인물들……. 그들은 모두 어떠한 과거를 가지고 어떠한 생각을 가지고 조국의 품에 뛰어 들었는가? 복잡하기 끝없는 이야기 가운데서 몇 가지를 '클로즈업'한 것이다.

〈귀국선〉은 독립운동가와 민족 반역자가 뒤섞인 귀국선에서 하룻밤 사이에 벌어지는 일들을 극화하고 있는데, 다양한 사연을 가진 전재 동포들을 소재로 함으로써 해방기의 혼란상을 현실감 있게 그려낸 것으로 보인다. 채정근은 이 작품에 대해 "그저 스마트한 모던뽀이식이 아니라 시사성에 매혹하여 일반 극단이 좀처럼 기도하지 못하는 시대비판의 첨예성을 가지려는 노력"이 구현된 작품, "비록 1막물의 소작小作임에 불구하고 '해외 전재 동포'라는 것의 정체를 드러내되 엽기적이 아니라 건전한 면에서 취급한 '우리의 자기비판'이 깊이는 얕으나마 역력히 보이는" 작품이라 평가했다.[48] 〈귀국선〉은 "각본 내용이 좋지 않고 연기의 '앙산불'에 취해지지 않았으며 또한 너무나 영화적 연극이 되고만 감이 있다"는 비판을 받았고 전작 〈고향〉에서와 달리 김소영의 연기도 좋은 평을 얻지 못했지만, 공통적으로 소재 채택 면에서는 긍정적 평가를 받았다.[49]

『영화시대』 2권 1호는 조선영화협단 특집으로 구성되었으며, 단원들은 이 특집에 작품 제작에 관여한 경험을 기고했다. 이 중 각각 민족반역자와 위안부로 〈귀국선〉에 출연한 김일해, 김소영의 글을 주목할 수 있는데, 김일해의 경우 스파이 송덕수를 청산돼야 할 대상으로 간주하며, 자신의 연기가 극장을 찾은 해방기 관객에게 교훈을 주기를 희망한다.[50] 반면 김소영은 위안부 춘자 역할에 깊은 공감을 표하며, 여성들을 위안부로 내몰았던 식민지 현실을 개탄한다는 점이 흥미롭다.

이것은 누구의 죄일까? 이것은 확실히 조선이란 조국을 잃어버린 우리들의 비극이며 또한 조선 여인들의 비극의 한 토막이다. 해방 전까지는 이러한 비극의 탈이 소만蘇滿 국경지대로부터 북지北支, 중지中支, 남지南支와 또 남양南洋 제도諸島에 미치기까지 왜놈들의 발길이 멈춘 그곳에는 어디를 막론하고 훨훨 타오르는 불꽃처럼 난무亂舞했을 것이다.

그러면 그네들은 다-들 어떻게 되었을까? 나는 춘자로 화신化身이 되어 무대 우에서 춘자 역의 행동을 하면서 이렇게 생각해 보았다.

조선이 해방되었으니까 춘자와 같은 부상浮詳한 여인들의 고국故國이 무수할 테지-

나는 또 이렇게도 생각해 보았다- 물론 그네들도 사람이니까 시키면 피눈물로 물들인 과거를 깨끗이 씻어 버리고 한 사람의 조선 여성으로서 재출발할 것이다-

이것이 곧 춘자 역을 맡아하게 된 나의 아름다운 소망인 동시에 또 내가 춘자에게 보내는 다-같은 여성으로서의 따뜻한 동정일 것이다.

나는 바라노라! 춘자와 똑같은 불행한 운명으로 해방된 고국에 도라온 모-든 여인들이여! 아모조록 과거를 낙망落望하고 또 낙심落心하지 말지어다! 그래서 화려한 무궁화꽃이 만발한 화원에서 새로운 희망을 품고 씩씩한 재출발이 있기를 간절히 바라노라.[51]

김소영은 '매소부賣笑婦' 춘자 역할에 대한 애착을 드러내며, 그녀가 식민치하의 비극을 체현하고 있다고 설명한다. 또한 춘자와 비슷한 조선의 여인들이 낙망하지 말고 해방기 조국에서 새롭게 출발하기를 희망한다. 자신의 극 중 역할을 통해 민족의 비극을 설명하고, 나아가 귀환한 위안부에 대한 유대감까지 드러내는 이 글에서, 김소영은 배역에 대한 애착과 함께 해방기 문화인으로서 사회의식을 표출한다. 일본에 대한 강력한 반발심을 노출하는 지점은 선전영화에 출연했던 과거를 상쇄하기 위한 방편으로 읽을 수 있지만, 식민지 시기 여성들이 겪어야 했던 비극을 문제시하고, 귀환한 여성들에게는 유대감을 표한다는 점에서 여성, 여배우로서의 자의식을 드러내고 있는 것이다.

〈귀국선〉에 출연하면서 식민치하에서 극단으로 내몰린 여성의 비극을 논했던 김소영은, 이후 여성의 결혼과 정조에 대한 글을 기고한다. 여기서 김소영은 "여자의 정조를 물품 같이 취급하던 시대는 지났다"며 "지금까지의 정조관념은 너무도 남성의, 폭군적의, 녀성에의 야비한 주문이였든 것, 부유칠거婦有七去란 곰팡내 나는 옛날의 도덕은 우리 녀성의 존재를 너무도 무시했다고 볼 수가 있다"고 역설한다.[52] 과거 스캔들 직후 바로 면죄부를 얻었던 최인규와 달리 동경으로의 도피 이후 자숙하며 지내야 했던 김소영은, 해방 후 보다 강력하게 남성 중심의 결혼관, 정조관을 비판하고 있는 것이다. 이는 배우 자신의 개인적 경험에서 얻은 사회의식의 표현으로, 김소영은 민족 해방과 함께 여성에게도 보다 자유로운 사회가 도래하기를 희망했던 것으로 보인다.

김소영은 극단 호화선 재건공연인 〈사랑을 팔아 사랑을 산 여자〉로 무대에 선 데 이어,[53] 조선영화협단 제작의 희극 〈결혼조건〉에 출연한다. 이 중 〈결혼조건〉에는 이전부터 선호하지 않던 처녀 역할로 다시 한 번 등장하는데, 이를 통해 좌익 세력이 위축되고 선택할 수 있는 대안이 많지 않은 상황에서 연기를 계속하는 것에 의미를 두었으리라 판단할 수 있다. 당시 방탕한 여자의 표상이었던 김소영이 수줍은 처녀 역으로 등장한 것에 대해, 우익 측에서는 그녀의 과거를 들먹이면서 조롱하기도 했다. 마인아는 "얼마 전 영화협단 공연일본「국민연극」의 충실한 표방자요 위대한 설교가인 김 모의 역작 〈결혼조건〉에서 당대의 열부 김소영이 홍진紅塵을 움직여 도도히 새로운 여성도女性道를 설교함에 자연 고개가 숙으러지지 않을 수 없었다"[54]고 빈정댄다. 과거의 스캔들은 해방 후에도 김소영을 비난하는 빌미가 됐으며, 배우의 이미지를 제한하고 있었던 것이다.

〈결혼조건〉이 상연된 1947년은 미군정청의 탄압으로 좌익 예술인들의 대량 월북이 진행됐고, 남한에 남아 있는 이들의 입지도 더욱 위축됐던 시점이었다. 김소영의 전 남편이자 조선영화동맹 서기장이었던 추민은 이미 1946년 말 월북했고, 단독정부 수립을 전후해서 문예봉, 심영, 서광제 등이 월북했다. 이처럼 좌익의 핵심 인사들이 월북하고, 〈결혼조건〉 이후 조선영화협단의 활동도 유명무실해진 상태에서 김소영의 다음 선택은 군정경찰 홍보영화의 출연이었다. 남한에 잔류한 좌익 계열 영화인의 생존 방법은 일제 말기와 마찬가지로 국책영화에 동원되는 것이었다.

제1관구 경찰청 후원, 인천영화건설회사 제작으로 당대 최고의 제작비가 투입된 〈수우〉는 1947년 10월부터 제작에 들어가 이듬해 7월 개봉됐다. 원작은 제1관구 경찰청 보안과장인 이하영이,[55] 시나리오와 연출은 안종화가 맡았다. 1948년에는 〈수우〉 외에도 각각 수도청경우회와 제7관구 경찰청이 후원한 〈밤의 태양〉, 〈여명黎明〉 등이 개봉했는데, 모두 정책 선전영화라는 낙인이 찍히면서 관객을 모으지 못했다. 결국 경찰의 지휘하에 표가 강매됐으나 딘Dean 미군정 장관이 영화를 유료로 공개하는 것에 반대하여 〈밤의 태양〉과 〈수우〉는 무료 상영됐다.[56] 〈여명黎明〉의 경우 두 영화와 달리 계속 유료로 상영됐지만 역시 흥행은 별로였다.[57] 〈수우〉는 5월 총선거를 앞두고 경무부에서 '총선거와 자유로운 분위기에 관한 일반의 의식을 높이기 위한 강연과 영화의 밤'에서 상영되기도 했다.[58]

〈그림 4〉 영화 〈수우〉의 한 장면. 좌측부터 전택이, 김소영, 신카나리아
출처 :『동아일보』, 1981.8.4

한편 김소영은 〈수우〉에서 해방 이전에 주어지지 않았던 어머니 역을 맡게 된다. 〈수우〉는 경찰 홍정식과 밀수꾼 김한주의 두 가족 이야기를 담고 있으며, 김소영은 밀수업과 축첩행위를 하는 남편 김한주를 계도하려 하는 현숙한 정희 역을 연기했다. 영화는 홍정식과 김한주의 집을 배경으로 진행되는데, 김한주의 아내 정희는 마담에게 마음을 빼앗긴 남편의 부재로 괴로워한다. 반면 성실하고 용감한 홍정식의 아내 현숙은 남편의 사랑을 받으며 행복해한다. 정희는 남편의 요구로 어렵게 5천원을 마련하지만, 한주는 정부 향화 앞에서 돈을 준비해 온 아내를 철저하게 무시하고 향화를 자신의 집까지 끌어들인다. 한주는 정희에게 집을 정리할 것이라며 일방적으로 통보하고, 정희의 동생은 그런 언니를 보며 안쓰러워 한다. 한주는 친구를 추천했던 '신생협회'에 자신이 경리부장으로 들어갈 계획을 세운다.[59] 정희는 점점 타락해 가는 남편을 말리다 그를 사살하게 되고, 향화 역시 자결한다. 정희는 살인죄로 기소되지만 사건을 수사한 정식의 도움으로 무죄 방면된다.[60] 영화에서 경찰

홍정식은 이금룡이, 범법자 김한주는 전택이가 맡았고, 김한주와 밀월 관계인 마담 향화 역으로는 신카나리아가 출연했다.

당시 〈수우〉는 "흥행본위가 아닌 계몽 선전영화로서는 재미있는 스토리-"를 가졌다는 평가를 받았다.[61] 이태우는 이 영화를 "법에도 눈물있다는 것을 테마로 하고 삼각연애와 축첩이 빚어낸 비극을 줄거리로한 멜로드라마", "원작자 이하영은 민주경찰 선전에 내용적 중점을 둔 듯한데 안 감독의 노련한 수법은 이것을 능히 오블라이트에 싸서 대중에게 제공한 영화"라 설명하며, 전택이, 이금룡과 함께 신인 정득순의 연기를 호평했다.[62] 이처럼 〈수우〉는 현숙한 아내 정희의 비극을 다룬 멜로드라마로 정의할 수 있는데, 감독 안종화는 일제 말기 선전영화와 마찬가지로 멜로드라마 구조와 계몽 의도를 결합시킴으로써 선전성과 대중성을 동시에 취하고자 했다. 따라서 영화 속에서 김한주의 타락상, 정희의 수난사와 함께 경찰 홍정식의 성실함과 영웅성이 집중적으로 조명된다. 영화 초반 괴한을 검거하는 과정에서 총상을 입은 홍정식의 활약이 비중 있게 비춰지는데, "부처님"으로 불리는 정희는 종국에 정식과 법의 도움을 받아 살인죄를 벗게 된다.

〈수우〉에서 '살인자가 된 어머니' 정희는 굴곡 많은 여인, 그리고 젊은 어머니 역을 원했던 김소영의 욕구를 모두 충족시킬 수 있었던 배역으로 보인다. 필름이 남아 있지 않은 상황에서 김소영이 어떻게 정희를 연기했는지는 확인할 수 없지만, 그녀는 이 역할을 통해 기존의 다한多恨한 이미지를 지속했다. 〈국경〉의 영자, 〈귀국선〉의 춘자, 〈수우〉의 정희는 모두 원치 않은 상황에 휩쓸려 몰락을 경험하는 여인들로, 김소영은 과거의 애수 깃든 이미지를 활용하면서 연기의 스펙트럼을 넓혀갔다.

『영화시대』 〈수우〉 특집호에는 김소영이 영화에 출연하면서 느낀 감격을 동료 배우 김양춘에게 편지 형식으로 풀어낸 글이 실려 있다. 김소영은 여기서 예술인으로서 민족연극과 민족영화 발전에 투신하겠다는 의지를 표명한다.[63] 〈수우〉의 출연을 기점으로 그녀가 표방한 '진정한 민주주의'는 인민민주주의에서 자유민주주의로 선회했고, '민족'이라는 수사는 우파의 국가 건설에 정당성을 부여하는 기저가 됐던 것이다. 〈귀국선〉과 〈수우〉 사이에 배우 자신에게 어떤 심경 변화가 있었는지를 확인하기는 어렵지만, 남한에 남은 예술인이 작품 활동을 계속하기 위해 단독정부 수립을 뒷받침하는 프로파간다에 참여하는 것은 필연적인 수순이었다. 그렇게 일제 말기 선전영화의 주변에 머물러 있었던 김소영은, 해방 직후 조선영화협단의 연극에 주연으로 출연한 것에 이어 이제 남한의 법에 눈물이 있다는 것을 증명하는 여주인공이 된다. 김소영은 전시동원 체제 하에서 타락과 방종의 이미지로 인해 주어지지 않았던 어머니 역을, 건국의 프로파간다에 일조함으로써 연기할 수 있었던 것이다.

조선영화협단의 중심에 있었던 영화계 인사들은 월북을 택하거나 혹은 남한에 남아 국민보도연맹에 가입해 좌익사상을 강제적으로 걷어내야 했는데, 좌익 예술인으로 분류됐던 조택원, 김소영, 이병일은 월북을 택하는 대신 미군정의 도움으로 미국에 갈 수 있었다.[64] 당시 이병일은 미국과의 거리가 가까워지면서 할리우드 영화사의 초빙을 받을 수 있었고, 미국으로 간 김소영은 "조선의 영화 배우를 대표하는 것 같은 사교를 한다"[65]는 소문이 돌았다. 남한에 남은 영화인들은 미군정과의 결탁을 통해 난국을 타개하려 했던 것이다. 결국 일제 말기 경직된 사회 분위기 속에서 활동의 제약을 받았던 김소영은, 해방 후 좌익의 활동이 위축된 이후에는 경찰 홍보영화에 출연함으로써 국민임을 증명하고, 이후 미군정의 후원을 얻어 새로운 도약을 도모하려 했다. 이같은 이념적 변모는 정치적 상황과 예술인의 삶이 분리되기 어려웠던 해방정국 속에서, 김소영이 연기를 계속하기 위해 택해야 했던 유일한 대안이었던 것으로 보인다.

조택원과 함께 도미한 시점은 〈수우〉의 촬영이 종료된 이후로, 동료 배우 이숙은 미국에 가는 김소영의 성공을 빌면서 남편을 내조하는 동시에 더 큰 무대에서 배우로서의 이상을 실현하기를 기원한다.[66] 김소영은 남편의 순회공연에 동행한다는 목적도 있었지만, 배우로서의 원대한 포부를 이루기 위해 미국행을 결심한 것으로 보인다. 그런데 미국으로 이주한 부부는 1950년 이혼을 감행한다. 조택원은 훗날 김소영이 자신과 공통점이 없는 사람이라는 것을 느끼게 됐고, 소학교밖에 나오지 못한 데다 술 마시고 놀기 좋아해 '현명한 주부', '총명한 호스티스', '지혜로운 사교부인'의 요건을 충족시키지 못한 것에 불만이 생겼다고 술회한다. 조택원은 일방적으로 집을 나온 후 분노한 김소영에게 맞아서 피를 흘린 적도 있지만, 이혼 후에는 오랜 친구처럼 지냈고 이미 미국에 체류할 결심을 하고 있었던 그녀가 미국 시민이 되어 뉴욕에 살고 있다고 서술한다.[67] 이후 김소영은 미국에서 꾸준히 현지 영화계 인사들과 접촉했지만 더 이상 활동을 계속하지 못했고, 〈수우〉는 마지막 영화 출연작으로 남게 됐다.

4. 국가 전환기의 반反 현모양처상과
   미완의 필모그래피

할리우드영화의 규모와 발전상에 대한 경탄으로 구성된 안철영의 『성림기행』에는 저자와 김소영과의 짧은 만남이 소개되어 있으며, 그녀가 미국 영화관계자들과 만나 환한 웃음을 짓고 있는 사진이 실려 있다. 다음은 『성림기행』에서 안철영이 김소영과 동행한 일정을 서술한 구절이다.

'인데펜던스' 촬영소에서 중국인 요리점의 촬영이 있으니 와서 구경하여 달라는 통지가 있어서, 마침 3월 초이고 김소영 양이 도미渡美한 때라 동행하여, 안 필립 형의 출연도 보았고 중국 배우들도 많이 만났다. (…중략…) 나는 안필립 형과 세 번이나 다녀온 곳이지만 김소영 양은 처음으로 큰 '스튜디오' 출입이라, '세트'를 꾸미고 자동차가 뿡뿡거리며 왕래하는 것을 보고 어느 정도 놀랐을 줄 안다. 감독도 조선 의복에 반하였고 마른 신을 벗겨서 유심히 연구한다. 김소영 양이 이 회사 전속 '스타'로 있는 촬포엘을 만나려 하였으나 불행히도 그 날은 결근이라 못 만났다.[68]

이 짧은 구절에서 영화에 대한 열정을 갖고 미국 영화관계자들과 만남을 모색했던 김소영의 일면을 확인할 수 있다. 조택원과의 결별 후 김소영은 5년간 '미국의 소리VOA, Voice of America' 방송의 드라마, 문화, 종교 프로그램에서 활동했고, 이 기간 동안 존 포드 감독 등 현지 영화인과 접촉하며 재기를 모색했다. 하지만 재기가 여의치 않자 10년간 번역·출판 회사에서 교정 일을 했으며, 1964년에는 뉴욕에서 미용실을 개업해 운영함으로써 연기와는 전혀 다른 길을 걸었다.[69] 그러던 김소영은 1973

년 한국으로 돌아와 토월회 창립 50주년 기념공연에 복혜숙, 신카나리아, 유치진, 최은희, 그리고 조택원과 함께 출연했다.[70] 이후 김소영은 다시 미국으로 돌아갔다.[71]

일제 말기 선전영화의 꽃이었고 해방 후 각각 북한과 남한에서 활발하게 활동했던 문예봉·김신재와 달리, 김소영은 스캔들로 인해 선전영화의 중심에서 밀려나 있었고, 해방 후 영화 활동도 오래 이어가지 못했다. 문예봉의 경우 사회주의 체제 안에서 다시 프로파간다의 주인공으로 활약했고,[72] 김신재 또한 남한에서 선전영화를 비롯해 다양한 장르의 영화에 어머니로 출연했다. 반면 1930년대 후반 새로운 타입의 여배우로 등장해 이들과 함께 촉망받았던 김소영은, 사생활로 물의를 빚으면서 의지와는 상관없이 프로파간다의 주변으로 밀려났으며 해방 이후에는 사회주의 인민임을 증명하려다 다시 남한의 국민임을 과시했다. 그러던 김소영은 남과 북이 아닌 제3국에서 배우로서의 새 출발을 모색하지만, 재기가 무산되면서 미국 시민으로 남았다.

이러한 일관되지 않은 궤적 속에서 확인할 수 있는 것은 배우로서의 욕망, 그리고 예술가로서의 자의식이 1930년대 후반부터 해방 이후까지 김소영의 행보를 이끌었다는 것이다. 그리하여 김소영은 치명적인 스캔들 후에도 끊임없이 재기를 도모했고, 배역에 대한 욕심과 좋은 연기에 대한 갈망과 함께 보다 많은 작품에 출연하고 싶다는 의지를 표출했다. 또한 해방 후 극영화 제작이 어려울 때 무대를 통해 빈번하게 관객과 만났으며, 단정 수립을 전후해서는 남한의 정책 선전영화에 출연했고, 이후에는 더 넓은 세계에서 연기 활동을 계속하려 시도했다. 이처럼 김소영은 전시 체제와 해방정국 속에서 확고한 이념적 성향을 드러내지는 않았지만, 연기에 대한 열정과 함께 여성으로서의 자의식을 견지한

〈그림 5〉 1970년대 말 한국에 들렀을 때 신상옥, 최은희, 복혜숙과 함께
출처 : 『동아일보』, 1981.5.30

배우였다. 따라서 해방 후에는 식민치하에서 극한으로 내몰렸던 여성들
에 공감하고자 했고, 여성들을 옥죄는 정조 관념과 결혼관을 강하게 비
판했다. 이같은 일면은 세상의 편견을 체감하고 원치 않은 휴식을 경험
한 과거에서 비롯됐다고 보이는데, 당시 대중이 원하는 시선에 자신을
맞추는 대신 여배우로서는 드물게 강압적인 사회 분위기를 비판하고 나
섰다는 점을 주목할 만하다.

배우로서의 열정이 강했음에도 불구하고, 김소영은 미국에서의 재기
가 무산된 이후에 남한으로 돌아오는 대신 미국에 머무르는 길을 택했
다. 배우 활동을 계속하는 것이 불가능했음에도 미국에 안주한 이유로
는, 마흔이 넘은 나이에 두 번째 결혼까지 끝내고 돌아 왔을 때 관객이
외면하리라는 현실적 판단이 작용했을 수 있다. 이외에도 전후戰後, 여전

히 경직되어 있는 조국으로 돌아와 자신을 가두는 대신 배우 활동을 접더라도 자유로운 생활을 영위하기로 결정했을 가능성도 생각해 볼 수 있다. 결국 해방 전후를 불문하고 김소영의 국민으로서의 신원 증명은 불완전하게 끝나버렸고, 여배우로서의 커리어는 미완으로 남게 됐다. 여기서 김소영이 멈춰버린 어정쩡한 지점은 전쟁과 건국이라는 전환기에 국가가 요구하는 현모양처 이미지를 구축하지 못한, 그리고 이념 성향이 불분명한 배우가 도달할 수밖에 없었던 종착점이었는지도 모른다.

* 이 글은 「배우 김소영론 — 스캔들메이커, '인민'과 '국민' 사이의 여배우」, 『한국극예술연구』 36, 한국극예술학회, 2012를 수정·보완했다.

제2장 ── 해방-전쟁기 문예봉의 영화 활동과 인민 '여'배우의 정체성

1. '삼천만의 연인' 문예봉의 해방 이후

이 글은 식민지 시기 '삼천만의 연인'에서 북한의 '인민 배우'로 거듭 났던 배우 문예봉1917~1999의 해방 이후 8년간의 활동에 집중한다. 구체적으로 북한 최초의 예술영화[1]인 〈내 고향〉김승구 각본, 강홍식 연출, 1949부터, 전쟁 직전 개봉된 영화 〈용광로〉김영근 각본, 민정식 연출, 1950, 그리고 전쟁 중 제작, 개봉된 영화 〈소년 빨치산〉윤두헌 각본, 윤용규 연출, 1952을 통해 일제 말기 프로파간다영화의 '꽃'이었던 문예봉이 인민 배우로 안착하기까지의 과정을 조명할 것이다.[2] 이 과정에서 〈군용열차〉1938, 〈수업료〉1940, 〈지원병〉1941, 〈집 없는 천사〉1941, 〈조선해협〉1943 등 해방 후 부정해야 했던 일제 말기 출연작의 이미지가 월북 이후 어떻게 반복, 변주되고 있는지를 논의한다. 곧 식민지 시기 '지원병의 연인' 혹은 '군국의 어머니'였던 문예봉이 월북 후 여배우로서 친일의 과거를 탈각하고 공훈 배우로 자리매김하는 과정을, 이상 세 편의 영화와 그녀의 기고를 통해 살펴보려 한다.[3] 이는 북한 초기 영화 속 성역할의 변화를 확인하는 것과 동시에 여성 배우가 사회주의 체제에 안착하는 과정을 조명하는 작업이 될 것이다.

『로동신문』은 해방 후 10주년을 맞아 열 명의 공훈 배우를 선정한다. 조국이 해방된 이후 민족예술이 장황한 발전의 길에 들어섰으며, 국가와 인민의 이익을 토대로 한 진정한 인민예술이 성립됐다는 성과를 기념하기 위함이었다. 이 목록에는 무용가 최승희를 비롯해, 황철, 배용, 안기옥, 김완우, 정남희, 박영신, 류은경, 림소양 그리고 문예봉이 포함됐다. 이 기사는 문예봉에 대해 "그는 항상 사실을 높은 정치적 수준에서 재고하며 혁명적 정신을 일상생활에서 체험하려고 노력하고 있다"고 언급한다. 이어 〈내 고향〉, 〈소년 빨치산〉, 〈빨치산의 처녀〉[1954]에 이르기까지, 문예봉이 자기에게 담당된 중요한 인물들의 성격을 형상하는 데 성공했다고 설명한다.[4] 이상의 공훈 배우 중 일제 말기 프로파간다에 적극적으로 동원됐던 이는 최승희[1911~1969], 황철[1912~1961], 그리고 문예봉이며, 해방 공간에서 이들의 부역 행위는 논란이 됐다. 이 중 최승희는 해방 이후 친일파로 몰렸으나 민족무용예술에 투신했다는 점에서 과거의 오점을 극복하고 인민 배우로 거듭날 수 있었다.[5] 또한 '조국해방전쟁 시기 직접 전선지대에 출동해 헌신적으로 예술 활동을 했다'고 평가받은 황철은, 북한의 국립극장 총장직을 맡고 배우 연기지도의 '대부'로 자리매김하면서 북한연극사에서 존재감을 확보했다.[6] 그렇다면 문예봉이 과거를 탈각하는 과정에는 어떤 변곡점이 놓여 있었는가. 이 글의 질문은 여기서 출발한다.

그간 토키의 도입 이후 활동한 2세대 여성 배우 중 연구자들에게 가장 주목받은 것은 문예봉이지만, 문예봉에 대한 연구는 주로 월북 이전 식민지 시기 영화 활동에 편중되어 있다. 특히 제국 일본의 선전영화 속에서 문예봉이 표상하는 이미지에 대한 논의가 주를 이루었다. 이화진은 문예봉과 김신재를 중심으로 프로파간다영화에서 여배우가 수행하는 역할을 논의했으며,[7] 박현희는 식민지 시기부터 해방 이후까지 유사하지만 다른 길을 걸었던 문예봉과 김신재의 영화와 삶의 궤적을 고찰했다.[8] 손이레는 프로파간다영화의 '일본인 되기' 서사를 논의하며 〈조선해협〉의 서사와 실제로 일본어에 서툴렀던 배우 문예봉의 위치를 겹쳐 조명한다.[9] 이외 문예봉의 이력에 집중한 연구로는 주창규, 유현주, 정영권, 김소원 등의 논의가 대표적이다.[10] 이 중 주창규는 일상에서 '현모양처'의 이미지를 가진 문예봉이 국민 여배우로 '발명'된 과정을 지적한다. 여기서 유일하게 문예봉의 월북 후 활동을 논의하는 정영권, 김소원은 문예봉을 동시대 프로파간다의 '꽃'이었던 리샹란, 하라 세츠코와 비교하며, 월북 후 촬영한 〈내 고향〉의 역할이 일제 말기 선전영화 속 역할과 어떻게 흡사한지 설명한다. 이어 식민지 조선의 처녀가 해방 후 '사회주의 조국'의 어머니로 변모하는 과정을 살핀다.[11] 두 연구는 문예봉의 해방 전·후를 연결할 수 있는 단서를 제공한다는 점에서 참고가 된다. 이와 함께 전영선은 문예봉의 월북 후 일대기를 정리한 바 있다.[12]

문예봉이 출연한 북한의 초기 예술영화 중에서는 〈내 고향〉에 대한 논의가 가장 많이 이루어졌다. 북한의 첫 예술영화라는 상징성과 함께 당대 북한 국립영화촬영소의 수준 및 월북한 배우들의 모습을 확인할 수 있는 작품이기 때문이다. 관련하여 다음의 연구 성과를 주목할 수 있다. 장용훈은 작품과 관련한 제반 정보를 소개하며 북한영화사에서 가지는 위치를 규명한다.[13] 송낙원은 소 군정의 영화 정책이 영화 〈내 고향〉에 투영된 결과에 대해 논하며 영화 속 '토지개혁'이 형상화되는 방식을 주목한다.[14] 정태수 또한 〈내 고향〉과 〈용광로〉를 토대로 북한 초기영화의 특징을 논의하며, 소련영화의 창작법칙이 투영된 결과 선명한 내러티브, 전형적인 인물, 자연 풍경을 통한 논리적 정당성과 같은 특성이 드러난다고 설명한다.[15] 한상언의 경우 강홍식, 박학 등 월북 영화인을 논의하며 이들이 관여했던 영화 〈내 고향〉을 분석한다.[16] 이 중 강홍식과 관련해 그가 〈내 고향〉의 연출을 맡으면서 배우의 연기를 영화 연출의 주요 요소로 활용한 점, 로컬리티를 드러내기 위한 장치를 삽입한 점 등을 지적한다.[17]

살펴본 것처럼 문예봉에 대한 연구는 대개 식민지 시기의 활동에 주목하고 있으며, 북한 초기 영화에 대한 논의 역시 주로 소련영화와의 관련성을 중심으로 이루어지고 있다. 이 글의 경우 해방 이후부터 종전 이전까지 북한의 예술영화를 배우 문예봉을 통해 조명하고 있다는 점에서 이상의 논의와 차별화된다.

일제 말기 다수의 선전영화에 출연했던 문예봉은, 해방 이후 『영화시대』 등의 잡지 표지를 장식하는 등 간간이 매체에 얼굴을 드러낸다. 그녀는 해방공간에서 조선영화동맹의 선두에서 활약하지만, 극영화 제작이 어려웠던 시기 연극을 통한 작품 활동 대신 집회를 통해 대중과 만나는 방식을 취한다.[18] 이같은 움직임은 해방 후 민족반역자에 대한 반감 및 친일 예술인에 대한 비판의 목소리가 높았던 것과 함께, 당시 좌파 예술인의 주력 작업이 예술 대중화운동이었던 것과 관련지어 볼 수 있다. 문예봉은 김소영, 이병일, 독은기 등과 함께 조선영화협단에 참여하지만, 여전히 작품 활동에는 나서지 않은 채 1948년 초 남편 임선규와 함께 월북한다.

북한에서 문예봉이 안착할 수 있었던 첫 번째 요인으로는 투철한 사상성을 논할 수 있다. 북한 사회 속 영화 배우의 특수성과 관련해, 최연용은 김정일의 『영화예술론』을 토대로 영화 배우는 주체사상 의식에 영향을 끼치는 결정적인 인물이며, 배우의 사상은 배우를 자립적인 창조자, 형상 창조의 주인이 되게 하며 역할을 창조하는 데 중요한 요인으로 작동한다고 설명한다. 이어 북한의 영화 배우는 "목적의식의 창조자"이자 "사상성의 모델"이 된다고 정리한다.[19] 여기서 해방 이후부터 문예봉이 줄곧 피력했던 반제국주의, 반봉건주의는 그녀가 북한 사회에 자리 잡는 배경이 됐던 것으로 보인다. 그녀는 월북 이후 북로당의 입장을 적극 강변했으며, 전쟁 발발 이후에는 문화선전 활동을 통해 미국 제국주의를 강하게 규탄했다.[20] 이는 황철 등 월북한 남성 배우들이 북한 사회에 안착하는 것과 흡사한 방법이었다.

두 번째 요인은 문예봉의 이미지이다. 이명자는 문예봉이 "매혹적인 스타 이미지를 북으로 '가져간'" 경우라 설명하는데,[21] 그 스타 이미지의 근간에는 모범적인 배우이자 스크린과 실생활에서 구축한 현모양처의 이미지가 깔려 있었다. 박현희는 문예봉의 월북 이후 활동을 논하며, 서른이 넘은 나이에 〈내 고향〉에 출연한 문예봉이 순수하고 아름다운 조선 처녀 이미지를 반복하면서 해방 전 영화 속 이미지를 이어가고 있다고 설명한다. 과거 일본군의 자리를 독립투사가 대체했고, 이에 따라 지원병의 연인이었던 문예봉은 독립투사의 연인으로 탈바꿈했다는 것이다.[22] 이는 일제 말기 국민연극의 주인공이었으나 월북 후 연극 〈을지문덕〉, 〈이순신 장군〉 등에서 역사 속 영웅을 연기함으로써 공훈 배우, 인민 배우로 자리매김한 황철의 경우와 유사하면서도 차별화된 것이었다. 황철이 역사 속 인물, 북한의 지도자 등을 연기하며 해방 이전과 흡사하게 남성 영웅으로서 북한연극계에 자리를 잡았다면, 문예봉 역시 과거와 마찬가지로 인내하는 연인, 어머니로서 스크린에 등장한다. 다만 문예봉의 경우 여성의 역할에 대한 시대적 요구의 변화에 따라 기존의 이미지를 변주하거나 탈각해 나가는 작업을 이어간다.

그렇다면 북한의 평화적 민주 건설 시기[1945~1950]부터 조국해방전쟁 시기[1950~1953]로 요약되는, 영화사적으로 사회주의 영화예술이 태동하고 영화예술역량 보존 강화가 이루어지던 시기,[23] 문예봉은 예술영화 속에서 어떤 역할을 맡았으며, 어떻게 연기하고, 또한 어떠한 평가를 받았는가. 본론에서는 그 여정을 단계적으로 규명하고자 한다.

2. 지원병의 연인에서 혁명군의 연인으로, 〈내 고향〉[1949]

평화적 민주 건설 시기 북한영화사의 주요 사건은 북조선영화인 동맹 조직, 국립영화촬영소 및 영화관 설립, 조소문화협회 창설 등으로 요약된다. 이 시기 북한의 정치 사회적 목표는 민주주의적 민족국가의 건설이었으며, 문화예술의 기본 노선은 '고상한 사실주의'였다. 민병욱에 따르면 고상한 사실주의는 '새로운 민족적 기풍을 가진 전형적인 인간'을 창조하는 것으로 요약되며, 그 전형은 1949년 12월 구체화된다. 여기서 과업은 노동자, 농민을 비롯한 근로인민들의 투쟁 모습의 형상화, 사회 민주화와 조국통일을 위해 투쟁하는 남반부 인민들의 형상화, 그리고 인민 군대의 형상화였다.[24] 이에 따라 국가 건설의 시기 북한의 극문학은 소재에 따라 항일 혁명을 다룬 경우, 노동계급과 농민의 생활을 형상화한 경우, 조국통일을 위한 애국 투쟁을 다룬 경우, 그리고 반침략 및 반봉건주의를 형상화한 경우로 구분된다.[25] 이같은 소재적 특성에 의거해, 극 중 여성 인물은 혁명군의 일원, 농촌 공동체의 지도자, 공장 노동자 등으로 형상화되는 것을 발견할 수 있다.[26]

이 기준에 입각해 〈내 고향〉을 논한다면, 식민지 시기부터 해방 이후를 아우르는 영화는 김일성의 항일무장투쟁과 이를 지지하는 농민의 생활을 묘사하며 김일성의 정통성과 북한 토지개혁의 성과를 강조하고 있다. 관련하여 김정수는 최초의 예술영화 〈내 고향〉이 사회주의적 사실주의와 민족적 색채를 강조하는 카프 사상을 이론적 배경으로 삼아 "민족적 형식에 사회주의적 내용을 담은" 작품 중 하나라고 설명한다.[27] 여기서 '민족적 색채'는 조선 여인의 얼굴이었던 문예봉을 통해 완성될 수 있었는데, 영화 속에서 문예봉은 혁명군으로 거듭나게 되는 관필^{유원준}의 연인으로 등장한다. 해방을 거치면서 과거 일본 지원병의 아내 역을 연기했던 문예봉의 위치가 혁명군의 연인으로 재배치된 것이다.

줄거리는 다음과 같다. 주인공 관필은 소작농의 아들로, 지주 최경천의 아들 인달^{박학}을 폭행한 후 감옥에 간힌다. 관필은 감옥에서 야학교사인 학준^{심영}을 만나 김일성의 항일 투쟁에 대해 전해 듣고, 감옥을 탈출한 후 항일유격대에 합류한다. 한편 관필이 떠난 고향에 남아 있는 관필 모^{유경애}와 그의 연인 옥단^{문예봉} 등은 최경천 부자와 일본군의 수탈에 시달린다. 인달은 혼자 남은 옥단을 유혹하려 하지만 옥단은 단호히 거절한 후 당당하게 징용길에 오른다. 이 와중에 징용 나간 옥단부가 사망하고, 마을 사람들이 순사에게 끌려가는 등 비극은 이어지지만 마침내 조국은 해방을 맞는다. 관필은 조선노동당의 간부가 되어 고향으로 돌아오고, 징용 나갔던 옥단 역시 무사히 돌아온다. 마침내 상봉한 연인은 김일성의 항일투쟁 성과와 북한의 토지개혁에 대해 이야기하며, 희망찬 미래를 바라본다.

극 중 옥단은 동시기 극문학에 나타난 여성 노동자와 견주어 볼 때 소극성이 두드러진다. 그녀는 혁명군의 일원이라고 보기에도, 또한 농촌

〈그림 1〉 영화 〈내 고향〉의 문예봉

공동체의 지도자라 보기에도 미진한 인물이다. 기존 연구가 지적한 것처럼, 영화 〈지원병〉과 〈내 고향〉의 문예봉의 역할을 비교해 볼 때 그녀는 여전히 군인의 연인에 머물러 있는 것이다. 물론 군인이 떠난 자리에 남겨지는 〈지원병〉의 분옥과 비교할 때, 〈내 고향〉의 옥단은 야학에 다니며 글을 읽고, 일본 제국과 지주계급에 대한 강력한 적개심을 표출하는 적극적인 인물이다. 또한 종국에 전선과 총후가 분리하는 〈지원병〉이 떠나는 이와 남겨지는 이에 대한 이야기라면, 〈내 고향〉은 고향을 떠났던 청춘남녀가 귀환하여 건설에 나서는 이야기라는 점에서 영화의 지향점은 다르다. 하지만 〈내 고향〉에서 문예봉의 형상은 끊임없이 식민지 시기의 선전영화를 상기시킨다.

〈미몽〉1936에서 이례적으로 자신의 욕망에 충실한 식민지판 '노라'를 연기했던 문예봉은 〈군용열차〉부터 〈조선해협〉에 이르기까지 인고하는 조선 여인의 이미지를 반복해 갔다. 〈군용열차〉에서는 오빠를 위해 팔려 간 기생이자 의도치 않게 애인의 배신행위를 부채질하는 '가련한' 여성이었으며, 〈지원병〉에서는 소학교밖에 졸업하지 못했고 출정하는 연인의 결정을 묵묵히 수용하는 인물이었다. 극 중 분옥은 연인이 떠난 후, 그의 어머니와 함께 남아 조선의 빈궁한 현실을 견디게 된다. 그리고 문예봉이 연기하는 분옥은 실제 정식교육을 받지 못하고 데뷔했으며, 병약한 남편 임선규를 묵묵히 보좌하는 스타 문예봉의 일상과 겹쳐질 수 있었다.

〈내 고향〉은 고상한 사실주의를 극화하는 과정에서 계급갈등과 일제의 잔혹함을 고발하는 데 집중하며, 인민 군대와 농민의 형상을 창조하는 데 몰두한다. 이에 따라 일제 말기 선전영화 속에서 전경화됐던 문예봉의 비중은 상대적으로 줄어든다. 그런데 선전영화의 지향점은 해방 이전과 완전히 달라졌지만, 선전영화 속 문예봉의 역할은 유혹에 굴하지 않는 결연한 조선 여성으로 제한되어 있다. 여기서 문예봉이 식민지 시기 출연한 일련의 선전영화나 해방 이후 출연한 〈내 고향〉 모두 극 중 인물의 주변에는 그녀를 흔들고 유혹하려 하는 남성들이 존재한다는 점에 주목할 수 있다. 〈지원병〉의 경우 분옥의 주변에는 호감을 표하는 춘호의 친구와 그녀를 며느리로 들이려 하는 사람들이 있으며, 〈내 고향〉에서도 지주의 아들은 징용 회피를 미끼로 옥단을 흔들고자 한다. 언급한 것처럼 〈내 고향〉의 옥단은 묵묵히 고통을 감내했던 과거 출연작의 여성들과는 다른 인물로, 보다 결연하고 주체적인 형상으로 드러난다. 그럼에도 불구하고, 결과적으로 문예봉은 식민지 시기와 비슷한 방식으로 남성 주체의 연인을 연기하게 된다. 이명자는 〈내 고향〉을 논하며 '신파적 내러티브의 탈피'[28]를 언급하지만, 선전영화 속 수난사의 내러티브는 배우 문예봉의 신체를 빌려 해방 이후에도 변주됐다.

옥단의 집

옥단이가 아궁이 앞에서 불을 때며 야학에서 배우는 공책을 펴들고 읽는다.
옥단　우리의 원수는 왜놈이다. 지주도 우리의 원수이다. 우리나라에 왜놈과 지주 놈이 있으면 우리는 잘 살 수 없다. 우리는 왜놈과 싸워야 한다. 지주하구두 싸워야 한다. 싸워서 이겨야 한다…….[29]

〈내 고향〉, 10면

마을길

인달이가 거드름을 피우며 오다가 무엇을 보았는지 길 옆 나무그루 뒤에 숨는다. 옥단이가 수심에 잠겨 걸어온다. 발걸음이 무겁다.

고목나무 곁을 지나려는데 인달이가 나무 뒤에서 불쑥 나오며 앞을 막는다.

옥단　에그머니…….

흠칫 놀라 물러서는 옥단.

인달　옥단아! 너 아직두 늦지 않았어. 지금이라두 내 말만 들으면 징용두 면할 수 있다.

옥단　왜 이래요.

옥단은 그놈을 쏘아보다가 분을 참으며 그냥 지나가려 한다.

인달　너 (다시 앞을 막으며) 정 내 말을 안 들을 테냐!

인달은 옥단의 손을 잡으려 한다.

옥단　개자식!

옥단은 인달 놈의 뺨을 후려치고 급히 발길을 옮긴다.

인달은 어이가 없는 듯 쓴입을 다시며 볼을 만진다.

인달　두고 보자!

인달은 독을 품고 걸어가는 옥단의 뒷모습을 바라본다.

〈내 고향〉, 52~53면

옥단　못 만나뵐 줄 알았어요.

관필　옥단 동무, 김일성 장군님께서는 항일무장투쟁을 전개하시여 조국
　　　　을 광복하시고 우리에게 자유와 해방을 가져다주셨소!

맑은 하늘에 햇솜 같은 구름이 뭉게뭉게 피어오른다.

관필이와 옥단이가 논길을 나란히 걸어온다.

관필은 발을 멈추고 벌판을 감개무량하게 바라본다.

옥단　김일성 장군님게서는 토지를 우리 농민들에게 노나주셨어요!

관필　그렇소, 토지는 영원히 농민들의 것이 됐소!

〈내 고향〉, 74~75면

그렇다면 〈내 고향〉에서 혁명정신을 갖춘 처녀를 연기했던 문예봉의
시도는 어떤 평가를 받았는가. 오덕순은 문예봉의 연기에 대해 "옥단이
는 좀 더 활달하고 담력 있는 연기를 놀았으면, 더 좋았을 것이다. 이 배
우는 영화 배우로써 가장 경험이 오랜 존재이지만 피로를 보이는 대신
에 새로운 공부와 꾸준한 전진이 필요하다고 보여졌다"고 평가했다.[30]
또한 문예봉에 한정된 것은 아니지만, 그는 이 평론에서 "신파극 세속극
의 냄새를 피우는 배우들에 있어서는 그것이 연출가의 지도 탓인지 배
우들 자신의 탓인지 판단할 수는 없으나 영화 연기의 일대 혁신이 없어
서는 안 될 것으로 보여진다"고 지적한다. 그의 평을 정리하면, 고상한
사실주의에 입각한 해방 후의 인물 전형이 등장했지만 여전히 연기 측
면에서 과거 신파의 잔재는 자리하고 있기에, 배우들 역시 자신만의 연
기 이론을 소유하고 연구와 수업에 매달려 혁신을 이루어야 한다는 것
으로 요약할 수 있다. 이처럼 해방과 월북을 가로질러 대략 5년 만에 출
연한 영화에서, 문예봉은 과거의 연기 방식을 답습하고 있다는 지적을

받았다. 이같은 지적은 김일성에 의해 공식적으로 제기된 것은 아니었지만, 북한에서 문예봉의 인물 형상화는 이후에도 재차 비판받게 된다.

3. 현모양처 이미지의 뒤틀기, 〈용광로〉[1950]

〈용광로〉[31]는 황해제철소를 배경으로 일본인이 파괴한 용광로를 노동자, 기술자가 합작하여 복원한다는 내용을 담았으며, 전체 지도는 월북 영화인 주인규가 맡았다. 영화는 북한 산업성의 후원을 받아 제작됐다. 〈내 고향〉의 경우와 마찬가지로 〈용광로〉 역시 명확한 선악 이분법에 의거해 진행되며, 갈등의 해결 과정이 정권 수립 시기 북한 사회의 방향성을 보여준다. 〈내 고향〉이 김일성의 항일투쟁과 토지개혁 성과를 예찬하며 북한의 미래에 대한 긍정적 전망을 제시한다면, 〈용광로〉는 인민-근로자들의 애국심이 국가 발전을 가져올 것이라 역설한다. 또한 전자에서 악역은 일본 순사와 지주가 맡았다면, 후자의 경우 이승만이 파견한 것으로 설정된 북파간첩과 지주 출신 근로자 등이 갈등을 조장한다.

공장의 용광로를 비추며 시작하는 영화는 소련 군대 진격 후 일본의 사보타지 행위를 자막으로 설명한다. 이후 카메라는 민주개혁을 담은 기사와 근로자 궐기대회 방송 등을 비춘다. 건설 과업을 위해 매진하는 공장에 용광로 복구라는 과제와 함께 벽돌 제작의 필요성이 대두된다. 성실한 근로자 룡수[박학]에게 벽돌을 만드는 임무가 주어지고, 주변에는 룡수를 질투하는 사람들이 생긴다. 지주 출신의 석만은 방화, 살인까지 불사하라는 북파 간첩의 권유에 따라 룡수의 작업을 방해하고자 한다. 룡수는 역시 성실한 여성 근로자 혜영과 함께 연구실에서 밤을 새며 벽돌 제작에 골몰한다. 하지만 룡수의 아내인 가정주부 용연문예봉은 남편의 과업을 인식하지 못하고 가사에만 골몰한다. 그녀는 자신의 일을 "집에서 애 잘 기르고 일 잘 하는 것"으로 제한하고, 글을 배우라는 남편과 주변인의 권유를 반복해서 거절한다. 그 와중에 석만은 룡수와 혜영의 스캔들을 확대, 재생산하고, 혜영의 연인인 창훈과 용연까지 이 사실을 알게 되면서 갈등도 커진다. 남편과 갈등을 빚던 용연은 설움을 이기지 못하고 친정으로 가버리고, 룡수는 악재 속에서도 튼튼한 벽돌을 만들어낸다. 룡수의 열정 앞에 과학의 중요성을 주장하던 완섭 역시 설득 당한다. 북파간첩과 석만은 음모가 좌절되자 고압선을 끊고 달아나려 하지만, 노동자들은 힘을 합쳐 송전선을 복구하고 용연의 기지로 말미암아 석만 일당은 농민에게 체포된다. 각성한 용연은 글을 배워서 사회주의 체제하의 인민 여성으로 거듭나게 된다.

〈용광로〉에서 룡수의 과업을 방해하는 요소는 두 가지이며, 이것이 그를 번민하게 만들고 고립시킨다. 첫 번째는 남한에서 온 간첩과 그의 뜻에 동조하는 모리배로, 이들은 룡수와 혜영의 관계를 추문으로 만들고, 벽돌에 이물질을 투입하면서 룡수의 성과를 지연시킨다. 흥미로운 점은 두 번째 요소가 아내 용연의 무지라는 점이다. 그녀는 글을 읽지 못하는 탓에 중요한 편지를 남편에게 전달하지 않고, 심지어 버리기까지 해서 그의 분노를 산다. 이후 그녀는 자책하는 대신 친정으로 가며 문제를 확대시키고, 자신을 찾아온 혜영과도 대화하려 하지 않는다. 물론 용연이 만들어내는 갈등은 전자에 비해 무게감 없이 처리되며, 때로는 시종일관 진지한 룡수의 태도와 대비되어 영화 속에서 웃음을 유발하기도 한다. 극 중 편지를 버린 것을 알고 화를 내는 남편을 이해하지 못하고, 천진난만하게 자신이 가져온 먹을 것을 보여주는 장면이 대표적이다.

문예봉은 〈용광로〉에서 〈내 고향〉과는 사뭇 다른, 전근대적인 조선 여성을 연기한다. 영화 속에서 문예봉은 시종일관 아이를 업고 보따리를 든 모습으로 등장한다. 그녀는 가족을 사랑하고 아내의 의무에 충실하고자 하지만 국가적 과업을 이해하지 못하고 스스로의 역할을 한정시킨다. 〈용광로〉에서 문예봉은 아이를 업고 리어카를 끄는 모습으로 처음 등장한다. 마을 사람들은 용연에게 한글학교에 나올 것을 권유하지만, 용연은 이를 단숨에 거절한다. 이어지는 집 안 장면에서는 아이에게 밥을 해주기 위해 부엌으로 들어간다. 그리고 용연이 점차 변화해 가는 여정은 건설이라는 과업 속 노동자의 임무 및 모리배의 소탕이라는 시대적 과제와 결부되어 영화의 주제의식을 형성한다.

그런데 〈용광로〉는 문예봉의 필모그래피 안에서 타락한 신여성을 연기했던 〈미몽〉, 여전사를 연기했던 〈빨치산 처녀〉와 함께 주목할 만한 영화이다. 실제로 문예봉은 훗날 그간 연약한 여성을 주로 수행해 온 자신이 노동계급의 아내 역을 맡게 된 후 우려 때문에 잠을 이루지 못했다고 서술하기도 한다.[32] 문예봉은 〈용광로〉에서 시종일관 혁신노동자의 과업을 보조하는 아내 대신, 각성에 이르기까지 남편과 충돌을 빚는 억센 아내로 영화에 웃음을 만들어내는 역할을 맡았다. 극 중 용연이 룡수를 오해하고, 혜영의 연인 창훈 또한 연인에게 불신을 내비치는 장면이 반복해서 등장하지만, 전자의 경우 상대적으로 가볍게 그려진다. 용연이 조장하는 갈등은 무게감이 없고 진지하지 않으며, 그녀가 바쁜 남편을 타박하거나 혜영과 맞서는 장면은 웃음으로 소비될 수 있다. 남편에게 온 편지를 버린 후 상황의 심각성을 인지하지 못하거나 남편의 추문을 신경 쓰며 홀로 고민하고, 자신을 찾아온 혜영을 외면하는 장면 등이 대표적이다. 애초 의도한 것이든, 혹은 그렇지 않든 〈용광로〉는 문예봉이 코미디에 가까운 연기를 하고 있다는 점에서 주목할 만한 작품이다.

> 룡수는 책을 들여다보다가 용연에게로 돌아앉으며 말한다.
>
> **룡수** 자, 우리 배우기 경쟁 해볼까?
>
> **용연** 나 같은 게 집이나 지키면 되지 않아요. 어서 영희 아버지나 하세요.
>
> 룡수는 돌연히 불쾌한 빛을 띤다.
>
> **룡수** 뭐라구요. 뭐나 하겠어?
>
> 용연은 무안한 낮으로 고개를 숙이며 머뭇거리다가 부엌으로 나가 물사발
> 을 들고 들어온다.
>
> 룡수는 물사발을 받아들며 용연을 물끄러미 바라본다.
>
> **룡수** 어째 그런 소릴 하오?
>
> 용연은 말을 돌린다.
>
> **용연** 옆집 할머니가 산꿀이 생겼다구…….
>
> 룡수도 그 말을 못 들은 듯이 계속 자기 말을 한다.
>
> **룡수** 제 나라 글조차 몰라서야 어쩌겠소?
>
> **용연** 자! 어서 잡수세요.

〈용광로〉, 116~117면

> 룡수는 어이없다는 듯 돌아앉아 노트를 들고 일어서며 입맛을 다시다가 혼
> 자 소리로 중얼거린다.
>
> **룡수** 무식쟁이란 참 할 수 없군.
>
> 용연은 그 말에 뾰로통해진다.
>
> **용연** 누가 무식쟁이를 데려 오랬나?
>
> **룡수** 그래 잘했단 말이요?

용연　누가 잘했다우.

룡수　고 주둥아리만…….

용연　홍, 어서 유식쟁이 여편네 데려오구려. 그러지 말구.

〈용광로〉, 127면

　흥미로운 점은 영화 속에서 용연과 혜영이 형성하는 관계이다. 용연이 바깥일은 남자의 것이라고 치부하는 반면, 혜영은 밤을 새며 룡수의 연구를 돕는다. 그리고 남편과 혜영이 함께 있는 것을 본 용연은, 〈지원병〉의 분옥처럼 남편^{연인}과 근대화된 여성과의 관계를 오해하고 홀로 발길을 돌린다. 〈용광로〉의 경우 스타 문예봉이 연기한 용연과 혜영의 내면을 골고루 비추며, 두 인물 간 비중에는 별다른 차이가 없다. 이 중 혜영은 영화 중반부에 이르기까지 근로자로서의 책무와 연인에 대한 신의 사이에서 갈등하고, 자신을 오해하는 룡수와 갈등을 빚기도 한다. 용연에게 초점이 맞춰지는 것은 중반 이후이다. 무지했던 그녀는 모리배의 색출과 벽돌의 개발이 이루어지는 과정에서 비로소 남편의 과업을 이해하고 글을 배우기 시작한다.

　그런데 해방 전후를 막론하고 문예봉은 우울한 구여성-명랑한 신여성의 구도에서 전자의 역할을 맡았다는 점에 주목할 수 있다. 영화 속 문예봉이 연기한 여성들은 반복해서 근대화된 여성에 대한 열등감을 느끼고, 이같은 설정이 관객의 감정 이입 기반을 마련한다. 〈지원병〉에서 분옥은 연인이 지주의 동생인 신여성과 함께 있는 모습에 발을 돌리고, 〈용광로〉의 용연 역시 역량 있는 근로자인 혜영을 질투한다. 〈조선해협〉의 경우 이같은 갈등관계가 드러나지는 않지만, 기생 출신의 긴슈쿠는 그의 시누이이자 밝고 명랑한 에이코^{김신재}와 대비된다. 물론 〈용광로〉에서 문예봉은 억센 가정주부를 연기한다는 점에서, 그가 과거 맡았던 처연하고 우울한 구여성과는 구분된다. 하지만 문예봉은 여전히 지식 권력을 갖지 못한 구여성으로 배치되어 관객의 동정심을 자극한다.

용연　기쁘다고요? 어서들 돌아가 같이들 지내세요.

혜영　그래요. 그래서 언니는 제 남편이 가장 골몰할 때에 떠났군요.

용연　아무 말도 듣기 싫어요. 어서들 마음대로 하세요.

혜영　마음대로 하겠어요. 하지 말래두 하겠어요. 그러나 언니!

혜영이가 다가서자 용연은 보를 집어들고 나오며 내쏜다.

용연　더 말 말아요.

혜영은 어이없다는 듯이 멍하니 서 있다가 밖으로 뒤따라 나온다.

〈용광로〉, 158면

이명자는 〈용광로〉를 당대 북한의 사회 분위기를 보여주는 작품이라 언급한 바 있다. 실제 북한에서는 사회주의 초기 성평등을 내세우며 근대화를 추구한 결과 조강지처를 버리는 사례가 증가하면서 사회 문제화됐다. 이명자는 영화가 육체노동자와 정신노동자의 차이를 없애고자 하고, 이혼 후 신여성과의 자유연애와 결혼 문제를 드러내며 당대 북한 사회의 고민을 보여준다고 설명한다.[33] 물론 영화 속에서는 구여성 용연이 각성하고 변화하면서 부부간 화해가 이루어진다. 하지만 실제 북한 사회에서는 혁신노동자와 구여성 간의 봉합될 수 없는 문제가 자리하고 있었고, 문예봉은 과거와 다름없이 여성 간의 대비 구도에서 조강지처의 자리에 배치됐다. 극 중 용연의 행동은 희화화될 소지가 다분하며 그녀의 무지가 또 다른 갈등을 조장하다. 그럼에도 불구하고 용연은 남편과 아이를 우선순위에 두는 조강지처라는 점에서 관객의 이해를 얻고 해피엔딩을 맞을 수 있다.

> **정순**   언니, 오늘 저녁부터 우리 글 학교에 가야 해요. 모르는 것은 수치
> 다, 배워야 한다. 이걸 아직도 모르나?
>
> 정순은 머뭇거리는 용연이를 잡아끈다.
>
> **용연**   얘가 왜 이러니? 글쎄 갈 땐 갈게. 놔라!
>
> 정순이는 그냥 손을 잡아당긴다.
>
> 〈용광로〉, 150~151면

> **용연**   여기 석만이란 놈의 일당이 일망타진되었다는 기사가 났어요.
>
> 룡수는 신문을 보는 둥 마는 둥 한다.
>
> **룡수**   당신도 괜찮게 배웠구려. 참 석만이란 놈을 붙잡는 데 당신의 힘이
> 컸었소.
>
> 용연은 얼굴을 붉히며 부끄러워 한다.
>
> **용연**   그 녀석 때문에 나두!
>
> **룡수**   여보! 진리는 반드시 이기는 게라오. 어느 누가 우리를 넘어뜨리려
> 해두 그건 안 되지. 당신도 좀 배우요.-
>
> 용연은 룡수의 얼굴을 믿음직하게 바라보고 있다.
>
> 〈용광로〉, 166면

그런데 문예봉이 과거 함흥 제사공장에서 노동하던 사실을 떠올리며 노동계급의 형상 창조에 노력을 기울였음에도 불구하고, 영화를 먼저 관람한 김일성은 1947년 인민경제발전계획 관련 신문 삽입 장면을 비

롯해 문예봉의 인물 형상화를 주요 문제로 지적했다. 당시 김일성이 관람한 필름에는 주인공 룡수가 공장에서 일을 마치고 돌아왔을 때, 등에 업힌 아이는 울고 밥은 준비되어 있지 않아 용연이 당황하는 장면이 삽입되어 있었다. 김일성은 이와 관련해 영화 속에서 묘사된 생활은 노동계급이 주인이 된 북한의 현실과 맞지 않다고 지적했다. 이에 문예봉은 아내 역 형상화가 잘못되었다는 것을 깨닫고, 스스로 노동계급의 생활을 잘 몰랐다는 것을 깊이 반성했다고 회고한다. 그리고 김일성의 지적에 따라 수정 작업이 이루어진 최종 필름에는 지적받은 집 안 장면이 수정된 것은 물론 음모를 꾸미는 북파 간첩 이야기가 강조되었다.[34] 이처럼 김일성을 위한 시사 과정에서 문제가 된 장면은 수정되었고, 궁극적으로 아내 형상은 북한의 시대적 구호에 걸맞은 모습으로 변화하게 됐다. 이후 문예봉은 맡은 배역의 생활을 탐구하는 데 더욱 골몰하게 된다.

4. 여전사로 나아가는 여정, 〈소년 빨치산〉[1952]

〈소년 빨치산〉은 전쟁 중인 1951년 제작된 작품이다. 1950년 10월 북한군이 일시적으로 후퇴했던 시기를 배경으로 한 영화는 후방 소년들의 활약상을 극화했으며, 카를로비바리 국제영화제에 출품되었다. 문예봉은 작품에 출연한 것을 계기로 영화제에 참여했고, 소년 빨치산의 애국정신과 대담성에 관한 영화가 해외 관객에게 큰 감동을 주었다고 적은 바 있다.[35]

민병욱은 이 시기 북한문학의 이론적 토대는 '프롤레타리아 국제주의'라 설명하는데, 이는 곧 소련을 중심으로 한 사회주의의 국제적인 연합정신을 옹호, 강화하는 이데올로기이다.[36] 그는 이 시기 '대중적 영웅주의영화'에 주목하며, 당대 인민 군대의 영웅성을 강조한 영화로 〈소년 빨치산〉 외에 〈또 다시 전선으로〉, 〈향토를 지키는 사람들〉, 〈전투기 사냥군조〉, 〈정찰병〉 등을 열거한다.[37] 인민의 영웅성을 극화한 전쟁기영화의 경향은 전쟁 중 제작을 시작해 전후 개봉된 문예봉 주연의 〈빨치산 처녀〉에까지 이어진다. 〈소년 빨치산〉과 〈빨치산 처녀〉는 모두 부대와 마을 인민의 연대를 강조하며 이름 없는 인민(들)의 활약상을 강조한다. 감독 윤용규는 두 영화를 비롯해 〈향토를 지키는 사람들〉을 연출했고, 세 영화는 모두 빨치산의 투쟁을 극화했다.

　문예봉은 이 영화에서 빨치산 소년 귀남의 어머니 역할을 맡았으며, 영화 초반부 등장해 중반에 이르기 전 퇴장한다. 문예봉은 과거에도 투철한 애국심을 가진 소년의 어머니 역할을 맡았다. 실화를 소재로 한 최인규 감독의 〈수업료〉에서, 문예봉은 소년이 기다리는 행상나간 어머니로 등장하여 결말부 소년이 해피엔딩을 맞을 수 있게 기여한다. 문예봉의 경우 〈지원병〉 외에 〈집 없는 천사〉에서 향린원을 후원하는 목사의 아내로 등장해 가난한 소년들을 끌어안는다. 〈소년 빨치산〉의 귀남모 역할은 과거 문예봉이 연기한 어머니 역할과 비교할 때, 보다 적극적이며 전투적이다. 문예봉은 소년을 보듬어주는 어머니로 등장하는 대신 영화 초반부 소년에게 투철한 애국심을 강조하며 퇴장한다. 그리고 그녀의 죽음이 아들을 각성하게 만든다.

　북한군이 일시적으로 후퇴했던 1950년 10월, 당위원장은 빨치산과 연락하며 소년운동을 지도할 임무를 맡을 소년을 찾고, 이 임무는 창룡에게 주어진다. 인민군이 후퇴한 후 미군의 침탈은 더욱 심해지고, 이들은 농가와 여성을 약탈하는 데 열중한다. 또한 교사 강태식은 미군에 협력하며 마을 사람들을 괴롭히는 데 앞장선다. 한편 경찰은 큰아들을 군대에 보낸 귀남 모를 잡아 가두고, 그녀는 경찰서에서 심한 고문을 받은 아들과 마주한다. 경찰대장은 귀남 모자를 조롱하고, 귀남 모는 큰아들을 격려한 후 경찰대장을 나무라다 총을 맞고 숨을 거둔다. 옆에서 이를 지켜보던 귀남은 이후 창룡 무리에 합류한다. 창룡과 귀남을 비롯한 다섯 명의 소년은 전선주를 끊고, 삐라를 붙이며 미군을 혼란스럽게 만든다. 이들의 친구인 인순은 전화 연결 업무를 맡아 미군의 동향을 주시한다. 그러던 중 소년들의 한 명인 승환이 총을 훔치려다 경찰의 손에 잡히고, 모진 고문을 당한 후 총살당한다. 이후 소년들의 행동은 더욱 대담해져 지뢰와 폭약을 묻거나 술에 취한 치안대원을 응징하기에 이른다. 전황이 급변한 후 궁지에 몰린 미군은 경찰대를 시켜 인민을 대량 학살하려 하나 소년들이 기지를 발휘하고, 이어 인민 군대가 마을에 당도하면서 마을 주민들은 풀려난다. 소년들은 직접 반역자를 총살하고, 전선으로 나가는 인민군을 배웅한다.

감독 윤용규는 〈소년 빨치산〉에 이어 〈빨치산 처녀〉에 이르기까지 인민부대의 활약상, 군대와 마을 주민의 연대를 반복해서 형상화한다. 이 과정에서 애국심을 가진 소년이나 처녀가 청년 남성을 넘어서는 활약을 보이며, 이들이 투철한 애국심을 갖게 된 계기에는 가족이 희생 당한 과거가 놓여 있다. 전쟁 중 제작된 두 영화에는 가혹한 고문 장면이 반복해서 등장하며, 대담한 작전을 시행하던 소년과 처녀는 모두 총살당한다. 두 영화는 전쟁 중 수반될 수밖에 없는 숭고한 희생에 초점을 맞추는데, 이 과정에서 사회주의 연대의 반대편에 있는 미군의 약탈상과 타락상이 지속적으로 배치된다.

〈소년 빨치산〉에서 미군은 잔혹하고 방종하다는 점에서 인민 군대-

〈그림 2〉 영화〈소년 빨치산〉의 문예봉

마을 주민의 반대편에 있다. 특히 이들의 잔혹함은 여자와 아이 등 약자에 대한 학대 장면에서 극대화된다. 영화 속 미군은 부녀자를 희롱하다 뜻대로 되지 않자 바로 총격을 가하고, 총을 훔치다 잡힌 소년 승환을 고문한 후 맨몸으로 나무에 묶고 총살한다. 카메라는 초반부 대규모 학살 장면에서 죽은 어머니의 옆에서 울음을 터뜨리는 간난 아이를 클로즈업하면서 미군에 대한 적개심을 끌어올린다. 극 중 미군의 집무실에는 누드화가 걸려있으며, 이들은 학살에 나서거나 모략을 꾸미지 않을 때는 줄곧 술을 마시고 취해 있는 채로 등장한다.

어린 소년들은 '반미'를 구호로 걸고 투사로 성장한다. 애초 이들의 전략이란 전선주를 끊고 삐라를 붙이는 것이었지만, 그 행동은 점차 대담해서 무기를 훔치거나 치안대원을 살해하고, 종국에는 반역자를 총살하는 것으로 확장된다. 특히 소년 창룡은 승환이 미군에게 잡혔을 때 극도로 침착한 태도를 보이며, 친구들이 동요하는 와중에도 승환이 발설하지 않을 것을 믿고 투쟁을 계속한다는 결정을 내린다. 영화 속에서는 미군이 승환을 총살하는 장면 이후 결말부에서 빨치산 소년들이 변절자를 총살하는 장면이 같은 구도로 연출되면서 복수의 완성을 상징적으로 제시한다.[38]

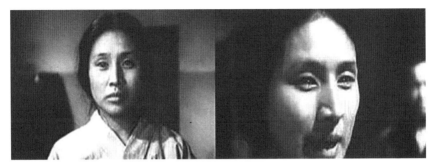

<그림 3> 영화 〈소년 빨치산〉의 문예봉

전쟁 중 제작된 〈소년 빨치산〉의 경우 비장함과 긴장감이 교차되며, 극 초반 귀남 모의 장렬한 죽음이 아들의 성장에 계기를 부여한다. 문예봉이 등장하는 것은 총 세 장면이다. 먼저 귀남 모는 봇짐을 들고 아들과 함께 길을 걸으며 등장한다. 이어 치안대는 큰아들의 행방을 물으며 귀남 모를 농락하고, 이들을 의연하게 노려보던 어머니는 귀남과 함께 경찰대에 끌려간다.[39] 이후 경찰대에 간 귀남 모는 행방이 불분명했던 큰아들과 마주하고, 그가 다시 투옥되자 강한 어조로 경찰대장을 꾸짖다 총을 맞고 숨을 거둔다. 영화 속에서 문예봉은 시종일관 결연한 모습으로 등장해 두 아들에게 용기를 북돋아 주고, 변절자들과 대립한다. 극 중 귀남 모는 고개를 높이 들고 치안대를 노려보며 준엄하게 이들을 꾸짖는다. 문예봉은 이같은 연기 방식을 통해 투철한 사상성을 가진 어머니의 형상을 드러내고자 했다.

시종일관 결연하던 귀남 모는 경찰서에서 붙잡혀간 큰아들과 마주한 후 처음으로 망연자실한 표정을 지으며 어머니로서 갖는 애처로움을 드러낸다. 하지만 아들과의 상봉 후 표정을 가다듬고 한층 격렬하게 치안대장을 꾸짖는다. 카메라는 흔들리지 않고 인민의 적을 비판하는 문예봉의 얼굴을 수 차례 클로즈업한다. 귀남 모는 이어 귀남이 회상하는 과거, 곧 북한의 5·1절 행사에서 무대에 선 자신을 보며 웃어주던 자애로운 어머니를 떠올릴 때 등장한다.[40] 이 장면은 해방 후 북한의 발전상을 보여주기 위해 삽입된 동시에 소년이 기억하는 어머니의 이미지를 집약해서 보여준다. 곧 문예봉은 〈소년 빨치산〉에서 투쟁을 불사하는 강인한 어머니인 동시에 자애로운 어머니로서 스크린에 소환된다.

귀남 어머니 넌 어쩌다가 이놈들의 손에 잡혔니?

길룡 어머니, 걱정 마십시오. 저는 노동당원이고 인민 군대 군관입니다. 비겁하게 죽지는 않습니다. 어머니에게 불명예를 끼칠 비겁한 죽음은 안 하겠습니다.

길룡은 동생 귀남이에게도 힘을 준다.

이길룡 귀남아, 넌 형이 무엇을 위해 누구 손에서 죽는다는 것을 잘 기억하고 있거라.

귀남은 말을 못한다.

(…중략…)

경찰대장 왜 아들을 저렇게 길렀어.

귀남 어머니는 감정을 억제하느라고 복잡한 표정을 하다가 머리를 들고 나직한 목소리로 말한다.

귀남 어머니 내 아들이 어떻단 말이요. 너같이 조국도 동포도 모르는 미국

놈들의 개가 되지 않고 떳떳하게 죽는 것을 자랑으로 생각한다.

경찰대장은 빈정댄다.

경찰대장　　그런 자랑 한 번만 더 해봐라.

귀남 어머니　흥, 내게는 아들이 수천만이다. 그 아들들은 너 같은 놈을 잡

　　　　　　　으려구 싸우고 있다.

경찰대장　　이놈의 여편네가 아들을 죄인으로 길러놓구두 무슨 큰 소리

　　　　　　　냐, 큰 소리가!

귀남 어머니　내 아들이 죄인이야? 너 같이 미국 놈의 개질을 하면서 동포

　　　　　　　를 죽이지 않은 것이 죄야? 제 나라 독립을 위해서 목숨바쳐 싸운

　　　　　　　것이 죄냐? 이 돼지보다두 못한 놈아! 오늘은 네가 내 아들을 죽

　　　　　　　였지만 내일은 네가 내 손에 죽을 줄 알아라.

귀남 어머니는 흥분하여 생각나는 대로 불을 토한다.

경찰대장 놈은 자기 감정을 억제하는 체하다가 잔인한 웃음을 띠우더니 발
광적으로 변하여 권총을 빼더니 귀남 어머니를 쏜다.

〈소년 빨치산〉, 183~184면

〈용광로〉의 첫 시사에서 해방 후 인민의 생활을 잘 포착하지 못했다
는 김일성의 지적을 들은 문예봉은 깊은 고민에 빠졌던 것으로 보인다.
이어 〈소년 빨치산〉에 출연하면서 홀로 두 아이들을 투사로 키워내는
어머니의 투쟁정신을 표현하고자 했다. 그런데 이번에는 투쟁정신의 과

도한 묘사가 다시 문제가 됐다. 김일성은 전쟁 중 〈소년 빨치산〉을 관람한 후 전반적으로 작품을 호평했으나 이번에는 어머니 형상이 진실되지 못하다고 지적했다. 아들이 사형장으로 끌려가는데도 눈물을 흘리지 않는, 자식의 죽음 앞에도 지나치게 의연한 어머니 형상이 진실되지 못하다는 것이다. 곧 김일성은 배우의 연기와 관련해 사상의 투철함을 주문하는 동시에 감정적인 자연스러움을 요구한다. 문예봉은 훗날 어머니 형상에 대한 김일성의 지적을 수용한 후, 연기 형상 창조 과정에서 정치성과 예술성의 결합이 얼마나 중요한지 느꼈다고 회고한다.[41] 〈용광로〉에 대한 지적을 통해 터득한 사상성의 형상화는 연기의 정치성과 결부되며, 〈소년 빨치산〉에 대한 비판을 통해 느낀 감정적인 자연스러움은 연기의 예술성과 결부될 수 있다. 문예봉은 김일성의 지적을 수용하는 과정에서 정치성과 예술성의 결합이 곧 자신에게 주어진 과제임을 절감한다. 이같은 인식의 결과는 전쟁 중 사망한 인민 영웅 '조옥희'를 연기한 〈빨치산 처녀〉에 이르러 완성될 수 있었다. 그녀는 월북 후 처음으로 주연을 맡은 영화에서 인민투사의 형상을 깊이 연구한 후 촬영에 임했고, 세심하고도 표현력이 풍부한 연기를 했다는 평가를 받았다.[42] 최초의 공훈 배우이자 인민 배우는 이같은 철저한 자아비판 과정을 통해 비로소 완성될 수 있었다.

주지할 점은 북한 초기 문예봉의 연기에 대한 비판은 주로 '처녀' 그리고 '어머니'의 형상화에 대한 지적에서 비롯되었다는 점이다. 오덕순은 〈내 고향〉 관람 후 해방 후 현실에 맞게 보다 활발하지 못한 문예봉의 연기에 아쉬움을 표했다. 또한 김일성은 〈용광로〉를 보고 어머니의 행동이 해방 후 인민의 생활과 어울리지 않음을 언급한 데 이어, 〈소년 빨치산〉을 보고서는 아들을 잃은 어머니의 형상이 지나치게 경직되어 진실성이 없다고 지적했다. 문예봉은 월북 이후 과거와 마찬가지로 '고운 마음'을 가진 병사의 연인, 조강지처, 현명한 어머니를 번갈아가며 연기했다. 그러나 북한에서는 이상의 인물을 과거와는 '다르게' 표현할 것을 주문했다. 문예봉은 이같은 비판을 토대로 〈빨치산 처녀〉에 이르면 사상성과 예술성이라는 두 가지 목표를 성취하고, 이후 일련의 영화에 조연으로 출연하며 북한 체제에 어울리는 어머니상을 만들어간다. 이상의 여정을 통해, 문예봉은 일제 말기 선전영화의 꽃이었던 과거를 탈각하고 인민 배우로 거듭날 수 있었다.

5. 인민 배우로의 여정에 나타난 반복과 변주

그렇다면 문예봉의 역할과 연기는 해방 이전과 비교할 때, 어떻게 그리고 얼마나 달랐는가. 주목할 점은 북한의 독재자와 평론가가 문예봉의 연기에 '다름'을 요구하고, 그녀가 그 요구에 부응하면서 인민 배우로 자리 잡았음에도 불구하고, 그 근간에 놓인 선전영화 속 여성 인물의 이미지는 여전히 유효했다는 점이다. 물론 북한에서는 지금까지와는 다른 처녀, 다른 아내를 요구했고, 문예봉은 이같은 요구에 부응하기 위해 새로운 연기 형상을 창조하고자 했다. 하지만 그녀는 북한에서도 여전히 좋은 아내, 어머니여야 했으며, 식민지 시기 만들어진 문예봉의 스타 이미지는 북한에서도 활용될 수 있었다.

문예봉의 스타 이미지는 그녀가 고난의 길을 걸을 때 극대화됐다. 문예봉은 월북 이후에도 해방 이전과 마찬가지로 팔려갈 지경에 처한 가난한 농촌 처녀, 남편의 부재 속에서도 의연하게 자식을 길러내는 어머니를 연기한다. 해방된 조국의 현실과 근로자의 사명을 이해하지 못하는 아내로 등장한 〈용광로〉의 경우 문예봉의 필모그래피에서 상대적으로 흥미로운 작품이지만, 여전히 그녀는 조강지처로서 자리 잡고 있다. 살펴본 것처럼 해방과 분단, 그리고 전쟁이라는 격변기를 거치는 과정에서 자연스러운 역할 전환이 이루어질 수 있는 배경에는, 일상과 스크린 위에서 구축된 인고와 헌신이라는 특유의 이미지가 작용했다. 〈내 고향〉의 옥단은 지주 아들의 유혹을 물리치고 연인을 기다리며, 〈용광로〉의 용숙은 무지하지만 늘 남편의 도시락을 들고 연구실로 향한다. 〈소년 빨치산〉의 귀남 모의 경우 군대에 간 아들을 기다리며 경찰의 협박과 맞선다. 그렇게 문예봉은 조선의 딸, 어머니로서의 스타 이미지를 북한에서 변주, 재생산했다.

주목할 것은 북한에서 여배우의 섹슈얼리티가 다루어지는 방식이다. 식민지 시기 출연작과 마찬가지로 북한영화 속에서도, 극 중 악인들은 문예봉이 연기한 여성 인물을 유혹하려 들며 그녀는 이를 단호히 거절하고 신념을 지킨다. 〈내 고향〉에서 지주의 아들은 관필의 부재를 틈타 재차 옥단에게 접근하나 그녀는 유혹을 거부한 채 징용을 간다. 그리고 옥단은 '순결한' 몸으로 무사히 돌아와 마을 재건에 앞장선다. 〈소년 빨치산〉에서도 아들과 함께 걸어가는 귀남 모에게 추근거리는 치안대의 모습이 그려진다. 이처럼 북한 초기 예술영화에서 문예봉에게는 남성의 부재 속에서 주변의 유혹을 물리치고 의연하게 상황을 감내하는 처녀, 그리고 어머니의 이미지가 주어졌다. 북한 초기 영화에서 문예봉이 연기한 여성 인물들은 수난 속에서도 육체와 정신을 지켜낸다.[43] 곧 이같은 수난의 깊이를 강조하는 과정에서 기존에 문예봉이 만들었던 연약하고 가련한 스타의 이미지가 재활용되었고, 이는 남성 배우와는 다른 방식으로 그녀가 북한에서 자리 잡을 수 있었던 방식이었다.

　이 글은 북한 정권 수립부터 전쟁 발발에 이르기까지 문예봉이 출연한 영화를 토대로 그녀가 친일의 흔적을 지우고 인민 배우로 거듭날 수 있었던 과정을 확인했다. 이 과정에서 지면상 한계로 전후 문예봉이 출연한 영화는 논의하지 못했다. 기존의 문예봉 연구가 식민지 시기에 집중된 상황에서, 해방 이후부터 1990년대까지 북한영화의 변천을 확인할 수 있는 문예봉의 출연작을 통시적으로 고찰하는 작업은 북한영화사를 재구하는 토대가 될 것이다.

---

* 이 글은 「인민 '여'배우의 탄생－해방-전쟁기 문예봉의 활동에 대한 소고」, 『여성문학연구』 43, 한국여성문학학회, 2018을 수정·보완했다.

제3장 ———— 최초의 여성 감독 박남옥이 형상화한 전후戰後

1. 최초의 여성 영화감독 박남옥

2018년 한국 영상자료원에서는 '아름다운 생존'이라는 제목의 기획 전시2018.12.5~15를 마련했다. 이 전시는 총 6인박남옥, 홍은원, 최은희, 황혜미, 이미례, 임순례의 여성 감독이 보여주었던 자취를 조명했다. 이 중 박남옥1923~2017은 여성 영화감독의 첫 번째 자리에 오는 인물로, 알려진 것처럼 '최초의 여성 영화감독'이다. 그녀가 남긴 작품은 〈미망인〉1955 한 편뿐이지만, 2018년 충무로에서 여전히 여성 감독의 설 자리가 좁다는 점을 감안하면 '선구자'로서 박남옥이 여성 영화인들에게 미친 영향은 아무리 강조해도 지나치지 않을 것이다.

『여성 영화인 사전』에 따르면, 영화 배우 김신재의 열렬한 팬이었던 박남옥은 해방 이후 친구의 남편이던 윤용규 감독의 소개를 통해 조선 영화사 촬영소에서 일한 것을 계기로 영화계에 입문했다. 그리고 전창근, 홍은원 등 동료 영화인의 도움 및 친언니에게 돈을 빌려 어렵게 영화 〈미망인〉을 완성한다. 당시 그녀는 갓 태어난 딸을 봐줄 사람이 없어 아이를 업고 촬영장에 나가야 했다.[1] 박남옥이 본격적으로 주목받은 것은 제1회 여성영화제에 〈미망인〉이 상영되면서부터이며, 감독의 영화세계와 관련한 연구로는 변재란의 글에 주목할 수 있다. 변재란의 경우 박남옥의 〈미망인〉과 역시 여성 감독 홍은원의 〈여판사〉1962를 비교하며, 〈미망인〉과 관련해 미망인의 생존 문제를 경제적 여건을 넘어 인간여성의 자존감과 연결 짓고 있다는 점에서 주목할 만한 작품이라 평한다.[2] 이와 함께 박남옥이 사망한 후 외동딸 이경주가 어머니가 써놓은 원고를 출판하면서 자서전 『박남옥 한국 첫 여성 영화감독』이 발간될 수 있었다.[3] 조일동의 경우 이 자서전에 대해 문화와 역사에 관심을 가진 저자의 자기 관찰을 통해 "문화기술지적 해석을 자기 목소리로 모색하는" 책이자, 엄마와 딸 간의 세대 사이의 동료의식이 더해진 자기기술이라 평가한다.[4] 박지연은 여성 영화감독의 출발점에서 시작해 박남옥의 영화세계와 영화 〈미망인〉을 〈자유부인〉 등 1950년대 아프레-걸apres-girl 담론과 관련된 영화 안에서 조명한다.[5] 한영석·유지나는 〈미망인〉 속 카메라의 시선, 몽타주에 초점을 맞춰 후반 10분 사운드가 소실된 영화를 현대적 시선에서 재해석한다. 그 외 정종화는 박남옥의 사망 직후 박남옥이 남긴 영화사적 의의를 조명하는 짧은 글을 발표했다.[6]

살펴본 것처럼 박남옥에 대한 본격적인 연구는 변재란의 글뿐이다. 여성 영화인의 계보뿐만 아니라 영화사적 관점에서도 박남옥은 주목해야 할 인물이지만, 정작 그녀의 영화와 활동에 대해서는 충분한 연구가 이루어지지 않았다. 물론 이는 박남옥이 〈미망인〉 이후로 연출을 더 이상 할 수 없었던 상황과 관련된다. 그러나 전후 현실을 재현하는 방식의 차별성, 그리고 이후 영화잡지 발간으로 이어진 박남옥의 여적 등을 감안한다면, 그녀의 영화세계에 좀 더 세밀하게 접근할 필요가 있다.[7]

박남옥이 이화여전 출신이라는 것은 많이 알려져 있지 않다. 그러나 박남옥의 자서전에서 '이화여전'은 전시동원기와 해방 이후의 행적을 일괄하는 챕터의 소제목으로 배치되어 있다. 알려진 것처럼 경북 영천 출신이었던 박남옥은 대구로 이주한 후 스포츠에 탁월한 재능을 보였다. 박남옥은 일본의 우에노 미술학교에 진학하기를 희망했으나 보수적인 아버지의 반대에 밀려 이화여전 가정과에 입학한다. 그녀는 이화여전 생활을 회고하며 기숙사에 거주했던 일, 학교 앞을 지나 염춘교 앞 책방에서 영화 서적을 구매했던 일, 기숙사 생활 중 김옥길 장관을 만났던 일 등을 회고한다. 영화 책을 사러 다니고 배우 김신재를 직접 보기도 했던 이화여전 시절은 감독 개인에게 의미 있는 시간이었던 것으로 보인다. 그러나 늘 남자 같은 자신이 가사에 대해 잘 배울 수 있을까 의문을 가지던 차에, 침대 위에 붙인 영화 포스터 때문에 사감 선생에게 혼이 난 후 학교에 정이 떨어졌다고 회고한다. 이후 다시 미술 공부를 해야겠다고 생각하고 대구로 내려왔으나, 일제 말기에 무엇인가를 시도하는 것은 불가능했다. 그리고 박남옥의 학력은 '이화여전 중퇴'로 남았다.

박남옥이 자서전에서 인상 깊은 인물이라 언급하는 것은 대부분 여성이다. 그녀는 김신재의 열성적인 팬이었고, 김신재의 집이 있던 돈암동 근처에 하숙을 얻기도 했다. 또한 당시 수많은 예술인들이 거주하던 돈암동에서, 박남옥에게 강렬한 인상을 남긴 것은 남성 배우나 감독이 아닌 "수수한 차림에 조각같이 수려한 옆얼굴을 가진 문예봉"110면이었다. 이화여전 재학 시절 박남옥의 시선을 붙든 것 역시 가정학과에서 학생들을 가르치던 교육자 최이순이었다. 곧 박남옥이 주목했던 것은 늘 여성의 얼굴이었다는 점을 감안하면, 그녀의 처음이자 유일한 영화가 미망인의 욕망을 다루고 있다는 점은 자연스러운 귀결이었다.

2. 영화 〈미망인〉에 나타난 여성 감독의 정체성

언급한 것처럼 영화 〈미망인〉은 박남옥의 친언니로부터 투자를 받아 완성될 수 있었고, 제작은 평소 인연이 있었던 작가 겸 감독 전창근이 맡았다. 시나리오는 박남옥의 남편 이보라가 맡았으며, 극 중 미망인을 연기한 것은 1950~1960년대 수 편의 영화에 역시 '미망인'으로 출연해 이들의 생리와 욕망을 보여주었던 배우 이민자였다.

영화 시작 전 화면에는 "이웃에 이러한 미망인이 있었다. 수렁에 빠졌을 때라도 그는 해바라기였다"는 자막이 삽입된다. 그리고 영화는 전후 극빈한 현실 속에서 학교에 가지 않겠다는 어린 딸을 달래는 미망인 신信을 비춘다. 신은 남편이 사망한 상황에서 죽은 남편의 친구인 사장으로부터 경제적 도움을 받는다. 사장의 처는 신을 찾아와 모욕을 하지만, 신은 오히려 꿋꿋하게 남편 친구와의 교감을 이어간다. 남편의 마음이 다른 곳에 있다는 것을 안 사장의 처는 젊은 남자인 택과의 밀회로 분출구를 마련한다. 이 와중에 해수욕장에서 신이 한 눈을 판 사이 딸이 물에 빠지는 사고가 벌어진다. 이때 택이 신의 딸을 구해주고, 신과 택 사이에 교감이 생긴다. 택은 사장의 처와의 관계를 정리한 후 신과 함께 살고, 신은 딸과 택의 사이가 껄끄러워지자 딸을 다른 집에 맡겨 버린 후 완전히 외면하지도 못한다. 한편 택은 전쟁 중 헤어진 옛 연인과 만난 후 그녀와 동거하고, 신은 술로 날을 보내다 택을 찾아가 칼을 들게 된다.

현재 확인할 수 있는 〈미망인〉의 필름은 결말부가 소실된 상태이며, 그마저도 영화 뒷부분의 사운드는 유실되었다. 따라서 영화의 정확한 결말을 확인할 수 없다. 다만 박남옥은 자서전을 통해 영화의 라스트신은 주인공 신이 아이를 데리고 꿋꿋이 살기 위해 리어카에 짐을 싣고 이사를 떠나는 장면이라 설명한다. 이를 통해 신은 택을 향한 욕망 때문에 파국 직전으로 치닫지만, 종국에 딸을 생각해 마음을 다잡고 새 출발을 하는 방식으로 영화가 현실과 타협했음을 짐작할 수 있다.

전후 개인적 욕망 때문에 가정을 등졌던 여자의 이야기는 영화로도 만들어졌던 〈자유부인〉등의 텍스트를 통해 접해 온 것이다. 박남옥의 기록을 보면 〈미망인〉의 신은, 종국에 〈자유부인〉의 오선영과 마찬가지로 자신을 기다리는 아이의 곁으로 돌아온다. 하지만 여기에는 중요한 차이가 있다. 감독 한형모는 〈자유부인〉을 연출하며 오선영과 장태연을 각각 아메리카니즘과 한국적 전통에 두고, 전후의 환락적 대중문화를 전시하는 과정에 오선영을 배치한다. 반면 박남옥은 전후의 풍경이 아닌 여성-개인의 욕망에 주목한다. 특히 여성에 대한 이해를 바탕으로 주인공 신뿐만 아니라 사장 부인과 이웃 여자 등 남편의 유무와 상관없이 혼란기를 버텨나가야 하는 다양한 여성들의 욕망을 비춘다.

〈미망인〉에서 애정관계는 다섯 명의 등장인물을 중심으로 다양하게 얽혀 있다. 사장은 신을 사모하고, 사장 부인은 남편에게 지쳐 택에게 애정을 갈구하지만, 이마저 외면당한 후 남편과 관계를 유지하는 길을 택한다. 신의 경우 사장의 구애를 거절하고, 택의 등장 이후 딸에게 '아빠'를 만들어주겠다며 노골적인 애정을 과시하지만 그의 마음이 돌아서자 나락으로 떨어진다. 사장 부인과 신을 거쳤던 택은 옛 애인과 상봉한 후 신을 잊고 무한한 행복에 빠진다.

영화에서 흥미로운 점은 전후 여성 인물의 욕망과 혼란을 묘사하는 방식이다. 먼저 주인공 신은 남편의 친구인 사장과 식사도 하고 경제적 지원도 받지만 그의 애정 공세는 교묘하게 거절하며 이혼 역시 만류한다. 신은 택과 동거를 시작한 후에도 사장의 지원을 받아 양장점을 연다.

관련하여 감독은 신이 사장과 만나기 전 거울을 보는 장면을 비춘다. 영화 속에서는 신이 거울을 보는 장면이 재차 등장한다. 그녀는 사장과의 관계를 발전시킬 생각은 없지만, 그에게 잘 보이고 싶어 한다. 또한 신은 딸에 대한 모성애를 갖고 있지만 택을 놓지 않으려 한다. 신은 결국 택을 위해 "나도 귀찮아"라고 말한 후 딸을 다른 집에 보내버리지만, 완전히 딸을 잊지 못하고 다시 찾아가는 입체적 인물이다. 신과 택이 딸이 물에 빠지는 사건을 계기로 만나게 됐다는 점도 흥미롭다. 신은 해수욕장에서 '한 눈을 팔다'가 딸이 물에 빠지는 것을 보지 못한다. 해수욕장 시퀀스에서 신은 혼자만의 생각에 잠기기 전 이웃 여자가 남자와 함께 걸어가는 뒷모습을 물끄러미 지켜본다. 곧 신은 모든 남성에게 매력적으로 보이기를 원하며, 강한 성적 욕망을 갖고 있으나 모성애를 완전히 버리지도 못하는 복합적 형상으로 등장한다. 언급한 것처럼 〈미망인〉의 시나리오를 쓴 것은 박남옥의 남편이었던 이보라다. 곧 이같은 설정은 시나리오에 있었던 것이지만, 박남옥은 섬세한 연출을 통해 신의 환희와 고독, 그리고 괴로움의 순간을 담아낸다. 실례로 감독은 교차 편집을 통해, 택의 벗은 몸과 딸의 눈물 흘리는 모습을 번갈아가며 떠올리며 괴로워하는 신의 내면 심리를 효과적으로 표현한다.

〈미망인〉에는 신과 사장 부인이 젊은 택의 몸을 쓰다듬는 장면이 반복해서 등장한다. 특히 세 남녀가 해수욕장에서 맞닥뜨렸을 때, 택은 수영복만 입은 채 몸을 드러내고 있고 검은 한복을 입은 신은 딸을 되찾은 후 택의 몸을 응시한다. 사장 부인을 형상화하는 방식도 흥미롭다. 그녀는 초반부 신을 경계하기 위해 찾아왔지만, 이후 남편에 맞서 자신도 일탈을 감행한다. 사장 부인은 해수욕장에서 젊은 택과 함께 수영복을 입은 채 서로의 몸을 어루만지고, 이후에도 신에게 간 택에게 강한 집착을 보인다. 사장 부인은 성적 욕망을 적극적으로 드러내는 데서 한 발 더 나아가, "가정의 질서"를 이야기하는 남편을 조롱하며 돈을 달라고 당당하게 요구하는 등 가부장의 세계를 부정한다. 사장 부인 역시 결국에는 가정으로 돌아가지만, 먼저 일탈을 감행한 남편을 비난하고 가정의 질서를 부정함으로써 전복적 여성상을 구축한다.

이처럼 복합적인 여성 캐릭터가 등장하는 반면, 신에게 이성적으로 끌리는 사장과 여성 간의 갈등을 조장하는 택의 캐릭터는 단선적이다. 사장은 일탈 후 다시금 가정의 질서를 세우려는 익숙한 가부장의 모습이며, 세 명의 여자와 관계를 맺는 택의 경우 욕망의 대상 이상의 의미를 갖지 못한다. 결말부 택이 옛 애인과 재회한 후 두 사람이 다시 사랑을 확인하는 시퀀스가 길게 삽입되어 있지만, 그는 여성이 주가 된 서사 속에서 주체성을 잃어버린다.

〈미망인〉에는 신과 이웃 여자가 맥주를 마시는 장면이 등장한다. 그런데 이 장면은 〈자유부인〉 등의 영화에도 등장하는 여성 음주 장면과 차별화된 의미망을 획득한다. 〈미망인〉에서 두 여자가 술을 마시는 장면은 일탈의 현장이 아닌 일상적 고민을 공유하고 교감을 확보하는 과정에서 삽입된다. 여기서 신과 이웃 여자 사이에는 일종의 자매애가 형성되며, 택이 떠난 후 의지할 곳 없었던 신은 그녀를 통해 위로를 받는다.

이처럼 결론은 역시 가정으로의 귀환이며 개방적으로 보였던 이웃 여자 역시 결혼에 대한 소망을 드러내지만, 〈미망인〉은 여성 캐릭터 묘사와 관련해 시대적 전형성을 넘어선다. 신은 양장점을 연 후 택을 위해 열심히 재봉질을 하고, 그가 돌아오지 않자 적극적으로 찾아 나서는 등 물질과 사랑을 모두 적극적으로 갈구한다. 또한 신은 '죄 많은 여인'이지만, 제작진은 그녀를 징벌하는 대신 "이웃에 있는 이러한 미망인"이 다시 지난한 삶을 살아가는 과정을 비춘다. 극 중 신과 이웃 여자는 담배를 피우고 술을 마시며, 자신의 욕망을 해소해 줄 남자를 찾는다. 그런데 감독은 그런 여자들이 바로 우리 이웃에 있는 미망인이라고 말한다. 이처럼 모성성에 대한 신화를 넘어, 여성의 일상과 욕망을 여성 감독의 시선을 통해 다각적으로 조명했다는 점에서 〈미망인〉은 다시금 논의될 필요가 있다.

영화 속에는 아이를 업은 어머니들의 모습이 풍경처럼 등장한다. 박남옥 역시 〈미망인〉의 촬영장에 아이를 업고 나섰다. 박남옥은 자서전에서 촬영 도중 촬영기를 빌리기 위해 아이를 데리고 기차를 탔던 당시의 당혹스러움을 다음과 같이 회고한다.

창밖으로 아이를 던지고 싶었다. 영화가 뭐길래. 눈물이 왈칵 쏟아졌다. 내 팔다리가 무감각해지고 온 힘이 쑥 빠져 가물가물 정신이 나가려고 할 때 그렇게 울어대던 아이도 울음을 멈추었다. 엄마인 내가 이 지경이니 아이도 배가 고프고 울 만도 했다. 지금 부산에서 미스터 정과 젊은 촬영 조수, 스태프진은 촬영기가 없는데 무엇을 하고 있을까. 그들 대신 내가 하루 만에 훌쩍 갔다 오겠다던 생각이 너무 경솔했음을 확실하게 깨달았다. 진주-마산 간 완행열차 속에서의 그 고통을 나는 지금까지 잊지 못하고 있다.[8]

모성애와 예술혼 사이에서 감독이 느꼈던 괴로움은 〈미망인〉에 어떤 방식으로든 투여되었을 것이다. 관련하여 영화 속에서 신의 딸로 출연한 배우는 남편 이보라와 전처 사이의 딸이었다. 인용문에서 "창밖으로 아이를 던지고 싶었다"는 심리는 신이 어린 딸을 외면하고 싶었던 상황과 맞물려 있으리라 보인다. 영화 촬영이 종료된 이후, 박남옥은 여자의 작품을 녹음해 줄 수 없다는 스튜디오의 반응에 좌절해야 했고, 편집이 완료된 후 직접 지방 영화 배급업자와 계약을 맺는 등 영화 홍보와 상영을 위해 발로 뛰어야만 했다. 하지만 영화의 흥행은 순조롭지 못했고, 영화 일로 가정을 돌볼 수 없었던 차에 남편 이보라로부터 이혼 통보를 받게 된다. 그렇게 박남옥의 첫 영화 제작과 상영은 마무리됐고, 이후 그녀는 더 이상 영화를 만들지 못한다.

3. 잡지 『씨네마팬』으로 이어간 영화 열정

감독 일을 더 이상 하지 않았다고 해서 영화인으로서의 활동이 종료된 것은 아니었다. 그녀는 계속 영화계 인사와 교류하며 각종 행사에 참여했고, 특히 영화잡지 『씨네마팬』의 주간 겸 발행을 맡으며 영화계와의 연을 이어 나간다. 박남옥은 자서전에서 『씨네마팬』의 발간 경위에 대해 다음과 같이 언급한다.

입사한 지 2년이 지날 무렵, 얌전히 일만 하고 있는 나에게 '아시아영화제' 라는 것이 생겨 제7회를 동경에서 연다는 얘기가 들려왔다. 나는 또 발동이 걸렸다. '밀선 타고 가려다 실패했던 그 동경에 가봐야지! 영화잡지를 발간하자!'
이렇게 나는 『씨네마팬』이라는 영화잡지를 발간하였고, 첫 표지에는 〈누구를 위하여 종은 울리나〉의 잉그리드 버그먼이 눈물 흘리는 얼굴을 실었다. 그런데 인쇄가 잘못 나와 너무 속상했다. 동아출판사의 좋은 설비와 기계로 인쇄했으면 물론 잘 나왔겠지만, 영화잡지 발간은 관리과 일을 하면서 몰래 병행하는 일이었기 때문에 다른 오프셋 공장에서 표지를 인쇄했던 것이다.[9]

당시 박남옥은 형부가 운영하던 동아출판사에 다니고 있었고, 출판 관리와 잡지 발간을 병행했다. 현재『씨네마팬』은 서지학자 엄동섭이 2호^{1960년 1월 발행}를 소장하고 있으며, 한국영상자료원 홈페이지 '한국영화 사료관' 코너를 통해 총 3호^{1960년 2월 발행}, 5호^{1960년 4월 발행}, 8호^{1960년 7월 발행}를 열람할 수 있다. 이 중 잡지의 편집후기는 곧 박남옥의 발간 취지와 직결된다고 간주해도 무리는 없을 것이다.『씨네마팬』은 해방 후 10년간 발표된 걸작선을 소개하고, 세계 영화 장르를 분석하는 등 국내외 영화계를 충실히 아우르고자 했다. 특히 5호에는 '나와 영화인 교우록', '세계의 화제', '스타 최은희' 등 총 세 개의 특집을 배치해 영화계 인사의 교류 현황, 세계 영화계의 동향, 스타에 대한 세밀한 탐구를 동시에 진행했다. 관련하여 5호 말미에는 주간 박남옥이 2월 말 제7회 아시아영화제 한국 대표로 참가해「영화제 특보」를 독점하여 보낼 것을 약속한다는 내용의 사고^{社告}가 실려 있다. 현재 잡지 6호를 확인할 수 없는 상황에서, 박남옥이 목격한 국제 영화제가 어떤 식으로 잡지에 실렸는지는 확인할 수 없다. 다만 애초 잡지의 발간 동기는 '아시아영화제'였으며, 박남옥은 세계 영화 시장 속에서 한국영화의 위치를 확인하고자 하는 목적으로 영화제 참가와 잡지 발간을 기획했음을 확인할 수 있다.

잡지의 발간이 언제까지 이어졌는지는 파악할 수 없다. 잡지의 발행과 영화제 참가가 관련되어 있었음을 감안할 때, 박남옥이 영화제에 참여한 후 관련 기록을 잡지에 실었다면 소기의 목적은 달성했음을 알 수 있다.『씨네마팬』8호부터 박남옥은 주간이 아닌 발행인의 자격으로만 이름을 올렸으며, 편집후기에는 편집부 전체가 교체되었다는 언급이 있다. 그렇다면 편집주간으로서 박남옥의 흔적을 확인할 수 있는 것은 창간호부터 7호까지일 것이다.

이 중 2호에는 김신재과 그녀의 오랜 팬과의 교류를 담은 글과 박남옥의 좋은 친구이자 한국영화사 속 두 번째 여성 감독인 홍은원에 대한 인터뷰 기사를 확인할 수 있다. 흥미로운 점은 이 중 김신재와 그녀의 오랜 팬 소원素苑의 우정을 담은 「다시없는 기적 – 팬레터가 맺어준 우정 애정?」은, 박남옥이 자서전을 통해 털어놓았던 그녀와 김신재의 이야기라는 점이다. 기사 속에서 김신재에게 팬레터를 보낸 일, 그녀를 따라 돈암동에 하숙을 얻은 일, 6·25 이후 다시 상봉한 일 등 기사에 소개된 스타와 팬의 사연은 곧 김신재와 박남옥의 이야기다. 이처럼 『씨네마팬』의 주간 박남옥은 자신의 이름을 드러내지 않고 김신재와의 오랜 인연을 공개한다. 관련하여 이 기획에는 김신재와 본인의 이야기 외에, 스타 최은희와 그녀의 오랜 팬 김정화의 사례도 함께 실려 있다. 해당 사례는 모두 여성 팬과 여성 스타의 이야기다. 박남옥은 그렇게 팬과 스타 사이에 맺어진 여성 유대를 전달하는 기사를 배치한다.

이와 함께 김진우가 「영화하는 여성군女性群」이라는 제목으로 시나리오 작가 홍은원의 영화 열정을 논하는 인터뷰 기사에는, 그녀의 영화세계와 지향점이 드러나 있다. 홍은원은 이 인터뷰를 통해 "남자들이 다룰 수 없는 여자의 세계를 예리하게 해부해서 다루어보겠다"는 포부를 언급한다. 애초 '영화하는 여성군'은 연재 기획으로 마련되었고, 그 중 첫 번째가 〈여판사〉를 만들기 전 남한의 유일한 여성 시나리오 작가로 활동했던 홍은원이었다. 그리고 인터뷰 앞에는 다음과 같은 설명이 실려 있다.

영화하는 여성…….
그러나 여기서 말하는 것은 은막 뒤에 숨어서 일하는 여성이다.

감독, 스크립타아, 편집, 그밖에 더 들어 봐야 그리 많지 않다.

여기 홍일점 시나리오 라이터가 있다. 영화 연륜 십삼┼三 년이지만 영화하는 동안만은 모든 것을 잊어버린다는 홍은원洪恩遠 양…….[10]

이 구절을 쓴 것이 박남옥인지 기사를 작성한 김진우인지는 분명하지 않다. 다만 최초의 여성 영화감독으로서 '영화하는 여성군'에 대한 특집을 마련하는 것은 주간 박남옥의 취지였음이 분명해 보인다. 그리고 박남옥은 그 첫 번째 인물로 몇 편의 시나리오를 쓰고 각색을 담당했으나 영화화된 것은 〈유정무정〉[1959] 단 한 편뿐이었던 자신의 친구 홍은원을 낙점한다. 박남옥은 그렇게 잡지 발행을 통해 영화, 그리고 여성 영화인에 대한 애착을 지켜 나갔다. 그리고 『씨네마팬』 발간이 종료되고 출판사 업무에 집중하다 1980년 도미渡美한 이후에도, 김신재, 홍은원, 최은희 등 여성 동료와의 유대관계를 굳게 지켜 나간다.

4. 여성 감독의 존재론

박남옥은 첫 연출작 〈미망인〉을 통해 전후 가난한 미망인의 생리와 육체적 욕망을 섬세하게 형상화했고, 또한 영화잡지의 발행과 편집 주간을 맡으며 국내외 영화계 동향을 소개하는 가운데 여성 스타와 팬의 관계, 그리고 여성 영화인의 동향 등에 주목했다. 언급한 것처럼 〈미망인〉은 1950년대 영화계를 이야기할 때 줄곧 언급되는 작품이지만, 오히려 텍스트에 대한 담론은 충분히 진행되지 않았고, 박남옥과 『씨네마팬』의 관계에 대한 논의는 전무한 실정이다.

박남옥에 대한 가장 익숙한 이미지는 딸을 들쳐 업고 카메라를 응시하는 모습이다. 관련하여 1950년대 중반 영화의 분업화가 제대로 갖추어지지 않은 상황에서, 어린 딸을 둔 감독은 연출과 편집, 배급과 홍보를 모두 담당해야 했다. 또한 여자라는 이유로 녹음실을 확보하지 못하는 수난도 겪었다. 그렇게 〈미망인〉이 완성됐고 당시에는 흥행에 실패했지만, 영화는 당대 여성의 심리를 어느 작품보다 세심하게 담아낸 텍스트로서 논의할 가치가 있다. 이와 함께 발행분을 모두 확보하지 못했음에도, 앞으로 『씨네마팬』을 통해 박남옥이 구현하고자 했던 영화세계에 대한 연구가 가능할 것이다.

영화잡지 『씨네21』은 2018년 영상자료원 전시와 맞물려 여성영화 감독의 영화세계를 일괄하는 특집을 마련했다.[11] 박남옥이 대략 60년 전 잡지를 통해 '영화하는 여성군'의 특집을 마련한 것을 감안하면, 자료의 한계를 감안해도 여성영화인을 재조명하는 논의는 너무 늦게 이뤄지는 감이 있다. 그럼에도 영화계의 소재 편중과 여성영화 인력의 활용 문제 및 영화계 내부의 자정운동에 대한 공론화가 이어지고 있는 이 시점에서, 박남옥의 영화 여정을 다시금 조명하는 일은 한국영화사를 다시금 읽고 쓰는 작업의 시발점이 될 것이다.

* 이 글은 「한국 첫 여성 감독 박남옥의 영화세계」, 『이화어문연구』 45, 이화어문학회, 2018을 수정·보완했다.

제5부

남북한 체제 경쟁의
지정학과 젠더

제1장_ 1970년대 북한영화 속 도시 재현과 냉전의 심상지리

제2장_ 재구성된 실화와 로컬화된 섹스
1970년대 여성 포로수용소를 다룬 영화들

제1장 ─────────────── 1970년대 북한영화 속
도시 재현과 냉전의 심상지리

1. 데탕트 전후의 북한영화

이 글은 전세계적으로 '데탕트'의 분위기가 조성되었지만 한반도 내
에서는 체제 경쟁이 극심해지던 1970년대, 동시기 북한영화에 나타난
심상지리의 양상을 살펴보고자 한다. 지정학은 영토를 통제하고 쟁취하
려는 행위이자 세계를 '보는' 방식[1]으로 규정될 수 있는데, 이는 상상에
입각한 심리적 지리 배치와 연관되는 '심상지리imagined geography'와 결부
된다. 이를 감안해, 이 글은 1970년대 북한 내 냉전구도의 변화에 대한
인식이 영화 속에서 도시를 재현할 때 어떻게 드러나는지를 규명할 것
이다. 주지하다시피 1970년대 초반은 닉슨독트린[1969] 이후 동서 간 국제
적 화해의 분위기가 고조되고 탈냉전 기류가 본격화되던 시기였다.[2] 미
국과 중국 및 소련의 관계 개선은 동북아시아 역학관계의 변화로 이어
졌으며, 이에 따라 박정희 정권은 1960년대 표방한 선건설 후통일론 대
신 단계론, 교류협력론 또는 평화공존론으로 방향을 선회했다.[3] 이처럼
두 정권은 국제적 화해 분위기와 맞물려 7·4남북공동성명을 발표하며
분단 후 처음으로 남북대화의 통로를 마련했지만, 대화는 진전되지 못

한 채 1년 여 만¹⁹⁷³·⁸에 중단됐다.⁴ 같은 해 10월 남한은 유신 체제를 선포했고, 열흘 뒤 북한은 최고인민회의를 열어 권력구조의 재편을 포함한 새로운 헌법을 제정했다.

특히 이 시기는 외부적으로 외형적 근대화를 완성한 남북한의 정권이 본격적으로 체제 경쟁에 돌입하고 내부 권력 구조를 강화하기 위한 방편을 모색하던 시점이었다. 이에 따라 양국은 국가적 사상 정비를 위해 미디어를 활용하여 독재 권력을 절대화하는 동시에 상대 체제를 비판하는 작업을 이어갔다. 남한의 경우 박정희의 일인 독재가 장기화되어가고 유신 체제가 성립되는 과정에서 영화, TV드라마 등을 동원해 반공 메시지를 강화했다. 북한 역시 남한의 부정부패를 비판하는 일련의 선전물을 마련해 북한 체제의 경제적, 도덕적 우위를 강조했다.⁵ 북한영화 〈금희와 은희의 운명〉¹⁹⁷⁴ 또한 데탕트 이후 체제 경쟁의 심화 속에서 제작된 영화였다.⁶

남한의 경우 10월 유신을 전후하여 제4차 영화법이 선포¹⁹⁷³되고, 1970년대 초반부터 '반공영화' 지원의 필요성을 역설하는 논의들이 등장한다.⁷ 특히 1973년 개정 영화법 발표 이후 문공부가 우수영화 선정에 관여하게 되면서 '반공승화'를 기반으로 한 작품을 지원할 수 있는 제도적 기반이 열리게 됐다.⁸ '반공'을 내세운 영화 특별수사본부 시리즈 연작의 제작이나 흥행 여부와는 별개로 〈증언〉¹⁹⁷³, 〈아내들의 행진〉¹⁹⁷⁴ 등 영화진흥공사가 관여한 국책영화의 제작은 이같은 시대적 배경하에서 가능할 수 있었다.⁹

북한영화사의 시기 구분에 따르면, 1967~1974년은 "당의 유일사상을 구현하기 위한 투쟁의 시기"로, 1974~1986년은 "온 사회의 주체사상화의 시기"로 요약된다. 그 분기점에는 1973년 발표된 『영화예술론』

이 자리하는데, 알려진 것처럼 김정일의 이 저서는 영화예술 건설을 위한 이론을 전면적으로 체계화하고 집대성하였다.[10] 이에 따라 1974년부터는 근로자들의 혁명화, 노동계급화를 취급한 작품들, 3대 혁명전위와 숨은 영웅들, 혁명가 전형을 원형에 의거해 창조한 현실 관련 작품들의 비중이 늘어났다.[11] 이 시기 영화정책의 방향은 김일성주의화의 완성, 항일혁명문예 전통의 계승, 수령 형상 창조, 약동하는 현실 생활의 반영, 인민의 계급적·혁명적 교양, 영화예술 성과의 확산 등으로 요약되는데,[12] 〈금희와 은희의 운명〉은 조국통일을 주제로 하는 동시에 인민의 교양이라는 문제와 직결되는 화두를 담고 있다. 주제별로 북한의 예술영화를 분류할 때, 〈금희와 은희의 운명〉은 〈새〉, 〈봄날의 눈석이〉 등과 함께 '조국통일을 주제로 한 작품'으로 구분된다.[13] 서정남은 북한영화의 내러티브와 관련해, 이 영화를 "광주민주화운동을 소재로 한 〈님을 위한 교양시〉 등과 함께 남한 사회를 비판, 왜곡하기 위해 만들어진 영화"라고 설명한다.[14]

영화의 시나리오는 백인준이 맡았으며, 연출은 박학과 엄길선이 담당했고 인민 배우와 공훈 배우들이 대거 출연했다.[15] 특히 배우 정춘란[16]이 쌍둥이 금희와 은희를 함께 연기하며 극단적인 두 캐릭터를 소화했고, 연주는 평양피바다가극단이 맡았다. 훗날 북한영화사에서는 이 작품을 "생동하고 특색있는 예술적 형상을 통해 개인의 운명을 민족의 운명 문제로 전형화하여 보여주고 조국통일에 대한 우리 인민의 숙원을 깊이 있게 반영한 것으로 영화사적 의의를 가진다"고 평가한다.[17] 〈금희와 은희의 운명〉의 경우 당시 지정학적 상황의 변화에 따라 북중관계가 밀착되면서 〈꽃 파는 처녀〉1972 등과 함께 중국에 수출되어 큰 인기를 끌었다.[18]

관련 연구사로는 다음 문헌이 있다. 먼저 1970년대 북한영화에 나타난 남한의 형상 및 당대 북한영화의 중국 수출과 관련해 다음의 연구 성과가 발표됐다. 김남석은 1950~1970년대 한국전쟁을 소재로 한 북한영화를 분석하면서 작품 속에 반영된 시기 및 텍스트 안에서 형상화된 남한의 이미지를 구분하여 설명하며 북한에서 남한을 보는 시각을 분류하여 조명한다.[19] 또한 황영원은 중국에 수출된 북한영화 목록을 개괄하고, 북한에서 수입된 극영화를 주제 별로 분류하며 당대 중국 문화계에 북한영화가 미친 영향을 포괄적으로 조명하고 있다.[20] 관련하여 류우는 북한과 중국의 영화 교류와 관련해 종파사건1956 이후 본격적으로 중국과 북한의 영화 교류가 이루어졌고, 1960년대 이후 양국의 관계가 밀착되었으며 1956~1966년 사이 양국이 교류한 영화의 주제는 '반제국주의'와 '사회주의 건설'로 요약된다고 설명한다.[21] 그 외 문학에 국한되어 있지만, 김성수는 북한 소설에 나타난 남한 도시의 이미지를 해방 직후, 한국전쟁기, 1960년대 이후로 구분하여 설명한 바 있다.[22]

언급한 것처럼 〈금희와 은희의 운명〉은 1970년대 남북한의 체제 경쟁과 관련해 "미제와 박정희 파쇼 악당들"을 비판하기 위해 만들어졌으며, 궁극적으로 남북통일의 당위성을 강조하고 있다. 이에 따라 남한 사회를 담은 북한영화 중에서도 가장 노골적으로 이를 비난하는 데 치중한다. 흥미로운 점은 영화가 남한 체제를 비난하는 과정에서 그 근거로 성적 타락상을 문제 삼는다는 점이다. 당대 북한의 선전물은 남한의 부정부패상을 비판하는 근거로 일본인을 대상으로 한 매춘 관광과 박정희의 치정관계 등 국가적인 성적 타락을 중점적으로 언급했다.[23] 관련하여 '실화'를 표방한 소문 속 수뇌부의 성적 타락상은 남한의 미디어가 북한 사회를 비판할 때도 중요한 근거가 되기도 했다.[24] 〈금희와 은희의 운명〉의 경우 전체 분량 중 3분의 1 이상이 은희와 그의 가족들이 거주하는 남한 사회를 배경으로 진행되는데, 이때 영화는 술집과 댄스홀이 즐비한 남한의 뒷골목을 비추는 데 집중한다.

이 글은 〈금희와 은희의 운명〉이 남한 사회와 비교해 북한 사회의 근대성을 전시하는 데 초점을 맞춘다. 이 영화는 두 체제를 대비적으로 고찰하는 북한의 계급 교양 기법 중 하나인 '대비 교양 기법'을 활용한 영화로, 당시 북한에서 사상 예술성이 높은 작품이라 평가 받았다.[25] 이를 감안해 영화가 캐릭터를 주조하는 과정에서 북한의 도시를 카메라 안에 담으면서 세트를 구축해 남한 사회의 풍경을 대조적으로 북한 관객에게 보여주는 방식 등을 분석한다. 제2장에서는 영화가 북한 사회의 근대성을 구현하는 양상을, 제3장에서는 영화의 국제적 인기와 관련해 제작진이 대중성을 추구하는 과정에서 스펙터클을 만들어내는 양상을 논의한다. 결론에서는 영화 속 남북의 대비적인 형상화와 텍스트에 대한 다양한 해석 가능성을 설명할 것이다.

2. 〈금희와 은희의 운명〉을 통해 본 근대성의 구현 방식

1) 식민화된 남한의 상정

북한 문헌에 따르면, 당은 〈금희와 은희의 운명〉의 창작을 지도하는 과정에서 금희의 행복한 생활과 은희의 비극적인 생활을 대비적으로 보여주며 보는 사람들로 하여금 조국통일의 당위성을 느끼게 해야 한다고 가르쳤다. 이에 따라 영화는 빈번한 회상과 두 자매의 생활을 대비적으로 교차하여 보여주며 남한의 부패한 사회제도의 본질을 밝히겠다는 목적을 강조하고 있다.[26] 이처럼 두 자매의 상반되는 운명을 보여주는 과정에서, 근대화된 북한의 현재를 강조하기 위해 동원되는 것은 남한의 낙후된 이미지이다. 영화는 풍요롭고 세련된, 근대화된 도시 평양의 풍경을 보여주며 시작한다.

줄거리는 다음과 같다. 북한의 무용수 금희는 미술품 판매점에서 누군가 자신에 대해 이야기를 하는 것을 듣고, 화가인 아버지에게 자신의 출생에 대해 묻는다. 이후 영화는 해방 직후 황폐한 남한으로 옮겨간다. 해방 후 어부인 한병호와 미술학도 옥현산은 강릉에서 어린 쌍둥이를 데리고 있는 작곡가 박몽규를 만난다. 작곡가는 아이들을 예술가로 키우고 싶은 소망이 있지만 고문 후유증에 시달리다 중병을 얻고 숨을 거두며, 한병호와 옥현산이 쌍둥이를 거둔다. 이 중 어부 한병호가 데려간 은희가 남한에서 가난하게 살게 된 반면, 미술학도 옥현산이 데려간 금희는 북으로 가서 근대식 교육을 받는다. 그리고 북한의 금희가 무용수로서 자신의 꿈을 펼치고 살게 된 반면, 남한의 은희는 선주에 의해 술집으로 팔려가 노래를 부르게 된다. 한병호는 딸 은희를 찾으려던 시도가 좌절되자 선주에게 항의하고, 이 과정에서 은희의 오빠가 선주를 살해한다. 한병호는 두 아들을 데리고 바다를 건너 북으로 간다. 이후 은희는 술집을 탈출하는 과정에서 다리 불구가 된 후 극적으로 남한의 어머니, 동생들과 상봉한다. 하지만 이들은 판자촌에서 가난한 삶을 이어간다. 은희의 아버지와 오빠는 북한에서 금희를 만나 은희에 대해 언급하게 되고, 출생의 비밀과 남한에 남은 동생의 사연을 알게 된 금희는 자신을 키워준 북한 사회와 김일성 수령에게 감사하며 은희를 그리워한다.

살펴본 것처럼 영화에서 서사를 추동하는 것은 남한의 가난과 타락상이다. 영화는 남한의 풍경을 수차례에 걸쳐 비춘다. 먼저 극 초반 카메라는 해방 후 미군정이 통치하는 남한을 묘사하며, 이어 1970년대 북한 사회와 대조되는 남한을 사회상을 담는다. 이 모든 묘사는 영화가 궁극적으로 비판하고자 하는 "미제와 박정희 파쇼 악당들"을 비난하기 위해 사용된다.

극 초반 해방 후 남한 사회를 비출 때, 남한은 북한과 비교해 전근대적인 공간으로 묘사된다. 김성수에 따르면 1960년대 이후 북한문학에서 남한의 도시를 다룰 때는 "'지상 락원' 평양과 대비되는 '악과 부정이 판치는 지옥'"으로 묘사한다.[27] 이같은 묘사는 영화 속에서도 반복된다. 제작진이 해방 직후 강릉 어촌을 묘사할 때, 한병호는 남한의 전근대적 어업 시스템 속에서 가난에 허덕이고 있으며 그를 만난 미술학도는 "이북의 김 장군님"이 통치하는 토지 분배를 예찬한다. 쌍둥이의 아버지는 남한에서 교원으로 있다 노래 가사 속 "백두산의 큰 별님"이 문제가 되어 고문을 받은 후 중병을 얻는다. 이때 세 사람이 조우하는 강릉 어촌은 낙후된 시골 마을이며, 어부의 가족들은 선주의 횡포 속에서 가난에 허덕인다. 어부가 은희를 데리고 가족을 찾았을 때, 아들은 "아버지 영숙은 배 아파 죽었어"라고 말을 꺼낸다. 이처럼 극 중 제국주의와 자본주의에 의해 황폐화된 세계 속에서, 아이들은 목숨을 잃고 여자들은 팔려간다. 흥미로운 점은 남한을 묘사할 때 이곳은 자연과 병치된다는 점이다. 〈금희와 은희의 운명〉에서 해방기 남한을 형상화할 때 동원되는 이미지는 퇴락한 어촌이며, 그 가난이 미군정의 통치에서 비롯된 것으로 상정된다.

미술학도 옥현산은 금희가 아프자 남한의 구식 병원을 찾아가지만, 돈이 없다는 이유로 진료를 거절당한 후 금희를 데리고 삼팔선을 넘는다. 이후 북한 병원에서 최신식 의료 서비스를 받은 금희는 건강을 회복한다. 이처럼 영화는 남한을 묘사할 때는 전근대적 자연 혹은 미개발지로, 북한을 묘사할 때는 근대적 기술 발전의 정점을 이룬 도시로 배치한다. 영화는 서사뿐만 아니라 촬영 수법에서도 두 체제를 대비하려는 의도를 강화한다. 당은 영화의 창조과정을 지도하며 두 자매의 운명을 대비적으로 보여줄 것을 주문했고, 촬영을 맡은 정익환은 남과 북의 현실을 색채, 화면 구성면에서 대비시키는 작업을 진행했다. 그는 색채의 대조를 극대화하기 위해 북한 사회의 건설적인 모습을 드러낼 때는 밝은 조명을, 남한 사회를 담을 때는 어둡고 침침한 조명을 사용한다. 이외에도 북한의 무대에서 밝고 명랑하게 춤을 추는 금희와 남조선의 "음침한 카페"에서 노래를 부르는 은희를 대조하기 위해 두 사람의 모습을 색조의 대비 속에 시각화했다.[28]

1970년대 남한 사회는 영화 중반 이후 등장한다. 이때 북한의 창작자들이 상상한 남한의 도시는 사치와 향락으로 얼룩져 있다. 상상 속의 남한 도시는 인위적인 세트로 구현된다. 거리에는 일본어와 영어 간판이 즐비하고, 이곳에서 향락을 갈구하는 사람들과 유흥산업에 종사하는 사람들이 지친 얼굴로 거리를 맴돈다. 제작진은 남한의 도시를 세트로 구현하는 과정에서 'Coca Cola'나 '일본어'란 글씨가 적힌 간판을 노골적으로 전시해 제국주의와 자본주의에 의해 식민화된 남한 사회를 비판하고자 한다. 이처럼 네온사인이 거리를 밝히는 남한의 도시는 북한 관객에게 또 다른 볼거리를 선사할 수 있지만, 서사 안에서 이 도시는 인민을 착취하는 자본주의의 상징으로 구현된다.[29]

〈금희와 은희의 운명〉에서 1970년대 남한의 어촌은 해방기 어부가 처음 도달했을 때와 동일한 모습이다. 도시에서 은희를 구출하지 못한 한병호는 집으로 돌아와 선주를 폭행하고, 은희의 오빠 창식은 그를 살

<그림 1> 양극화가 두드러진 남한 도시의 이면

해한다. 여전히 남한의 어촌은 낙후되어 있고, 계급 차에 입각해 도시와 다르면서도 유사한 방식의 착취가 이뤄진다. 탈출 과정에서 다리를 다친 은희는 목발을 짚고 부모를 찾아 전국을 헤매다 운명적으로 어머니, 그리고 동생들과 상봉한다. 은희의 동생들은 쓰레기통을 뒤지고, 남편과 아들들을 보낸 어머니는 앓아 누워있다. 그리고 남한의 빈민굴을 묘사하기 위해, 제작진은 한 번 더 세트를 마련한다. 은희는 가족들과 상봉했지만 할 수 있는 것이 아무 것도 없는 상황에서 동생들을 안고 힘없이 빈민굴에 앉아 있다. 이처럼 영화 속 세트는 자본주의화된 남한 사회의 이면을 보여주기 위해 주조되었다.

언급한 것처럼 〈금희와 은희의 운명〉은 북한영화 중 남한 사회의 풍경을 가장 적극적으로, 그리고 구체적으로 묘사한 작품이다. 제작진은 두 개의 세트를 구축해 1970년대 북한 사회가 구축하고자 했던 남한 사회의 형상을 묘사하며, 북한과 남한의 공간적 대비는 사회주의 근대화에 입각한 북한 사회의 경제적 발전상을 강조하기 위해 기능한다. 그렇다면 영화 속에서 식민화된 남한 사회와 대비되는 북한, 구체적으로 평양은 어떻게 형상화되는가.

2) 북한의 사회 시스템과 도시 공간의 전시

〈금희와 은희의 운명〉에서 해방기 북한의 풍경은 금희를 맡게 된 옥현산이 삼팔선을 넘으며 등장한다. 자본주의 논리가 지배하는 남한에서 금희가 제대로 된 진료를 받지 못하게 되자, 옥현산은 아이의 치료를 위해 월북을 감행한다. 여기서 카메라는 남한과 북한의 의료체계를 대조적으로 비춘다. 나이 든 의사가 돈을 요구하는 남한의 병원이 과거의 후진적 병원의 진료 시스템을 반복한다면, 선진화된 의료 시스템을 갖추고 있는 북한은 모든 인민에게 의료 서비스를 보장한다. 이때 카메라는 넓고 쾌적한 인민병원의 내부를 비롯해 체계적으로 금희를 관찰하는 의료진의 모습을 클로즈업하며 해방 이후 근대화된 북한의 의료 체계를 예찬한다.

영화 속 북한은 국영화된 의료 시스템, 교육 시스템이 실현되는 유토피아로 그려진다. 이곳에서 인민은 원하는 교육과 의료 서비스를 받을 수 있다. 관련하여 남한에 남은 은희가 교육을 받지 못하고 술집으로 팔려간 것에 반해, 북으로 간 금희는 평등을 제창하는 교육 시스템의 수혜를 입고 무용수로 성장한다. 두 자매 모두 작곡가인 아버지의 영향을 받아 춤과 노래에 재능이 있었지만, 월북을 계기로 금희가 꿈을 실현할 수 있었던 반면 남한의 은희는 비범한 능력이 오히려 독이 되어 비참한 삶을 이어가게 된다.

시나리오를 맡은 백인준은 금희가 은희의 존재를 인식하고, 북한 체제가 남한보다 우월하다는 것을 강조하기 위해 은희 가족의 월북이라는 장치를 삽입한다. 월북한 은희의 오빠는 남한의 실상을 고발하는 '남조선 실록'을 통해 남한에 남은 동생의 소식을 접하고, 동생의 이야기를 소설로 형상화함으로써 금희가 은희의 존재를 인지하고 북한 사회에 감사하는 마음을 갖게 하는 데 기여한다. 남한에 남은 은희는 헤어진 자매 금희의 존재를 끝까지 인지하지 못하는 반면, 금희는 북한에서 발행된 실록을 통해 시선의 우위를 점하고 은희의 일거수일투족을 파악하게 된다.

주목할 점은 은희를 통해 금희가 북한 사회의 우월성을 재인식하는 과정에서 '혁명도시' 평양의 근대화된 도시 풍경이 전시되고 있다는 점이다. 〈금희와 은희의 운명〉은 사건을 추동하는 캐릭터가 두드러지지 않으며, 인물보다 이들을 둘러싼 풍경에 초점을 맞춘 작품이다. 금희는 출생의 비밀을 찾아가는 과정에서 일종의 탐정 역할을 할 수 있지만, 월북한 은희의 가족들이 그녀의 주변을 맴돌며 진실을 알린다는 점에서 타이틀 롤로서 주체적 역할은 희석된다. 술집에 팔려간 은희 또한 자신이 처한 상황에 반감을 갖지만, 자본주의 체제의 문제성을 정면으로 비판하거나 상황의 변화를 도모하는 대신 체제의 희생양으로 남게 된다. 영화 말미에 이르러 빈민굴에서 배고픈 동생을 안고 있는 은희는 온전히 분단 체제의 희생양으로서 존재한다.

〈금희와 은희의 운명〉은 북한의 발전상을 궁극적으로 집약하고 있는 도시 평양을 보여주기 위해 제작된 영화이기도 하다. 실상 영화 속에서 북한의 의료 시스템과 교육 시스템의 수혜를 받은 금희의 형상보다 더 강조되는 것은 당대 북한의 도시 풍경이다.[30] 북한과 남한을 끊임없이 대비시키는 과정에서, 촬영을 맡은 정익환은 화면을 교차해가며 북한의 건설 모습을 중심에 두고 조국이 통일되어야 남한의 동포들과 함께 행복하게 살 수 있다는 메시지를 부각하려 했다. 이에 따라 사회주의 건설이 진행되는 북한의 현재를 보여주기 위해 기념비적인 건물들이 솟아오르고, 아이들이 달려 나오는 모습을 "2중 노출의 기교"로 드러내고자 했다.[31] 또한 연출을 맡은 박학은 북한의 최신식 건물 내외부를 함께 비추며 경제적 발전상을 전시한다. 카메라는 극 초반 금희의 동선을 따라가며 쾌적한 미술품 판매점을 지나 북한의 현대식 건물 내부 그리고 평양의 가정집 풍경을 이어서 비춘다. 이어 은희의 아버지가 월북 후 관할하는 거대한 함선 '백두산호'를 보여주면서 남한의 전근대적 어업 방식과 대비시키며, 정해진 생산량을 초과하여 제품을 생산하는 북한의 공장을 비중 있게 담는다. 무용수인 금희는 산업 현장을 돌아다니며 축하공연을 하면서 은희 가족과의 인연을 만들어 가는데, 이 모든 공간의 이동은 산업 면에서 북한이 남한 사회보다 우위에 있음을 역설하기 위해 배치되어 있다.

그 결과 북한 사회 속 인물들은 평양의 도시와 산업체계를 전시하기 위한 기반이자 도구로서 후경화된다. 〈금희와 은희의 운명〉에는 "사회주의적 계획도시의 전형으로 평양을 국내외에 선전하기 위해 잘 정비되어 있는 광복 거리의 모습"[32]이 여러 차례 전시된다. 결말부에 이르면, 출생의 비밀과 관련된 모든 사실을 알게 된 금희가 북한 사회의 우월성을 재인식하고 평양 거리를 활보하는 장면이 삽입된다. 카메라는 금희의 시선을 통해 그녀가 선택받았기에 향유할 수 있었던 북한의 근대화된 풍경을 차례차례 담아낸다. 이때 카메라는 대동강을 유람하는 북한의 유람선과 고층건물들이 즐비한 천리마 거리, 만수대 분수공원 및 1972년 완공된 만수대 대동상 등을 함께 비춘다.[33] 그리고 금희의 시선을 통해 이 경관과 시설을 향유하는 북한 인민들의 일상을 묘사한다. 영화 속에서 북한 시스템의 수혜자로 등장하는 금희는, 결말부에서 북한의 화려한 도시를 롱숏으로 담기 위해 존재한다. 그 결과 금희의 얼굴을 클로즈업하더라도, 제작진이 궁극적으로 담고자 하는 것은 근대화를 이룩한 북한의 현재, 남한과의 체제 경쟁에서 승리한 북한의 수도 평양의 스펙터클이다.

<그림 2> 스펙터클하게 재현된 북한의 도시

　김성경은 북한 체제가 생산하는 스펙터클과 관련해 평양은 김일성이 제시한 도시재건 계획에 따라 인민들의 생활공간을 도시 중심축에 배치하고 문화시설 및 편의시설을 곳곳에 건설했으며, 김일성광장이나 박물관 등을 배치해 '혁명의 수도'라는 상징성을 부각하고자 했다고 설명한 바 있다. 염두에 둘 점은 조선혁명박물관1972, 인민문화궁전1974 등을 비롯해 북한 사회에서 활발한 도시 정비 사업과 대규모 건설 사업이 진행된 것은 1970년대였다는 점이다. 당국은 체제 유지와 사상 교육을 위해 도시 공간 곳곳에 상징물을 배치할 필요가 있었고, 평양의 경우 도시 주변에 광장과 기념비를 설치해 주민들에게 평양이라는 도시의 상징성을 경험하도록 했다.[34] 관련하여 북한의 경우 건축 분야에서 1970년대부터 소련의 영향력을 탈피한 '주체 건축'을 내세우기 시작하고, "민족적 형식에 사회주의적 내용을 담은" 사회주의적 사실주의 건축 양식이 이 시기 확고히 자리 잡았다.[35] 이같은 논의를 참고하면, 〈금희와 옥희의 운명〉은 북한 체제가 추구하고자 했던 도시의 상징성을 평양 주민뿐만 아니라 평양 외부 주민들에게 경험하도록 하는 매개가 된다. 영화는 '주체 건축'에 입각해 건설된 '혁명 수도'를 평양 내외, 그리고 북한 내외의 관객을 향해 전시하고 있는 것이다.

3. 〈금희와 은희의 운명〉이 대중성을 구축하는 방식

1) 여성 수난사의 반복과 신파성의 강화

〈금희와 은희의 운명〉은 중국에도 수출되어 상당한 호응을 얻은 작품으로 알려져 있다.[36] 영화의 흥행 요인으로는 여성 수난 서사의 보편성과 함께 영화가 평양의 시가지 풍경을 비롯한 볼거리를 확보하고 있다는 점을 들 수 있을 것이다. 황영원은 비극적 성향이 강한 1970년대 북한영화가 중국 관객에게 호소할 수 있었던 요인으로, 비극으로 끝맺는 결말이 '혁명모범극'에 지친 중국 관객의 수요를 충족시킬 수 있었다고 설명한다.[37] 그렇다면 영화는 어떤 면에서 대중성을 확보하고 있고, 그 대중성은 어떠한 요소를 통해 마련되는가.

은희의 입장에서 보면, 영화는 남한에서 재능 있는 여성이 겪어야 하는 여성 수난사이기도 하다. 해방기 가난한 어부가 은희를 자신의 집으로 데려가면서 금희와 은희의 운명은 엇갈려 버리고, 성장 과정은 생략되어 있지만 그녀는 아버지가 선주에게 빚을 지게 되면서 춘천의 술집으로 팔려간다. 이후 탈출을 도모하다 다리 불구가 된 은희는 극적으로 남은 가족과 상봉하지만 빈민굴에서 굶주리며 이들의 생계까지 떠맡게 된다.

흥미로운 점은 북한의 근대성을 예찬하는 영화가 식민지 시기 반복된, 부모의 빚에 의해 팔려간 딸 혹은 누이라는 여성 수난사를 반복하고 있다는 점이다. 주지하다시피 집안의 생계를 위해 딸이 팔려가고, 이로 인해 파국이 초래되는 이야기는 식민지 시기는 물론 해방기에도 인기를 끌었던 연극 〈사랑에 속고 돈에 울고〉[1936]의 주요 설정이기도 하다. 이같은 대중극의 설정 및 전형성은 해방기 좌파 연극인은 물론 북한의 연극,

영화인이 가장 문제시했던 신파성과 연결될 수 있는 부분이었다. 그럼에도 불구하고 영화는 남한의 타락상을 전시하는 과정에서 식민지 시기 대중극의 극적 구조를 반복하고 있다.

영화 속에서 북으로 가는 것은 남성 인물들이며, 남한은 여성들의 공간으로 남는다. 은희의 이야기는 곧 북한에 알려지고, 그 결과 북한에서 남한의 실상은 딸들, 그리고 누이들의 수난사로 병치된다. 〈금희와 은희의 운명〉은 멜로드라마적 관습으로 점철된 영화이다. 멜로드라마 장르의 특징은 "이분법적으로 대비되는 평면적 인물들이 비약과 우연성이 심한 사건 전개 속에서 과장된 연기와 극적 장치를 통해 일정한 감정의 반복적인 강조나 과도한 감정이입을 유도한다"[38]고 정리될 수 있다. 또한 그 본질적 속성은 "강한 연민의 감정을 유도하는 강렬한 파토스", "과도한 감정", "도덕적 양극화", "비고전적인 내러티브 구조", "선정주의"로 정리된다.[39] 관련하여 영화는 계급의식에 입각한 도덕적 양극화를 묘사하고, 은희에게 강한 연민의 감정을 이끌어내는 과정에서 비약적이고 우연적인 상황을 만들며, 은희의 불행한 상황을 나열하면서 관객의 과도한 감정 이입을 이끌어내고자 한다. 영화가 남한을 묘사할 때 인물들은 자본가와 노동자라는 이분법에 입각해 묘사되고, 남한에서 은희의 성장 과정은 설명되지 않으며, 그녀는 자신을 팔아넘긴 데 일조한 아버지와 오빠들을 원망하지 않은 채 세상에 대한 탄식으로 눈물짓는다. 주체성이 없는 그녀에게는 상황을 개선해보고자 하는 의지가 결여되어 있는데, 급작스러운 사고나 어머니와의 상봉 등 우연적인 사건이 반복되며 극의 비극성을 심화시킨다. 특히 술집에서 은희와 아버지가 헤어지며 울부짖을 때, 그리고 은희가 술집을 탈출하다 사고가 날 때 영화의 신파성은 더욱 강화된다.

〈그림 3〉 여성 성장 서사와 수난사의 교차

　〈금희와 은희의 운명〉은 금희의 성장드라마로 읽어낼 수 있는 측면들이 있다. "세상에 행복한 것밖에 모르고 살았던" 금희가 동생 은희의 사연을 접하면서 남조선의 실상을 깨닫고, 북한 체제에 감사하며 예술에 있어 사색의 중요성을 깨닫게 되는 인민 예술가로 성장하는 과정을 다루고 있기 때문이다. 영화를 금희의 성장 서사로 읽는다면, 은희의 존재는 그 성장의 매개가 되며 남한에 남은 은희는 북한 측에서 가장 동정해야 할 대상으로 남게 된다. 언급한 것처럼 카메라는 금희가 북한 거리를 활보하는 장면을 반복적으로 삽입하는데, 대조적으로 교통사고로 장애를 갖게 된 은희는 오빠들처럼 탈출을 꿈꿀 수조차 없게 되면서 비극성이 고양된다.

　무엇보다 남한 사회의 폭력성을 고발하고 북한 체제의 우월성을 증명하기 위해, 서사 내에서 은희에게는 더 많은 수난이 가해져야 한다. 그리하여 은희는 술집에 팔려간 데다 어느 누구의 조력도 얻지 못한 채 다리를 잃어야 하고, 꿈에 그리던 가족과 상봉한 이후에도 무기력하게 빈민굴에 앉아 있게 된다. 카메라는 평양 거리를 활보하며 자신의 꿈을 키우는 금희와 남한에서 운명에 패배한 채 탄식만 내뱉는 은희를 대조시킨다. 극 중 북으로 간 남한의 남자들이 수령의 수혜를 입고 북한 경제를 이끄는 선봉장이 되는 것에 반해, 남은 여자들에게 주어지는 역할은 남한 사회의 처참함을 전시하는 것이다. 결과적으로 경제적으로 발전한 북한이 남성화된다면, 남한에 남은 인물들의 이미지를 통해 근대화에 뒤처진 남한은 여성화된다.

영화는 남북한을 대조시키는 과정에서, 해방 직후부터 북한영화계에서 꾸준하게 비판받았고 지양해야 할 요소라고 지적되었던 과장에 입각한 신파적 장면과 양식을 답습한다.[40] 그런데 제작진이 남북을 대비시키는 과정에서 북한의 현재를 비추는데 중점을 두고 있는 것과 별개로, 서사적으로 방점이 찍히며 관객의 심정적 동요를 일으키는 부분은 '파쇼 체제'하에서 겪는 은희의 수난사이다. 그리고 은희가 겪는 수난사는, 영화 속에서 또 다른 스펙터클을 만든다.

2) 상상된 공간으로서 남한의 스펙터클

영화는 평양 시내와 공장, 선박 등 북한의 발전상을 제시하며 이를 전경화하는 데 주력하며, 이를 하나의 볼거리로 담아내고 있다. 언급한 것처럼, 남과 북으로 간 자매의 엇갈린 운명을 다루고 있는 〈금희와 은희의 운명〉은 남한 사회를 형상화하는 데 중점을 둔 몇 안 되는 북한영화이기도 하다. 영화는 금희가 활보하는 거리 풍경을 통해 근대화된 북한의 현재를 전시한 직후, '한국'이라는 자막과 함께 남한의 현재로 시선을 옮겨간다. 그리고 화려한 술집과 외제차가 있는 동시에 구걸하는 거지 아이들이 있는 도시 뒷골목의 풍경을 담는다. 이를 통해 제작진은 "몇몇 돈 있는 것들은 밤낮 와서 술을 쳐 먹는" 남한의 실상, 자본주의의 이면을 직접적으로 비난한다. 다음은 은희가 노래하는 '카페' 장면의 감정 상태와 연출 의도다.

- 은희를 바라보는 병호의 얼굴에 놀람과 기쁨이 어린다.

  감정 상태 : 은희를 찾게 된 기쁨

- 노래를 끝낸 은희는 병호를 보고 깜짝 놀란다.

  감정 상태 : 아버지와의 상봉의 감격

- 재즈 음악이 시작되며 카페 안은 난장판을 이룬다. 은희가 달려나오자 화면 중심에는 머리가 헝클어진 한 여인이 몸을 발칵 뒤로 제치면서 재즈음악에 미쳐난 듯 지랄병 환자마냥 선을 허공에 내저으며 발광한다.

  감정방향 : 퇴폐적인 양키식 문화에 대한 관중의 격분을 야기시킨다.

  연출 의도 : 사람을 머저리로 만들고 병들게 하고 썩게 하는 추악한 사회에 대한 격분[41]

〈금희와 은희의 운명〉에는 남한영화의 영향을 받은 것으로 추정되는 댄스홀 장면이 등장한다. 여인의 소란을 강조하는 이 장면은, '은희에게 비극적 운명을 가져다준 남조선 사회에 대한 증오심과 함께 그녀에 대한 절절한 동정심을 불러일으키기 위한 전제'로 상정되어 있다.[42] 그런데 '양키식 문화'로 물든 댄스홀의 혼란상을 표현한 해당 장면은 의도한 대로 관중의 격분을 야기 시킬 수 있지만, 동시에 이전까지 접하지 못했던 문물에 대한 매혹의 요인이 될 수 있다.

흥미로운 점은 영화 속에서 남한 도시를 묘사할 때 자본주의의 폐해를 비판하기 위함이라 해도 도시 풍경은 상당히 감각적으로 묘사된다는 점이다. 술집에는 화려한 의상을 입은 여성들, 술에 취해 뒤엉켜 있는 남녀, 몸을 밀착하고 춤을 추는 사람들이 있으며 여기서 은희는 과감하게 신체를 노출한 후 열창한다. 한병호가 은희를 데려오기 위해 도시로 갔을 때, 카메라는 거리에 있는 거지 아이들과 함께 신체를 노출하고 뒷골목을 활보하는 젊은 여성들을 담기도 한다. 물론 술집 내부가 전면에 노출되는 것은 2분 남짓인 반면, 혁명도시의 이모저모는 금희의 동선을 따라 영화 초반부터 말미까지 지속적으로 노출된다. 주목할 점은 서사의 전개와 관련해 감정이 가장 고조되는 순간은 은희가 포주들의 강압에 의해 아버지가 헤어지며 울부짖을 때이며, 분량과 상관없이 강렬한 미장센을 보여주는 것 역시 은희가 술집에서 노래하는 장면이라는 것이다. 그렇다면 의도하든 의도하지 않았든, 영화의 또 다른 볼거리는 퇴폐적인 남한의 뒷골목을 묘사할 때 만들어진다.

다시 영화의 제작 의도와 관련해, 〈금희와 은희의 운명〉은 데탕트 이후 남북이 체제 우위를 점하기 위한 선전물을 배포하던 상황에서 만들어진 영화이다. 그런데 영화는 자본주의 체제의 폐해를 고발하는 과정에서, 오히려 북한 관객이 활자로만 접했던 남한의 환락가를 시각적으로 전시한다. 짧게 등장하긴 하지만, 은희가 술집에서 노래하는 장면에서 "돈 있는 것들"이 누리는 자본주의의 실상은 상당히 매혹적이다. 배우 정춘란은 은희를 연기할 때 상대적으로 노출이 있는 옷을 입고 짙은 화장을 하고 등장한다. 그런데 처연한 표정으로 노래를 부르는 은희와의 대조 효과를 극대화하기 위함이라 해도, 술집에 있는 사람들은 즐거운 표정으로 술을 마시며 대화를 나누거나 춤을 추면서 자본주의의 문화를 향유한다.

이 점에서 〈금희와 은희의 운명〉의 술집 장면은 한형모 감독의 영화 〈자유부인〉1956의 댄스홀 장면과 겹치는 부분이 있다.[43] 발표 및 제작 시기가 다르며 결정적으로 서로 다른 체제하에서 제작된 영화지만, 영화 〈자유부인〉이 전후 아메리카니즘을 비판적으로 형상화하면서도 이에 대한 매혹을 드러냈던 것과 마찬가지로, 〈금희와 은희의 운명〉은 남한 자본주의를 거칠게 비난하면서도 이들이 향유하는 풍경에 대한 무의식

〈그림 4〉〈금희와 은희의 운명〉의 술집 장면과 〈자유부인〉의 댄스홀 장면

적 매혹을 내비친다. 두 영화는 공통적으로 흥청거리는 인파 속에서 댄
스홀의 프리마돈나가 공연하는 장면을 삽입한다. 그리고 궁극적 목적은
북한 사회의 우위를 강조하거나 아메리카니즘을 부정하고 가정으로 돌
아오는 프로파간다라 해도, 그 결말로 가는 과정에서 유흥가에서 쾌락
을 누리는 사람들을 전시한다. 특히 〈금희와 은희의 운명〉에서 화려한
의상의 여자들이 거리를 활보하고 남녀가 몸을 밀착하고 춤을 추는 유
흥가를 묘사한 장면은 가장 인상적인 볼거리가 된다.

1970년대 중반 북한에서 남한을 재현하고자 구축한 세트는 조악하
다. 그럼에도 이 세트가 당시 스펙터클이 될 수 있는 이유는, 북한 관객
이 확인할 수 없었던 자본주의화된 남한 사회를 상상하여 전경화하고
있기 때문이다. 그렇다면 당대 사회주의 국가의 관객에게 흥미로운 부
분은 충분히 예상 가능한 금희의 뿌리 찾기인가 아니면 이제까지 접해
보지 못한 자본주의의 실체인가. 제작진은 '박정희 파쇼 악당들'이 지배
하는 남한 체제의 문제점을 적시한다는 영화의 출발점을 잊지 않고, '남
녘 땅을 잊지 말자'는 결론으로 나아간다. 그러나 극중 서사 안에서 감정
선이 고조되는 지점과 맞물려 가장 강렬한 볼거리가 되는 부분이 남한
의 환락가라는 점은, 애초의 의도와 달리 영화가 스펙터클한 멜로드라
마로 독해될 가능성을 내포하고 있다.

4. 데탕트 이후와 북한 창작진이 상상한 남한

이 글은 데탕트 이후 남한 체제를 적극적으로 의식하고 만들어진 결과물인 영화 〈금희와 은희의 운명〉을 통해 1970년대 북한영화 속에서 남북한이 어떻게 재현되고 있는지를 파악하고, 이같은 이미지가 당시 북한의 지정학적 인식을 어떻게 반영하고 있는지를 논의했다. 〈금희와 은희의 운명〉은 닉슨독트린 이후 남북한 체제 경쟁의 결과물인 동시에, 북한에서 만들어진 영화 중 '상상된' 남한의 이미지를 가장 구체적으로 그려낸 작품이라는 점에서 주목할 만하다.

영화는 금희와 은희의 엇갈린 운명을 중심으로 남한 자본주의 체제에 대한 북한의 우월성을 과시한다. 여기서 그 우월성의 근간이 되는 것이 근대화된 혁명도시 북한이며, 카메라는 금희가 활보하는 평양 곳곳을 비춘다. 실상 영화는 두 자매의 운명에 대한 영화이자 북한의 도시를 대내외적으로 전시하기 위한 선전물이기도 하다. 대조적으로 상상된 남한의 풍경을 담을 때는 낙후된 어촌, 아메리카니즘과 일본 지배의 잔재가 공존하는 무국적성의 공간으로 재현하고자 한다. 그리하여 영화는 결말부에서 밝은 모습으로 김일성 동상 앞으로 걸어가는 인민들의 모습과 함께 남한에서 빈민굴에 무기력하게 앉아 있는 사람들을 비춘다. 여기서 '금희와 은희의 운명'은 통일의 당위성이자 영화 마지막 내레이션으로 울려 퍼지는 "세계의 양심이여 대답하라"는 근간이 된다. 그런데 남한 체제를 비판하는 근거로 동원되는 은희의 운명은 해방 이후 북한 문화계에서 줄곧 비판의 대상이 되었던 신파성을 반복한다. 또한 이 신파성은 영화가 중국에 수출되어 국제적인 인기를 얻는 요인이 되기도 했다.

영화가 북한 도시의 스펙터클을 강조하기 위한 목적으로 만들어진 것과 별개로, 남한의 타락상을 구현하기 위해 조성된 도시 풍경은 사회주의 체제하의 관객이 접하지 못했던 새로운 시각적 즐거움을 선사한다. 특히 정서적인 고양과 관련해 서사의 정점에 배치된 남한의 댄스홀 장면은, 북한 관객을 비롯해 사회주의 국가의 관객이 소문으로만 접했던 실체를 접하는 계기라는 점에서 보다 흥미로운 스펙터클이 될 수 있었다. 이를 감안하면, 영화의 흥행 요인은 관객에게 강한 소구력을 지닌 신파성 강한 장면을 나열했고, 소문으로만 접했던 자본주의 사회의 일부를 경험하게 한다는 점에서 찾을 수 있을 것이다.

곧 영화는 새로운 체제 경쟁에 입각해 냉전적 세계관을 재생산하는 것을 목적으로 남북한의 풍경을 대조적으로 재현하고 있지만, 익숙한 서사적 구조를 반복하고 이전과는 다른 재현의 욕망을 드러내면서 다양하게 독해될 가능성을 갖고 있었다. 영화 〈금희와 은희의 운명〉를 1970년대 체제경쟁의 결과물 혹은 남한의 도시를 재현한 텍스트 이상의 의미로 읽어야 할 이유는 여기에 있다.

---

* 이 글은 「1970년대 북한영화 속 도시의 재현과 냉전의 심상지리-〈금희와 은희의 운명〉을 중심으로」, 『국제어문』 86, 국제어문학회, 2020을 수정·보완했다.

제2장 ─── 재구성된 실화와 로컬화된 섹스
1970년대 여성 포로수용소를 다룬 영화들

1. 유신의 막바지, 반공영화의 자장 속
포로수용소영화

이 글은 1970년대 후반 제작·개봉된 두 편의 영화 〈사랑과 죽음의 기록〉고영남 연출, 국제영화흥업주식회사, 1978, 〈누가 이 아픔을〉설태호 연출, (주)삼영필림, 1979을 중심으로 수용소 안의 여성들을 형상화한 반공영화의 특성에 대해 논의한다. 두 영화는 모두 한국전쟁 중 수용소를 배경으로 하며, 한때 사회주의를 신봉했던 여성들의 전향이라는 소재에 입각해 있고, 각각 1978년과 1979년 문공부 추천영화로 선정되었다. 또한 수용소 안에서 포로로잡힌 여성들의 갈등과 탈출과정을 묘사하고 있다는 점에서 겹쳐진다. 이같은 점을 감안해, 두 영화의 제작 및 검열과정, 시나리오, 필름 등을 검토하면서 1970년대 제작된 반공영화라는 한국적 특수성과 갇힌 공간 속 섹스의 착취라는 동시기 아시아권 흥행영화의 속성을 취한 두 영화의 특징을 논의할 것이다.

〈사랑과 죽음의 기록〉, 〈누가 이 아픔을〉은 1960년대 후반부터 유행했던 실화 소재 반공물의 특징과 함께,[1] 소위 '여감방물'이라는 글로벌 트렌드의 속성을 취한다는 점에서 당대의 정치, 문화적 특수성을 드러내고 있다.[2] 앞서 언급한 공통점 외에도, 두 영화는 현상 공모에 선정된 원작을 토대로 하면서 1970년대 반공물에 대한 국가적 지원의 수혜를 입었다. 또한 "6·25 동란을 소재로 한 반공영화"라는 점에서 군의 제작 지원을 받기도 했다. 이에 따라 두 영화는 전선에서의 전투 과정을 스펙터클하게 묘사할 수 있었다.

이 글은 '실화' 소재와 '공모' 방식이라는 당대 남한 대중문화의 특수성과 함께, 1970년대 국경을 넘어 유행한 '착취'영화의 성격이 혼재되어 있는 여성수용소영화의 혼종적 성격을 논의할 것이다. 두 작품은 여자들만 모여 있는 수용소 안에서 벌어지는 섹스와 폭력, 배신과 연대, 회개와 탈출 등을 소재로 한다는 점에서 당대 국제적으로 인기를 누린 '여감방' 영화의 성격을 취하지만, 여기에 한국전쟁이라는 역사적 사건과 1960~1970년대 반공 텍스트의 문법이 접합되면서 한국형 수용소영화가 만들어졌던 것이다.

전쟁 중 포로수용소영화와 관련해서는 다음과 같은 논의를 참고할 수 있다. 이영재의 경우 1970년대 '여감방' 소재 영화에 대한 아시아적 전유와 변주를 논하며, 섹스와 폭력을 결합한 영화들이 어떻게 국경을 넘어선 초국적 관객을 창출했는가를 논의한다.[3] 이 연구는 반공영화와 관련한 논의는 아니지만, 여감방 소재 영화가 한국전쟁 중 여성포로수용소를 다룬 동시대 영화에 미친 영향을 논의하는 데 중요한 토대가 된다. 전지니는 거제도포로수용소를 배경으로 한 최초의 영화인 〈철조망〉[1960]을 중심으로 해당 텍스트가 종전 직후 발표된 유치진의 원작 시나리오를 어떻게 변주하고 있으며, 4·19 전후의 검열 과정에서 강조된 것과 배제된 것의 의미를 밝힌다.[4] 이어 1960년부터 2018년까지 제작되며 냉전과 탈냉전의 시기를 관통한 포로수용소영화의 변화 추이를 살피고 있다.[5] 그 외 반공영화의 개념을 "한국의 반공정책에 의해 제도화된 정책적 장르"로 규정한 정영권의 논의는, 전쟁 중 포로수용소를 소재로 한 영화들을 반공영화라는 자장 안에서 살펴볼 때 유효한 참조점을 제공한다.[6]

그 외 전쟁 중 여성 포로 문제와 관련해, 안미영은 좌익 여성 포로의 행로를 분석한 구혜영의 소설『광상곡』[1986]을 논의하며, 작품 속에서 당시 남한 청년이 좌경화되었던 배경과 전쟁기 여성 포로수용소의 참혹상이 드러나는 방식을 논의한다. 이에 따르면 소설『광상곡』은 좌익 여성 포로의 인권 유린을 다룬 작품으로 의미를 지니지만, 포로수용소 내 여성 포로수용소의 참상을 '간략하게' 서술하고 국가주의의 자장 안에서 여성의 인권을 논했다는 점에서 한계를 지닌다.[7]

한국 포로수용소영화의 계보 안에서 이념 갈등을 다룬 박정희 정권기 포로수용소영화들은 형제 갈등이라는 모티브를 통해 공산주의와 자유주의의 대립을 다루며, 남성 인물 간의 대립과 남성 주인공의 전향을 극의 중심에 배치한다. 이 과정에서 여성 인물은 이념과 혈연에 입각해 형성되는 남성 연대 주변에서 신파성을 강화하는 부차적인 역할을 맡는다.[8] 이를 감안하면, 1970년대 후반에 제작된 〈사랑과 죽음의 기록〉, 〈누가 이 아픔을〉의 경우 반공이라는 목적성을 띠고 제작되었을지언정 사회주의 사상에 경도되었던 여성들의 연대와 전향이라는 문제를 다룬다는 점에서 기존의 반공영화, 포로수용소영화와는 다른 이야기를 할 수 있는 소지가 있었다. 그러나 인권 유린의 책임은 북한군이나 친공 포로에게 넘어가고, 카메라는 관음증적인 시선에서 여자들만 격리되어 있는 포로수용소를 포착한다. 이에 따라 이념과 젠더라는 측면에서 이중으로 타자화된 '좌경 여성 포로'를 다룰 때 기대할 수 있는 다양한 시각과 문제의식이 휘발되었다.

관련하여 영화는 시종일관 여성 포로들의 험난한 수용소 생활을 지난하게 묘사하고, 이들이 고초를 이겨내고 지옥과 같은 수용소를 탈출하는 장면을 극적으로 배치했으며, 동시에 좌익 사상에 경도되었던 (여)주인공의 죽음으로 극을 마무리 지으며 비장함을 강화하는 방식으로 마무리된다. 이같은 특징은 두 영화가 애초부터 목적성을 띠고 제작되어 국방부의 지원을 받았으며, 유신시대 반공영화를 표방한 동시에 당시 반공이라는 외피를 둘러쓰고 섹스를 재현하던 관습을 이어갈 때 발생하였다.

정리하면 1970년대 후반에 제작 및 개봉된 두 영화를 논하기 위해서는 유신 이후 제작된 반공영화의 관습을 비롯해, 1960년대 중반을 전후하여 대중문화계 전반에서 유행하던 '실화'의 붐,⁹ 그리고 〈여감방〉1973의 흥행 이후 국제적인 흐름을 좇아갔던 한국 여감방영화의 특성 등을 함께 고려하는 것이 필요하다. 곧 박정희 정권 말기에 제작된 두 영화는 실화 원작을 내세우며 반공과 섹스, 감금과 폭력이라는 소재를 아우르며 1970년대 한국영화의 주요 키워드를 망라하고 있었다. 본론에서는 이같은 점을 감안해 두 편의 영화를 다각도로 분석하고자 한다.

2. 공모 제도를 통한 공증과 권위의 부여

시나리오 〈사랑과 죽음의 기록〉과 〈누가 이 아픔을〉의 원작 『전쟁과 사랑의 의미』는 모두 현상공모에 당선된 작품이다. 두 작품은 각각 영화진흥공사와 문화공보부 공모 사업에 당선되면서 국가로부터 창작의 취지와 가치를 인정받았다. 1970년대 국가적으로 반공물을 지원하는 분

<그림 1> (좌) 〈사랑과 죽음의 기록〉. (우) 〈누가 이 아픔을〉

위기 속에서 모두 국가의 '공증'을 받은 것이다.

〈사랑과 죽음의 기록〉은 1977년 영화진흥공사와 『일간스포츠』가 공동 주최한 200만 원 고료 우수 시나리오 공모 당선작으로, 각본은 시나리오 작가 이형우가 집필했다. 이형우의 각본은 1978년 『영화』 1·2월호에 게재되었는데, 당시 『영화』지는 이 작품과 관련해 "이 시나리오의 이야기는 6·25동란 당시 작자 이형우 씨가 직접 체험하고 견문한 사실을 정리 극화한 것이다"라고 설명하고 있다.[10] 이형우의 경우 사극과 시대극을 주로 집필했던 인물로, 〈사랑과 죽음의 기록〉이 현상 공모에 선정된 것 외에도 1970년대 영화진흥공사의 지원을 받아 반공 시나리오 창작에 전념했던 작가 서윤성 등과 함께 집필활동을 진행했다.

이형우의 경우 반공영화 제작에 대한 상당한 사명감이 있었던 인물로 보인다. 여자들만이 수감되어 있는 수용소를 관음증적 시선으로 관찰하며, 이들의 섹스와 고문을 형상화하는 양상은 영화화 과정에서 부각된 지점이었다.[11] 그는 『영화』지 기고에서 "전쟁 3년 동안 탱크는 물론 포砲 한문 없이 소총전小銃戰으로 휴전까지를 적과 가시거리를 상거相距하고 싸워온 나는 그 3년간의 전쟁을 분노와 눈물 없이는 상기하기 힘든 것이다", "죽음은 차라리 안식 같은 것이고 살아남는다는 것이 비극으로 느껴지는 그런 3년간"이었다고 치열했던 전쟁을 회고하였다. 특히 반공을 내세운 영화가 흥행성이 없다, 아시아 시장에서의 경쟁력이 없다는 인식을 비판하며 거친 방식으로 문제를 제기한 바 있다.[12] 이같은 점을 감안하면, 〈사랑과 죽음의 기록〉은 적어도 반공영화에 대한 작가의 진정성이 강하게 투영된 텍스트였다.

그런데 〈사랑과 죽음의 기록〉과 〈누가 이 아픔을〉은 엄연한 반공영화였지만, 보는 시각에 따라 '친공물'로 오해 받을 소지를 갖고 있었다. 전자의 경우 제 발로 월북한 대학생들의 이야기였고, 후자의 경우 북한군 여 포로를 애절한 사랑의 주인공으로 만들고 있었기 때문이다. 따라서 〈사랑과 죽음의 기록〉은 영화 심의 과정에서 "몇몇 주도자들을 제외하고는 강제 납북된 인상을 주도록 묘사할 것"을 비롯해 "김일성 수상 만세" 등의 대사를 삭제할 것이 권고되었다.[13] 이에 따라 현재 확인할 수 있는 필름에는 직접적으로 김일성과 볼셰비키를 예찬하는 부분이 삭제되었다.

『전쟁과 사랑의 의미』와 관련해서는 작가의 사상 논쟁이 제기되었다. 당시 이 작품이 문화공부부 창작 지원작으로 선정된 것과 관련해, "왜 빨갱이한테 돈을 대주느냐"는 내용의 투서가 문화공보부 장관 앞으로 발송되었다. 투서를 쓴 사람은 1950년대 후반 『자유문학』으로 등단한 작가 심재언이었다. 사안을 구체적으로 들여다보면, 심재언이 월간 『기독교사상』에 작가 박해준의 사상과 작품 내용을 문제시한 글 「울다 사랑이 편모」를 발표한 데 이어 장관 앞으로 투서까지 보내면서 박해준이 심재언과 『기독교사상』 발행인을 명예훼손으로 고소하는 일이 이어졌다.[14] 인류애를 강조했다 해도, 북한군 여포로와의 사랑 이야기는 북한군에 대한 미화 소지가 있다는 점에서 문제가 될 수 있었던 것이다.

그럼에도 두 영화는 공모에 당선되어 지원을 받은 작품을 토대로 한다는 점에서 반공물로서의 성격을 명확히 할 수 있었다. 주지하다시피 영화진흥공사는 출범 직후 자체적으로 영화 제작을 진행을 진행한다. 그리고 우수시나리오를 발굴하기 위한 사업으로 '시나리오 금고'를 설치하여 직접 매입하였다.[15] 1975년에는 시나리오 금고가 10편의 시나리오를 매입하고, 공모를 통해 6편의 우수 시나리오를 선정하는 등의 계획을 마련하기도 한다.[16] 영화진흥공사의 시나리오 매입작이나 시나리오 공모 당선작은 『영화』지에 소개되었는데, 영화진흥공사가 자체 제작을 중단한 이후에는 시나리오가 다른 제작사로 이관되어 영화화되었다.[17] 이는 〈사랑과 죽음의 기록〉 역시 마찬가지다. 〈사랑과 죽음의 기록〉은 한국전쟁을 소재로 한 영화이자 안보영화로서 국책과 맞물릴 수 있었고, 영화진흥공사가 제작을 중단한 이후에는 다른 제작사로 이관될 수 있었다.

영화는 한국전쟁 발발 직후 북으로 간 남녀 대학생들의 이야기를 담는다. 남한의 인텔리 계층으로 정원이 딸린 집에서 파티를 하고 사회주의에 대해 토론을 하는 등 부유하고 낭만적인 삶을 향유했던 이들은, 모두가 평등한 세상에 대한 환상을 가지고 월북한다. 하지만 직접 목도한 북한의 실상은 예상과는 달랐다. 남성들은 전선으로 끌려가고, 여자들은 집단수용소에서 배고픔에 시달리면서 고된 노역을 하며, 지속적인 사상 검증을 당하면서 회의를 느낀다. 이 와중에 여성들은 영양실조, 일사병 등으로 죽음을 맞거나 북한군의 시상 검증 과정에서 고문과 처형을 당한다. 월북한 여대생 화영^{유지인} 역시 이상과는 너무 다른 북한수용소의 현실에 염증을 느끼고 인민군이 된 연인 도순^{김희라}을 설득하지만,

도순의 입장은 강경하다. 결국 수용소의 일부 여자들은 섬에 주둔한 해방부대와 반공유격대의 도움으로 수용소를 탈출하게 되고, 수용소에서 출산을 한 연옥과 그의 아이도 "악마들의 낙원"인 수용소 밖으로 나간다. 그러나 인민군으로서 살상에 앞장섰던 도순과 그의 연인 화영은 탈출하지 못한 채 수용소에서 총알 세례를 받고 숨을 거둔다.

〈누가 이 아픔을〉은 문화공보부 창작 지원 당선작인 장편소설 『전쟁과 사랑의 의미』[18]를 스크린으로 옮긴 작품이다.[19] 원작자인 박해준은 『전쟁과 사랑의 의미』 집필 당시 "6·25 때 아군에게 포로로 붙잡힌 어느 여인의 기구한 운명을 작품화한 것이므로 줄거리는 간단했으나 전반부가 실화이기 때문에 가공으로 설정해 놓은 후반부와 연결이 잘 안 되어 구성에서 특히 애를 먹었다"고 밝힌다.[20] 곧 이 작품 역시 취재에 입각한 실화를 토대로 했음을 강조했는데, 실제 원작 소설의 초반부는 군사물을 방불케 할 만큼 한국전쟁 당시 북한군과의 교전상황을 구체적으로 형상화하고 있다.

『전쟁과 사랑의 의미』가 수혜를 얻은 문화공보부의 창작 지원 사업은 1969년 순수예술분야의 창작활동 부진을 타개, 민족문화개발을 위한 여건 조성이라는 목적으로 시행된 제도였다. 당시 해당 제도가 시행되면서 건전한 대중오락을 위한 작곡, 작사가에게도 보조금을 지급하고 판매가 부진한 우수한 문학 작품의 구매 같은 방침 등이 마련되었다. 『전쟁과 사랑의 의미』는 시행 첫해 사업의 수혜를 받았으며, 같은 해 소설로는 오유권의 『여기수』, 강용준의 『밤에의 긴 여로』 등이 선정되었다.[21] 이 중 『여기수』는 해방 이후 빨치산 활동을 그린 작품이었으며, 『밤에의 긴 여로』는 한국전쟁기 소년병의 실존 문제를 다룬 작품이었다. 이상의 작품들은 모두 한국전쟁을 경험한 작가의 자전적 체험을 강조하였다. 이후 문화공보부의 창작 지원 사업은 공모에서 보급까지 종합적인 지원을 하는 방향으로 변경되었다.[22]

『전쟁과 사랑의 의미』의 영화화는 1970년대 반공영화의 상징과도 같았던 감독 설태호가 맡았다. 영화는 원작과 마찬가지로 1953년 휴전협정을 앞둔 상황에서 남한 군의관과 북한군 위문대장의 사랑을 극화한다. 설태호의 경우 〈누가 이 아픔을〉을 연출한 데 이어 1992년에는 〈거제도 포로수용소〉를 연출하면서 포로수용소를 배경으로 한 영화와 관련해 독보적인 위상을 구축한다.[23] 흥미로운 점은 그가 반공영화 안에서 지속적으로 '사랑'이라는 메시지를 극화하는 데 주력했다는 점이다.[24] 실제로 그는 인터뷰에서 간첩영화 〈특별수사본부 기생 김소산〉1973을 직접 각색하며 중점을 둔 것을 인간애였다고 밝혔다. 그리고 그 연장선상에서, 〈누가 이 아픔을〉과 〈거제도 포로수용소〉 모두 이념 문제 못지않게 분단과 전쟁이 만들어낸 사랑과 이별의 과정을 강조하며 비극적인 멜로드라마의 문법을 따라간다.

〈누가 이 아픔을〉의 주요 사건은 야전병원과 수용소에서 진행된다. 남측 군의관 이영남박근형은 부상을 당하고 병원에 실려온 김일성 직속 북한군 위문대장 성지연김영애에게 끌린다. 성지연은 처음에는 남측의 진료를 거부하지만, 인간애를 지닌 이영남의 진심을 보고 북한 측의 거짓과 선동에 회의를 느낀다. 이영남과 성지연은 사랑을 확인하나, 그가 자리를 비운 사이 상부에서는 성지연을 특무대로 이관한다. 이영남은 성지연을 잃은 후 각혈을 하다 요양소에서 지내고, 그녀가 거제도 포로수용소에 있음을 확인하게 된다. 이영남은 포로수용소 의무대위를 통해 성지연과의 만남을 시도한다. 그곳의 여자 포로수용소에서 온갖 박해를 받던 성지연은 이영남이 자신을 만나러 왔음을 알고, 여포로들의 공격을 피해 철조망을 넘다 결국 이영남의 품에 안겨 사망한다.

살펴본 것처럼, 두 작품은 국가적 지원을 받아 수용소를 배경으로 좌익사상에 경도되었던 여성의 전향이라는 문제를 다루었고, 포로들을 학대하고 괴롭히는 북한군 및 친공 포로를 내세워 공산주의의 잔학성과 전쟁의 비극을 함께 극화했다. 경우에 따라 볼셰비키와 김일성을 비롯해 북한군에 대한 미화의 소지가 있다는 점에서 문제 소지가 될 수 있었지만, 원작자가 반공 의도를 명확히 하고 국가기관이 그 진정성을 공증하면서 소설의 출간과 영화화는 무리 없이 진행될 수 있었다.

3. 실화 소재의 강박과 선택적 취택

두 작품이 소재로 하고 있는 수용소 내의 여성들에 대한 언론보도는 한국전쟁 중부터 이어졌다. 당시 제 발로 북한에 걸어 들어간 여대생들이 수용소에 갇혀 혹사당하고 있다거나 수용소 내에서 일어나는 이념이 다른 포로의 사랑 이야기는 교훈과 감동을 주는 '실화'로 간주되며 확산되었다. 1952년 보도에 따르면, 거제도포로수용소 내 공산군 여성 포로는 약 700명이고, 대개가 간호부 및 취사부 출신이었으며 그 중 반수 이상이 송환되는 것을 희망하였다.[25] 관련하여 언론은 공산군 측으로부터 귀환한 여성 포로의 입을 빌려 수용소 생활 중 친공 포로에게 난타당하고, 감금당했던 가슴 아픈 이야기를 전하거나,[26] 역시 석방된 포로의 증언을 토대로 여성 포로수용소의 특성과 수용소 내 실태를 전하는 기사를 게재했다.[27] 거제도를 비롯한 수용소 내 갈등 및 친공 포로들의 악랄함은 포로들의 증언을 내세우며 여러 차례 언론지상에 보도되었으나, 상대적으로 숫자가 적은 여성 포로들의 특별한 체험을 전할 때 그 선전적 효과는 배가될 수 있었다. 두 편의 포로수용소영화 역시 정도의 차이는 있을지언정, 전쟁 중 여성 포로에 대한 언론 보도와 구전에 입각해 있었다.

실화를 강조하는 것은 1960~1970년대 반공물의 공통분모로, 1960년대 후반부터 1970년대까지 미디어를 통해 확산된 실화 소재 이야기는 중 다수는 간첩과 관련된 것이었으며, 이상의 텍스트는 실화이거나 실화처럼 보이도록 홍보되었다.[28] 물론 실화 소재의 강조는 비단 반공물뿐만 아니라 〈저 하늘에도 슬픔이〉[1965] 등의 멜로드라마가 내러티브의 진정성을 확보하고 동일한 이야기를 다룬 미디어와 연계되어 홍보 효과를 극대화할 수 있는 방안이기도 했다. 여기에 더해서, 반공물이 실화를 강조할 때는 이야기의 신빙성을 확보하는 것 외에도 적을 경계해야 할 필요성을 강조하며 계몽성과 교훈성을 강화할 수 있었다. '실화극장'이나 오제도의 증언에 입각해 극작가 오재호가 집필을 맡았던 특별수사본부 시리즈가 신빙성을 강조한 것 역시 이와 관련되어 있다. 문제는 그 취재가 특정인의 증언에 입각한 편향적 기억과 취택에 입각해 있었고, 경우에 따라 실화를 내세워도 그 등장인물들이 실존 인물인지의 여부조차 불분명할 때가 많았다는 점이다. 극 중 남한의 거물급 스파이의 실명이 등장한다고 하여, 과거 정치인들의 이름이 실명으로 등장한다고 하여 이야기 전반의 실증성을 확보할 수는 없었던 것이다.[29]

당대 인기 있던 실화 소재 TV드라마, 영화와 마찬가지로, 〈사랑과 죽음의 기록〉 역시 작가가 본인의 전쟁 경험을 내세우며 '체험'과 '견문'을 강조했지만, 실화의 실체 및 범위는 중요하지 않았다. 다만 작품의 창작 과정에서 월북한 엘리트들을 비롯해 북한의 현실을 고발하는 일련의 보도들이 해당 작품에 적지 않은 영향을 끼쳤을 것이라 보인다. 실제 한 매체에 실린 기사에 따르면, 남한 모 여대 출신의 친공 포로는 월북 후 복구 현장에 동원되어 극한의 노동에 시달리다 자결했고, 포로 중에서 '유달리 처참한 여학생 포로'들이 북한 각지 공장에 집단 수용되어 불결한 시설에 내에서 영양실조에 시달리며 "고통의 도가니 속에서 비탄의 생활을 지속하고 있는 형편"이라 한다.[30] 그런데 증언의 출처 및 실체가 불분명한 이같은 보도는 매체에 의해 '실태實態'로 명명되었고, 이는 다시 대중문화 지형 안에서 '실화'라는 이름으로 확산되었다.[31]

북한의 포로수용소의 형상화와 관련하여, 역시 실화를 표방한 『경향신문』 신춘현상사건 실기實記 「북괴535의 여헌병」[1965][32]은 〈사랑과 죽음의 기록〉과 비슷한 설정을 공유한다. 소설은 전쟁 중 국군 포로로 북한 내 포로수용소에 수감되어 있었던 병사가 북한군 최고사령부 직속부대였던 535부대에 끌려 들어갔다가 탈출하는 과정을 다루고 있다. 여기서 남한 병사가 535부대에 배치되었을 때, 부대에는 "남조선 출신의용군의 이름으로 끌려 나온 철부지 소녀"와 "서울의 유명한 여자대학을 다녔다는 인텔리"에 대한 언급이 있다.[33] 제 발로 월북했거나 북한군으로 활동하던 자각 없는 여성들은 〈사랑과 죽음의 기록〉에서와 마찬가지로 반성하고 계도되어야 할 대상으로 등장하는 것이다.

1960년대 북한의 사정을 알리는 매체 『북한실화집』의 「휴전선으로 군혼群婚온 처녀 정신대」라는 제목의 기사에는 강원도 휴전선 주변을 사수하는 장정들을 달래기 위해 양강도, 자강도 등 내륙지방에서 처녀를 공출해 위안부로 삼았다는 내용이 담겨 있다.[34] 북한이 장정들을 위해 "일제시대의 정신대"를 부활시켰다는 것이다. 기사에 따르면 북한 내륙 지방의 처녀들과 이들의 가족은 애국 노동을 마치면 고향으로 돌아올 것이며, 그곳에서 좋은 대우를 받을 것이라는 감언이설에 속아 "공산당이 파놓은 함정"에 제 발로 들어간다. 그러나 휴전선 인근 산골에 배치된 이들은 곧 농장으로 배치되어 격무에 시달렸고, 공산당에서 약속한 귀환 날짜는 지나버렸으며, 여맹위원장은 반발하는 이들의 사상을 문제 삼는다. 여기에 더해 당이 결혼을 거부하는 이들에게 정치적 압력을 행사하면서, 끌려간 처녀들은 원치 않는 청년과 합방을 하게 되었다. 실화를 표방한 이같은 이야기는 공산당의 감언이설에 속아 제 발로 돌아올 수 없는 수용소에 들어간 여자들에 대한 내용을 담고 있다는 점에서, 〈사랑과 죽음의 기록〉 속 여대생들의 상황과 흡사하다.[35]

포로들의 실상과 관련한 기록에서 '여학생'들의 고난과 학대가 강조되었던 것처럼, 시나리오 〈사랑과 죽음의 기록〉 역시 여학생들의 수난사에 초점을 맞추고 있으며, 고영남이 연출한 영화는 이들의 수난사를 스펙터클하게 전시하는 데 주력했다. 등장인물은 한국전쟁 시 월북했던 여대생과 남대생으로 구분되며, 여기에 여인들이 수감된 수용소의 북한군과 북한 체제에 반기를 든 반공유격대의 인물들이 추가된다. 〈사랑과 죽음의 기록〉은 전장의 스펙터클을 형상화하기보다 북한수용소 내 여성 포로 간의 갈등에 초점을 맞추고 있다. 영화 속에서 수용소 소장 박원녀는 지주의 딸에게 아버지에 대한 비판을 강요하는 동시에 여대생들의 사상 검증을 진행하고, 수용소의 북한군은 여대생들의 노동력과 성을 착취한다. 그리고 자유를 찾아 월북했던 여대생들은 영양실조와 사상 검열에 따른 총살 등으로 죽어간다.

이 작품은 사회주의를 동경하는 철없는 대학생들의 참회 과정을 다루며 이들을 '소아병小兒病'에 걸린 성인처럼 내려다보는 태도를 취한다. 유신 이후 제작된 반공영화 〈국회 푸락치〉1974에서 남로당의 계략에 현혹된 정치인들과 함께 정부를 비판하며 집단 시위를 벌이는 청년-학생집단이 근시안적인 탈선 집단처럼 묘사됐던 것처럼,[36] 이 영화 역시 사회주의 사상에 도취되었던 대학생들이 수용소에서 겪는 고난을 전시하면서 관조적인 태도를 이어간다.

북한수용소에 있는 여포로들에 대한 이야기가 실화와 수기라는 형식으로 유포되었던 것과 마찬가지로, 『전쟁과 사랑의 의미』의 원작자 박해준 역시 작가의 취재 경험을 중요하게 내세웠다. 그러나 〈사랑과 죽음의 기록〉에서 실상과 허구가 불분명한 것처럼, 『전쟁과 사랑의 의미』에서도 그 경계는 불분명하다. 작품의 초반부는 전쟁의 참상과 국군 병동의 풍경을 상세하게 그려내는데, 정작 남한 측 이영남 대위와 북한군 위문대장 성지연의 만남에서부터 결말까지의 이야기는 그 실체가 모호하다. 여기서 이념이 다른 남녀의 사랑을 비롯해 여자 포로수용소의 실태, 그리고 친공 포로의 잔학성은 전쟁 중 수차례 매체에서 기사화한 바 있다. 그리고 실화를 내세운 박해준의 원작 역시 상당 부분 이같은 보도에서 소재를 취하고 있는 것으로 보인다.[37]

그러나 북한수용소에 수감된 여성들을 비롯해 월북하거나 전향하는 여포로에 대한 이야기가 수차례 보도되었을지언정, 작가들이 실화를 강조하는 것과 별개로 그 범위나 구체성 여부는 확인할 수 없는 것이었다. 실화는 반공물의 구호이자 섹스나 살인 등 선정적인 사건 묘사를 정당화하는 기제였을 뿐, 이야기의 실증성 여부는 당국과 제작 주체, 관객 모두에게 그다지 중요하지 않은 것이었다. 이에 따라 실화 혹은 실록은 라디오드라마, 영화, 만화, 수기 등으로 확산된 특별수사본부 시리즈나 북한 권력자들의 성추문을 다루었던 1970년대 반공물이 내세운 일종의 구호이자 유신 체제하에서 금기시된 선정성과 퇴폐성을 정당화하는 수단처럼 작동할 수 있었다.

4. 로컬화된 '여감방' 풍경과 소극적 섹슈얼리티

이영재는 1973년 한국에서 '한홍 합작 영화'라는 타이틀로 개봉한 위장 합작 영화 〈여감방〉을 분석하며, 동시기 아시아에서 감금된 공간과 여포로들의 섹슈얼리티를 강조한 영화들이 제작, 흥행했다는 점에 주목한 바 있다. 식민지 시기를 배경으로 일본군이 수용소-감방의 통치자로 등장하는 영화 속에서, 제국의 만행을 고발한다는 명목으로 거리낄 것 없는 성착취물이 등장했고, 이들 영화의 흥행은 신상옥의 〈여수407호〉1976의 제작으로 이어졌던 것이다.[38]

아래 그림은 〈여수407호〉와 〈사랑과 죽음의 기록〉의 영화 포스터이다. 두 포스터의 우측을 보면, 뒷배경으로 사용된 감옥의 풍경과 허벅지를 드러내고 쓰러져 있는 여성(여수407호)에서 강희 역을 맡은 엽영지의 모습이 동일하게 삽입되어 있다. 〈사랑과 죽음의 기록〉 포스터의 제작 과정에서 2년 전 개봉된 다른 제작사 영화의 주요 이미지를 동일하게 사용하고 있는 것이다.[39] 이는 기본적으로 두 영화가 흡사한 세계관을 공유하고 있다는 것, 곧 제한된 공간을 배경으로 적군이 여성의 성을 착취하는 익스플로이테이션 필름Exploitation films의 영향하에 있었고, 〈사랑과 죽음의 기록〉이 한국에서 흥행한 이전의 여감방물을 강하게 인식하고 있었음을 보여준다.[40] 다만 전자의 경우 중심에 이들의 성과 노동력을 착취하는 일본인 부소장이 자리한다면, 후자의 경우 북한수용소에서 자신의 선택을 후회하는 여대생이 자리 잡고 있다. 분명한 점은 여감방물이 1970년대 후반 한국전쟁을 배경으로 한 포로수용소영화의 섹스 형상화에 중요한 영향을 끼쳤다는 점이다. 이 과정에서 자연스럽게 여성들의 성을 착취하는 주체는 일본군이 아닌 북한군 혹은 소련군으로 변모했고, 극의 메시지

〈그림 2〉 (위) 〈여수407호〉 포스터.
(아래) 〈사랑과 죽음의 기록〉 포스터

와 관련해서도 이념과 전향이라는 화두가 두드러졌다.

문제는 위장합작영화인 〈여감방〉에서 즐길 수 있었던 '푸짐한 구경거리'[41]가 공모 제도의 인정을 받았고 신빙성의 여부와는 별개로 실화 소재를 강조했던 한국전쟁기 여성 포로에 대한 영화에는 등장할 수 없었다는 점이다.[42] 실상 〈사랑과 죽음의 기록〉과 〈누가 이 아픔을〉에서 포로들의 섹스와 섹슈얼리티 묘사는 어정쩡하다. 〈여감방〉의 광고가 극의 배경을 "애욕에 굶주린 여인의 이색 지대"라 명명하여 "물신한-여체의 대경연장!!"을 강조할 수 있는 "비화祕話"였다면, 한국전쟁 중 포로수용소물은 명목상 엄연한 실화를 표방했다. 〈여감방〉의 경우처럼 합작영화라는 명분을 빌려 검열을 피해갈 수도 없었고, 특히 국방부의 지원을 받은 엄연한 반공영화로서 무작정 수위를 높일 수도 없었다. 여자들만 있는 수용소라는 설정은 제작자에게 충분히 매력적일 수 있는 것이었지만, 반공이라는 화두는 국방부의 지원을 얻음으로써 영화의 제작을 가능하게 한 동시에 영화 속 섹스의 재현이 어정쩡한 수위에서 멈추는 결정적인 요인이 되었다.

식민지 시기를 배경으로 한 신상옥의 〈여수407호〉가 노골적으로 〈여 감방〉을 차용한 것과 관련해, 한국전쟁을 배경으로 한 두 편의 영화는 이같은 여감방물과 겹쳐지면서도 다른 노선을 걷는다. 〈여감방〉에서와 마찬가지로, 두 작품에는 여대생들의 사상을 검증하고 노동력을 착취하는 여성 군관(사랑과 죽음의 기록)과 포로수용소 내 친공 포로의 리더(누가 이 아픔을) 가 등장한다. 이들은 북한군-친공 포로의 악랄함과 히스테리를 드러내기 위해 기능할 뿐 결코 윤간이나 섹스에 직접 뛰어들지는 않는다.[43] 또한 〈사랑과 죽음의 기록〉, 〈누가 이 아픔을〉의 포로들은 이전의 여감방 물처럼 하반신을 강조한 죄수복을 유니폼처럼 입고 등장하지는 않지만, 무리지어 움직이고 노동하며 필요에 따라 노출도 일삼는 이들의 신체가 극적 볼거리를 만들어낸다. 두 영화에는 여성들의 목욕신을 비롯해 배우들의 자연스러운 신체 노출을 이끌어내기 위한 격투신과 고문신이 등장한다. 검열 과정에서 〈사랑과 죽음의 기록〉의 목욕신은 순간적으로 스쳐지나가게 됐지만,[44] 감금된 여성들 사이의 신경전이 벌어지는 과정에서 이들의 신체를 노골적으로 드러내는 방식은 두 편의 영화에도 이어졌다.

〈사랑과 죽음의 기록〉의 경우 남측에서 '혁명놀이'에 취해있었던 젊은 남녀들이 북한 체제의 실상을 목도하고 파국을 맞는 과정을 이어간다. 고영남은 전장의 스펙터클보다는 '철없는' 여대생들이 북한의 수용소에서 마주하는 절망과 공포에 집중한다.[45] 그런데 자유를 포기하고 월북한 대학생들이 겪는 고통은, 월북을 주도했던 정호가 전장에서 자결하기 전 마지막에 내뱉은 말처럼 "자업자득"으로 묘사된다. 임신한 연옥의 연인인 정호의 경우 전선에서 부상자를 내팽개치고 탄약을 실어 나르기에 급급하면서도 사상무장을 강조하는 인민군을 보며, 자살로 자신의 선택에 책임을 진다.

관련하여 제작진은 역시 자진 월북한 여대생들에 대한 비판과 응징을 이어간다. 북한의 실상을 보여주는 과정에서 수용소의 여대생이 옷이 벗겨진 채로 고문당하는 장면, 북한군 중위에게 몸을 의탁해 그와 정사를 벌이는 장면, 이들이 단체로 목욕을 하는 장면 등이 이어진다. 곧 영화가 '미성년자 관람가^{중고생 이상}' 등급 판정을 받았음에도, 오락성을 감안한 선정적 장면이 반복해서 이어지는 것이다. 이 점에서 영화는 배경을 수용소로 옮겼을 뿐, 당시 여간첩을 다룬 영화들이 내세웠던 간첩의 섹슈얼리티를 여포로의 섹슈얼리티를 보여주는 방식으로 변주하고 있다.

다만 당대 인기를 누렸던 '여감방물'과 비교할 때, 실화를 강조한 두 영화는 포로들의 섹스 장면을 형상화하는 데 상대적으로 소극적이다. 이전에 흥행했던 여감방물과 달리, 〈사랑과 죽음의 기록〉의 감독 고영남은 여성들의 육체를 전시하는 데 주저하는 것처럼 보인다. 영화에는 수용소에서 북한군 간부의 환심을 사기 위해 먼저 옷을 벗고 다가가 유혹을 하는 여대생이 등장하고, 창문 밖에서 이같은 동료의 배신 행각을 목도하는 또 다른 시선이 존재한다. 그런데 미성년자 관람가 등급을 받았던 영화는 적敵과의 섹스 장면을 쾌락적으로 보여주는 데 적극적이지 않거나, 혹은 그렇지 못하다.

오히려 영화가 여성들의 섹슈얼리티를 강조할 때는 조국을 배신하고 월북했던 이들의 고난을 묘사하는 동시에 이들을 응징할 때다. 이형우의 원작 시나리오와 마찬가지로, 영화는 월북하여 뙤약볕이 쬐는 황톳길을 걸어가는 여대생들의 모습에서부터 시작한다. 그런데 카메라는 걸어가는 여대생들의 다리를 담아내는 것에 이어 지친 이들의 얼굴을 클로즈업하고, 이어 개울에서 몸을 씻는 이들의 신체를 보여준다. 실상 영화 속에서 여성들의 육체가 가장 적극적으로 성애화될 때는 옷이 벗겨

<그림 3> 작품 속 섹스신과 고문신

진 채로 북한군에게 채찍질을 당하거나, 감옥에 갇혀 눈앞에 음식을 먹지 못하고 혀를 내밀 때다. 조국을 버리고 월북한 이들의 고통을 "자업자득"으로 간주하는 영화는,[46] 성교 장면 자체에 집중하기보다 이들이 사회주의에 현혹된 대가로 '응당' 겪어야 할 고문을 받는 장면을 가학적으로 담아내면서 여포로의 섹슈얼리티를 담아낸다.

물론 필름에 담긴 '소극적'인 섹스 묘사는 애초의 수위보다 축소된 것으로, 영화의 잔인하고 외설적인 장면을 문제시한 검열관의 결정에 의한 것이다. 검열 서류를 보면, 화면 삭제 권고를 받은 장면은 소년병이 피를 흘리거나신[20], 괭이로 상대방을 살해하는 장면신[125]을 비롯해 수용소 목욕탕 장면신[71-72]이었다. 이외에도 화면 단축 권고를 받은 것 역시 정사 장면신[15·57]이었다. 이에 따라 섹스 장면의 분량이 단축되고 목욕하는 여성들의 나체 역시 순식간에 지나가게 되는데, 이들이 처벌받고 학대당하는 순간에 부각되는 섹슈얼리티는 검열 과정에서 별 문제가 되지 않았다. 〈사랑과 죽음의 기록〉에서 자발적으로 북한군 중위와 동침하며 그에게 몸을 의탁했던 포로 희은의 경우, 동료 진희를 고발한 죄로 동료들에 의해 무자비한 폭행을 당한 후 강제로 다리를 벌린 채 나무 막대기로 내려 찍히는 벌을 받는다. 이때 수용소 내 저항을 주도했던 진희는 그 모습을 보며 깔깔거리며 웃는다. 심의대본에서 진희가 그 모습을 냉정히 지켜보고 있는 것과 달리, 실제 영화 속에서 진희는 희은이 잔인하게 응징당하는 모습을 보며 통쾌하게 웃는다. 여기서 강제로 다리를 벌린 희은에게 동료들이 나무 막대기를 내리꽂는 부분은 영화가 지향하는 반공과 섹스 묘사를 가장 상징적으로 보여준다. 아래 지문은 심의 대본에서 발췌한 북한군의 고문 장면과 여포로들의 응징 장면이다.

신 83 고문실(밤)

주상오　　부끄러운 꼴을 당하기 전에 말해.

(드러나는 살결)

(노려보는 진희)

주상오　　매는 벌거숭이로 맞아야 맛이 나지.

(스커트를 쨴다)

진희　　차라리 인애처럼 죽여라.

신 88 내무반(밤)

(주위를 살피며 들어오는 희은)

(순간 모포 씌우는 여자들)

(달려드는 여자들)

(마구 짓밟는 여자들)

(진희 숙경 냉정히 본다)

(마구 밟는 발)

(미친 듯이 밟는다)

(꿈틀대던 희은 조용)

(내려찍은 나무)

-페이드 아웃-[47]

북한군 중위와 성관계를 맺고, 동료들에게 가장 가혹한 방식으로 단죄당하는 희은의 이야기는 이형우의 원작 시나리오에는 없는 것으로, 여대생 중 하나인 희은의 역할은 각색 시 여포로의 섹슈얼리티를 강조하는 과정에서 부각됐다.[48] 그리고 오리지널 시나리오에서 북한군 중위가 수용소 내에서 여성들을 돕는 철구의 일격에 의해 사망한 후, 희은이 자결하고 동료들이 그녀를 추모했다면, 최종 심의대본과 영화에서 희은은 동료들에 의해 처단 당한다. 영화는 그렇게 사회주의에 현혹되었고, 배고픔 때문에 북한군에게 몸을 의탁했던 이들을 성적으로 단죄하는 악취미를 드러낸다.[49] 감독은 여대생이 고문당하고 총살당할 때, 그리고 수용소 생활과 남한에서의 생활을 대조할 때, 남한에서 선택받은 지식인이었던 이들이 수영장이 있는 양옥 정원에서 행복하게 케이크와 쿠키 등을 먹는 장면을 삽입한다. 종국에 무사히 탈출하는 포로들이 있을지언정 이들은 수용소에서 착취당하고, 영양실조로 죽거나 총살당하며, 고문을 당하는 방식으로 각자의 처벌을 받는다. 연옥과 아이를 비롯해 감금자 중 일부는 탈출하지만, 영화는 '악마들의 낙원'으로 건너간 철없는 대학생들에게 가장 가혹한 처벌 방식을 보여준다. 반공유격대가 '자진 월북'한 수용소 내 여자들을 한참동안 관찰하며 관망했던 것처럼, 영화 역시 월북한 이들에 대해 가장 잔혹한 방식의 처벌을 가하는 것이다.

주목할 점은 영화 속에서 여포로의 일상을 다루며 생리, 임신, 출산 등 여성의 경험을 형상화하는 방식이다. 월북한 여대생들은 '여자들의 생

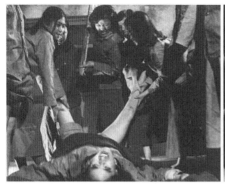 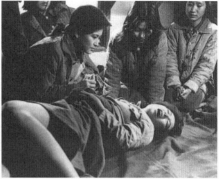

〈그림 4〉 (좌) 동료들에게 응징당하는 배신자. (우) 수용소에서 출산하는 여포로

리적 문제'를 내세우며 북한의 수용소 소장과 대립하고, 동료인 연옥이 임신을 하자 계란을 얻어 몰래 요리해준다. 원작 시나리오에 비해 영화에서는 여성들의 연대의식이 더욱 강화되며, 월북 여대생 화영과 연인 도순의 사랑보다는 여성 간의 유대에 더 비중이 실린다. 화영은 유격대가 북한군수용소를 습격한 날, 연옥이 출산을 하는 순간에 계속 그녀의 옆에서 고통을 함께 한다. 도순의 경우 정호의 자살과 화영의 간절한 설득에도 끝까지 자신은 인민군 군관이라며 애매모호한 태도를 보인다. 이후에도 그는 인민군의 편에 선 여자들이 탈출하는 순간까지 명확한 입장을 드러내지 못한다. 그리하여 두 사람은 수용소 밖으로 나가지 못한 채 죽음을 맞는다.

영화는 사상적으로 계도되어야 할 여대생들의 수난사를 전시하며 동시대 남한 관객에게 교훈을 전하고자 하는데, 이 과정에서 수용소 내 임신한 여성이 겪어야 하는 수난이 등장한다.[50] 그런데 영화는 출산 장면을 묘사할 때도 그 고통을 전달하는 데 멈추지 않고 육체를 성애화하는 시선을 이어간다. 영화가 출산 장면을 보여줄 때 지속적으로 연옥의 무릎과 고통스러워하는 얼굴을 클로즈업하는 방식은 북한군 중위와 희은의 섹스 장면을 보여줄 때와 흡사하다. 또한 제작진은 수용소 내에서 여성들만이 겪어야 하는 문제 역시 호기심을 충족시키는 차원 이상으로 진지하게 접근하지 않는다. 극 초반 일사병으로 쓰러져 죽은 여성이 실려 갈때도 노출된 하반신을 보여주는 시선은 이렇게 영화 끝까지 이어진다.

〈누가 이 아픔을〉의 경우 반공과 휴머니즘을 화두로 내세웠으며, 남한군과 북한군의 사랑을 다루고 있다는 점에서 형제갈등을 강조했던 이전의 포로수용소영화와 차별화되는 지점이 있다. 언급한 것처럼 1970년대영화 특별수사본부 시리즈를 통해 액션과 멜로를 적절히 버무린 반공영화를 제작했던 감독 설태호는, 애절한 사랑을 소재로 한 원작의 감성을 그대로 스크린으로 옮겨온다. 다만 원작이 이영남 대위의 시선에서 성지연을 관찰하며 사건을 전개하고 있다면, 영화는 사상과 사랑 사이에서 방황하는 북한군 여포로의 비애에 집중하고 있다. 극 중 성지연의 경우소련인에게 성폭행을 당해 혼혈아를 출산한 과거사가 부각된다.

〈누가 이 아픔을〉은 거제도 여자 포로수용소를 다룬 최초의 영화로, 원작에서 드러나지 않는 여포로들의 갈등과 분쟁을 가시화한다. 〈누가이 아픔을〉에는 '생리적인 불만' 때문에 히스테리컬해진 여성 포로들이등장하는데, 이는 원작소설에서는 부각되어 있지 않는 부분이며 시나리오 각색 과정에서 여자 포로수용소의 실태 및 여성 포로들의 잔혹성이강조되었다. 특히 소문과 언론보도로만 전해져오던 여자들만의 수용소를 시각화하는 과정에서 포로들의 섹슈얼리티가 부각되었다.[51]

〈사랑과 죽음의 기록〉이 그랬던 것처럼, 〈누가 이 아픔을〉에는 친공포로들에게 학대를 당하는 여포로들의 상반신 노출 장면을 비롯해 이들사이의 육탄전을 볼거리로 제시한다. 여성들만이 모여 있는 수용소는친공 포로의 잔혹함을 보여주는 동시에 관객 입장에서 훔쳐보기의 대

〈그림 5〉 여성 포로수용소를 관음증적 시선으로 재현하는 방식

상이 된다. 여포로들의 히스테리를 보여주겠다는 명목으로 친공 포로가
주도하는 여성 간 성적학대 장면을 삽입한 것 역시 이같은 맥락에서 해
석할 수 있다. 관련하여 이영남의 친구인 조 대위는 여자들만 수감된 곳
도 선동이 극심하냐는 이영남의 질문에 "오히려 더 극성이야. 아마 생리
적인 불만 때문일 거야"[52]라며 여자 포로수용소의 생태를 설명한다.

> 신학자 (칼을 갈며) 판문점에서 보내온 당보에 의하믄 오늘 내일 사이에 휴
> 전협정이 조인될 모양인데…….
>
> 곽　　휴전협정?
>
> 신학자 기레. 기러니끼리 우리는 오늘 더 많이 반동간나들을 모조리 까야
> 하지 않가서……?
>
> 곽　　기럽고 송환되기 전에 날러 해치우는 게 좋을까요.
>
> 신학자 (칼을 번쩍이며) 이걸로 다 젖꼭지하구 거길 확 도려내는 거야. 알
> 가서?
>
> (판하면-저만큼 컴컴한 구석에 동떨어져 도젓이 않은 채 그들을 지켜보고 있는 지연. 고
> 즈넉이 한숨을 죽이며 물끄러미 천정을 응시한다)
>
> 〈누가 이 아픔을〉, 18~19면

소리　(스피커 소리) 21 캠프 성지연! 성지연!

(집중적으로 일제히 쏘아보는 여포로들의 매서운 눈길을 온몸에 느끼며 침상에 걸터앉아 전전긍긍하고 있는 지연. 곁엔 신학자가 떡 버티고 서있다)

신학자　(협박) 나가고 싶으면 나가보라우. 반공 간나들처럼 갈기갈기 찢어
　　　　놀 테니끼리…….

(손에 칼을 번쩍인다. 가슴이 벌렁거리는 지연, 꿀꺽 마른 침을 삼킨다)

〈누가 이 아픔을〉, 28면

　　결말부에 비극성을 고조시키는 과정에서, 여성 친공 포로의 리더 신학자를 포함한 그녀의 수하들은 이영남을 만나기 위해 철조망을 향해 달리는 성지연을 향해 극도로 히스테리컬한 반응을 보이며 그녀를 뒤쫓는다. 성지연은 이들의 공격을 받고 이영남의 품에 안겨 숨을 거둔다. 감독은 영화 전반부에서 야전병원에서 벌어지는 이영남과 성지연의 절절한 사랑을, 후반부에서 포로수용소의 성지연이 히스테리컬한 여성들 사이에서 겪는 고통을 부각한다. 여기서 친공 포로의 악랄함을 부각시키기 위해 등장하는 여성들의 나체는, 굳이 드러날 필요가 없음에도 볼거리처럼 삽입된다.

　　가능하다면, 제작진은 수용소 내 여성들만의 생리적인 문제와 히스테리를 〈여감방〉의 관습을 이어받아 더 적극적으로 밀어붙이고 싶었을 것이다. 하지만 반공과 공모, 그리고 실화라는 화두 사이에서 제작진은 수용소 내 여성들의 섹슈얼리티를 북한군과 좌경 포로의 잔학성을 드러낼 때 강조한다. 여기서 생리적인 문제와 히스테리의 전모를 보여주는 것은 불가능했기에, 두 영화는 학대받는 여성들의 신체를 드러내고 그 히

스테리를 인물들의 발화 안에서 언급하는 것에 그쳐버린다. 그렇게 두 영화는 반공이라는 구호 안에서 허용되는 섹스, '어정쩡한' 섹스를 형상화하는 데 멈춰버렸다.

5. 반공영화의 B급 상상력

주지하듯이 1970년대 반공물의 끝 무렵에 있는 〈사랑과 죽음의 기록〉, 〈누가 이 아픔을〉은 비평적으로도, 흥행적으로도 별다른 성과를 남기지 못했다. 공모 당선작으로서 언론의 주목을 받았고 군의 제작 후원도 받았지만 평론가의 입장에서는 반공물의 답습이었으며, 관객의 입장에서는 수위가 낮은 '시시한' 반공물로 받아들여졌던 것으로 보인다. 이처럼 동시기 반공영화의 문법을 반복하는 두 영화는 신군부의 집권 이후인 1983년 문공부장관 지정 영화로 선정되어 반공영화로서의 유효 기간을 잠시나마 늘려보게 된다.[53] 하지만 이 역시 반공의식을 높이자는 신군부의 이벤트로 끝나며, 관객의 기억은 물론 영화사적으로도 잊히게 되고 더 이상 조명될 기회를 갖지 못한다.

실례로 〈누가 이 아픔을〉은 감독 한국영상자료원에서 진행한 설태호의 구술 채록 작업 중에도 언급되지 않았다. 관련하여 흥미로운 점은 두 영화에 1950년대 후반부터 2000년대 초반까지 조연으로 활동했던 배우 유명순이 출연한다는 점이다.[54] 그녀는 〈사랑과 죽음의 기록〉에서는 북한군 여성 장교 역을, 〈누가 이 아픔을〉에서는 수용소 내 공포의 대상인 친공 포로 역을 맡아 수용소 내의 여성들을 핍박하며 극에 긴장감을 조성하였다. 이 중 〈사랑과 죽음의 기록〉은 유명순이 등장한 작품 중 비중이 가장 높았으며, 배우 스스로에게는 "고생도 많았고 참으로 열심히 한 작품"이라는 점에서 가장 인상 깊은 작품이었다.[55] 그러나 한국영화 반세기를 가로지르며 한국영화데이터베이스KMDB에 기록된 것만 179편의 영화에 출연한 유명순의 영화 이력이 한국영화사 속에서 조명되지 못한 것처럼, 〈누가 이 아픔을〉과 마찬가지로 〈사랑과 죽음의 기록〉 역시 1970년대 양산된 반공영화의 홍수 속에서 조명 받지 못했다.

반공을 내세운 원작을 소재로 하며 이를 의식할 수밖에 없었고, 동시기 흥행 영화의 섹스 묘사를 노골적으로 차용하지도 못했던 1970년대 여성 포로수용소영화는 그렇게 어정쩡한 지점에서 머무르게 되었다. 당대 대중문화 텍스트의 흐름과 유행을 차용했던 두 영화는, 별다른 반향을 일으키지 못하고 관객의 기억 속에 사라졌다. 반공, 전쟁, 실화, 그리고 섹스를 함께 내세운 이들 영화는 1970년대의 막바지에 시효가 다해 버린 반공물의 운명을 보여주고 있었던 것이다.

그런데 선전을 위해서든 혹은 볼거리를 위해서든 '여성'의 수용소를 배경으로 했을 때 이전의 포로수용소영화와 차별화되는 지점이 생긴다는 점에 주목해 볼 필요가 있다. 그것은 남성간의 적대와 유대에 입각한 이전의 포로수용소영화와 달리 이념적, 젠더적 타자로서 극의 중심에 여성이 올 수 있다는 것인데, 궁극적으로 수용소의 여성들은 닫힌 공간 안에서 완벽하게 대상화되고 교화되어야 존재로 치부된다. 더불어 두 영화는 실화를 소재로 했음을 제창하고 공모에 선정된 원작을 토대로 함으로써 대중성을 감안한 섹스를 전면적으로 밀어붙이는 데까지 나아가지 못한다.

살펴본 것처럼 두 영화는 종국에는 회한과 눈물을 강조하면서 동시대 여성 스파이를 다룬 반공영화 및 '여감방' 소재 영화와 유사하면서도 차별화된, 로컬화된 포로수용소영화의 특성을 형성하고 있다. 1970년대 후반의 여성 포로수용소영화는 유신시대 한국의 정치적 상황과 문화 통제 정책 및 당시 한국 대중문화와 글로벌 트렌드의 속성이 결합된 동시대적이며 특수한 결과물로 이해할 수 있는 것이다. 비평적으로든, 흥행적으로든 주목받지 못했던 여성 포로수용소영화에 주목해야 하는 이유 역시 여기에 있다.

* 이 글은 「재구성된 실화와 로컬화된 섹스 – 1970년대 여성 포로수용소를 다룬 영화들」, 『사이間 SAI』 32, 국제한국문학문화학회, 2022를 수정·보완했다.

주석

제1부

제1장

1   해방기 귀환서사 연구는 주로 타국에서 조선으로 돌아오는 인구 이동에 주목하지만, 이 글에서는 '귀환'의 범위를 넓혀 제국의 붕괴 이후 조선 내에서 팔려간 딸들이 돌아오는 이야기까지를 함께 논의한다.

2   이기영, 〈해방〉, 『신문학』, 1946.4. (김동권 편, 『해방기 현대희곡작품집』 2권, 서광학술자료사, 1994에서 재인용)

3   조선영화협단의 3회 공연작인 〈귀국선〉은 1946년 11월 김한 기획, 김영수 각본, 이병일 연출로 공연된 키노드라마다.

4   〈귀국선〉의 줄거리와 인물소개는 『일간예술통신』, 1946.11.7 참조.

5   김소영, 「귀국선의 춘자 역」, 『영화시대』, 1946.4, 64~65면.

6   정종현, 「해방기 소설에 나타난 '귀환'의 민족서사」, 『비교문학』 40, 한국비교문학회, 2006; 정재석, 「해방기 귀환서사 연구」, 연세대 석사논문, 2006; 오태영, 「민족적 제의로서의 '귀환' - 해방기 귀환서사 연구」, 『한국문학연구』 32, 동국대 한국문학연구소, 2007; 이혜령, 「해방기 식민 기억의 한 양상과 젠더」, 『여성문학연구』 19, 한국여성문학회, 2008; 전지니, 『1940년대 희곡 연구』, 이화여대 박사논문, 2012.

7   일제 말기 여성은 여자정신대, 여자근로정신대라는 이름으로 군수공장에 동원됐으며, 또한 작부, 추업부, 위안부라는 이름으로 일본군에 의해 조직적인 성폭행을 당했다. 이처럼 정신대와 군 위안부는 분명하게 구분되는 제도였지만, 실제 운용에 있어서는 서로 혼합될 가능성을 내포하고 있었다. 이상의 논의는 정진성, 「군 위안부 / 정신대의 개념에 관한 고찰」, 『사회와 역사』 60, 한국사회사학회, 2001, 39~44면; 강정숙, 「'위안부', 정신대, 공창, 성노예」, 『역사비평』 74, 역사비평사, 2006, 316~317면.

8   당시 돌아온 학병들이 학병이었다는 사실에 지나친 자긍심을 가지고 정치운동에 나서게 되자 이에 대한 비판의 목소리가 나오기도 했다. (구산학인(邱山學人), 「학병과 영웅심」, 『민성』, 1946.7, 3면)

9   박지영은 해방기 매체에 여성 혁명가들이 소개되고 여성해방 문제가 담론화되지만, 비상시국이라는 토대가 결국 여성해방이라는 문제를 부차화시켰음을 지적한다. (박지영, 「여성혁명가의 귀환 - 해방기 여성혁명가의 형상과 가족 서사」, 『여성문학연구』 24, 한국여성문학학회, 2010)

10   대표적으로 린다 맥도웰은 국가의 다양한 제도가 차별하는 방식으로 젠더 분리를 구축하는 동시에 이를 이용하는 실제적인 방법에 대해 논의하면서, 국민국가가 남성성 또는 여성성에 대한 체현된 이미지를 재현과 상징으로 젠더화하여 묘사하는 양상에 주목한다. (린다 맥도웰, 여성과공간연구회 역, 『젠더, 정체성, 장소』, 한울, 2010, 제7장 참조)

11 니라 유발-데이비스에 따르면 젠더는 성차나 생물학적 차이에 따라 정의되는 사회적 주체들과 관련된 담론의 양식으로, 문화에 의해 구성되는, 변경 가능한 문화적 범주로 이해할 수 있다.(Nira Yuval-Davis, 박혜란 역, 『젠더와 민족』, 그린비, 2012, 27~29면)

12 젠더정치에 대한 개념 및 접근방식은 유발-데이비스 외에 김미덕의 글을 참고했다. 김미덕은 젠더를 양성간의 차이에 바탕을 둔 사회적 관계의 구성 요소로 정의한 조앤 스콧(1999)의 규정에 입각해, 젠더정치 연구는 양성간의 관계, 제도, 사회구조인 젠더가 정치과정에서 작동하는 양상을 살펴야 한다고 설명한다.(김미덕, 「정치학과 젠더-사회주의 범주로서 젠더에 대한 이해」, 『한국정치학회보』 45-2, 한국정치학회, 2011)

13 윤미량, 『북한의 여성정책』, 한울, 1991, 69~84면.

14 다음 시는 민주 건설 시기 여성 노동력이 중시되면서 여공이 예찬되던 상황을 반영한다. "조국에 바치는 귀한 사랑이 / 안바침 되어 드높은 의식 / 령통한 네 눈매의 겨누는 곳은 / 해오라지 인민의 행복이길래, / 올해도 여맹 신개지에는 / 옥수수 한 말을 심었어라."(유창선, 〈젊은 여맹원〉, 『문학예술』, 1949.7)

15 안호상, 「건국여성의 각오」, 『여학원』, 1946.1, 4~8면; 박종화, 「민족의 어머니로서의 여성」, 『부인』, 1950.1, 28~30면. 해방기 소설에 나타난 경직된 모성담론에 대해서는 전지니, 「8·15해방과 '노라' 이야기」, 『한국문학이론과 비평』 55, 한국문학이론과 비평학회, 2012.

16 김동권, 『해방공간 희곡연구』, 월인, 2000; 이석만, 『해방기연극연구』, 태학사, 1996; 김정수, 『해방기희곡의 현실인식』, 신아출판사, 1997; 전윤경, 「해방기희곡 연구」, 숙명여대 박사논문, 1999; 현재원, 「해방기연극운동 연구」, 성균관대 박사논문, 2000; 백승숙, 「해방기희곡의 전개양상 연구」, 영남대 박사논문, 2002.

17 김만수, 「장르론의 관점에서 본 해방공간의 희곡문학」, 『외국문학』 23, 열음사, 1990; 이상우, 「해방 직후 좌우대립기희곡에 나타난 현실인식의 양상」, 『한국극예술연구』 2, 한국극예술학회, 1992; 정호순, 「해방 직후 희곡에 나타난 일제 잔재 청산의 문제」, 『한국극예술연구』 5, 한국극예술학회, 1995; 김재석, 「해방 직후 희곡에 나타난 친일 잔재 청산의 양상과 그 의미」, 『어문학』 86, 한국어문학회, 2004; 박명진, 「해방기희곡에 나타난 민족과 인종의 표상 이미지」, 박명진 외, 『편견과 무지의 경계선 넘기』, 보고사, 2007; 양근애, 「해방기연극, 기념과 기억의 정치적 퍼포먼스」, 『한국문학연구』 36, 동국대 한국문학연구소, 2009; 문경연, 「해방기 역사극의 새로운 징후들」, 『드라마연구』 34, 드라마학회, 2011; 백승숙, 『한국희곡의 좌파 내셔널리즘』, 연극과 인간, 2011; 박명진, 「해방기 독립 투쟁 소재의 극예술에 나타난 주제의식 연구-박노아의 희곡 〈선구자〉와 전창근의 시나리오 〈자유만세〉를 중심으로」, 『우리어문연구』 36, 우리어문학회, 2012.
그 외 박영정은 '반연극적'인 남한의 연극 정책을, 이승희는 국가에 결탁해 연극의 헤게모니를 획득한 우익연극인들의 움직임을 논의한다.(박영정, 「해방기의 연극정책에 관한 연구」, 『한국극예술연구』 7, 한국극예술학회, 1997; 이승희, 「해방기 우파 연극의

헤게모니 획득과정 연구」, 『한국극예술연구』 21, 한국극예술학회, 2005)

18 이강렬, 「북한의 연극 (2)」, 김문환 외편, 『북한의 예술』, 을유문화사, 1990; 유민영, 「북한의 연극 연구 현황」, 『한국연극의 위상』, 단국대 출판부, 1991; 양승국, 「북한의 희곡문학과 연극의 실상」, 『문학사상』, 문학사상사, 1992.8; 양승국, 「북한의 연극과 희곡 문학의 현실」, 『한국연극』, 한국연극협회, 2000.9; 이상우, 「극양식을 중심으로 본 북한희곡의 양상」, 『한국극예술연구』 11, 한국극예술학회, 2000; 이상우, 「북한희곡 50년, 그 경향과 특징」, 서연호 외편, 『한국연극의 쟁점과 새로운 탐구』, 연극과 인간, 2001; 정낙현, 「북한희곡의 특성과 구조 연구-1945~1960년대 중반의 작품을 중심으로」, 이화여대 박사논문, 2004.

19 김정수, 「해방기 북한연극의 공연미학」, 『공연문화연구』 20, 한국공연문화학회, 2010; 김정수, 「북한연극계에서 제기된 청산(淸算) 대상 연기(演技)에 관한 연구」, 『정신문화연구』 33-2, 한국학 중앙연구원, 2010; 임옥규·김정수, 「해방기 북한 문학예술의 강령과 창작의 실제-서사문학과 공연예술을 중심으로」, 『우리어문연구』 42, 우리어문학회, 2012; 나덕기, 「해방기 북한희곡 연구」, 영남대 박사논문, 2012.

20 이석만, 앞의 책; 양승국, 「1945~1953년의 남북한희곡에 나타난 분단 문학적 특질」, 『문학사와 비평』 1, 문학사와 비평학회, 1991.

21 이 글은 단독정부 수립 후에도 남과 북의 최대 정치 현안이 민족국가의 국가 건설이었으며, 연극운동 역시 이와 관련되어 전개됐음을 고려해 해방기를 8·15 이후부터 6·25 발발 이전까지로 간주한다. 북한문학사에서도 해방 후 5년은 건설의 시기로 간주되는데, 신고송은 연극운동의 발전 과정을 다음과 같은 3단계로 나누고 있다. 이에 따르면 해방 직후부터 1946년 상반기까지가 1단계, 각 도 공작단의 창립과 함께 극단이 재편되고 민주개혁이 실시되면서 연극이 선전, 계몽 사업에 동원됐던 1947년 4월까지가 2단계, 그 이후의 연극운동이 3단계에 해당한다. (신고송 「연극동맹」, 『문학예술』 1949.8, 80면)

22 이처럼 연극이 정치 이념으로부터 분리되는 것은 불가능했지만 실상 관객이 선호했던 연극은 상업주의적 신파연극으로, 관객이 정치적 연극 대신 흥미 위주의 연극을 선호했던 것은 북한 역시 마찬가지였다. 당시 신고송은 "우리들의 관객은 아직 유치하고 세련되지 못하였다"며 〈춘향전〉, 〈심청전〉을 올릴 때는 극장이 만원을 이루나 〈어느 한 나라에서〉나 〈푸른 나라〉, 그리고 자신이 쓴 〈불길〉 같은 고상한 연극을 올릴 때는 형편이 다르다는 것에 대해 우려한다. (신고송, 「쏘베트연극상의 몇 가지 문제와 우리 극작에 주는 교훈」, 『문학예술』, 1950.6, 12면)

23 이상우, 「북한희곡에 나타난 이상적 여성-국민 창출의 양상」, 『한국극예술연구』 21, 한국극예술학회, 2005; 정낙현, 앞의 글, 187면.

24 그 외에 조미영이 남북한희곡 여성 인물을 비교해서 고찰하지만 대상 시기는 1953~1960년까지로 한정되어 있다. (조미영, 「전후 남북한희곡에 나타난 여성 인물 연구」, 경희대 석사논문, 2004)

25 안함광, 「고상한 레알리즘 논의와 창작발전 도상의 문제」, 『문학예술』, 1949.10, 15면.

26 오정애·리용서,『조선문학사 10 해방 후편』, 사회과학출판사, 1994, 195~197면.

27 박영자,「북한의 근대 여성주체의 형성(1945~47)-『김일성저작집』과『조선녀성』분석을 중심으로」,『대동문화연구』46, 성균관대 대동문화연구원, 2004, 310면.

28 리령,『빛나는 우리 예술』, 조선예술사, 1960, 31면.

29 『김일성 저작집』1, 조선로동당출판사, 1979, 365~373면;『김일성 저작집』3, 조선로동당출판사, 1979, 488~495면.

30 『김일성 저작집』2, 조선로동당출판사, 1979, 215면.

31 『문화전선』, 1946.11. 본문에서의 작품 인용은 해당 출처의 면수만 표기한다.

32 김봉희는〈들꽃〉을 작가가 월북한 직후 창작한 작품으로 파악하고 있다.(김봉희,『신고송 문학 전집』2, 소명출판, 2008, 786면)

33 신고송, 앞의 글, 16면.

34 갑선 : 서울서는 대낮에 작당을 해가지고 집을 부신다 사람을 죽인다 수라장판이 일어나요. 다 같은 동포가 동포를 죽이고 욕하고 찌저발기고 야단들이예요. 오월 언젠가 제가 거리에 나갔다가 제 눈으로 보았어요. 뭐 독립전취 국민대환가를 서울 운동장에서 마치고 수백여 명이 작당을 해서 거리를 쓸고 다니며 때려부시고 치고 야단이드군. / 별일이 다 많아요. 차차 다 이야기해드리겠지만 지금 서울서 빠니-까페니 요리 집을 경영하는 건 모두 북선서 도망질처온 민족반역자나 그 토지를 몰수당한 지주들이예요. 이런 반동분자를 김구나 이승만이가 매수해서 이런 영업을 경영합니다. 그런 집 드나드는 사람들을 감시하고 하는 말들을 엿듣는 답니다. 여급이나 기생들에게 술 따르고 노래하는 틈에도 늘 손님들의 거동과 말에 주의를 하게 해서 일러바치라구요……. 그래서 손님조차 정치 이야기나 북선 이야기가 나와서 저희들 편이 아닌 것을 알면 그 자리에 나타나 때리기도 하고 뒤를 따라가 잡아가기도 해요.(147~148)

35 갑선 : (마지막 정신을 차리고 눈을 뜨고 한편 손이 쥐여진 진만의 손을 딴 손으로 만지며) 진만 씨! 저는 갑니다. 부디 훌륭한 부인을 만나 잘 살아 주세요.
    진만 : 갑선 씨의 공로는 큽니다. 갑선 씨는 우리 민주북조선을 파괴하려는 반동분자를 잡게 한 공로자입니다. 이 공로는 영원히 우리 조선에 남아 빛날 것입니다…….
    갑선 : 아버지 어머니 불효한 여식을 용서해주세요……. 진만 씨 저는 이렇게 당신의 품에 안기어 죽는 것을 저의 일생 가장 행복으로 생각해요…….(172)

36 송영,『송영선집』, 조선문학예술총동맹출판사, 1963. 본문에서의 작품 인용은 해당 출처의 면수만 표기한다.

37 리령, 앞의 책, 33면.

38 신고송,「창조적 성과의 빛나는 결정체-『송영 선집』제1권에 대하여」,『문학신문』, 1963.10.18.(김봉희,『신고송 문학 전집』2, 소명출판, 2008, 369면에서 재인용)

39 박태영,「시대와 함께 자란 극문학」, 윤세평 외편,『해방 후 우리 문학』, 조선작가동맹출판사, 1958, 231면.

40 오정애·리용서, 앞의 책, 195면.

41 서삼룡 : 그 자식 모리배 노릇할 건 뻔하지. 그런 자식의 계집 노릇을 하면서 유똔 치마

만 휘감고 다니는 년이 더 보기 싫단 말야. 제 아우에게다 대면 똥이야 똥!(83) / 자식이 많아야 맛인가? 제대로 돼야지-그 자식 인제 못 알아보게 됐을 거다. 눈에 선-한걸 그 반짝반짝하는 동자가-지금 더-해졌을 테지. (엔진공에게) 여보게 이왕이면 한 병 더-사오게 허…… (최씨에게) 정말 여보 우리도 남의 부모 된 낯이 났구려-그런데 (한숨을 쉬며) 못된 년 하나 때문에-(114)

42   남궁만 외,『단막희곡집』, 문화전선사, 1948. 본문에서의 작품 인용은 해당 출처의 면수만 표기한다.

43   영운 : 미안하다. 어린 너를 구해 낼려구 무척 애는 썼지만 내 같은 놈이 별 수 있었니. 그놈 그 왜놈들에게 제 계집을 뺏기구두 말 한마디 못하는 위인이야 이게 다 나라가 없는 담에야 어디 가서 말을 해. 그래 나는 결심했다. 나는 우리 민주건국을 위해서 일생을 바쳐서. 금봉이 금봉이두 지나간 일은 깨끗이 잊어 버리구 제 나라를 위해서 열심히 일하는 사람이 되라구. / (도라선다) 나는 내 안해를 동무에게 뺏겼다구 생각지는 않네. 내 안해는 왜놈들이 빼서간네.(36~38)

44   여기서 섹슈얼리티는 성적 욕구, 태도 및 정체성 등을 포괄하는 개념으로 사용했다. 섹슈얼리티는 경우에 따라 젠더 위계 질서를 해체할 수 있는 기획으로 간주되기도 한다. (이성숙,『여성, 섹슈얼리티, 국가』, 책세상, 2009, 17~22면)

45   〈자매〉에서도 징병으로 뽑혀 나가게 된 승남이 "나는 누이가 하나밖에 없소"(69)라며 경옥을 부정하는 대사가 삽입된다.

46   김동석,「조그만 반역자」,『민성』, 1946.3, 9면.

47   노승하,「보석시계」,『신천지』, 1949.5, 265면; 박수산,「거리의 정보실 - 헬로-껄의 비애」,『신천지』, 1949.8, 194~195면.

48   헬로걸 형상이 남한희곡에서만 발견되는 것은 아니다. 송영의 〈금산군수〉(1949)에는 모리배 군수의 첩인 롱월이 미국식 파마와 양장을 하고 등장해 부유한 미국문화를 선망하는 발화를 일삼는다. 그런 롱월이 유격대의 습격을 받아 절명할 것을 암시하는 결말은 친미 성향의 헬로걸에 대한 북한식 처벌방식을 보여준다.

49   1948년 상연 시 제목은 〈여사장〉이었지만, 이 글은 발췌된 책에 따라 〈여사장 요안나〉로 지칭한다. 서연호・장원재 외편,『김영수 희곡・시나리오 전집』 2권, 연극과 인간, 2007. 본문에서의 작품 인용은 해당 출처의 면수만 표기한다.

50   해방기희곡에서 민족국가 안으로 편입되지 못한 귀환자와 전재민이 신생 조선의 불안정한 이면을 폭로하는 양상에 대해서는 전지니,『1940년대 희곡 연구』, 이화여대 박사논문, 2012, 제5장 B절을 참조.

51   당시 신문 광고에서는 이 작품을 "허영에 뜬 여사장과 남사원을 싸고도는 명랑편"으로 소개했다. (「여사장」,『경향신문』, 1948.5.13)

52   「건국 반역자 숙청을 말하는 좌담 - 경찰의 민주화, 유한부녀의 풍기문란」,『조선일보』, 1948.1.7.

53   당시 용지난으로 신문, 잡지 발행에 차질이 빚어지면서 용지를 수입하는 일이 빚어졌다. 이같은 용지난에 따라 공보부에서는 출판물의 신규 허가를 임시 정지하고, 허가된

간행물이라도 일정 기간 발행하지 않을 경우 허가를 취소했다.(「간행물(신문, 잡지)에 폭풍 습래」, 『동아일보』, 1947.3.28;「신문용지난 대책을 요로 당국에 진정」, 『동아일보』, 1947.9.25)

54 1949년 10월 공보처는 남조선노동당을 비롯한 16개 정당과 조선연극동맹중앙집행위원회를 비롯한 117개 단체의 등록을 취소했다.(「유령 드디어 자멸하다, 등록 취소 백 삼십 단체」, 『경향신문』, 1949.10.19)

55 박로아는 1949년 말 정지용, 정인택, 엄흥섭 등과 함께 국민보도연맹에 가입한 문화인으로 이름을 올렸다.(「반공에 뭉쳐지는 힘 南勞員 자수 주간 드디어 폐막, 빛나라 전향의 결실」, 『동아일보』, 1949.12.1)

56 정영진, 「극작가 박로아의 무상한 변신」, 『현대문학』 455호, 현대문학사, 1992.

57 박로아, 「애정의 세계」, 『희곡문학』, 1949.5. 본문에서의 작품 인용은 해당 출처의 면수만 표기한다.

58 준호 : 말 몰라도 돼. 서울서 미군보고 "할로- 오-케" 하듯이 저기서는 "하로쇼 하로쇼 다다" 하면 돼. / 괜찮어. 그러게 누가 남의 나라에서 파수 봐 달랬어. 내 인제 서울서도 한 놈 코를 비틀어서 돌려 앉혀 놔야지.(139)
    학수 : (반가워하며) 어! 그 다행이다. 늘 맘이 놓이진 않더니…… 삼팔 이북은 인제 조선땅이 아니고 꼭 외국 같이 생각이 들거던. 어떻게 된 놈의 해방인지 몰르지…… (143)

59 문수 : 그렇소. 실낱같은 해초리도 경희를 매질할 수는 없을 것이요. 우리야말로 정신적으로 같은 생리를 가지고 한 세계에서 호흡을 같이할 수가 있을 것이요. (경희의 손을 덥석 잡고 한 팔로 껴안으며) 경희! 나를 믿으시오. (137)

60 김복순은 해방 후~1950년대 신문소설 분석을 통해 '성별 이분법'이 당대의 위기관리를 위한 효과적인 방안이었으며, 혼란한 사회 질서와 가부장제 재정립을 위해 요청됐던 사안이었다고 설명한다. 이어 "냉전미학은 이분법적 망딸리떼의 형성 요인으로 '여성성'을 배치했으며, 그 해소방식은 부정적인 요인을 제거하는 것이었"음을 지적한다.(김복순, 「냉전미학의 서사욕망과 대중감성의 젠더」, 『여성문학연구』 27호, 한국여성문학학회, 2012, 137~140면)

61 남한에서도 남녀가 평등하다는 의식은 확산됐지만, 그럼에도 여성의 역할은 가정과 생활 방면으로 한정됐고 남자가 음식, 의복, 육아의 실무를 맡는 것은 지나친 평등론이라 비판받았다. 이와 같이 여성이 시대 건설에 기여할 길은 가정과 생활을 통하여 국가 건설에 이바지하고 문화 건설에 공헌하는 것으로 제한됐다.(김호식, 「여학생과 시대 건설」, 『여학원』, 1946.1, 22~26면)

62 박명진은 일제 말기부터 해방기까지 박로아의 희곡을 검토하면서 극 중 여성들이 "본능과 감성에 종속되어 있는 불완전한 존재들"이며, 또한 '총후부인'의 이미지를 벗어나지 못하고 있다고 설명한다.(박명진, 앞의 글, 197~199면)

63 『백민』, 1948.10·1949.1·1949.3. 본문에서의 작품 인용은 해당 출처의 발행년월과 면수만 표기한다.

64 북한에서 여맹은 기업, 운수업 등에 토요일 의무노동 조항을 마련하고, 난민들을 돕는 것과 함께 여성 근로자를 위한 탁아소 및 유치원을 운영했다. (A. 기토비차 · B. 볼소프, 최학송 역,『1946년 북조선의 가을』, 글누림, 2006, 61~62면)

65 박명진은 작가가 순주를 통해 진보적 여성상을 제시하고자 하지만, 극 중 '계급과 민족'이라는 거대담론이 지배적 이데올로기-가부장적 이데올로기로서 여성들을 지배하고 있음을 지적한다. (박명진,「김진수 희곡의 담론 특성」,『한국희곡의 이데올로기』, 보고사, 1998, 291~292면)

66 이기영의 〈해방〉 외에도 김진수의 〈제국 일본의 마지막 날〉(1945), 김송의 〈그날은 오다〉(1946)가 대표적이다.

67 윤광,「작가와 현실」,『문학예술』, 1948.7, 39면.

68 안함광, 앞의 글, 15면.

69 당시 북조선의 지배 이념에 위배될 수 있는 연극들은 가장 중요하며 의의 있는 연극 비판 활동이라 간주됐던 '합평회' 안에서 철저하게 비판 받았다. 특히 박령보의 〈순이〉(1950)는 '신파의 극치'라는 혹평을 얻었다. (합평회에 대해서는 신고송,「연극에 있어서 형식주의 및 자연주의적 잔재와의 투쟁」,『문학예술』, 1952.1, 82면 참조)

제2장

1 반공 청년은 경우에 따라 애국 청년으로 명명됐다. 이기훈은 한국전쟁이 청년에 대한 정부의 직접적 통제를 강화하는 계기가 되었다고 설명하며, 1950년대를 "반공 청년의 시대"라 명명한 바 있다. (이기훈,『청년아 청년아 우리 청년아』, 돌베개, 2014, 281~282면) 전쟁 중, 전후 '반공 청년'은 1953년 6월 수용소에서 석방된 포로들, 혹은 인도촌에 수감되었다 석방된 전쟁 포로들에 한정되어 사용됐다. 전지니는 반공 청년을 석방된 전쟁 포로와 함께 휴전회담 전후 북진통일을 외치는 시위대에 합류하여 집단적으로 움직인 애국 청년 군상을 반공 청년으로 지칭한 바 있다. (전지니,「1950년대 초반 종합지『희망』의 반공청년 표상 연구」,『어문론총』68, 한국문학언어학회, 2016, 379면)

2 해방 후 북한당국은 각 부문의 대중을 조직하는 작업에 돌입했다. 성별단체로는 여성동맹이, 연령별 단체로는 민주청년동맹과 소년단이 있었다. 민주청년동맹은 농민동맹과 함께 당국이 가장 역점을 둔 단체로, 구질서를 타파하고 새로운 질서 창출을 위한 청년을 조직, 장악한다는 점에서 중요한 사업으로 인식됐다. 임영태,「좌익에 의한 민간인 학살사건 (2) - 남한점령과 통치기구 정비」,『통일뉴스』, 2017.1.17. (http://www.tongilnews.com/news/articleView.html?idxno=119478)

3 김일성은 여성이 경제 재건에 기여할 수 있도록 보수적인 관점을 탈피해야 한다고 간주했다. 이에 따라 북한의 경우 1946년 토지개혁 시 여성에게 남성과 동등하게 땅을 소유할 권리를 인정하고, 같은 해 남녀평등법을 지정해 재산상속, 이혼, 자녀양육비에서 여성에게 법적 평등을 부여했다. 당시 노동법에는 동일노동 동일임금과 함께 77일의 출산휴가를 여성에게 부여하는 조항이 포함되어 있었다. (헤이즐 스미스, 김재호 역,『장마당과 선군정치』, 창비, 2017, 112~114면)

4 양승국, 「1945~1953년의 남북한희곡에 나타난 분단문학적 특질」, 『문학사와 비평』 1, 문학사와 비평학회, 1991, 172~208면.

5 이재명, 「해방기 북한 국립극장의 공연작 연구」, 『우리말글』 65, 우리말글학회, 2015, 293~326면.

6 이상우, 「북한희곡에 나타난 이상적 여성 – 국민 창출의 양상」, 『한국극예술연구』 21, 한국극예술학회, 2005, 285~316면.

7 전지니, 『1940년대 희곡 연구 – 역사, 지정학, 청년을 중심으로』, 이화여대 박사논문, 2012.

8 전지니, 「해방기 남북한희곡의 젠더정치 연구」, 『한국극예술연구』 40, 한국극예술학회, 2013, 51~88면.

9 전지니, 「전사(戰士)형 여성상으로 본 1950년대 북한연극의 젠더체계 – 〈탄광사람들〉(1951)을 중심으로」, 『한국연극학』 68, 한국연극학회, 2018, 105~139면.

10 유진월, 『여성의 재현을 보는 열 개의 시선 – 여성의 눈으로 본 영화 / 연극』, 집문당, 2003.

11 관련하여 북한 텍스트를 논의할 때는 후대에 삭제, 개작된 부분이 있음을 감안해야 한다. 이 글에서 주로 다루는 텍스트 중 리동춘의 〈새길〉, 〈위대한 힘〉은 2016년에 발표된 『1950년대 희곡선』에도 실려 있다. 다만 이 텍스트들은 1958년에 발표된 희곡집 『위대한 힘』과 1964년에 발표된 『새길』에 실린 텍스트와 눈에 띄는 차이를 발견할 수 없다는 점에서 유의미한 개작이 이루어지지 않은 것으로 판단한다.

12 곽채원, 「북한 청년동맹의 초기 성격 연구(1946~1948) – 조직, 당과의 관계, 역할을 중심으로」, 『현대북한연구』 17-3, 북한대학원대 북한미시연구소, 2014, 8~9면.

13 청년동맹은 이후에도 사회적 동원을 추동하는 중추적 역할을 맡는다. 곽채원에 따르면 오늘날 북한의 청년동맹은 500만 명에 이르는 14~30세 청년을 포괄하고 있으며, 청년동맹은 300만 명에 이르는 소년단원을 지도한다. (위의 글, 44면)

14 오유석, 「미군정하의 우익 청년단체에 관한 연구 – 1945~1948」, 이화여대 석사논문, 1987, 73~76면.

15 김봉진, 「미군정기 김두한의 '백색테러'와 대한민주청년동맹」, 『대구사학』 97, 대구사학회, 2009, 35~45면.

16 이같은 논지는 과거 제출한 박사논문(전지니, 「1940년대 희곡 연구」, 이화여대 박사논문, 2012, 제4장 제2절 참조)에 입각해 있다. 이 장은 해당 박사논문의 관점을 이어가되, 이를 확장하여 젠더라는 측면에서 어떻게 볼 수 있을지 모색하고 있다.

17 송영, 「황혼」, 양승국 외편, 『해방공간 대표희곡』, 예문, 1989.

18 함세덕, 「고목」, 양승국 외편, 『해방공간 대표희곡』, 예문, 1989.

19 〈황혼〉과 해방기 남한연극에 대한 논의는 지난해 남북교류연극위원회 온라인세미나에서 진행한 발표의 내용을 발췌 및 요약한 것임을 밝힌다. (전지니, 「친일청산이라는 화두로 본 남북한의 연극(1945~2020)」, 2020년 남북연극교류위원회 온라인 세미나, 2020.9.27)

20 김송, 「그날은 오다」, 『무기 없는 민족』, 백민문화사, 1946.

21 오영진, 「살아 있는 이중생 각하」, 김동권 외편, 『해방기 현대희곡 작품집』 4, 1994.

22 신고송, 「들꽃」, 『문화전선』, 1946.11.

23 송영, 「자매」, 『송영선집』, 조선문학예술총동맹출판사, 1963.

24 〈들꽃〉과 〈자매〉에 대한 논의는 전지니, 앞의 글, 58~67면을 발췌해 부녀관계를 중심으로 재구성한 것이다.

25 Suzy Kim, "Revolutionary Mothers : Women in the North Korean Revolution, 1945~1950", *Comparative Studies in Society and History*, vol. 52 no. 4, Cambridge University Press, 2010, pp. 742~746.

26 이진순, 「화연」, 『(지촌) 이진순선집』 2, 연극과인간, 2010.

27 이외에도 '미국 유학을 꿈꾸는 여자' 정옥이 극 중 비판의 대상이 된다.

28 유치진, 『조국은 부른다』, 대한민국공보처, 1952.

29 선뜻 이해가 가지 않는 초판본의 결말은 발표된 지 이듬해, 그리고 1950년대 후반에 이르러 두 차례에 걸쳐 수정됐다. 〈조국은 부른다〉의 수정 과정에 대해서는 전지니, 「희곡 〈조국은 부른다〉(1952)의 개작 양상을 통해 본 유치진의 1950년대」, 『한국연극학』 64, 한국연극학회, 2017, 63~95면을 참조.

30 한노단, 「전유화」, 『신한국문학전집』 31, 어문각, 1981.

31 김진수, 『김진수 희곡선집』, 성문각, 1959.

32 남궁만 외, 『희곡집 싸우는 마을』, 문화전선사, 1952. 해당 작품을 발췌할 경우 면수만 표기한다.

33 한봉식 외, 「탄광사람들」, 『1950년대 희곡선』, 문학예술출판사, 2016. 해당 작품을 발췌할 경우 면수만 표기한다.

34 신고송, 「연극에 있어서 형식주의 및 자연주의적 잔재와의 투쟁」, 『문학예술』, 1952.1, 88면.

35 전지니, 「전사형 여성상으로 본 1950년대 북한연극의 젠더 체계-〈탄광사람들〉(1951)을 중심으로」, 『한국연극학』 68, 한국연극학회, 2018, 105~139면.

36 이용찬 외, 「가족」, 『희곡오인선집』, 성문각, 1958. 해당 작품을 발췌할 경우 면수만 표기한다.

37 전지니, 「일그러진 가족, 기울어진 집의 초상」, 『공연과 이론』 여름호, 공연과이론을위한모임, 2017, 277면.

38 위의 글, 278면.

39 하유상, 「딸들 자유연애를 구가하다」, 『미풍』, 대영출판사, 1961. 해당 작품을 발췌할 경우 면수만 표기한다.

40 박명진, 『한국 전후희곡의 담론과 주체 구성』, 월인, 1999, 88~89면.

41 하유상, 「젊은 세대의 백서」, 『미풍』, 대영출판사, 1961. 해당 작품을 발췌할 경우 면수만 표기한다.

42 이승현은 경희가 결혼 승낙을 받는 〈젊은 세대의 백서〉의 결말과 관련해, "가족이라

는 이름으로 부정적 인물을 포용하는 방식"이라 설명한 바 있다. (이승현, 「〈젊은 세대의 백서〉에 나타난 자본주의와 미국 문화의 영향」, 『어문학』 126, 한국어문학회, 2014, 385~386면) 해당 글과 입장은 다르지만, 세대 갈등의 입장에서 자식들이 윤 기사를 단죄하는 대신 그가 물러나는 방식으로 세대 갈등이 봉합되는 것은, 가족이라는 근간을 흔드는 행위에 비해 수동적이다.

43 김옥란은 〈젊은 세대의 백서〉를 논의하며 '살부의 욕망이 직접적이고 강렬하게 드러난' 작품이라 설명한 바 있다. (김옥란, 「가족 해체의 양상과 전후 세대의 현실인식」, 민족문학사연구소 희곡분과 외, 『1950년대 희곡연구』, 새미, 1998, 168~171면) 이같은 살부 욕망은 해방기연극에도 반복되었던 것인데, 전후연극의 경우 아들들이 그 의지를 적극적으로 실현하기보다는 종국에 적절한 타협 혹은 화해의 제스처를 취하고 있다.

44 한성훈, 「신해방지구 인민의 사회주의 체제 이행」, 『북한연구학회보』 20-2, 북한연구학회, 2016, 110~111면.

45 박영자, 『북한 여자—탄생과 굴절의 70년사』, 앨피, 2017, 282~294면.

46 남궁만, 「젊은 일꾼들」, 『새로운 생활』, 조선작가동맹출판사, 1954. 해당 작품을 발췌할 경우 면수만 표기한다.

47 한봉식 외, 「새길」, 『1950년대 희곡선』, 문학예술출판사, 2016. 해당 작품을 발췌할 경우 면수만 표기한다.

48 안문석, 『북한 현대사 산책』 2, 인물과 사상사, 2016, 155~158면. 농업협동화율은 1954년 30.9%에서, 1957년 말에 이르면 거의 100%에 달할 수 있었다. 연극은 이같은 전후 북한의 분위기를 보여준다. (와다 하루끼, 남기정 역, 『와다 하루끼의 북한 현대사』, 창비, 2014, 137면)

49 전쟁 중 남성이 전장에 나가면서 농촌에서 여성들이 나서서 보잡이를 하며 농업생산을 증대시키자는 운동이 진행됐다. 이 운동은 "전선에 나간 남편과 아들과 오빠를 대신하여 식량 증산으로 원수들에게 복수의 죽음을 주자!"는 구호를 앞세우고 있었다. (안문석, 앞의 책, 93면)

50 한봉식 외, 「위대한 힘」, 『1950년대 희곡선』, 문학예술출판사, 2016. 해당 작품을 발췌할 경우 면수만 표기한다.

51 전후 북한에서 당국은 농업협동화에 반대하는 의견과 관련해, 생산력과 과학기술의 수준이 낮아도 이를 감당할 만한 혁명 역량이 준비되면 사회주의적 개조를 진행해야 한다는 것을 역설했다. 이 과정에서 주어진 조건보다 혁명적 의지와 열성이 중시되었으며(안문석, 앞의 책, 159면), 〈위대한 힘〉에서 그 의지와 열성은 청년의 것으로 배치된다.

52 박영자는 북한의 산업 체계 속에서 공장과 대학 등 전문적 기술교육기관의 교과 과정은 중공업 남성 노동자들에게 필요한 내용들로 구성되었고, 기술을 배울 기회가 적은 신입 여성 노동자들은 숙련이 필요 없는 잡일에 주로 배치되었다고 설명한다. 특히 여성 노동자들이 대부분인 경공업 위주의 지방산업 공장에서는 생산지표가 자주 바뀌고 생산품의 가짓수도 많았기에 생산의 숙련화와 전문화를 기대하기 어려웠기에, 작

업장의 간부 및 기술자들은 대부분 남성으로 채워져 성별에 따른 수직적 위계가 제도화되었다고 지적한다.(박영자, 앞의 책, 374~375면)

제3장

1 〈겨레〉는 해방기 종합지 『신세대』 1권 1~3호에 총 3회 동안 게재됐다. 『신세대』 1권 1호의 경우 서강대 도서관 홈페이지에서 원문을 확인할 수 있으며, 3호는 국립중앙도서관 귀중본 자료실에 소장 중이다. 필자가 확인할 수 없었던 〈겨레〉 2회와 3회 대본을 제공해주신 근대서지학회 오영식 선생님, 『예술타임스』 관련 기사를 공유해주신 서상진 선생님께 진심으로 감사드린다. 〈겨레〉의 대본은 근대서지학회를 통해 공유받을 수 있다. 또한 해방기연극계 상황을 진단할 수 있는 종합예술지 『문화통신』 원문은 『근대서지』 13호(2016)에 수록되어 있다.

2 「북조선의 문화인들」, 『경향신문』, 1947.1.4.

3 이승희는 연극인의 '1차 월북 시점'을 1946년 3월 중순에서 5월 사이로 추정하며, 이들보다 늦게 월북했으리라고 간주되는 박영호 역시 1차 월북 대상에 포함시킨다.(이승희, 「연극 / 인의 월북─전시 체제의 잉여, 냉전의 체제화」, 『대동문화연구』 88, 성균관대 대동문화연구원, 2014.12, 429면) 작가가 7월 18일 조선연극동맹이 주최한 '희곡의 밤' 행사에 박학, 이해랑 등과 참석했다는 기사(「희곡의 밤」, 『독립신문』, 1946.7.18) 및 아내 이선희의 소설 「창」이 그해 7월까지 『서울신문』에 연재되었다는 점을 감안하면 월북은 여름 이후 이루어졌다고 추정할 수 있다.

4 이민영, 「대중극의 정치학, 박영호의 전략」, 『한국연극학』 47, 한국연극학회, 2012.8, 114면.

5 이승희, 「박영호의 연극, 대중극의 젠더」, 『민족문학사연구』 55, 민족문학사연구소, 2014.8, 347~349면.

6 이경숙, 「박영호의 역사극 연구」, 『한국극예술연구』 27, 한국극예술학회, 2008.4, 155면.

7 홍재범, 「박영호의 「아들」 연구」, 『국어국문학』 133, 국어국문학회, 2003.5, 439면.

8 김향, 「박영호 희곡 연구─〈인간일번지〉와 〈등잔불〉을 중심으로」, 『한국극예술연구』 16, 한국극예술학회, 2002.10, 209~210면.

9 이재명, 「박영호 희곡의 인물 연구」, 『한국근대문학연구』 4-1, 한국근대문학회, 2003.4, 제2장; 이재명, 「박영호 희곡 〈별의 합창〉에 나타난 친일적 성격 연구」, 『한국연극학』 21, 한국연극학회, 2003.12, 제2장 참조.

10 양근애, 「일제 말기 역사극에 나타난 '친일'의 이중성」, 『한국현대문학연구』 25, 한국현대문학회, 2008.8, 535면; 윤민주, 「〈김옥균의 사〉에 나타나는 박영호의 전략과 그 의미」, 『어문론총』 51, 한국문학언어학회, 2009.12, 545면.

11 윤일수, 「박영호의 국민연극 연구」, 『한민족어문학』 52, 한민족어문학회, 2008.6, 404~414면; 육정희, 「일제말기 박영호 희곡 연구─「등잔불」, 「산돼지」, 「물새」를 중심으로」, 『한어문교육』 24, 한국언어문학교육학회, 2011.5, 416~434면.

12 백승숙, 「박영호의 『등잔불』과 제국주의적 내셔널리즘의 담론 구조」, 『인문학논총』

39, 경성대 인문과학연구소, 2015.10, 19면; 이승희, 「조선연극의 감상주의와 박영호의 국민연극」, 『한국극예술연구』 51, 한국극예술학회, 2016.3, 85~88면.

13 이민영, 앞의 글, 103면.

14 뒤에서 밝히겠지만 잡지 『신세대』에 3회에 걸쳐 연재된 〈겨레〉는 1945년 12월 혁명극장에서 공연했던 〈북위 38도〉와 동일한 작품이다.

15 심영이 〈님〉의 공연 중 피습을 당했다는 기사(「『고협』 심영 씨 권총 괴환에게 피습」, 『동아일보』, 1946.3.16)를 통해 극장을 바꿔 공연이 3월까지 이어졌음을 짐작해 볼 수 있다.

16 이외에 박영호가 키노드라마 대본을 작업 중이라는 기사를 확인할 수 있으나 실물은 파악할 수 없다.(「『키노드라마』 각본은 박영호 씨 작」, 『중앙신문』, 1945.11.12)

17 「혁명극장 3·1절 기념 공연」, 『중앙신문』, 1946.1.28. 다만 『문화통신』에는 〈님〉에 대해 "동학봉기를 전후하여 농노계급의 투쟁을 주제로 한 것"이라 설명하고 있다.(「『혁명극장 새해 공연 역사극 〈님〉 전오막」, 『문화통신』 7, 1946.1.20, 13면)

18 3·1 기념공연 좌담회에 참석한 윤세중은 〈님〉에 대해 '범작'이라고 평한다. 실제 이 좌담회에서 가장 비중있게 논의하고 있는 참가작은 조영출의 〈독립군〉이다.(「좌담회 −3·1절 기념공연과 연극의 긴급문제」, 『신세대』, 1946.5; 양승국 외편, 『한국근대연극영화비평자료집』 18, 연극과인간, 2005, 278면)

19 김영수, 「연극소평−북위삼십팔도」, 『중앙신문』, 1945.12.28.

20 「혁명극장에서 〈민족반역자〉 11일 하순 상연」, 『중앙신문』, 1945.11.14.

21 단체명은 다음과 같다. 청포도, 자유극장, 혁명극장, 서울예술극장, 일오극장, 해방극장, 조선예술극장, 배우극장, 낙랑극회, 극단백화, 극단전선, 청춘극장, 독립극장, 극단갈매기, 국극협회, 민예극장, 극단태을성, 녹성사, 호동원극단, 신생극단, 「재건」토월회, 극단민협, 조선창극단, 조영키노드라마단, 극단백두산, 극단아리랑, 극단공화극단, 극단조선, 군중극단.(「해방이후 각극단 일람표 (상)」, 『문화통신』 6권, 1945.12.24, 13면)

22 박진은 해방 후 "극단도 거개가 좌익적인 연극을 하지 않으면 극단 행세를 하지 못하였"던 상황이라 회고한다.(박진, 『세세년년』, 경화출판사, 1966, 200면)

23 「배우극장 극단백화 해체?」, 『문화통신』 6, 1945.12.24, 20면.

24 「신탁통치문제로 서울극장 일제 폐문」, 『문화통신』 7, 1946.1.20, 12면.

25 임화, 「혁명극장 3·1 공연에 기함」, 『영화시대』, 1946.6, 74면.

26 「연극노선 확립 각 극단 선언!」, 『예술타임스』, 1945.12, 24면.

27 ○ 다음 호(號)부터 박영호(朴英鎬) 씨(氏)에게 편집(編輯)을 위촉(委囑)
해방(解放) 이후(以後) 뒤집히는 황홀(惚)한 물정(物情)에 휩쓸리어 무진(無盡)히 애는 썻스나 여러 가지로 미비(未備)한 창간호(創刊號)를 보내옵니다. 그리하야 다음 호(號)부터는 보다 내용(內容)을 쇄신(刷新)하고 본지(本誌)로서의 성격(性格)을 뚜렷이 하기 위(爲)하야 희곡계(戲曲界)의 중진(重鎭)이신 극작가(劇作家) 박영호(朴英鎬) 씨(氏)에게 편(編)집 책임(責任)을 위촉하였습니다. 기대(期待)와 성원(聲援)을 바랍니다.

예술(藝術)타임스사(社) 백(白)(「사고(社告)」, 『예술타임스』, 1945.12, 49면)

28 이 좌담회에는 박영호 외에 송영, 나웅, 안영일, 신고송 등이 참석했다.

29 「연극건설좌담회」, 『예술타임스』, 1945.12, 22면.

30 박영호, 「연극과 3·1운동, 비약의 일계기로세 (2)」, 『중앙신문』, 1946.2.20.

31 「오천원 현상희곡 모집」, 『예술타임스』, 1945.12, 19면. 이 '예상 가능한' 명단에 유치진이 끼어있다는 점에 대해서는 향후 논의가 필요하다.

32 박영호, 「문화, 정치와 문화노선, 연극 창조의 기술적 방향 (1)」, 『중앙신문』, 1946.1.13.

33 위의 글, (2), 1946.1.14.

34 위의 글, (3), 1946.1.15.

35 위의 글, (4), 1946.1.16.

36 「민족통일전선 측성 연극인대회」, 『문화통신』 7, 1946.1.20, 12면.

37 박영호, 「편지」, 『중앙신문』, 1945.11.26.

38 박영호, 「살림으로서의 연극」, 『문화통신』, 1946.1, 6~7면.

39 다만 한효는 이 작품의 한계로 "박진적 묘사력을 가진 작품임에도 불구하고 '역사는 이 사람들의 불쌍한 꿈들을 똑바로 인도했다'고 하나 그 인도하는 과정의 成熟의 과정이 어색하다"고 지적한다. (한효, 「연극단평-번지 없는 부락」, 『중앙신문』, 1945.11.21)

40 김영수는 〈등잔불〉에 대해 "조선 자연주의희곡의 대표적이라고까지 일부의 정평이 있는" 작품이라 설명하며, 〈북위 38도〉가 〈등잔불〉, 〈산돼지〉, 〈물새〉에서 일보 전진한 심각미(深刻味)를 느낄 수 있었던 연극이라 고평한다. (김영수, 앞의 글)

41 「희곡 〈님〉을 쓰고 나서」, 『영화시대』 1946.6, 72~73면. 『영화시대』 편집자는 이 글이 서울 국제극장에서 이 연극을 올렸을 때 프로그램에 실렸던 것이라 밝히고 있다.(『영화시대』, 1946.6, 75면)

42 전지니, 『1940년대 희곡 연구』, 이화여대 박사논문, 2012, 257면.

43 김영수, 앞의 글.

44 〈그날은 오다〉에서는 해방 후 광복군에 들어갔던 아들이 돌아오자 과거 대동아공영권을 지지했던 아버지가 자살하고, 〈살아 있는 이중생 각하〉에서는 역시 해방 후 징병 나갔던 아들이 돌아오자 가족 구성원 모두에게 부정당한 아버지가 죽음을 택한다.

45 여성 주인공을 내세워 해방 후의 방향성을 모색하는 작품으로 김진수의 〈코스모스〉(『백민』, 1948.10~1949.2)가 있다. 두 작품 모두 혁명가의 아내인 딸이 구세대인 어머니와 대립하는 양상을 다룬다는 점에서 비슷하지만, 〈코스모스〉의 갈등과 해법이 가족 내에 국한된 것이라면 〈겨레〉는 해방 이후 인민의 현실에 대해 보다 진지한 질문을 던지며 대안을 모색하고 있다.

46 이같은 극적 특징을 아내 이선희의 작품세계와 연결시킬 수 있으리라는 추정도 가능하다. 류진희는 이선희의 월북 이전 활동 중 "좌파계열 조선부녀총동맹 위원으로 『개벽』의 여기자였던 김원주와 시흥부녀총동맹 결성식에도 참석"했던 이력에 대해 설명한다. (류진희, 「월북 여성작가 지하련과 이선희의 해방 이후-소설 「창」과 「도정」을 중심으로」, 『상허학보』 83, 상허학회, 2013.6, 286면)

47 제2막까지 '사무관'으로 설정되나 제3막 이후 경찰부장으로 신분 상승을 하게 된다. 이 글에서는 편의상 경찰부장으로 지칭한다.

48 이승희, 앞의 글, 83면.

49 『겨레』 1회 대본은 김동권 외편, 『현대희곡자료집』(서광학술자료사, 1994) 3권에서, 2회와 3회 대본은 『신세대』 1권 2호와 1권 3호에서 발췌했다. 앞으로 대본을 발췌할 때는 회차와 면수만 표기한다.

50 「『리-프크네히트」와 「로-자룩센부룩」의 약력」, 『문화통신』 7, 13면.

51 엘렌케이, 콜론타이, 로자 룩셈부르크에 대해서는 홍창수, 「서구 페미니즘사상의 근대적 수용 연구」, 『상허학보』 13, 상허학회, 2004, 324~336면; 배상미, 「식민지 조선에서의 콜론타이 논의의 수용과 그 의미」, 『여성문학연구』 33, 한국여성문학학회, 2014, 312~318면; 조현수, 「로자 룩셈부르크의 정치이론에 관한 소고」, 『인문사회과학연구』 39, 호남대 인문사회과학연구소, 2013, 127~130면을 참조했다.

52 용구 : 할머님 할머님의 아드님에 대한 사랑은 자식의 죄악을 키워주고 북돋아주는 아무런 판단도 없는 사랑이지 무엇입니까 그것은……. / 할머님 그것은 비단보자기로 똥을 싸놓는 일입니다. (3회, 401)

53 이갑영, 「로자 룩셈부르크의 국제주의」, 『한국동서경제연구』 13-2, 한국동서경제학회, 2002, 68~69면.

54 장석준, 『혁명을 꿈꾼 시대』, 살림, 2007, 328면.

55 조현수, 앞의 글, 127면.

56 박영호, 「문화, 정치와 문화노선, 연극 창조의 기술적 방향 (4)」, 『중앙신문』, 1946.1.16.

57 「시론-로서아혁명기념일을 마지하여」, 『문화통신』 3권, 1945.11.15.

58 김영수, 앞의 글.

59 고설봉 증언, 장원재 정리, 『증언연극사』, 진양, 1990, 105~106면; 이승희, 앞의 책, 429~431면.

60 강호정, 「해방기 『응향』 사건 연구」, 『배달말』 50, 배달말학회, 2012.6, 113면.

61 류진희, 앞의 글, 296면.

62 김태진의 〈리순신 장군〉에 대해서는 전지니, 「우상에 갇힌 민족연극의 구상-김태진의 「리순신 장군」(1948)에 대한 소고」(『한국문학이론과 비평』 58, 한국문학이론과 비평학회, 2013.3)에서 구체적으로 서술하고 있다.

63 신고송, 「연극동맹」, 『문학예술』, 1949.8, 84면.

64 신고송, 「연극에 있어서 형식주의 및 자연주의적 잔재와의 투쟁」, 『문학예술』, 1952.1, 82면.

65 한효, 「자연주의를 반대하는 투쟁에 있어서의 조선문학 (3)」, 『문학예술』, 1953.3, 142면.

66 다만 〈푸른 신호〉의 경우 동시대 합평회 석상에서의 반응과 후대의 반응에 차이가 있다. 〈푸른 신호〉에 대한 연극동맹의 반응 및 후대의 평가에 대해서는 전지니, 「잡지 『조선문학』 합평회를 통해 본 전쟁기 북한희곡의 검열 연구」, 『한국극예술연구』 48, 한국극예술학회, 2015, 제2·4장 참조.

67 「희곡 합평회-박영호 작 〈푸른 신호〉와 리지용 작 〈고지의 별들〉에 대하여」, 『문학예술』, 1952.7, 100~101면.

제2부
제1장
1 「범람하는 꼴불견」, 『자유신문』, 1945.10.7; 「조선혼을 주사」, 『자유신문』, 1945.10.14; 「국치랑을 일소-보안자도 풍기철저 취체키로」, 『자유신문』, 1945.10.23; 「부인, 거리에서 방황말고 돌아가 내 집을 지키라」, 『중앙일보』, 1945.11.2.
2 「양풍진주(洋風進主) 디시스 써울 코리-어」, 『조선일보』, 1947.8.15~8.22.
3 「해방 십년의 특산물 (1) 자유선풍」, 『동아일보』, 1955.8.16.
4 「광복 10년 풍물수첩-여남평등」, 『한국일보』, 1955.12.6.
5 이선미, 「'미국'을 소비하는 대도시와 미국영화」, 『상허학보』 18, 상허학회, 2006, 88~89면; 이선미, 「1950년대 여성문화와 미국영화」, 『한국문학연구』 37, 동국대 한국문학연구소, 2009, 501~502면; 이선미, 「"헵번 스타일", 욕망 / 교양의 사회, 미국영화와 신문소설」, 『현대문학의 연구』 45, 한국문학연구학회, 2012, 251~252면.
6 최영수, 『곤비의 서』, 경향신문사, 1949, 54~57·116면.
7 「양풍진주(洋風進主) 디시스 써울 코리-어」, 『조선일보』, 1947.8.15.
8 「풍기문란의 유흥」, 『경향신문』, 1948.2.6; 「풍기문란의 맨쓰 환자들을 검거」, 『경향신문』, 1948.2.24; 「시국의 배반자 댄스 교수 적발」, 『경향신문』, 1949.11.2.
9 「춤추는 악화의 일군, 서대신동 비밀 댄스홀 적발」, 『동아일보』, 1951.11.12; 「지나친 유흥 철저히 단속」, 『동아일보』, 1951.12.25.
10 「댄스犯 남녀 징용 보낼터」, 『동아일보』, 1952.9.17.
11 노지승은 영화가 대중소설에 비해 '계몽성'으로부터 자유로울 수 있었던 장르임을 전제하고, 성적 보수성이 지배적인 당대 상황에서 영화 관람이 '건전한' 방식을 한 1950년대식 '민주'의 실현방식이었다고 설명한다. (노지승, 「1950년대 문화 수용자로서 여성의 자기표현과 영화 관람」, 『비교한국학』 18-1, 국제비교한국학회, 2010, 190·210~211면)
12 조풍연, 「미국영화의 애욕문제」, 『신영화』, 1958.4, 66~67면.
13 「허리운 남녀 배우 밤의 생태」, 『영화세계』, 1955.3; 편집부, 「광적인 '허리운 스타-들의 연쇄 결혼 도표」, 『영화세계』, 1957.4.
14 좌담 「대학생과 성」, 『신태양』, 1958.4, 232면.
15 스크루볼 코미디는 서로 다른 사회적·문화적 기반이나 성격을 가진 등장인물들의 빠르고 위트 있는 대사를 바탕으로 한 장르로, 후기로 갈수록 특정한 사회·경제적 계층 간의 차별성을 확대하고, 성적인 갈등을 증폭시키는 등의 방식으로 자극성을 높여갔다. (서정남, 『할리우드 영화의 모든 것』, 이론과 실천, 2009, 381면)
16 Gehring Wes D., "Screwball Comedy : An Overview", *Journal of Popular Film and Television*, vol.13 no.4, Heldref Publications, 1986, pp.180~181·184~185.

17 『경향신문』, 1948.5.13;『동아일보』, 1952.3.1 하단 광고 참조.

18 Pavis Patrice, 신현숙·윤학로 역,『연극학 사전』, 현대미학사, 1999, 512면.

19 1950년대 중반 이후 영화의 검열 문제에 대해서는 이봉범,「1950년대 문화정책과 영화 검열」,『한국문학연구』제37집, 동국대 한국문학연구소, 2009, 제2장을 참조함.

20 오영숙은 코미디영화의 본격적 대두를 1950년대 영화사의 특이성이라 설명하며, 1950년대 코미디를 "풍속의 거울"이라 지칭한다.(오영숙,『1950년대 한국영화와 문화담론』, 소명출판, 2007, 201~203면)

21 박수산,「헬로걸의 哀話(애화)」,『신천지』, 1949.8, 194면.

22 해방기와 1950년대 전후 사회에서 비판적으로 형상화된 여성상의 문제를 연속적으로 살펴보는 논의로는 임미진의 다음의 글이 대표적이다.(임미진,「해방기 여성의 생활과 섹슈얼리티의 정치학─1945~1950년 소설을 중심으로」,『개신어문』37, 개신어문학회, 2013)

23 「상식 콘사이스─아프레 게르(佛 Après Guerre)」,『여원』, 1957.4, 95면.

24 이봉범,「한국전쟁 후 풍속과 자유민주주의의 동태」,『한국어문학연구』제56호, 한국어문학연구학회, 2011, 361면.

25 '아프레게르'가 늘 여성만을 한정해서 지칭했던 것은 아니다. 이들은 연애를 '엔죠이'로 수단으로 삼고 인간이 가지고 있는 모든 감정을 물질화하는, "머리가 좋은 불량성"으로 정리되기도 했다.(「한국문화의 재검토─「아프레게르」라는 것」,『한국일보』, 1958.1.30~31)

이 글은 아프레걸을 규정하는 데 있어 이를 현대여성에게 부정적인 기표들이 덧붙여지는 과정에서 탄생한 "담론적 구성물"로 정의하며, 아프레걸담론에는 전통과 서구, 자본주의와 가부장제, 식민주의와 민족주의가 양립하고 있었음을 지적하는 김은하의 논의를 따르고 있다.(김은하,「전후 국가 근대화와 "아프레 걸(전후 여성)" 표상의 의미─여성잡지『여성계』『여원』『주부생활』을 대상으로」,『여성문학연구』제16호, 한국여성문학학회, 2006, 182~183면)

26 한편 권보드래는 한국전쟁의 상흔과 결부되어 있는 '아프레걸'을 태생부터 가정과 국가 외부에 위치하는 존재로 규정하면서, 전쟁 경험과 단절되어 있는 동시에 가정과 국가 내부에 속해 있었던 '자유 부인'과 구분한다.(권보드래,「실존, 자유부인, 프래그머티즘」,『아프레걸, 사상계를 읽다』, 동국대 출판부, 2009, 84~85면)

27 이봉래,「여성과 지성─현대 지성은 여성을 남성화하지 않는다」,『여원』, 1957.2, 84~85면.

28 황일호,「딸라의 매력인가─양공주들의 실태」,『여원』, 1956.1, 230면.

29 당대 영화평은 영화 〈여사장〉이 원작의 설정을 그대로 답습해 현대 여성들만의 특이성을 짚어내지 못했다는 점을 지적한다.(「템포감 부족한 코메듸─「여사장」」,『동아일보』, 1959.12.19)

30 희곡 〈여사장〉의 젠더 구도에 대해서는 전지니,「해방기 남북한희곡의 젠더정치 연구」,『한국극예술연구』제40집, 한국극예술학회, 2013, 제3장을 참고할 것.

31 김영수, 『혈맥』, 영인서관, 1949. 해당 작품을 발췌할 경우 면수만 표기한다.

32 김영수 원작, 송태주 각본, 「여사장」(심의대본), 1959. 이후 대사의 출처는 오리지널 시나리오에서 발췌하며 면수만 표기한다.

33 하유상, 『미풍』, 대영출판사, 1961, 341면, '작자 후기'.

34 위의 책. 해당 작품을 발췌할 경우 면수만 표기한다.

35 하유상 원작, 김지헌 각본, 〈자유결혼〉, 동도영화사, 1958. 해당 작품을 발췌할 경우 면수만 표기한다.

36 장경학, 「혼인에 있어서 봉건적인 것과 근대적인 것 – '미혼 여성에게 보내는 결혼 특집' 중」, 『여원』 1956.2, 135면.

37 「횡설수설」, 『동아일보』, 1955.3.13.

38 노천명, 「연애는 반드시 결혼의 전제여야 하나 – '미혼 여성에게 보내는 결혼 특집' 중」, 『여원』, 1956.2, 43면.

39 김남조, 「여대생의 프라이드를 해부한다 – '여대생을 비판한다' 특집 중」, 『여원』, 1959. 11, 84면.

40 박영준은 한말숙의 〈신화의 단애〉 등을 읽고, 연애의 윤리 문제를 논하는 과정에서 비정상적인 남녀관계를 맺고 있는 현대 일부남녀의 연애 행동을 '아푸레'라 지칭한다. 그는 이같은 시대 풍조를 '연애와 결혼의 양립', '정조 관념의 희박', '성애의 우위성'으로 설명한다. (박영준, 「새로운 연애관의 확립을 성애 문제를 중심으로」, 『동아일보』, 1957.7.6)

41 김은하, 앞의 글, 198면.

42 「민족의 정조 유린에 판결 과연 타당한가? – 조선인으로서는 이해 못 할 일」, 『조선일보』, 1947.3.12; 「미군인과 동침한 여대생 2개월 징역」, 『동아일보』, 1948.7.7 참조.

43 더불어 영화의 에필로그에는 요안나와 같은 '여대 출신' 국장들과 나이든 편집주임의 위치 역시 역전되어, 주임을 무시하던 여국장들이 그에게 머리를 조아리는 장면이 삽입된다.

44 〈자유결혼〉의 광고 역시 "연애만이 현대인들의 행복한 결혼의 길!"이라는 문구를 통해 연애와 결혼을 직결시키는 영화의 주제의식을 보여준다. (『한국일보』, 1958.10.18 하단 광고 참조)

45 이때 두 사람이 정조를 지킬 수 있었던 이유는 용호가 보기 드문 '신사'이기 때문으로 드러난다.

46 좌담, 「대학생과 성」, 『신태양』, 1957.11, 59면.

47 Stephen Neale·Frank Krutnik, 강현두 역, 『세상의 모든 코미디』, 커뮤니케이션북스, 2002, 27~32면.

48 여성의 소비와 향락을 직접 재현하는 영화와 달리, 무대 전환이 거의 없는 희곡에서 미국 대중문화의 위협을 표현하는 방식은 조서연의 논문에 구체적으로 서술되어 있다. (조서연, 「전후희곡의 성적 '자유'와 젠더화의 균열」, 『한국극예술연구』 40, 한국극예술학회, 2013, 제3장 참조)

49 『백민』에 게재됐던 시나리오 〈청춘〉의 경우 제작이 무산된 것으로 보인다. 애초 연출은 최인규, 제작은 고려영화협회로 예정되어 「자유만세」를 완성한 최인규가 두 번째 작품에 착수하려 준비 중이라는 기사와 함께(「영화인왕래」, 『영화시대』, 1947.3, 54면), 배우 황려희가 〈청춘〉이라는 작품에 출연한다는 계획을 밝히기도 했으나(「여류 문인좌담회」, 『경향신문』, 1947.1.1) 구체적인 제작 진행 상황은 확인할 수 없다.

50 1950년대 한국영화가 전쟁의 흔적을 외면한다는 문제는 강성률 역시 지적한 바 있다. 그는 이에 대해 영화가 서구적 풍경과 서구적 생활을 갈망하는 대중의 욕망을 반영한다고 설명한다.(강성률, 「1950년대 후반 한국영화 속 도시의 문화적 풍경과 젠더」, 『도시연구』 7, 도시사학회, 2012, 159면)

51 이선미 역시 영화 속 용호가 요안나와 함께 미국문화를 향유하는, 자상하고 합리적인 남성으로 그려지고 있다는 점을 지적하며 그를 '민주적 가부장'이라 명명한다.(이선미, 「미국적 가치의 대중적 수용과 통제의 매커니즘」, 『민족문화연구』 54, 고려대 민족문화연구원, 2011, 71·75면)

52 이와 관련해 연극이 '신랄한 풍자극'(이해랑, 「1957년의 반성, 연극계는 언제나 한산」, 『동아일보』, 1957.12.29)으로 분류됐던 것과 달리, 〈자유결혼〉에 대한 영화평은 "풍속묘사도를 의도했으나 오히려 그 수사의 묘와 함께 희극으로 성공하고 있고, 교양, 세련, 해학 등의 제본질적 요소가 적당한 애수(페이소스) 조미와 함께 혼연히 융합 표현되어 있어 불란서제 상등품 「코메디」를 보는 감이 있다"(「즐길 수 있는 「올스타 캐스트」의 희극─이병일 연출의 「자유결혼」」, 『한국일보』, 1958.10.18)고 적고 있다.

53 두 영화 모두 원작의 설정을 반영해 주인공들이 김소월의 시를 읊는 장면을 삽입한다.

54 이하나의 경우 1950년대 영화는 민족문화 건설이라는 기치 하에 민족적, 반공적, 근대적인 영화가 될 것을 요구받았으며, 국민 계몽이라는 과제를 등한시할 수 없었다고 설명한다.(이하나, 『국가와 영화─1950~60년대 '대한민국'의 문화재건과 영화』, 혜안, 2013, 102면)

55 이와 달리 〈자유결혼〉에 조미령과 함께 자매로 출연했던 최은희는 "기품과 정애(情愛)로운 향기를 가진 고요하고 참한 미모", 이민자는 "한국적인 관능미"의 표상으로 일컬어졌다. 또한 〈여사장〉에 함께 출연했던 윤인자는 "색다른 관능미"를 지닌 것으로 평가받았다.(「한국영화 배우 백인선 (2)」, 『국제영화』, 1958.10, 111면; 최일수, 「한국 여배우론」, 『국제영화』, 1959.9, 64면)

56 「자유결혼」, 『경향신문』, 1958.10.18.

57 장병원은 영화 속 캐릭터 묘사의 표피성을 논하며, 요안나는 "이율배반적인 안티 히로인에 가깝"고 용호는 "무례한 폭군"처럼 그려짐을 지적하지만, 원작과 비교할 때 두 주인공은 코미디 장르에 걸맞게 변형되어 있다.(장병원의 「여사장」 평은 한국영화데이터베이스 「한국영화걸작선」을 참조함. http://kmdb.or.kr/column/masterpiece_list_view.asp?choice_seqno=126)

58 교수, 교사 등 지적인 역할을 주로 맡았던 배우 박암이나 당시 신인이었던 배우 이수련 모두 원작 희곡의 강한 남성과는 거리가 먼 이미지의 배우들이었다.

59 권순영,「누가 죄를 받느냐 (2) – 박인수의 재판을 마치고」,『경향신문』, 1955.7.24.

60 이선미, 앞의 글, 82~83면.

61 또한 1950년대 후반에 이르면 한국적 전통의 중요성에 대한 인식이 확산됐다. 김경일
은 1957년 하반기 이후 "우리 문화에 대한 새로운 관심의 대두"가 두드러졌으며, 이를
주도한 것은 국가권력이나 지방권력 또는 언론기관이었다고 설명한다.(김경일,『한국
의 근대와 근대성』, 백산서당, 2003, 204~207면)

62 Theodore Hughes, 나병철 역,『냉전시대 한국의 문학과 영화 – 자유의 경계선』, 소명출
판, 2013, 271~272면.

63 Y군 : 정말입니다. 전…… 지금, 우리들 조선의 젊은이들로선 연애니 뭐니 그런 것에
정신을 팔려서는 안될 때라고 생각헙니다. 에……. / 그러니까, 다만, 우리들은 건국
사업을 위해서 매진허지 않어선 안된다고 생각헙니다. / 두 주먹을 부르쥐고 씩씩하
게 일을 해야 된다고 생각헙니다. 삼천리 우리 강토와.
요안나 : 고만! 잘 알었읍니다. 통지가 가기를 기다리십시오!(희곡 〈여사장〉, 143면)

김춘식 : 지금 우리 대한민국 청년들은 모든 정열을 합쳐서 나라와 민족을 위해 싸워
야 될 때라고 생각합니다. 천박하게 여성이니 연애니 결혼이니 할 때가 아니라고 생각
합니다.
요안나 : 그만 알았어요.
김춘식 : 우리 삼천만 동포는 공산 오랑캐를 무찌르고 기어코 남북통일을 성취해야 합
니다.
요안나 : 그만.
김춘식 : 우리 배달 청년들은 백두산 상상봉에 태극기를 휘날릴 때까지.
요안나 : 알겠어요.
숙이 : 하하(시나리오 〈여사장〉, 8~9면)

64 이는 문화에 내재한 모순들을 제거하는 것처럼 보이지만 동시에 그 모순들을 찬미하
는(서정남, 앞의 책, 393면), 스크루볼 코미디의 장르적 성격과 결부될 수 있다.

65 "말없이 용호가 댕기는 대로 안기는 요안나는『신여성』사의 방침이 완전히 전도되고
남존여비의 사상으로 바뀌었다. 여기 인생의 '아이로니'가 있다."(「신영화소개 – 〈여
사장〉」,『국제영화』, 1959.9, 80면)

66 「참신한『코메디』/『여사장』」,『서울신문』, 1959.12.24.

67 달시 파켓은 〈여사장〉이 성차별적 시각을 담지하고 있지만, 영화 관람 시 관객은 웃음
을 통해 요안나에 대한 지지를 표명했다고 설명한다.(달시 파켓,「유머는 놓치고 성차
별만 드러날까봐」,『씨네21』, 2011.3.16) 곧 영화의 결말과는 별개로, 영화를 어떤 방
식으로 수용할 것인가는 극장을 찾은 관객층의 성격과 결부된 문제로 볼 수 있다.

68 오영숙은 코미디의 양면성을 논하며 질서의 복구를 지향하는 코미디는 보수성의 위
험을 지니지만, 동시에 권위와 규범들에 질문을 던지고 있음을 지적한다. 이어 심각하
게 받아들이지 않는 코미디가 더 공개적으로 사회적 이슈를 다룸으로써 "전복적이

면서 보수적이고, 공격적이면서 방어적"인 특징을 가질 수 있다고 설명한다.(오영숙, 앞의 책, 207~208면)

69 이용희,「미국적이라는 것 – 우리와 다른 한 개의 존재의식」,『신태양』, 1959.7, 30면.

70 「감각적 관념론」,『민성』, 1950.6, 7면.

71 김광림,「영화에서의 에로티즘 시비론」,『신영화』, 1957.8, 56면.

제2장

1 강혜경은 1946년 인민항쟁의 진압을 경찰국가 체제가 수립된 계기로 보고 있으며, 1948년 여순반란사건을 경찰국가화의 계기로 간주한다. 진덕규 역시 여순반란사건이 이승만 정부의 경찰국가적 성격을 노골화시킨 계기라고 설명한다.(강혜경,「한국 경찰의 형성과 성격」, 숙명여대 박사논문, 2002, 1~3면; 진덕규,「'여순 반란 사건'과 이승만 정부의 경찰국가화」,『한국논단』 11월호, 1994)

2 「비화한 세대 – 군정경찰 홍보 영화」,『경향신문』, 1977.5.23.

3 「경찰영화 상영금지」,『경향신문』, 1948.8.1.

4 당시 이들 영화는 '경찰활동 기록영화'로 일컬어지기도 했다.(「경찰활동 기록영화 최후의 밤 촬영」,『민중일보』, 1947.11.13. 이 글에서 지칭하는 경찰영화는 경찰을 소재로 하며, 경찰이 제작과 홍보 전반을 후원한 단정 전후의 시대적 특수성을 반영하는 세 편의 영화이다. 경찰영화는 해방 이후 관이 제작에 참여하고 밀수단을 배경으로 한 기획영화가 만들어지던 상황 속에서 탄생했는데, 경찰이 영화 제작의 방향을 지정하고 적극적인 홍보에 관여했을 뿐 아니라 당대 영화매체를 통해 '새로운 영화' 혹은 '민족영화'로 명명되었다는 점에서 주목할 수 있다.

5 〈밤의 태양〉 시나리오는 김정혁이 쓴 것으로 알려져 있으나(kmdb.or.kr 참조), 시나리오를 쓴 이는 각본가이자『경향신문』의 주필, 잡지『민성』의 주간으로도 활동했던 월북 문인 최영수였다.

6 북한에 주둔하던 소군정 역시 정치경찰을 주축으로 '인민위원회'를 구성하여 사회를 규율해가기 시작한다.(헤롤드 서그,「조선을 주시하라 – 북조선과 남조선의 실상」,『민성』, 1947.3, 2면)

7 강혜경, 앞의 글, 90면.

8 공식적인 영화의 원작자였던 이하영은 처녀작 〈수우〉에 대해 "될 수 있는 대로 복잡(複雜)한 것을 피(避)해서 어느 한 가정(家庭)을 중심(中心)으로 빚어진 범죄(犯罪)의 일면(一面)을 취급(取扱)한 동시(同時)에 등장(登場)하는 사람들의 사회적생활(社會生活相), 즉 의리(義理), 인정(人情), 갈등(葛藤), 직무(職務) 등의 「딜레마」에서 고심(苦心)하는 양상(樣相)을 취급(取扱)한 간단(簡單)한 「스토리」의 한 토막"이라 설명한다.(이하영,「『수우』의 원작자로서」,『영화시대』, 1948.2, 98면)

9 김관수,「영화 제작의 진지성 –「최후의 밤」을 기획하면서」,『영화시대』, 1948.2, 71면.

10 한상언(「해방기 영화인 조직 연구」, 한양대 석사논문, 2007;「해방기 영화운동과 조선영화협단」,『영화연구』 43, 한국영화학회, 2010)과 조혜정(「미군정기 조선영화동맹

연구」,『영화연구』13, 한국영화학회, 1997)의 연구가 대표적이다.

11 한영현(「해방기 한국영화의 형성과 전개양상 연구」, 성신여대 박사논문, 2010; 「해
방과 영화 그리고 신생 대한민국의 초상」,『대중서사연구』26, 대중서사학회, 2011;
「해방기 '아메리카 영화론'과 탈식민 문화기획」,『대중서사연구』30, 대중서사학회,
2013)과 심혜경(「안철영 텍스트를 통해 본 대한민국 설립 초기 '조선영화' 연구-〈무
궁화동산〉과『성림기행』을 중심으로」, 중앙대 박사논문, 2012), 유승진(「자유만세를
중심으로 본 미군정기 조선영화계의 '탈식민화' 과정」, 연세대 석사논문, 2012)의 연
구가 대표적이다.
그 외 이순진은 식민잔재가 청산되지 못한 상황에서 해방 후 영화가 지향하는 민족적
동질성의 문제를 비판하며,(「식민지 경험과 해방 직후의 영화 만들기」,『대중서사연
구』14, 대중서사학회, 2005) 김려실은 미군정기 영화정책과 함께 〈자유만세〉를 중심
으로 해방 후 '광복영화'의 문제성에 대해 논한다.(김려실,「미군정기 영화제도와 조선
영화」, 기시 도시히코・쓰치야 유카 편,『문화냉전과 아시아』, 소명출판, 2013)

12 조혜정,「미군정기 뉴스영화의 관점과 이념적 기반 연구」,『한국민족운동사연구』68,
한국민족운동사학회, 2011; 김한상,「1945~48년 주한미군정 및 주한미군사령부의
영화선전」,『미국사연구』34, 한국미국사학회, 2011.

13 문원립,「해방 직후 한국의 미국영화의 시장규모에 관한 소고」,『영화연구』18, 한국영
화학회, 2002.

14 이명자,「미・소 군정기(1945~1948) 서울과 평양의 극장연구」,『통일과 평화』2, 서울
대 통일평화연구원, 2009; 「미군정기(1945~1948) 외화의 수용과 근대성」,『영화연
구』45, 한국영화학회, 2010.

15 김진웅,「미군정기 국내정치에 있어서 경찰의 역할」,『대구사학』97권, 대구사학회,
2009, 28~30면. 회고에 따르면 김규식을 지지했던 군정당국과 달리, 당시 경찰 총수
인 장택상과 조병옥 그리고 경찰 전체가 이승만에 대한 노골적 지지를 표명했다. 이승
만은 군정당국에 대항해 경찰과의 관계에 더욱 주의를 기울였고, 이후 군정경찰 간부
들은 자유당 경찰의 주역이 됐다.(「비화한 세대」,『경향신문』, 1977.6.10)

16 김일수,「기관지 창간과 애국경찰」,『민주경찰』, 1947.6, 13면.

17 서중석,『한국현대민족운동연구』2, 역사비평사, 2004, 265면.

18 함대훈,「민주경찰의 일원으로서」,『민주경찰』, 1948.1, 8면.

19 「민성-일제경관 일소하라」,『민성』1946.10, 5면; 丘山學人(구산학인),「직언록-경
찰은 무엇하나」,『민성』, 1946.8, 5면 참조.

20 『민주경찰』창간호는 편집후기를 통해 잡지의 발간 계획 계기를 "한국 민족으로서 잊
을 수 없는 10・1폭동사건"이라 밝힌다.(「편집후기」,『민주경찰』, 1947.6, 168면)

21 문학과 해방기의 경찰담론을 관련시켜 분석한 연구로는 잡지『민주경찰』의 성격을 고
찰한 이윤정의 논의가 유일하다. 저자는『민주경찰』을 "건국경찰이 지향했던 경찰상
을 이루기 위해 창간된 교양지"로 규정하며, 해방기 매체가 추구했던 경찰 상(像)의 문
제를 규명하고 있다.(이윤정,「해방 후 경찰잡지 개관-대표적 경찰잡지『민주경찰』

을 중심으로」,『근대서지』7, 근대서지학회, 2013)

22 「권두언」,『민주경찰』, 1947.6, 1면.

23 조병옥, 「경찰과 사회-경찰공보제도의 본질」,『민주경찰』1권 5호, 발행년월 확인 불가, 5~6면.

24 안석주, 「선전과 민주경찰」,『민주경찰』, 1949.5, 33~35면.

25 미군정청 예술과장을 지냈던 안철영은 선전영화(Public Film)에 대해 "영화의 강력한 선전성, 사회성, 대중에의 강경 광범위한 침투력을 이용하여 사회 제활동의 유력한 무기와 보조 수단으로써의 문화영화의 가장 중대한 사명을 가진 부문"이라고 설명한다.(안철영, 「선전영화론」,『신문평론』, 1947.7)

26 김학재, 「정부수립 전후 공보부·처의 활동과 냉전 통치성의 계보」,『대동문화연구』74, 성균관대 대동문화연구원, 2011, 71~72면.

27 위의 글, 78~79면.

28 「비화한 세대-군정경찰 홍보영화」,『경향신문』, 1977.5.23.

29 「밤의 태양」,『동아일보』, 1948.6.30.

30 해방기연극 영화 잡지에 대해서는 유승진, 「미군정기 대중문화잡지『新星』해제」,『근대서지』6, 근대서지학회, 2012.6; 전지니, 「『은영』과 해방기의 영화잡지」,『근대서지』9, 근대서지학회, 2014.6 참조.

31 안영일, 「연극계」,『예술연감』, 1947.5.

32 『예술영화』의 발행은 이철혁이,『영화순보』는 박유명이 맡았다.

33 『영화순보』의 경우 창간호에서 "업계 관계자 중심지임으로 당분간은 한정판으로 간행"됨을 명시한다.(「편집후기」,『영화순보』, 1947.12, 18면)

34 영화 〈해연〉 특집호'로 구성된『예술영화』는 "본지는 정기간행물이 아니나 일개 회사의 선전지나 기관지도 아니다. 명의는 회사 소속이나 그 의도하는 바는 진정한 영화예술의 지표가 되고 양식이 되어 조선영화의 이론적 발전과 실천적 향상을 기하는 데 있다"고 설명한다.(「편집후기」,『예술영화』, 1948.5, 36면)

35 영국영화를 수입, 배급했던 은영사에서 발간한『은영』은 회사가 수입하는 영국영화를 홍보하는 데 주력했는데, 이 역시 영화사가 발행한 업계지였다는 점에서『영화순보』등과 유사하다.

36 김길준, 「축사」,『영화순보』, 1947.12, 5면.

37 최철, 「영화〈수우〉를 제작하면서」,『영화시대』, 1947.11, 38~39면.

38 김관수, 「영화제작의 진지성-「최후의 밤」을 기획하면서」,『영화시대』, 1948.2, 70~71면.

39 김관수, 「제작자의 변」,『영화순보』, 1948.4, 12면.

40 P.Y.生, 「영화〈여명〉의 제작 의도」,『영화시대』, 1948.2, 89면.

41 안진상, 「시련의 4개월-영화〈여명〉을 연출하고 나서」,『영화시대』, 1948.9, 61면.

42 「제작진 합담」,『영화순보』, 1948.4, 10~11면; 「장총감과 영화」,『영화순보』, 1948.4, 11면.

43 김려실 역시 '친일영화', '광복영화', '반공영화'가 모두 1940년대에 생겨난 장르임을

밝히고, 이들 장르의 유사성에 대해 언급한다.(김려실, 앞의 책, 221면)

44 「해방 후 제작된 영화 스틸 앨범」, 『은영』, 1949.6, 5면.

45 〈수우〉의 줄거리는 『영화시대』에 실린 시나리오(1947.9, 1947.11, 1948.2, 1948.9 게 재)와 『영화순보』(1948.3, 14면)에 실린 줄거리 소개 등을 참고했다.

46 「해방 후 제작된 영화 스틸 앨범」, 『은영』, 1949.6, 6면.

47 〈밤의 태양〉의 줄거리는 『영화순보』에 실린 시나리오(〈최후의 밤〉으로 게재, 1947.12) 와 영화의 스틸컷(1948.4, 8~9면) 및 해당 호의 관련 기사 등을 참고했다.

48 「해방 후 제작된 영화 스틸 앨범」, 『은영』, 1949.6, 5면.

49 〈여명〉의 줄거리는 『영화시대』에 실린 제작진과 배우들의 인터뷰 및 좌담회(1948.2) 를 참고했다.

50 「〈밤의 태양〉 특집」, 『영화순보』, 1948.4, 7면.

51 갱스터 장르에 대한 논의는 배리 랭포드, 박혜진 역, 『영화장르-할리우드와 그 너머』, 한나래, 2010, 237・239~240면; 김소연, 「갱스터영화-도시의 '고독한 늑대'의 실패 한 성공담」, 문재철 외, 『대중영화와 현대사회』, 소도, 2005, 88~89면을 참조.

52 김용환, 「스테-지 구경 최후의 밤 쎄트에서」, 『영화순보』, 1948.3, 11면.

53 이외에도 침실, 댄스홀 등에서 벌어지는 청사(장진)와 여자 갱(한은진)의 러브신이 삽 입됐다.(「제작진 합담」, 『영화순보』, 1948.4, 11면 참조)

54 J, 「7만 촉광의 불야성」, 『영화순보』, 1948.4, 16면.

55 갱스터영화의 거장 윌리엄 웰먼(William A. Wellman)의 〈암흑가의 여자(원제 : Ladies of the Mob)〉(1928)가 1931년에, 머빈 리로이(Mervyn LeRoy)의 느와르영화 〈가면의 미국(원제 : I am a fugitive from a chain gang)〉(1932)이 1934년에 개봉됐다.(이명자, 『신문, 잡지, 광고자료로 본 미군정기 외국영화』, 커뮤니케이션북스, 2011 참조)

56 식민지 시기 개봉했던 갱스터영화가 재개봉된 것 외에도 〈암흑가의 인생〉과 같은 갱 스터영화가 남한 극장에서 상영됐다.

57 서광제, 「영화시평-「상해특급」과 「24시간」」, 『동광』, 1932.11, 113면.

58 Thomas Elsaesser, "Gangsters and Grapefruits : Masculinity and Marginality in The Public Enemy", *The Persistence of Hollywood*, Routledge, 2012, pp.132~133.

59 Ibid., pp.130~131.

60 서정남, 『할리우드 영화의 모든 것』, 이론과 실천, 2009, 405면.

61 최성하, 「탐정영화 잡감」, 『은영』, 1949, 19면.

62 「내외 신작영화 소개」, 『영화순보』, 1948.3, 14면.

63 이상의 논의는 전지니, 「1930년대 가족 멜로드라마 연구」, 『한국근대문학연구』 26, 한 국근대문학회, 2012, 제4장을 참조.

64 조병옥, 「년두 훈시-건국치안의 중책을 완수」, 『민주경찰』, 1948.1, 6면.

65 「비화한 세대-군정경찰 복장 마련」, 『경향신문』, 1977.5.2.

66 최영수, 「인정의 개화-「밤의 태양」에 붓을 들면서」, 『영화시대』, 1948.9, 77면.

67 서중석, 앞의 책, 258면.

68 김태일, 「〈밤의 태양〉을 완성하고」, 『영화순보』, 1948. 4, 11면.

69 조병옥, 「연두훈시 – 건국치안의 중책을 완수」, 『민주경찰』, 1948. 1, 6면.

70 최영수, 「씨나리오 작자로서」, 『영화순보』, 1948. 4, 13면.

71 최영수, 「최후의 밤」, 『영화순보』, 1947. 12, 16면.

72 「「여명」을 중심으로 한 좌담회」, 『영화시대』, 1948. 2, 106~108면.

73 권영팔, 「돈독한 인격」, 『영화시대』, 1948. 2, 94면.

74 진훈, 「「파이푸」나 어루만지고 – 영화 여명에 나오면서」, 『영화시대』, 1948. 2, 97면.

75 이익, 「영화의 기록성과 내용성」, 『경향신문』 1949. 3. 3.

76 김약현, 「명랑성의 결핍 – 응징보다도 선전 계몽에」, 『민주경찰』 1948. 10, 120면.

77 최영수는 〈밤의 태양〉과 관련해 영화의 현실성 여부는 검토할 필요가 없다고 말한
다. (최영수, 「인정의 개화 – 「밤의 태양」에 붓을 들면서」, 『영화시대』, 1948. 1, 77면;
「씨나리오 작자로서」, 『영화순보』, 1948. 4, 13면)

78 이태우, 「건영의 작품 〈수우〉를 보고」, 『영화시대』, 1948. 9, 58~59면.

79 구보, 「영화 〈수우〉를 보고」, 『조선일보』, 1948. 7. 17.

80 손소희, 「왜곡된 여성관」, 『은영』, 1949. 9, 30면.

81 정용배, 「여명을 보고」, 『자유신문』, 1949. 3. 25.

82 이태우, 「조선영화와 문학」, 『경향신문』, 1949. 1. 27.

83 안호상, 「입국경찰로서인 국립경찰」, 『민주경찰』 2권 2호, 발행년월 확인 불가, 36~37면.

84 〈밤의 태양〉의 촬영 현장에는 유엔 조선위원단을 수행했던 정보관 그랑이 방문해 여
배우들과 환담을 나누고 조력을 아끼지 않겠다는 의사를 전하기도 했다. (「UN 그랑
정보관 조선 촬영소 방문」, 『경향신문』, 1948. 1. 23)

85 〈수우〉의 경우 5월 총선거를 앞두고 경무부에서 '총선거와 자유로운 분위기에 관한
일반의 의식을 높이기 위한 강연과 영화의 밤'에서 상연되기도 했다. (「강연과 영화의
밤 경무부에서 주최」, 『경향신문』, 1948. 4. 13; 「영화 강연으로 선거의식 고취」, 『동아
일보』, 1948. 4. 13)

86 「제작비 1천만 원 영화 『수우(愁雨)』 제작」, 『조선일보』, 1947. 10. 9; 「경찰영화 상영
중지 – 손해액 부담이 주목처」, 『서울신문』, 1948. 8. 1.

87 김화, 『새로 쓴 한국영화전사』, 다인미디어, 2003, 107면.

88 한모니까에 따르면 정부수립 직후 벌어진 1차 한미회담에서 미군정은 "한국 군대에
게 권한 이양이 끝날 때까지 경찰을 포함하여 한국 군대의 지휘 책임을 주한미군사령
관이 가진다"는 내용을 전달했다. 이승만은 자신의 탄핵까지 불러올 수 있는 이 제안
에 당황했다. 결과적으로 국립경찰과 국내경비부는 한국에 이양됐지만, 이들에 대한
작업 통제권은 주한 미군이 보유했고, 이승만 정부는 이를 비밀에 부쳤다. (한모니까,
「1948년 대한민국 정부 수립과 주한미군의 정권 이양 과정 및 의미」, 『동방학지』 164,
연세대 국학연구원, 2013, 305~396면.

89 「경찰영화 중지 손해 누가 부담」, 『자유신문』, 1948. 8. 1.

90 J, 앞의 글, 16면.

제3부

제1장

1 북한에서의 공연 및 수상 정보는 윤두헌 외, 『우리는 승리하였다-조선인민군창건 5주년 기념 문학예술상 수상 극문학 작품집』, 국립출판사, 1954, 8면 참조.

2 헤게모니적 남성성은 번역에 따라 '패권적 남성성'으로 불리기도 한다. 존 베이넌에 의하면 헤게모니적 남성성은 '남성 되기'의 성공적 방식을 규정해 다른 남성성 유형들은 부적절하고 열등한 것으로 규정한다. 이같은 남성성은 절충적 합의 혹은 권력과 업적을 통해 확립된다. 곧 이는 한 시대나 지역에서 우세한 남성성의 형식을 가리키며 다른 형식들은 그에 예속된다고 본다. (존 베이넌, 임인숙·김미영 역, 『남성성과 문화』, 고려대 출판부, 2011, 36~37·271면) 또한 R.W 코넬은 헤게모니적 남성성을 "가부장제의 정당성 문제에서 현재 수용되는 답변을 체현하는 젠더 실천의 배치 형태"로 정의하며, "남자들의 지배적 위치와 여성 종속을 보증하는 답변을 체현한다"고 정리한 바 있다. (R.W.Cornell, 안상욱·현민 역, 『남성성 / 들』, 이매진, 2013, 124면) 이 글은 남성성이 구성되는 정치, 사회적 맥락에 주목하며 바람직한 남성성이 전쟁기 북한연극에서 어떻게 그려지는지, 그리고 동시기 북한의 문화 텍스트가 어떻게 젠더 역할을 배치하고 여성의 역할을 제한하는지 규명할 것이다.

3 이같은 입장은 R.W 코넬의 젠더 개념에 입각해 있다. (위의 책, 130~131면)

4 〈탄광사람들〉은 전쟁 중, 그리고 전쟁 직후 가장 주목받은 연극일 뿐만 아니라 북한의 『조선문학사』에서 중요하게 언급하고 있으며, 『1950년대 희곡선』에도 당대의 대표작으로 수록되어 있다. (김선려·리근실·정명옥, 『조선문학사』11, 사회과학출판사, 1994, 220~222면; 한봉식 외, 『1950년대 희곡선』, 문학예술출판사, 2016, 3~4면 참조)

5 리령은 『해방 후 연극 예술의 발전』에서 작품의 저자를 '창조 집단'으로 명명한다. (리령, 「해방 후 연극 예술의 발전」, 『빛나는 우리 예술』, 조선예술사, 1960, 64면) 그러나 북한희곡, 시나리오의 저자를 표기할 때 작가의 입지 변화에 따라 특정 이름을 삭제하고 집체작으로 기록하는 일은 빈번하다. 그 외에 1955년 〈탄광사람들〉이 실린 작품집 『해토 무렵』을 비롯해 2016년 발간된 희곡집 『1950년대 희곡선』에 저자가 모두 한봉식 한 사람으로 표기된 것을 볼 때, 〈탄광사람들〉의 저자는 한봉식으로 보는 것이 적절하다. 이와 관련해 리령의 글이 작성됐을 시점을 전후하여 저자가 숙청되었다가, 이후 복권됐음을 추정해볼 수 있다.

6 한봉식, 『마쩨옙쓰키 박사』, 조쏘문화협회 중앙위원회, 1950, '작가 약력'.

7 「학생, 노동자, 점원 중심 조공 재건 사실 탄로」, 『동아일보』, 1937.12.25.

8 엄순천, 「러시아에서의 한국문학 번역 현황 및 분석」, 『러시아연구』13-2, 러시아연구소, 2003, 74면.

9 한봉식, 「10월의 모스크바」, 『조선문학』, 1953.11.

10 한봉식, 「분격의 날」, 『조선문학』, 1954.6.

11 김인섭, 「숭실 문학의 전통과 남북한문학사에서의 위상과 의의」, 『한국기독교문화연구』9, 한국기독교문화연구소, 2017, 284~285면.

12 서승희, 「국민화의 문법과 여성문학, 그 불 / 일치의 궤적」, 『반교어문연구』 38, 반교어
문학회, 2014, 410~411면·414~415면.

13 김인섭, 앞의 글, 396~401면.

14 백정숙, 「한국전쟁과 만화」, 『근대서지』 7, 근대서지학회, 2013, 536~564면.

15 윤두헌 각본, 윤용규 연출, 〈소년 빨치산〉, 1952.

16 이석만, 「1950년대 북한연극론의 전개 양상 연구」, 『한국연극학』 9, 한국연극학회, 1997,
285~288면; 이상우, 「북한희곡 50년, 그 경향과 특징」, 『상허학보』 7, 상허학회, 2001,
430면; 김정수, 「한국전쟁시기 북한연극의 공연양상 연구」, 『북한연구학회보』 14-1, 북
한연구학회, 2010, 139면.

17 이상우, 「북한희곡에 나타난 이상적 여성－국민 창출의 양상 : 1960년대 이전과 이후
이상적 여성－국민의 변화양상을 중심으로」, 『한국극예술연구』 21, 한국극예술학회,
2005, 296면; 전지니, 「해방기 남북한희곡의 젠더정치 연구」, 『한국극예술연구』 40,
한국극예술학회, 2013, 58~70면.

18 박영자, 『북한 녀자－탄생과 굴종의 70년사』, 도서출판 앨피, 2017, 282~298면; 김영
선, 「1960~70년대 북한의 재생산 정책과 젠더의 문화 정치」, 『여성과 역사』 21, 한국
여성사학회, 2014, 212면; 조영주, 「북한 여성의 실천과 젠더 레짐의 동학」, 이화여대
박사논문, 2012, 104~106면; 조영주, 「북한의 '인민 만들기'와 젠더정치」, 『한국여성
학』 29-2, 한국여성학회, 2013, 132~133면.

19 김미숙, 「북한 교과서에 나타난 민족국가 담론과 젠더」, 『여 / 성이론』 4, 여이연, 2001,
132~134면.

20 김선려·리근실·정명옥, 앞의 책, 206면.

21 김은정, 「북한의 영웅서사, 60년의 간극」, 『민족문학사연구』 60, 민족문학사연구소,
2016, 480면.

22 한봉식 외, 엄호석 외편, 『해토 무렵』, 조선작가동맹출판사, 1955.

23 그 외 1955년 판본과 2016년 판본을 비교하면, 북한의 어법 규정 변화에 따라 맞춤법
일부가 변화했으며, '사살하고'를 '죽이고'라 표현하는 등 의미가 달라지지 않은 범위
내에서 변경 사항을 발견할 수 있다.

24 한봉식 외, 『1950년대 희곡선』, 3면.

25 작품에 대한 엇갈린 반응과 삭제된 부분에 대해서는 제3장에서 구체적으로 논의한다.

26 한봉식 외, 『1950년대 희곡선』, 6~7면.

27 안문석, 『북한 현대사 산책』 2, 인물과 사상사, 2016, 92~93면.

28 총을 든 여성 전사의 형상은 부부 포수로 활약했던 이수덕의 이야기를 다룬 남궁만의
희곡 〈바람부는 고원지대〉에서도 확인할 수 있다.

29 언급한 것처럼 1955년에 발간된 수록본과 2016년 발간된 수록본의 내용은 미세한 부
분을 제외하고는 동일하다. 이 글에 수록한 〈탄광사람들〉의 대본 일부는 공연 시기와
가까운 『해토 무렵』(1955)에서 발췌했으며, 앞으로 대본을 발췌할 때는 해당 작품집
의 면수만 표기한다.

30 전지니, 앞의 글, 58~59면.

31 차준봉, 『누가 조선 전쟁을 일으켰는가』, 평양사회과학출판사, 1993, 263~268면.

32 박영호, 「공화국의 첫 녀성영웅 조옥희 동무의 빛나는 위훈」, 『로동신문』, 1951.4.6.

33 리계원 외편, 『조선영화문학선집』 2, 문학예술종합출판사, 1994.

34 라흥숙·조원희, 『태양의 품에서 영생하는 녀성들』 (1), 근로단체출판사, 2014.

35 조옥희가 소설, 무용극 등으로 다루어졌던 것처럼, 안영애의 일대기는 1971년 혁명가 극 〈당의 참된 딸〉로 만들어졌다.

36 고진희의 일대기는 소설 『한나의 메아리』(2000) 및 텔레비전 연속극 〈한나의 메아리〉(2002)로 제작됐다.

37 또 다른 여성 빨치산 리수덕의 활약상은 남궁만의 희곡 〈바람부는 고원지대〉(『문학예술』, 1951.7~11)를 통해 극화됐다.

38 북한의 총대 영웅에 대해서는 정병호·권헌익, 『극장국가 북한』, 창비, 2013, 137면· 174~175면 참조. 이 책에서 주로 논의하는 여성 총대 영웅은 김일성의 아내이자 훗날 빨치산 전사로 격상되는 김정숙이다.

39 김은정, 앞의 글, 485면.

40 위의 글, 496~497면.

41 조선작가동맹출판사 외편, 『해방 후 10년간의 조선문학』, 조선작가동맹출판사, 1955, 267면.

42 김학연, 『소년빨치산 서강렴』, 민주청년사, 1954, 131~153면.

43 최현실은 일본군위안부, 여성 빨치산, 여성탈북자를 20~21세기 한반도에서 국가와 이데올로기, 정치 논리하에서 희생된 대표적 몸을 소유한 집단으로 설명하며 이들의 구술자료를 분석한다. 여기서 여성 빨치산은 남한의 비전향 여성 빨치산으로, 잔혹한 성고문 이후 이들에게 가해진 억압과 감시, 배제를 추적한다. (최현실, 「20~21세기 한반도에서 국가적 성폭력과 그 희생제의로서 여성의 몸」, 『한국민족문화』 46, 부산대 한국민족문화연구소, 2013, 2·12·13·26~28면)

44 〈탄광사람들〉에는 중국인민지원군 왕일평이 등장해 1·4 후퇴 이후 북한과 중국의 깊은 유대를 보여준다.

45 김선려·리근실·정명옥, 앞의 책, 220~222면.

46 리령, 앞의 책, 65면.

47 전지니, 「잡지 『조선문학』의 합평회를 통해 본 전쟁기 북한희곡의 검열 연구」, 『한국극예술연구』 48, 한국극예술학회, 2015, 136면.

48 한효, 「자연주의를 반대하는 투쟁에 있어서의 조선문학 (1)」, 『문학예술』, 1953.1, 113 ~115면.

49 위의 글, 126~128면.

50 위의 글, (3), 1953.3, 42면.

51 신고송, 「연극에 있어서 형식주의 및 자연주의적 잔재와의 투쟁」, 『문학예술』, 1952.1, 87면.

52　신고송, 「쏘베트 극작상의 몇 가지 문제와 우리 극작에 주는 교훈」, 『문학예술』, 1950.6, 9면.

53　전지니, 「잡지 『조선문학』의 합평회를 통해 본 전쟁기 북한희곡의 검열 연구」, 137~141면.

54　신고송, 「연극에 있어서 형식주의 및 자연주의적 잔재와의 투쟁」, 82면.

55　현재 확인 가능한 두 대본에서는 이 표어를 확인할 수 없다. 김일성의 비판 후 연극의 자연주의적 요소에 대해 개작이 이루어졌음을 짐작할 수 있는 부분이다.

56　신고송, 「연극에 있어서 형식주의 및 자연주의적 잔재와의 투쟁」, 88면.

제2장

1　Lev ArnshtamBoris Chirskov 각본, Lev Arnshtam 연출, 〈Zoya〉, 1944; 김승구 각본, 윤용구 연출, 〈빨치산 처녀〉, 1954.

2　〈조야〉가 만들어진 시대적 배경 등을 감안하여 구 '소비에트 연방(USSR, Union of Soviet Socialist Republics)'을 '소련'으로 명명한다.

3　한상언, 『문예봉 傳』, 한상언영화연구소, 2019, 94~95면.

4　라흥숙·조원희, 「우리나라의 첫 여성공화국 영웅-공화국 영웅 조옥희 동지」, 『태양의 품에서 영생하는 여성들』(1), 근로단체출판사, 2014, 177~178면.

5　「소련 영웅 조야의 어머니로부터」, 『로동신문』, 1952.7.27; 「조야의 어머니로부터」, 『로동신문』, 1956.4.1.

6　박영호, 「공화국의 첫 여성 영웅 조옥희 동무의 빛나는 위훈」, 『로동신문』, 1941.4.4.

7　김왕섭, 「로써야 인민의 장한 딸 조야」, 『조선문학』 8, 2003, 64면.

8　김은정, 「북한의 영웅서사, 60년의 간극-'조옥희'를 중심으로」, 『민족문학사연구』 60, 민족문학사연구소, 2016, 480면.

9　오태호, 「해방기(1945~1950) 북한 문학의 '고상한 리얼리즘' 논의의 전개 과정 고찰-『문화전선』, 『조선문학』, 『문학예술』 등을 중심으로」, 『우리어문연구』 46, 우리어문학회, 2013, 344~346면.

10　Tatiana Gabroussenko, "Just war? How North Korea portrayed the Korean War.", *NK News*, 2016.12.12.

11　Lynee Attwood, *Red Women on the Silver Screen : Soviet Women and Cinema from the Beginning to the End of the Communist Era,* New York : Harper Collins, 1993, pp.67~68.

12　Roger D. Markwick·Euridice Charon Cardona, *Soviet Women on the Frontline in the Second World War*, New York : Palgrave Macmillan, 2012, p.123.

13　Lynee Attwood, op.cit., p.68.

14　Roger D. Markwick·Euridice Charon Cardona, op.cit., p.124.

15　라흥숙·조원희, 앞의 책, 179~180면.

16　한상언, 앞의 책, 89~90면.

17　문예봉, 「제 무덤 속으로 들어갈 날을 재촉하는 발악」, 『로동신문』, 1950.6.26.

18 오덕순, 「극영화〈내고향〉에 대하여」, 『문학예술』, 1950.2, 52면.

19 문예봉, 『내 삶을 꽃펴준 봄』, 문학예술출판사, 2013, 138면.

20 전지니, 「인민 '여'배우의 탄생 – 해방 – 전쟁기 문예봉의 활동에 대한 소고」, 『여성문학연구』 43, 한국여성문학학회, 2018, 303~304면.

21 문예봉, 앞의 책, 162~163면.

22 문예봉, 「진실한 연기를 창조하려면」, 『로동신문』, 1961.10.13.

23 문예봉, 「강의한 생활을 체현」, 『로동신문』, 1954.11.27.

24 문예봉, 앞의 책, 170~173면.

25 「조선 인민의 위대한 10년 생활에서」, 『로동신문』, 1955.7.20.

26 문의영, 「해방 후 영화예술의 발전」, 『빛나는 우리 예술』, 조선예술사, 1960, 148~149면.

27 장기인, 「조옥희 영웅처럼」, 『로동신문』, 2003.6.12.

28 라홍숙·조원희, 앞의 책, 192면.

29 안춘미, 「인민 배우 문예봉과 그의 창조 활동」, 『예술교육』 1, 2008, 28~29면.

30 소희조, 「민족영화의 원로 – 문예봉 (1)」, 『조선예술』 4, 2000, 28면.

제3장

1 「문제가 된 7인의 여포로」, 『경향신문』, 1964.12.21; 「영화감독 유현목 씨 입건」, 『경향신문』, 1965.7.13; 「영화 『춘몽』에 음화 판결」, 『동아일보』, 1967.3.15.

2 김종원·정중헌, 『우리영화 100년』, 현암사, 2001, 309면.

3 저자인 오재호는 1963년 『한국일보』 신춘문예 희곡부문에 당선되며 등단했고, 이후 희곡과 특별수사본부 시리즈 외에 「세종대왕」 등의 방송극을 썼다.

4 라디오드라마는 1970년부터 동아방송의 통폐합 직전(1980년)까지, 전집은 1972년부터 1974년, 영화는 1973년부터 1976년까지 이어졌다. 이 중 전집은 출판사가 바뀌어 지속적으로 재출판됐다.

5 오제도는 책의 서문에 다음과 같이 적고 있다. "그동안 다큐멘타리 전집이 많이 쏟아져 나왔지만 대개의 경우, 흔히 알려져 있는 사실들을 엮는데에 주안점을 두고 있으며 그것도 대부분이 정치 아니면 전쟁물에 치우쳐 있었다. 그러나 이 책은 대한민국 건국 전후에 빚어졌던 남로당 범죄사를 소설체로 속속드리 파헤치고 있다는 점에서 흥미 있게 읽히는 것은 물론 문헌적인 가치까지 지니고 있다고 봐야 할 것이다. 실로 천인 공노할 많은 만행을 다 저질렀던 공산당의 범죄사건들을 당시 일선에서 직접 활약했던 수사관들의 '메모'를 통해 그 이면에서부터 파헤쳐 나간다는 것은 여간 어려운 일이 아니다. 그러나 이 작업을 거의 완벽하게 해낸 이 책은 가위 한국판 스파이 비화의 결정판이라 할 것이며, 또 이 책에서 얻는 감동과 새로운 지식들은 오늘날 우리가 처한 특수한 현실에 비추어 볼 때 없어서는 안 될 새로운 지식과 활동소가 되리라 믿는다."(오제도, 「서문」, 오재호 외, 『특별수사본부 기생간첩 김소산』, 창원사, 1972)

6 국민방첩연구소, 『지공교육독본 – 이것이 북한의 전부다』, 흑백문화사, 1972, 600~624면.

7 국민방첩연구소, 『방첩과 스파이전』, 갑자문화사, 1974, 1~2면.

8   국민방첩연구소, 위의 책, 735~879면.

9   특별수사본부 시리즈에 대해 언급하고 있는 연구로는 이호걸과 이인규의 논의가 있
     다. 이호걸은 특별수사본부 시리즈와 TV 반공드라마의 성공이 "반공의 테마와 내러
     티브가 1970년대 관객과 시청자들에게 자연스럽게 소화되어지고 있었음을 보여주고
     있는 것"이며, 이를 통해 국책영화가 어느 정도는 성과를 남겼다고 설명한다. (이호걸,
     「1970년대 한국영화」, 한국영상자료원 외편, 『한국영화사공부-1960~1979』, 이채,
     2004, 122면) 이인규는 1970년대 반공영화를 "온전히 선전적인 반공영화"와 "정부의
     영향력 바깥에서 제작되거나 소비된 반공영화"로 분류하며, 「특별수사본부 국회푸락
     치」를 제외한 이 시리즈를 '멜로적 반공영화'로 구분한다. 이어 오제도가 등장하더라
     도 「특별수사본부 국회푸락치」의 경우 교과서적-도구적 특징을 지니는, 반공주의에
     강박된 독자적 반공주의영화라고 설명한다. (이인규, 「1970년대 반공영화 생산과 소
     비에 관한 연구」, 서울대 박사논문, 2014, 165~168면 참조)

10   여간첩 표상과 관련하여 주목할 논의로는 중일전쟁을 전후로 본격적으로 유포된 스파
     이담론 속에 나타나는 "인종공포"와 "젠더공포" 및 스파이담론과 총후부인담론의 관련
     성을 지적하는 권명아의 연구(권명아, 「제국의 판타지와 젠더정치」, 『역사적 파시즘』,
     책세상, 2004) 및 해방 이후 여간첩 김수임과 관련한 '적색여스파이사건'을 모윤숙의
     사교 행위와 대비시켜 논의하고, 이어 이 사건을 "국제 스파이들의 형상을 한반도의 지
     역적 현실로 돌리려는 움직임"과 관련시켜 설명한 공임순의 연구(공임순, 「스캔들과
     반공-'여류' 명사 모윤숙의 친일과 반공의 이중주」, 『한국근대문학연구』 17, 한국근
     대문학회, 2008; 「원자탄과 스파이, 전후 세계상의 두 표상」, 『민족문학사연구』 48, 민
     족문학사연구소, 2012)가 대표적이다. 그 외 영화 속 여간첩에 대한 논의로 영화 「운
     명의 손」(1954)에서 양공주인 동시에 여간첩인 인물의 형상을 통해 냉전구도 및 민족
     과 외세의 대립을 겹쳐 놓는 방식을 문제삼는 이순진의 연구(이순진, 「1950년대 공산
     주의자의 재현과 냉전의식」, 김소연 외, 『매혹과 혼돈의 시대』, 도서출판 소도, 2002)
     가 있다.

11   『국제영화』는 1973년 영화계 제1대 사건으로 영화법의 개정과 영화진흥공사의 발족
     을 꼽는다. (『국제영화』, 1973.12, 44~45면)

12   1970년대 영화정책에 대한 논의로는 박지연, 「한국 영화산업의 변화과정에서의 영화
     정책의 역할에 관한 연구」, 중앙대 첨단영상대학원 박사논문, 2008; 오진곤, 「유신 체
     제기 영화와 방송의 정책적 양상에 관한 연구」, 『언론정보연구』 48-1, 서울대 언론정
     보연구소, 2011; 박유희, 「박정희 정권기 영화검열과 감성재현의 역학」, 『역사비평』 여
     름호, 역사비평사, 2012의 연구가 대표적이다.

13   영화진흥공사, 『한국영화작품전집, 1971~1985』, 영화진흥공사, 1986, 142·186·236
     면을 참조.

14   「국가비상사태에 따른 영화시책」, 『근대영화』, 1971.8, 15면.

15   영화진흥공사, 『한국영화자료편람(초창기~1976년)』, 영화진흥공사, 1977, 225~226면.

16   위의 책, 226면.

17 「잔인·선정 등 검열서 엄격 규제」,『동아일보』, 1973.3.17.

18 구체적 완화 기준은 다음과 같다. ① 저질작품에 대해서는 검열을 엄격히 하고 예술작품에 대하여는 검열 기준을 완화한다. ② 사치와 낭비 등 소비풍조로 조장할 우려가 있는 작품은 검열을 엄격히 한다. ③ 수출 및 국제영화제 출품작에 대하여는 작품의 예술성과 해외 홍보성을 감안하여 검열 기준을 최대한으로 완화한다. ④ 검열 기준을 완화하는 반면 연소자 관람 허가는 엄격히 한다. ⑤ 텔레비죤 영화는 국민정서순화에 이바지할 수 있는 내용을 엄선한다. 다만 그 세칙은 별도로 정한다.(『국제영화』, 1975. 1, 67면)

19 「업자들 사활걸린 우수영화 선정」,『동아일보』, 1975.12.19; 박지연, 「1960, 70년대 한국 영화정책과 산업」, 한국영상자료원 외편,『한국영화사공부—1960~1979』, 이채, 2004, 172~173면.

20 김석민, 「영화기업화의 새로운 방향」,『코리안 시네마』, 1972.3, 37면.

21 서윤성, 「반공영화의 시대적 사명」,『코리안 시네마』, 1972.3, 105~108면.

22 김종원·정중헌, 앞의 책, 313~314면.

23 박지연, 「제4차 영화법 제정에서 제4차 개정기까지의 영화정책」, 김동호 외,『한국영화정책사』, 나남출판, 2005, 208~217면.

24 박지연, 「한국 영화산업의 변화 과정에서 영화 정책의 역할에 관한 연구」, 중앙대 박사논문, 2008, 113~116면.

25 편의상 앞으로 영화의 제명을 언급할 때 '특별수사본부'는 생략하기로 한다.

26 시리즈의 제작사인 한진흥업은 〈김수임의 일생〉이 우수영화로 지정되자 특별외화 쿼터 배정을 받아「라임라이트」를 수입하기도 했다.(『월간 영화』, 1974.7, 78면)

27 『국제영화』, 1975.1, 46면.

28 이 표는 영화진흥공사,『한국영화, 외국영화 검열현황편람—1971년~1981년』, 영화진흥공사, 1982를 참조해 정리한 것이다.

29 "지난 연말 당국의 실태조사로 극영화 제작사가 21개사에서 17개 회사로 줄어들었다. 탈락사는 극동(차태진), 동양(이종벽), 세광(정소영) 3개사와 자진 취하 아세아(이지용) 등 4개사다."(「6개사 신규영화사 등록 신청」,『영화예술』, 1972.4, 69면)

30 『국제영화』, 1974.9, 신작 해설 중.

31 반려 비율은 1970년 3.7%, 1971년 25%, 1972년 58%, 1974년 41%, 그리고 1975년 80%로 늘어났다. 이 수치는 박유희, 「예술과 독재—유현목 영화의 정체성」, 이순진 외,『한국영화와 민주주의』, 선인, 2011, 388면의 각주 13번을 인용했다.

32 「아침 일찍 반공영화를 관람하고 직장으로 출근하는 중구 관내 공무원과 국영 기업체 사원들」,『동아일보』, 1975.2.4.

33 영화진흥공사가 제작한 정책영화 중에서 〈태백산맥〉이 5만 관객을 모아 이례적으로 흥행했는데, 이는 영화계에서 상당히 특기할 만한 사실로 여겨졌다.(「참패 거듭 방화 흥행」,『경향신문』, 1975.10.1)
그 외 영화진흥공사가 제작한 다수의 국책영화는 흥행에 실패했고, 1976년부터 일반

영화사들이 제작에 참여하도록 정책 방향이 전환됐으나 여전히 흥행은 부진했으며 이후 국책영화 제작은 줄어들었다.

34 〈기생 김소산〉의 경우 당해 흥행작 베스트 5 안에 들 만큼 흥행했다는 기사를 찾아볼 수 있지만,(「미로 속의 상혼의 전횡」,『동아일보』, 1973.12.17) 1973년의 경우 서울 관객 10만 명을 넘긴 방화는 5편(〈눈물의 웨딩드레스〉,〈흑권〉,〈이별〉,〈여감방〉,〈증언〉 등)에 달했음을 확인할 수 있다.

35 특별수사본부 시리즈의 관객, 상영일자 등과 관련된 수치는 영화진흥공사, 앞의 책, 61~72면을 참조.

36 당시 서울 개봉관 연도별 편당관객수를 보면, 1972년에는 24,593명, 1973년에는 17,915명, 1974년에는 18,494명, 1975년에는 18,117명, 1976년에는 19,929명으로 확인된다.(영화진흥공사, 앞의 책, 160면) 이 숫자는 서울 관객에 한정한 것으로, 특별수사본부 시리즈의 지방 관객의 수는 확인할 수 없다. 다만 서울에 한해 관객 숫자가 눈에 띄게 줄어드는 와중에 시리즈가 꾸준히 이어질 수 있었던 기반에는, 정부의 지원 및 영화사의 방침 외에 이 시리즈에 대한 지방 관객의 호응이 있었으리라는 추정이 가능하다.

37 「제작은 풍성 흥행은 저조」,『경향신문』, 1974.11.26.

38 「방화질이 떨어진다」,『경향신문』, 1974.9.6;「참패 거듭 방화흥행」,『경향신문』, 1975. 10.1.

39 『국제영화』, 1973.3, 43면.

40 「특별수사본부 영화화」,『동아일보』, 1973.1.26.

41 인용문은 1972년 창원사에서 발간한 『기생간첩 김소산』,『운명이 여인 배태옥』,『여간첩 김수임, 교육자협회 사건』을 각각 발췌했다.

42 〈외팔이 김종원〉 또한 간첩의 첩보행위를 구체적으로 묘사하기보다는 남로당을 소탕하는 과정에서 빚어지는 액션과 스펙터클, 그리고 북한 체제에서 버려진 간첩의 외로움을 부각시켰다.

43 「톱스타 윤정희 은퇴」,『명랑』, 1973.5, 139면. 그러나 윤정희는 〈기생 김소산〉에서는 과감한 팜므파탈 연기를 감행하며 넓은 연기의 스펙트럼을 보여준다.

44 안인숙은 「별들의 고향」(1974)의 헤로인으로 극 중 대담한 성인연기를 감행했고, 뚜렷한 개성을 가진 윤소라는 액션 / 활극 영화에서 강한 여성 이미지로 자신의 영역을 구축했다. 또한 '육체파 여배우' '섹스심볼', '제2의 김혜정'이라 불리던 우연정은 당대 매력적인 범죄자나 비련의 여간첩을 주로 연기했으며, 최민희 역시 영화 속에서 성적 매력이 넘치는 배역을 맡곤 했다. (여배우에 대한 설명은 주진숙 외,『여성영화인 사전』, 도서출판 소도, 2001, 212~259면을 참조함) 이중 우연정은 같은 시기 개봉된 「나는 살아야 한다」(1976)에서도 여간첩을 연기했다.

45 '호스티스 멜로드라마'라는 개념은 이호걸의 규정을 따랐다.(이호걸, 앞의 글, 96~103면)

46 다섯 편 외에 〈외팔이 김종원〉에도 남한에 침투한 여간첩의 모습이 묘사되어 있으나, 남로당에 의해 버려진 간첩 김종원의 고뇌가 서사의 주축이 된다는 점에서 세부적인

분석대상에서 제외하기로 한다.

47 「남로당계 고정간첩 21명 검거」, 『매일경제』, 1972.3.27; 「무전 간첩단 32명 검거」, 『경향신문』, 1972.4.11; 「재미교포 침투기도 마장 간첩단 검거」, 『동아일보』, 1973.6.29; 「학원 침투 조총련 간첩 검거」, 『매일경제』, 1974.5.6; 「부산서 출현 … 도주 무장간첩 서울서 검거, 독침 등 압수」, 『동아일보』, 1975.5.5.

48 「여두목 간첩단 일당 5명 검거」, 『경향신문』, 1971.11.2; 「치안국 발표 탄광 침투 무장 여간첩 검거」, 『동아일보』, 1973.6.25; 「여간첩 채수정 암약상 지하조직 점검 … 대중 봉기 획책」, 『경향신문』, 1974.5.6.

49 "다행히 오 변호사 외 여러분의 협조로 충분히 취재를 할 수 있었지만, 이 사건의 깊이는 김소산이란 기생의 몇 가지 흥미진진한 행각에 있는 것이 아니라, 당대 인기 절정의 기생에게까지 뻗쳤던 공산당 마수의 그 잔혹성과 악랄함에 있다 할 것이다."(『기생 간첩 김소산』, 396~397면)

"어쨌든 이 사건은 다른 남로당사건과는 달리, 이 사건에 대한 자료를 각 방면에서 수집하면서, 필자 스스로가 한 여자의 기구한 운명을 절절히 실감한 사건이기도 했다. (…중략…) 여자의 운명 — 불행하게도 공산당원의 아내가 되었기에 비참한 길을 걸어야 했던 여인의 실화임을 부기해둔다."(『운명의 여인 배태옥』, 438~439면)

"끝으로 이 두 사건을 취재할 때 협조해 주신 관계 수사관 및 증인들에게 독자들과 함께 감사한다."(『여간첩 김수임, 교육자협회 사건』, 398면)

50 가장 먼저 영화화됐던 인물인 김소산에 대해서는 "국일관에서 미인계로 명예를 떨치며 암약한 기생간첩"이라는 국민방첩연구소의 기록(국민방첩연구소, 앞의 책, 739면)이 있지만, 정확한 재판 기록은 확인할 수 없다.

51 오재호, 『푸로파 공작원, 살인집단 K대』, 창원사, 1972, 419면.

52 오재호, 『여학생 변이숙 사건』, 창원사, 1974, 420면.

53 1972년 라디오드라마의 500회 특집을 기념하는 축하파티에서, 연출자 이병주는 "특히 전향자들의 협조 없이는 이 프로가 생생한 실록이 될 수 없었을 것"이라는 소감을 말하기도 했다.(「기념특집 방송, 자축파티 등 열어」, 『동아일보』, 1972.5.29)

54 「새 영화 해방 직후의 간첩스토리 〈배태옥사건〉」, 『경향신문』, 1973.12.11; 「한진흥업 제3 작품 〈배태옥사건〉 완성」, 『매일경제』, 1973.12.3.

55 반민특위가 실시되었을 때 식민지 시기 일본의 스파이로 활약했던, 이제는 이미 늙어버린 배정자의 실물을 보기 위해 모인 군중들로 재판정이 인산인해를 이루었다는 기사를 확인할 수 있다.(장순, 「나라를 팔아먹은 배정자 행장기」, 『민성』, 1949.5, 69~70면)

56 「이대 영문과졸 김수임의 경력」, 『동아일보』, 1950.6.14.; 「여간첩 김수임의 전락기」, 『경향신문』, 1950.6.17~18. 참조.

57 「나는 속았다, 간첩 김수임의 실화」, 『경향신문』, 1964.6.22.

58 김수임의 이야기는 1970년대 「귀로」(KBS, 1971.11.1~1971.11.30), 「운명」(TBC, 1974.1.8~)과 같은 드라마 에서도 다루어졌다. 이 중 「귀로」는 '간첩 실화극'임을 강조했고, 「운명」에는 첫 회 모윤숙이 출연해 김수임에 대해 증언하기도 했다. 드라마화된

김수임에 대해서는 전갑생, 「'스파이(Spy・간첩)' 이야기 4 — 비운의 '신여성' 김수임, 반공이데올로기의 희생양」, 『민족21』, 2012.5, 113~115면 참조.

59 「리스 PR 경제연구소」가 서울과 부산시민 704명을 대상으로 한 「영화관람실태조사」에 따르면 10대가 전체 영화관객의 33.8%, 20대가 31.3%였으며, 30대 관객은 17.4%, 40대 관객은 11.7%, 50대 관객은 4.8%로 30대 이후는 영화를 보는 비율이 아주 낮았다. (영화진흥공사, 『1977년도 한국영화연감』, 영화진흥공사, 1978, 223면) 정용탁은 이와 관련해 974부터 관객의 연령층이 낮아지는 조짐이 드러났다고 설명한다. (정용탁, 「77년도의 영화배급・흥행」, 『1977년도 한국영화연감』, 57~58면)

60 박유희는 1970년대의 인기장르였던 멜로드라마를 통해 당시 대중의 감성을 추론하며, 영화검열과의 관계 속에서 대중 감성을 읽어낸다. (박유희, 앞의 글, 제4장 참조)

61 오재호, 『여간첩 김수임, 교육자협회 사건』, 창원사, 1972, 396면.

62 『국제영화』, 1973.9, 61면.

63 당시 김수임의 재판을 보러갔던 기자는 그녀를 "미모의 소유자는 못되고 키는 작달만한 편"(「여간첩 김수임의 전략기」, 『경향신문』, 1950.6.17)이라 묘사하기도 했으나, 특별수사본부 시리즈 속에서 김수임은 미모 때문에 남로당에 의해 이용당하는 불운한 여인으로 형상화됐다.

64 이인규는 〈여대생 이난희사건〉을 비롯한 「모반」, 「비정지대」 등의 영화는 애초 민간 심사위원들이 참여한 대본심의위원회에서 반공영화로 파악되지 않았지만, 최종적으로 문공부에 의해 위탁된 중앙정보부 검열관에 의해 반공영화로 규정됐음을 지적하며, 1970년대 초반 국가권력이 반공영화라는 개념 자체를 장악하지 못했다고 설명한다. (이인규, 앞의 글, 154~156면)

65 김소산, 김수임 등 특별수사본부 시리즈의 여간첩들은 「운명의 손」(1954)의 여간첩 마가렛처럼 잠시 호화스러운 생활에 매료되지만, 그들이 간첩이 된 동인이자 궁극적으로 갈구했던 것은 남자의 사랑이었다는 점에서 애초 허영 때문에 간첩이 된 마가렛과 차별화된다. (영화 「운명의 손」의 여간첩 형상에 대해서는 이순진, 앞의 글, 166~179면을 참조.)

66 Ben Singer, 이위정 역, 『멜로드라마와 모더니티』, 문학동네, 2009, 65~68・73~84면.

67 오재호는 김종원의 이야기가 방송되었을 때, "많은 애청자들로부터 주인공의 기구한 운명에 대한 동정의 전화를 빗발치듯 받은 바 있다"고 서술한다. (오재호, 『외팔이 김종원 사건』, 창원사, 1974, 419면)

68 권은선은 박정희 정권기 국가재건 프로젝트를 "정치적 가치를 결여한 삶들의 끊임없는 배제과정"이라 정리하며, 이에 따라 간첩들은 즉시 축출해야 할 대상으로 지정됐다고 설명한다. (권은선, 「유신정권기 생체정치와 젠더화된 주체 만들기」, 『여성문학연구』 29, 한국여성문학학회, 2013, 422면)

69 과거의 영웅 오제도가 1977년 무소속으로 출마하여 국회의원으로 당선된 것을, 특별수사본부 시리즈의 흥행과 전혀 무관하다고 볼 수는 없을 것이다.

70 오제도는 전후 발표한 『사상검사의 수기』에서 '국제여간첩 김수임'을 가장 먼저 다루

며, "원래 남에게 없는 천재적인 사교술을 가졌고 거기에 영어에 능숙한 데다가 그 기질이 서양적인 게 다분히 있"었다고 설명한다. 이와 함께 이강국과 김수임은 파티에서 만났고, 대사관에서 그녀가 통역으로 일했을 때 발길이 뜸한 이강국으로 자기의 정열을 만족할 수 없는데다 허영까지 겹치게 되면서, 외국인과 동서(同棲) 생활을 하게 됐다고 적는다.(오제도,『사상검사의 수기』, 창신문화사, 1957, 9~23면 참조) 오제도 역시 이 수기에서 김수임에 대해 동정적인 태도를 취하지만, 영화에서는 김수임의 허영을 강조하는 대신 이강국에게 버려졌다고 생각했던 그녀가 베어드의 아내가 됐다고 설정하면서 비극성을 고조시킨다. 이외 오제도는『붉은 군상』(1951)에서 국회프락치사건의 편모에 대해 적었다.

71 ① 상해 고문 사형 폭행 등을 극히 잔인하게 그린 것, ② 법의 존엄성을 모독하거나 준법정신을 해하는 것, ③ 정당한 법행위를 조롱 비방하거나, 그 집행자를 무능 무력하게 묘사한 것, ④ 민주주의 제도하의 교육을 우롱 또는 모독한 것, ⑤ 자살 행위를 권장할 우려가 있는 것, ⑥ 성기를 노출 또는 유방이나 육체를 지나치게 노출시키거나 의상 율동 음향 등이 선정적으로 또는 음란하게 묘사됨으로써 성도덕 관념을 해하는 것, ⑦ 영화의 내용 또는 주제음악이 다른 제작물을 표절한 것, ⑧ 영화의 제명(외국 작품의 번역도 포함)이나 대사가 저속한 것, ⑨ 동물의 성교 장면 또는 성기 등을 묘사하여 성적 수치감을 자아내게 하는 영화에 대해서는 검열에서 엄격하게 규제하기로 했다.(「잔인·선정 등 검열서 엄격 규제」,『동아일보』, 1973.3.17)

72 장미희,「1972년에서 79년 사이의 한국영화」, 주진숙 외, 앞의 책, 186~187면.

73 호스티스 멜로드라마의 시작을「별들의 고향」으로 간주할 때, 여간첩은 동시기 호스티스보다 먼저 성애화된 대상이었다.

74 이호걸,「70년대 영화산업의 생존전략」, 주진숙 외, 위의 책, 196~197면.

75 〈여대생 이난희사건〉과〈별들의 고향〉에서 현모양처를 꿈꾸지만 운명 때문에, 곧 '팔자가 꼬여' 죽음을 맞는 비극적 여주인공은 모두 안인숙이 연기했다.

76 천정환,「간첩과 영화, 그리고 한국 민주주의」, 이순진 외, 앞의 책, 432~433면.

77 권명아에 따르면 중일전쟁 이후 유포된 여자 스파이에 대한 담론은 "타인종과 여성에 대한 공포를 통해 가상의 적에 대한 공포를 극대화하고 실제의 적에 대한 공포를 가상화하는 역할"을 하는데, 이들은 화려한 생활을 하며 국가 간의 경계를 넘어 다니고 다양한 종류의 권력을 가진 존재로 묘사된다.(권명아, 앞의 책, 213~216면)

78 조희연에 의하면 모든 독재가 도덕주의를 표방하는 것은 아닌데, 박정희의 경우 도덕적 목표를 국민에게 강요하고, 권면하는 주체로서 자신을 표상하고자 했다.(조희연,『박정희와 개발독재시대』, 역사비평사, 2007, 219면)

79 반공을 내세운 성인만화에 대해서는 박인하,「반공과 섹슈얼리티의 만남」, 2013.11.30.(https://blog.naver.com/enterani(검색일 : 2023.12.10))

80 유선영,「동원 체제의 과민족화 프로젝트와 섹스영화」,『언론과 사회』15-2, 성곡문화재단, 2007, 31~32면.

81 당시 전문가들은 방화 3편을 만든 제작자에게 외화수입권 1편을 준다는 조항 및 한 번의

심사를 거치는 외화와 달리 네 번의 심사(시나리오 윤리위원회, 자율정화위원회, 제작신고 검열, 實寫 검열)를 거치는 복잡한 검열 과정 등을 방화 부진의 결정적 원인으로 지적했다.(황진규,「「별들의 고향」이후「최저」로 주저앉은 방화」,『조선일보』, 1974.10.18)

82 「우수영화 보상에 말썽」,『경향신문』, 1971.9.18;「질 크게 떨어진 방화」,『매일경제』, 1974.12.24;「우수영화선정에 뒷공론」,『동아일보』, 1975.5.17.

83 「전 예술국장 구속, 문공부 우수영화 선정 … 4백80만원 받아」,『조선일보』, 1975.5.17; 「리포트 우수영화 심사제도」,『국제영화』, 1975.5, 50~51면.

84 유선영은 TV 반공물의 대중적 성공의 원인으로, 반공물, 문예영화, 수출용 영화에 대한 검열기준의 완화 결과 가능하게 된 반공이데올로기의 폭력과 섹스를 앞세운 상업주의의 결합을 꼽는다.(유선영, 앞의 글, 39~40면)

제4장

1 오제도,「나의 인생경력－아직도 뛰고 있는 오제도 검사」,『한국논단』 22권 1호, 1999.

2 오제도,「남로 국회 푸락치 사건 논고 요지 (1)~(2)」,『부인신문』, 1950.2.14~15.

3 전후 오제도의 사상 논쟁에 대해서는 전지니,「1950년대 초반 종합지 희망의 반공청년 표상 연구」,『어문론총』, 68호 한국문학언어학회, 2016, 390~393면을 참조.

4 「화제의 인물 일분 면담 오제도 씨 간첩 수사」,『동아일보』, 1957.11.23.

5 두 사람은 단행본『특별수사본부』(오재호,『(특별수사본부) 5－기생간첩 김소산』, 창원사, 1972)의 서문과 후기에서 각각 다음과 같이 밝히고 있다.

　나는 이 搜査實錄(수사실록)의 著者(저자)인 吳在昊(오재호) 씨의 왕성한 취재 의욕과 치밀한 構成力(구성력), 그리고 자신이 살고 있는 시대와 현실에 충실하려는 자세를 누구보다도 높이 평가하고 있는 사람이다.

　그리고 이러한 그의 뛰어난 능력의 所産(소산)이라 할 이 글이야말로 투철한 問題意識(문제의식)과 고귀한 휴머니즘에 근거를 두고 있다는 점에서 현재에도 결정적인 共感(공감)을 얻을 수 있다고 나는 확신한다.(오제도,「서문」중)

　그러나 막상 取材(취재)에 나서고 보니 앞이 막혀버렸다. 당시 金小山(김소산) 事件(사건)을 담당했던 吳制道(오제도) 검사(現 辯護士(현 변호사))를 찾아갔더니 "난 말 못합니다. 일련의 對共(대공)사찰에 관한 일들은 비록 긴 세우러이 흘렀다 할지라도 지금 곳곳에 살아 잇는 동료들의 생명과 관계되는 문제이기 때문에 함부로 말할 수가 없습니다"라고 딱 잘라 말하는 것이었다.

　새벽같이 오 변호사의 집을 찾아가 농성도 해보았고, 子正(자정) 가까운 시간에 골목을 지키기도 여러 차례 했으나 헛수고였다. 당시 市警分室(시경분실) 취조주임이었던 김임전 씨의 다음과 같은 원호사격이 없었더라면 이미 중간에 포기했을지도 모른다. (오재호, 후기, 396면)

6 강성현,「1945~50년 '檢察司法(검찰사법)'의 재건과 '사상검찰'의 '反共司法(반공사법)'」,『기억과 전망』25, 민주화운동기념사업회 한국민주주의연구소, 2011, 120~124면.

7 이행선,「한국전쟁, 전쟁 수기와 전시의 정치」,『상허학보』46, 상허학회, 2016, 131~132

· 139면.

8　정영권, 『적대와 동원의 문화정치 – 한국 반공영화의 제도화 1949~1968』, 소명출판, 2015, 11~17면.

9　이인규, 「1970년대 반공영화 생산과 소비에 관한 연구」, 서울대 박사논문, 2014, 165~168면.

10　전지니, 「반공과 검열, 그리고 불온한 육체의 기묘한 동거」, 『여성문학연구』 33, 한국여성문학회, 2014, 164~181면.

11　이하나, 「1970년대 간첩 / 첩보 서사와 과잉 냉전의 감수성」, 『역사비평』 112, 역사문제연구소, 2015, 377~378면.

12　위의 글, 381~382면.

13　오제도, 『국가보안법실무제요』, 서울지방검찰청, 1949, 31~32면.

14　오제도, 「민족양심의 반영」, 『적화삼삭구인집』, 국제보도연맹, 1951, 137면.

15　오제도, 『사상검사의 수기』, 창신문화사, 1957, '머리말'.

16　책의 표지에는 '해방 이후 민주당 정권이 종말에 이르기까지 공산도배가 저지른 헤아릴 수 없는 대사건을 직접 담당 취급한 사상검사의 수기'라고 적혀 있다.

17　이병도, 『해방 20년사 – 신문기록에 의한 대사건의 집대성!』, 희망출판사, 1965. 이 책에 있는 '국회프락치사건', '여간첩 김수임', '김수임 이주하의 지하생활' 등에 대한 이야기는 역시 희망출판사에서 1955년 발간한 『해방 10년』에 정부수립기의 주요 사건으로 실렸다. 『해방 10년』에 실린 세 글 역시 '오제도'라는 주어는 빠져 있지만 일전에 발표한 그의 수기 속 에피소드와 거의 일치한다.(『희망 별책 해방 10년』, 희망사, 1955.8, 112~117면) 『해방 10년』의 간첩 에피소드는 『해방 20년사』에도 그대로 실리는데, 후자의 경우 오제도가 전면화되었다는 차이점이 있다.

18　오제도, 「그때 그 일들」, 『동아일보』 135~156회, 1976.6.12~7.7; 오제도, 「전환기의 내막 – 국회 프락치 사건」, 『조선일보』 1~7회, 1981.6.9~16.

19　모윤숙은 김수임에게 사형 언도가 내려지기 직전 "악마와 같은 한 개 사나이에게 짓밟힌 가련한 일 여성을 위하여 같은 여성으로서 또한 동창생으로서 그 신변에 대한 일단을 말하여 관대한 처분이 있기를 바란다"며 김수임을 피해자로 묘사하는 글을 발표한다. 이처럼 해방기 김수임 사건에 대한 기사들이 실렸으나, 김수임 처형 후 곧바로 6·25가 발발하면서 보도는 더 이상 이어지지 않았다. 김수임의 일대기를 엮음으로써 이후 여러 차례 반복, 재생산됐던 김수임 서사의 기반을 마련한 것은 오제도였다.(모윤숙, 「나는 인간 김수임을 안다!」, 『연합신문』, 1950.6.17)

20　오제호, 위의 글, 396면.

21　김수임 사건과 관련하여 오제도의 수기에 기소장에도 없는 내용이 적혀 있다는 TV 프로그램이 방영되기도 했다. 양승동 연출, 〈한국판 마타하리, 신화인가 진실인가 – 김수임〉, 인물현대사, KBS.(방영일 : 2005.2.11)

22　『평화의 적은 누구냐』의 첫 번째 에피소드 역시, 독자가 가장 흥미를 가질 만한 김수임 사건이었다.

23 오제도, 앞의 글, '머리말'.

24 오제도, 「국회 푸락치사건의 편모」, 『추격자의 증언』, 1969, 114~129면.

25 오제도, 「자유를 위하여」, 오제도 편, 『자유를 위하여』, 서울문예서림, 1951.

26 장준하의 아들 장호권은, 오제도가 장준하에게 "박정희는 국가를 배신했고, 민족을 배신
    했고, 자기 동료까지 배신했다. 이런 자는 안 된다"고 말했다고 회고한 바 있다. 「고성국
    의 정치in (51) "박근혜, 용서는 하겠다. 그러나 잊지는 말자"」, 『프레시안』, 2010.10.25.
    (http://www.pressian.com/news/article.html?no=17057(검색일 : 2017.3.27))

27 「「문화유신」을 다짐」, 『코리아시네마』, 1972.12, 56~57면.

28 「국가비상사태에 따른 영화시책」, 『근대영화』, 1972.1, 15면.

29 『한국영화 외국영화 검열현황편람 1971년~1981년』, 영화진흥공사, 1982. 이인규에
    따르면 이 기간 동안 '반공'으로 분류된 영화는 총 72편이며, 1970년대 초반 반공영화
    를 구분하는 기준은 모호했다.(이인규, 앞의 글, 154~156면)

30 김종원, 「반공영화 30년의 현주소」, 『북한』 48호, 북한연구소, 1975, 252면.

31 「각광받는 인기스타들」, 『근대영화』, 1972.3, 18~19면.

32 '실화극장'을 이끌었던 인물은 '반공작가' 김동현이었으며(「인기 장수 프로 순례 (6)
    (실화극장 KBS 1TV)」, 『동아일보』, 1970.9.5), 그는 만화영화 〈똘이장군〉(1979)의
    시나리오를 쓰기도 했다. 또한 '특별수사본부'의 작가 오재호는 '실화극장' 종영 이후
    방영된 〈19호 검사실〉의 대본을 맡기도 했다.

33 이하나는 1970년대를 '논픽션의 시대'라고 명명한다. 이 의견에 동의하지만 반공영화
    의 실화붐은 이전으로 거슬러 올라가 검토할 필요가 있다.(이하나, 앞의 글, 376면)

34 그 과정에서 '실화극장'은 〈귀로〉(1971~1972)라는 제목으로 김수임의 이야기를 다
    루기도 했다. 극본은 서윤성, 연출은 김연진이 맡았으며, 총 18회에 걸쳐 방영됐다.
    〈귀로〉 방영 전 "〈귀로〉는 지금까지 실화극장의 미스터리 수법을 지양하고 세미다큐
    멘터리 드라마로 제작된다"는 기사가 실리기도 했다.(「KBS 새 연속극 귀로」, 『동아일
    보』, 1971.10.18)

35 김정기, 『국회 프락치 사건의 재발견－그레고리 헨더슨의 한국 정치 담론』 2, 한울,
    2008, 222면.

36 「국회 프락치 사건, '흥미거리' 혹은 '조작의 원조'」, 『민족21』, 2012.7, 121면.

37 라디오드라마의 경우 구체적인 줄거리를 확인하기 어려운 작품이 많아 오제도가 등
    장하는 에피소드를 열거하기 어렵다.

38 〈배태옥사건〉의 경우 오리지널 시나리오에 잠시 등장했던 오제도가 영화에는 등장하
    지 않으며, 〈외팔이 김종원〉에서는 간첩 간의 대화 중 언급만 된다.

39 평택에 거주하던 반공 포로 2세는 특별수사본부 시리즈를 들으며 '반공 애국심 가족'
    으로 거듭날 수 있었다고 회고하기도 한다. 김대성, 「반공포로 가족사 일기－간첩수
    사극 애청 추억」, 『Economytalk』, 2015.1.9.(http://www.econotalking.kr/news/arti-
    cleView.html?idxno=127474(검색일 : 2017.3.23))

40 관련하여 오제도는 "간첩은 끊임없이 남하할 것이며 이번 사건으로 말미암아 그 방

법도 달라질 것이 확실시되는 바 우리는 제각금 주의해야 할 것이다"고 역설한 바 있다. (오제도, 「공산간첩을 섬멸하자—인공위성보다 무서운 인식 부족」, 『국회보』, 국회사무처, 1957.11, 133면)

41 『국제영화』, 1975.1, 46면.

42 한갑진, 「영화법과 영화제도」, 『영화TV예술』, 1968.7, 89면.

43 한갑진, 『우리 어머니처럼 살면 무엇이 두려우랴』, 동아일보사, 1998, 223면. 다만 한갑진은 이 수기에서 "새 영화법이 내게 유리한 조건들이었다"(223면), "제작사의 입장에서 연간 6편의 국산 영화를 의무적으로 제작한다는 규정은 부담스러웠고, 정부가 정한 제작상의 윤리 규정이라는 것도 몹시 까다로웠다"(258면)면서 새 영화법에 대한 상반된 입장을 드러내기도 한다.

44 영화의 상세 크레디트는 전지니, 앞의 글, 153면을 참조. 이 중 〈국회 푸락치〉와 〈구삼육사건〉은 개봉 당시 '특별수사본부'라는 수식어가 생략됐고, 특히 〈구삼육사건〉의 경우 제작사가 '우성사'로 바뀌었지만 모두 오재호의 원작을 토대로 하거나 그가 직접 극본을 쓴 동일한 시리즈의 일환이다.

45 〈특별수사본부 김수임의 일생〉의 경우 영상자료원 VOD 서비스로 제공하고 있으며, 〈특별수사본부 기생 김소산〉과 〈국회 푸락치〉는 영상자료원에 각각 DVD, 필름 형태로 소장되어 있다.

46 국민방첩연구소, 『지공교육독본—이것이 북한의 전부다』, 흑백문화사, 1972, 739면.

47 「새 영화 해방 직후의 간첩스토리 〈배태옥사건〉」, 『경향신문』, 1973.12.11; 「한진흥업 제3 작품 〈배태옥사건〉 완성」, 『매일경제』, 1973.12.3.

48 원경스님은 김소산(본명 김정진)이 박헌영의 조카로 사회주의 소신이 있었던 인물이라 언급한 바 있다. 백일현, 「외국어 뛰어난 '이화' 출신 … 사회주의 소신, 간첩활동은 '글쎄'」, 『중앙일보』, 2015.4.11. (http://news.joins.com/article/17564818, (검색일 : 2017.3.27); 한승동, 「'눈물 젖은 두만강'에서 부르는 '님'이 박헌영 선생」, 『한겨레』, 2015.12.9. (http://www.hani.co.kr/arti/society/religious/721163.html#csidx2bf-9b0c8c0df6f98ee03a79d2d13efb(검색일 : 2017.3.29))

49 당시 실화의 영화화의 중심에는 '특별수사본부' 외에도 〈아빠하고 나하고〉, 〈눈으로 묻고 얼굴로 대답하고 마음속 가득히 사랑은 영원히〉 같은 멜로드라마가 자리 잡고 있었다. (「74년의 한국영화 결산과 과제—문예물 제작으로 탈불황 조짐」, 『영화』, 1974.2, 14면)

50 시리즈 중 최고의 흥행작 〈기생 김소산〉이 64,456명을, 가장 부진한 흥행실적을 올린 〈국회 푸락치〉가 5,350명을 동원했다.

51 이 중 최무룡은 〈여대생 이난희사건〉에 김 반장으로, 박근형이 〈외팔이 김종원〉에 버림받은 당원 김종원으로 출연함으로써 모두 두 번씩 주연을 맡았다.

52 우경식, 「우리 배우의 연기 촌평」, 『영화세계』, 1963.4, 51면.

53 오제도, 「도큐멘터리 현대사 2—남로당국회 푸락치 사건」, 『세대』, 1976.9, 204~205면.

54 주성철에 따르면 최무룡을 가장 존경하는 선배 배우로 꼽았던 이순재에게, 최무룡이

연기한 오제도 검사를 연기한다는 것은 감격스러운 일이었으며 이 시리즈에 대한 애착도 남달랐다. 주성철, 「삐용·삐용 B무비−특별수사본부 김수임의 일생」, 2014.5.27. (http://www.kmdb.or.kr/column/bbiYong_view.asp?choice_seqno=29(검색일 : 2017.3.24))

55 오검사 아물든 김소산인 국일관에 못나갑니다. 나가면 구속하겠읍니다. 내가 이 자릴 물러나는 한이 있더라도 전 못합니다. / 일이 산떼미같이 밀려있는데 국회의원이 겨우 하는 일이 그거야?!(〈기생 김소산〉(심의대본), 10면)
   오제도 흥! 관수장! 평화옥! 명월관! 국회의원 나리들 세월 좋군.(〈국회 푸락치 사건〉(심의대본), 15면)

56 오검사 이렇게 된 바에야 군이 범법사실을 숨기려고 한다는 것은 어리석은 짓입니다. 그러니 순순히 자백하는 것이 오히려 임자에겐 동정을 살 겁니다. / (소리) 사실 나는 웬만한 죄를 저질렀다 해도 여자의 경우엔 지나치게 관대합니다.(〈김수임의 일생〉(심의대본), 11면)

57 전지니, 앞의 글, 175~176면.

58 「특별수사본부 영화화」, 『동아일보』, 1973.1.26.

59 「새해 「스타」 판도의 인기 예진」, 『코리아시네마』 1973.1, 74~79면.

60 주진숙 외, 『여성영화인 사전』, 소도, 2001, 226~227면.

61 이인규는 〈기생 김소산〉을 '멜로적 반공영화'로 배치하며, 영화 속에서 김소산과 오제도 간 사랑 이야기가 잔존한다고 설명한 바 있다. (이인규, 앞의 글, 166~167면) 그러나 실존 인물이 적극적으로 개입한 영화에서 두 사람의 관계는 남녀 간의 사랑이라기보다 약자에게 관대한 오제도의 휴머니즘에서 비롯된 것으로 해석하는 게 적절해 보인다.

62 1960년대 중반 007 시리즈의 인기에 따라 '007 스타일'에 속하는 077 시리즈, 판토마 시리즈 등 일련의 첩보영화들이 연이어 개봉됐으며, 〈요절복통 007〉(1966) 같은 코미디영화가 개봉되기도 했다.

63 〈기생 김소산〉과 관련해서는 "실화에 입각한 기복있는 「스토리」의 전개가 흥미있고 설 감독의 짜임새 있는 연출솜씨가 돋보인다"는 평을 확인할 수 있다. (「〈특별수사본부〉(방화)」, 『코리아시네마』, 1973.2, 131면)

64 1974년 당시 국산영화의 전체 평균 관객 동원수는 2만 5천 3백 81명이었다. (「'74년 한국영화 결산과 과제−한국영화 제작은 풍성, 흥행은 저조」, 『영화』, 1974.12, 19~20면)

65 오제도, 앞의 글, 123면.

66 그는 위의 글에서 "노일환이 영웅심리의 제물이 되었다고 한다면 이문원은 매수정책의 희생아다"라고 적는다. (위의 글, 124~127면)

67 청춘시절을 함께 보낸 김옥주와의 인연은 1950년대 발표한 국회프락치사건 회고에 포함되지 않았으며, 1970년 발간한 글에 삽입되었다. (오제도, 앞의 글, 223면)

68 오제도, 「나의 어머니」, 『새가정』 1972.8, 13면.

69 그러나 그레고리 헨더슨의 공판 기록에 따르면, 김옥주는 피고인 최후 진술을 통해 재판정에서 자신과의 우정을 언급한 오제도에 대해 냉소적인 반응을 보였다. (김정기,

앞의 책, 207면)

70　서중석, 「해방 후 학생운동의 민족사적 위치 – 3선 개헌 반대, 민청학련투쟁, 반유신
　　투쟁」, 『역사비평』 3권, 역사비평사, 1988, 81~84면.

71　김종원, 앞의 글.

72　이인규, 앞의 글, 166~169면.

73　라디오드라마 특별수사본부 시리즈는 1970년대를 관통하는 대표적 반공실록이 됐
　　고, 남성 독자의 호응에 힘입어 만화 『기생간첩 김소산』이 재발행됐으며, 역시 오제도
　　의 대공수사 '실화'를 다룬 『19호 검사실』 같은 만화가 발행됐다.

74　「국민회의 오제도 씨 영입 추진」, 『조선일보』, 1997.9.7.

75　박원순, 「우리 역사 바로 알자 국회 프락치 사건 사실인가」, 『역사비평』 8, 역사비평사,
　　1989, 229면.

76　김대현, 「국가보안법 제정 배경과 법조 프락치 사건」, 연세대 석사논문, 2012, 67면.

77　박명림, 『한국전쟁의 발발과 기원』 2, 나남, 2008, 469~470면.

78　「정부 수립 50돌 10대 의혹사건의 진실은 어디에 2 반민특위, 국회 푸락치」, 『한겨레』,
　　1998.8.3.

79　김정기, 앞의 책, 55면·229~245면.

80　양승동 연출, 〈한국판 마타하리, 신화인가 진실인가 – 김수임〉, 『인물현대사』, KBS. (방
　　영일 : 2005.2.11)

1　　1979년 판본은 재판본으로, 초판은 1970년대 중반에 발행된 것으로 추정된다.

제4부

제1장

1　　김소영은 〈심청〉(1937), 〈국경〉(1939) 등의 성공으로 토키영화 등장을 전후해 조선
　　영화가 새로운 시기를 개척하기 시작했을 때, 문예봉, 김신재, 현순영 등과 함께 '새로
　　운 제네레숀'의 여배우로 지칭됐다. (「朝鮮文化(조선문화) 及(급) 産業博覽會(산업박
　　람회), 映畵篇(영화편)」, 『삼천리』, 1940.5, 230면.

2　　모던일본사, 윤소영 외역, 『일본잡지 모던일본과 조선(1939)』, 어문학사, 2007, 39면.

3　　모던일본사, 윤소영 외역, 「좌담회 – 반도 영화계를 짊어진 사람들」, 『일본잡지 모던일
　　본과 조선(1940)』, 어문학사, 2009, 372~373면.

4　　박현희 역시 세 배우의 이미지를 구분하면서 『일본잡지 모던일본 – 조선판』(1940)에
　　실린 같은 구절을 인용한다. (박현희, 『문예봉과 김신재』, 선인, 2008)

5　　이화진, 「'국민'처럼 연기하기 – 프로파간다의 여배우들」, 『여성문학연구』 17, 한국여
　　성문학학회, 2007. 손이레 또한 선전영화 속 문예봉을 통해 여배우들의 일본인 되기
　　가 매끄럽게 수행되지 않는 측면을 지적한다. (손이레, 「재생, 일시 정지 – 일제 시기의
　　서사영화와 여성 재현 역학」, 『대중서사연구』 18, 대중서사학회, 2007)

6　　박현희, 위의 책.

7　　주창규, 「문예봉, 발명된 '국민 여배우'의 계보학 – '은막의 여배우'의 훈육과 '침묵의

쿨레쇼프'를 중심으로」, 『영화연구』 46, 2010.

8   유현주, 「미디어 『삼천리』와 여배우 '문예봉'」, 『한국극예술연구』 33, 한국극예술학회, 2011.

9   단편적으로나마 김소영의 연기와 삶을 언급한 경우는 강옥희 외, 『식민지시대 대중예술인 사전』, 소도, 2006, 44~45면; 이화진, 「한국영화인물론 ─ 김소영」(www.kmdb. or.kr)이 대표적이다. 이 중 이화진은 '현모양처' 표상을 점유하지 못했고, '병사의 가족' 안으로 수렴되지 못했던 일제 말기 김소영의 영화 활동을 주목한다.

10   「설문(設問)」, 『조광』, 1938.6, 352면.

11   김유영, 「예원인(藝苑人) 언파레드 영화계(映畫界) (11)」, 『동아일보』, 1937.8.11; 강옥희 외, 위의 책, 42~43면.

12   〈방아타령〉 줄거리는 영화진흥공사, 『한국 시나리오 선집 1권 ─ 초창기~1955』, 집문당, 1996 참조.

13   김규영, 「조선영화평」, 『조선일보』, 1932.10.6.

14   안석영, 「순정(殉情)의 여성 김소영 양 ─ 내가 감독(監督)한 주연여우(主演女優) 인상(印象)」, 『조광』, 1937.10, 182~185면.

15   이 특집에서 감독들(안종화, 이규환, 신경균 등)은 함께 작업한 여배우에 대해 '교양이 부족하다', '연기가 부족하다', '배우로서의 특질이 적다' 같은 부정적 평가를 내리기도 한다. 박기채 역시 문예봉의 기지와 교양을 칭찬하지만, 여성적 매력이 부족하다는 것과 함께 지방적 악센트를 문제 삼는다.(「내가 감독(監督)한 주연여우(主演女優) 인상(印象)」, 『조광』, 1937.10, 182~207면)

16   서광제는 〈심청〉에 대해 영화의 결정적 생명가치를 규정시킨 각색이 없고, 토키로서 성공하지 못한 작품이라 평가한다. 일반 관객이 아는 심청 이야기를 느린 템포로 소개하면서 여러 장면을 소비했고, 토키 다이알로그는 조악하며 유치했다는 이유에서였다. 서광제는 전체적으로 〈심청〉을 혹평하지만, 그럼에도 김소영이 대사는 제일 낫다는 평가를 내린다.(서광제, 「영화 〈심청〉 시사평 上, 下」, 『동아일보』, 1937.11.19~20)

17   프리츠 랑(Fritz Lang) 연출, 헨리 폰다, 실비아 시드니 주연의 〈암흑가의 탄혼〉(원제 : You Only Live Once)은 1937년 조선에서 개봉됐다.

18   「스타-의 기염(氣焰), 그 포부(抱負), 계획(計劃), 자랑, 야심(野心)」, 『동아일보』, 1937. 12.4.

19   「현대(現代) 남성(男性)의 악취미(惡趣味)」, 『삼천리』, 1938.8, 51면.

20   「아하, 그리운 신부시절(新婦時節)」, 『삼천리』, 1938.10, 102~104면.

21   「한국 최고(最古)의 무성영화 발견」, 『동아일보』, 1991.12.19.

22   「좌담회 ─ 반도 영화계를 짊어진 사람들」, 『일본잡지 모던일본과 조선(1940)』, 어문학사, 2009, 372~373면.

23   시나리오에는 영자가 총상을 입은 것으로 드러나지만, 신문에 소개된 영화 경개에는 영자가 절벽에서 비수로 동일을 찌르려다 실수로 떨어져서 절름발이가 된 것으로 나와 있다.(「고려영화사, 〈국경〉도 近日封切(근일봉절) 錄音成果(녹음성과)도 조

핫다고」,『동아일보』, 1939.5.7, 5면. 〈국경〉의 시나리오는『한국 시나리오 선집 1권』
(1996) 참조)

24 시나리오에서는 정확히 파악할 수 없지만 위의 영화 소개에서는 영자가 동일이 양심
적인 인간으로 변한 것에 고민했고, 그가 밀수자에게 붙들렸을 때 비로소 자신이 동일
없이 살 수 없게 된 것을 발견했다고 나와 있다.

25 지금까지 알려진 국경의 줄거리는 다음과 같다. "국경지대의 밀수단 두목 이금룡에게
는 애첩 김소영이 있었는데, 김소영은 기회만 있으면 도망치려고 한다. 한편 이금룡
의 부하 전택이는 김소영을 짝사랑하던 중 어느 날 김소영을 도와 밀수단 소굴에서 탈
출한다. 이금룡 일당이 그들을 추격하여 격투가 벌어지자 피투성이가 된 전택이는 사
력을 다해 이금룡 일당을 때려눕히고 김소영과 함께 국경을 넘어간다."(www.kmdb.
or.kr) 하지만 현재 확인 가능한 시나리오와 당시 신문에 소개된 영화의 경개를 통해
파악한 줄거리는 알려진 것과 상당히 다르다.

26 박송은 용태의 자살에 극적 모순이 있고, 세림과 동일이 만나는 장면 등이 지나치게
우연적이라 지적한다. 최인규가 작품 제작에 있어 인과법칙을 무시하고 있다는 것이
다. 하지만 박송은 대사가 지나치게 간소화된 영화에서, 영자가 여급과 세림에 대한
대화를 나누는 장면이 연기자의 '비통한 액슌'으로 살았다고 설명한다.(박송,「영화시
감－주제의 적극성 "국경"을 계기로 하야」,『동아일보』, 1939.5.31)

27 "소영은 최근에 최인규 씨의 작품「국경」에 주인공으로 출연하여 소영이 가진 연기
『씨쓰템』의 가장 좋은『엣쎈스』만 추리어 놓았다."(「약진(躍進) 영화계를 걸머지고
은막(銀幕)에 핀 두 떨기 명화(名花)－오늘의 "스타" 문예봉(文藝峰)과 김소영(金素
英)」,『조선일보』, 1939.6.9)

28 영화진흥공사,『한국 시나리오 선집 1－초창기~1955』, 집문당, 1982, 195면.

29 예봉(藝峯) : 반도의 봄에서두 소영(素英)씬 너무 지나친 연기를 했다구봐요.
소영(素英) : 너무 자꾸들 얘기 말어주세요, 부끄러워 죽겠어요, 너무 부끄러워 영화계
에서 발을 빼고 싶은 생각까지두 나지만 단 한 개라두 좋은 걸 맨들구 그만둘려고 그
냥 공부를 하려고 생각하구 있어요.
경순(京順) : 소영(素英)씬 〈국경(國境)〉이 퍽 좋왔어요. 그런 역(役)이 소영(素英)씰
살릴거라구봐요.
소영(素英) : 그런 역(役)은 하구 싶어요. 여학생이라든지 처녀역은 얼굴이 뜨근뜨근
해지며 자연 표정이 굳어지는군요.(「명작영화주연(名作映畵主演) 여배우좌담회(女
俳優座談會)」,『삼천리』, 1941.12, 83면)

30 허문,「조택원 김소영 애욕탈출기」,『조광』, 1939.10, 152~165면.

31 조택원은 훗날 이 기사는 최인규가 제공한 것이었다고 회고한다.(조택원,『가사호접
(袈裟胡蝶)』, 서문당, 1973, 172면)

32 안석영,「조선여우론(朝鮮女優論)」,『춘추』, 1941.4, 179면.

33 「설한(雪恨)이 많은 김소영(金素英), 동경(東京)서 도라와서」,『삼천리』, 1940.1, 152~
157면.

34 「약진(躍進) 영화계를 걸머지고 은막(銀幕)에 핀 두떨기 명화(名花). 오늘의 "스타" 문예봉(文藝峰)과 김소영(金素英)」, 『조선일보』, 1939.6.9.

35 조택원은 일본으로 간 김소영이 『모던일본-조선판』의 표지모델로 등장했던 것도 자신과 마해송의 친분 때문이라고 설명한다.

36 「남녀 배우수기(男女俳優手記)」, 『삼천리』, 1941.6, 267면.

37 이영재는 영일이 안나 대신 정희에게로 돌아가는 설정을 식민지 남성이 시도하는 일종의 전도된 가학적 복수라 설명한다. (이영재, 『제국 일본의 조선 영화』, 현실문화연구, 2008, 150면)

38 기자(記者) : 김소영(金素英)씬 어떤 역(役)을 하고 싶으세요?
소영(素英) : 젊은 어머니 역(役)이 하구 싶은데 그런 건 안 시키는군요. (「명작영화주연(名作映畵主演) 여배우좌담회(女俳優座談會)」, 『삼천리』, 1941.12, 83면)

39 박현희는 총동원 체제에 접어들면서 대두된 영화계 내부의 사생활 관리와 개인 윤리의 강조가 여배우 세대교체의 중요한 배경이 되었다고 서술한다. (박현희, 앞의 책, 43면)

40 이외에 신경균의 〈감격의 일기(感激の日記)〉에 출연했다는 기록이 남아 있다. 그런데 이덕기는 〈감격의 일기〉가 1945년 3월 박영호 원작의 〈血과 汗〉을 영화화하는 것으로 방향을 바꿨고, 1945년 7월 〈우리들의 전장〉이라는 제목으로 상영됐다고 설명한다. 여기서 〈血과 汗〉의 주인공이 김신재라는 기록을 참고한다면, 김소영이 완성된 〈우리들의 전장〉에 출연했는지는 불분명하다. (이덕기, 「일제하 전시 체제기(1938~1945) 조선영화 제작목록의 재구」, 『한국극예술연구』 28, 한국극예술학회, 2008, 155~157면 참조)

41 김소영은 김신재와 함께 출연한 〈거경전〉에서 비중있는 배역(포경선 선원인 정명의 연인)을 연기했지만, 〈그대와 나〉는 김신재를 대신해서 출연했으며 〈조선해협〉에서는 전사의 가족에서 배제됐다.

42 김미현 책임 편집, 『한국영화사』, 커뮤니케이션북스, 2006, 107면.

43 「영맹(英盟) 서울 지부 결성」, 『자유신문』, 1946.12.28.

44 「조선영화인 약전」, 『영화시대』, 1946.4, 68~69면.

45 "그러나 이러한 무대 생활만이 영화인으로서의 생활 전부여서는 안될 것이고 어데까지나 명실같이 협단적(協團的) 정신(精神)과 조직을 가지고 영화란 종합예술에서 연극적 부문의 자기 수련을 싸코 있음이요 극영화가 자유로서 등장치 못하는 동안은 물론 연극운동에 협조하야 모-든 반동 잔재를 소탕하고 진보적 민족문화수립에 기여됨이 있어야 하겠다."(추민, 「영화협단에 격(檄)함」, 『영화시대』, 1947.1, 69면)

46 한상언, 「해방기 영화운동과 조선영화협단」, 『영화연구』 43, 한국영화학회, 2010, 411~415면.
이외에도 조선영화협단이 김한 기획, 김영수 작, 이병일 연출의 〈누가 바보냐?〉(제1막), 〈소낙비〉(제1막) 등의 공연을 준비하고 있다는 기록이 있지만, (「영화협단(映畵協團)의 차회(次回) 공연준비 진보(公演準備 進步)」, 『경향신문』, 1947.1.30) 실제 공연 여부는 확인할 수 없다.

47   〈귀국선〉의 등장인물은 다음과 같다.(〈귀국선〉의 줄거리와 인물소개는 『일간예술통신』, 1946.11.7)

장백산(서월영) : 경술년 합방 때 고향에서 왜놈을 때려죽이고 두만강을 넘었다. 60세 노인.

양철(독은기) : 만주에서 나서 만주에서 자라 30 평생을 왜놈과 싸우며 살아왔다는 젊은이.

쏘냐(임현죽) : 양철을 사모해서 조선을 따라 나온다는 여성.

사꾸라이상(남승민) : 황군 위문으로 천진에 갔다가 이제야 돌아오는 악극단의 악사.

춘자(김소영) : 장자커우(張家口)서 돌아오는 위안부.

안창용(최운봉) : 아버지가 서울 모 경방단의 단장이였기 때문에 누구보다도 제일 앞서 학병에 뽑혀 나갔던 학생.

송덕수(김일해) : 상해영사관의 스파이로 아편장사로 한동안 중국 일판에서 이틀을 날린 친일파. 일명 아오끼.

미도리(한소야) : 상해에 있었다는 댄서.

육손어머니(이숙) : 만주로 중국으로 돈벌러 남편을 따라 갔다가 해방 직전에 남편을 잃고 돌아오는 부인.

육손이(심완보) : 그의 아들, 소년.

48   채정근, 「귀국선의 시대감각」, 『일간예술통신』, 1946.11.11.

49   「귀국선」, 『경향신문』, 1946.11.12.

50   김일해, 「귀국선에 출연하면서」, 『영화시대』, 1946.4, 59~60면.

51   김소영, 「귀국선의 춘자 역」, 『영화시대』, 1946.4, 64~65면.

52   김소영, 「결혼·정조」, 『영화시대』, 1947.5, 89~90면.

53   「호화선 재건공연」, 『경향신문』, 1947.4.23.

54   마인아, 「'연극'을 하는 연극인」, 『새한민보』, 1947.6.

55   원작자 이하영은 처녀작 〈수우〉에 대해 "될 수 있는 대로 복잡한 것을 피해서 어느 한 가정을 중심으로 빚어진 범죄의 일면을 취급한 동시에 등장하는 사람들의 사회생활상, 즉 의리, 인정, 갈등, 직무 등의 「딜레마」에서 고심하는 양상을 취급한 간단한 「스토리-」의 한 토막"이라 설명한다. (이하영, 〈수우〉의 원작자로서, 『영화시대』, 1948.2, 98면)

56   「제작비 1천만원 영화 『수우(愁雨)』 제작」, 『조선일보』, 1947.10.9; 「경찰영화 상영 중지－손해액 부담이 주목처」, 『서울신문』, 1948.8.1; 「秘話(비화)한 世代(세대)－군정 경찰 홍보 영화」, 『경향신문』, 1977.5.23.

57   김화, 『새로 쓴 한국영화전사』, 다인미디어, 2003, 107면.

58   「강연과 영화의 밤 경무부에서 주최」, 『경향신문』, 1948.4.13; 「영화 강연으로 선거의식 고취」, 『동아일보』, 1948.4.13.

59   이상의 줄거리는 잡지 『영화시대』 2권 4호~3권 2호에 실린 〈수우〉의 시나리오를 참조함.

60 『영화시대』에 실린 시나리오에서 확인할 수 없는 부분은 이태우, 「건영의 작품 〈수우〉를 보고」, 『영화시대』, 1948.9, 58~59면 참조.

61 구보, 「영화 〈수우〉를 보고」, 『조선일보』, 1948.7.17.

62 이태우, 위의 글.

63 "우리(예술인)는 조선의 한 여성으로서 한 거름 더 나아가서 진정한 민주주의 노선에 입각한 참된 예술인으로서 하고 싶은 일을 할 수 있는 것을 크게 자랑하자! 이것이 우리들에게 부여된 여러 갓이의 과제 중에서 제일 큰 과제로 생각하고 있는 까닭이다. 양춘아! 이번에 안종화 선생의 작품 〈수우〉에 너와 함께 출연할 수 있는 것은 둘도 없는 찬쓰는 너나 또 나의 새로운 의욕과 새로운 정열이 한 데 포개서 두 가슴 속에 뜨겁게 뜨겁게 불타오르리라고 생각한다. (…중략…) 양춘아! 무대에서 스크린에로 다시 무대우에로- 이 얼마나 자유스러운 일이냐. 우리는 앞으로 오로지 이 땅의 민족예술을 더욱이 민족연극과 민족영화의 발전 및 향상을 위해서 끝까지 마음과 몸을 값있게 밫일 것을 명심하고 앞으로 분투하고 전진하자! 끝으로 이번에 〈수우〉에 함께 출연할 수 있음을 크게 기뻐하는 바이다. (1947.10.11)"(김소영, 「잊지 몯할 사람들, 김양춘에게!-영화 〈수우〉에 출연하면서」, 『영화시대』, 1947.11, 98면)

64 한상언에 따르면 일제 말 사상보국연맹을 연상시키는 보도연맹은 반공 검사로 유명한 오제도가 입안했다. 남한에 남은 자수자들은 국민보도연맹에 가입해 사상 교화를 받았고, 영화동맹의 영화인들도 여기 가입함으로써 영화동맹에서의 활동을 심판받았다.(한상언, 「해방기 영화인 조직 연구」, 한양대 석사논문, 2007, 33~34면; 한상언, 앞의 글, 422면)

65 「예원(藝苑) 가십」, 『경향신문』, 1948.10.22.

66 이숙, 「마음의 화원, 미국에 가는 김소영-(그의 성공을 빌면서)」, 『영화시대』, 1947.9, 79면.

67 조택원, 앞의 책, 291~300면.

68 안철영, 『성림기행』, 수도문화사, 1949, 56~57면.

69 최소원, 「식민지 시기 발성영화 스타 김소영」, 『영화천국』 4, 2008, 31면.

70 「토월회와 〈카추샤〉 공연 취소」, 『경향신문』, 1973.11.24.

71 신카나리아는 1981년 영화 〈수우〉에 함께 출연했던 여배우 김소영이 지금 미국에 살고 있다고 적는다.(신카나리아, 「나의 交遊錄(교유록)」, 『동아일보』, 1981.8.4)

72 강성률, 「映 윤봉춘과 문예봉-이데올로기의 주도자, 또는 영화판의 개척자」, 역사비평 편집위원회 편, 『남과 북을 만든 라이벌』, 역사비평사, 2008, 239~240면; 전영선, 『북한을 움직이는 문학예술인들』, 역락, 2004, 422~423면.

제2장

1 예술영화에 대한 정의는 '기록영화'와 '예술영화'를 구분해서 설명하는 북한영화사의 서술방식을 따르고 있다. 여기서 해방 후 제작을 시작한 기록영화가 민주주의 현실을 높은 사상성과 정론성을 통해 반영하는 것을 지향했다면, 예술영화는 인민대중을 혁

명정신으로 교양할 수 있는 주제의 작품 창작에 집중했다. 또한 전쟁기의 경우 기록영화가 전쟁 현실을 민감하게 보도해야 할 사명에 입각해 짧고 기동성 있는 단편 형식 위주로 제작됐다면, 예술영화는 갈등관계를 첨예하게 설정하고 평범한 인간의 영웅성을 극화하는 데 집중했다. 배우 문예봉의 형상은 평화적 민주 건설과 조국해방전쟁의 시기 북한의 예술영화가 인민의 혁명정신과 영웅성을 묘사하는 과정에서 만들어질 수 있었다. (김룡봉, 『조선영화사』, 사회과학출판사, 1989, 54~68면·79~94면)

2   한상언에 따르면 문예봉은 추민, 강홍식, 김승구, 윤용규 등과 함께 남로당 숙청과 8월 종파사건 속에서 살아남은 기성 영화인이었다. (한상언, 「해방기 영화인 조직 연구」, 한양대 석사논문, 2007, 117면)

3   북한에서는 영화 배우를 효율적으로 이용하기 위해 김일성 생일(4.15) 등을 기념해 각종 상품과 포상, 그리고 칭호를 수여하는 우대정책과 각종 상훈제도를 펼치고 있다. 사기 진작책으로는 그들의 능력과 당성에 따라 인민 배우, 공훈 배우, 다시 이를 세분하여 1급 배우에서 8급 배우까지 두고 있다. 당으로부터 칭호를 받은 영화 배우는 북한 사회에서 사회적 지위와 그에 상응하는 대우를 받으며, 인민 배우는 최고의 영예 칭호로 내각 부장급(차관급) 대우를, 공훈 배우는 국장급 대우를 받는다. (최연용, 「차이와 동질성-북한에도 스타가 있다」, 정재형 외편, 『북한영화에 대해 알고 싶은 다섯 가지』, 집문당, 2004, 268면)

4   「조선 인민의 위대한 10년 생활」, 『로동신문』, 1955.7.20.

5   이혜진, 「전후-해방 정신의 계류점 : 리상란과 최승희의 재신화화를 중심으로」, 『한국 문학과 예술』 18, 숭실대 한국문학과예술연구소, 2015, 113~146면.

6   김정수, 「인민 배우 황철의 연기훈련법-화술 훈련을 중심으로」, 『북한연구학보』 16-1, 북한연구학회, 2012, 247~248면.

7   이화진, 「'국민'처럼 연기하기-프로파간다의 여배우들」, 『여성문학연구』 17, 한국여성문학학회, 2007, 387~422면.

8   박현희, 『문예봉과 김신재』, 선인, 2008.

9   손이레, 「재생, 일시 정지-일제 시기의 서사영화와 여성 재현 역학」, 『대중서사연구』 18, 대중서사학회, 2007, 289~323면.

10   주창규, 「문예봉, 발명된 '국민 여배우'의 계보학-'은막의 여배우'의 훈육과 '침묵의 쿨레쇼프'를 중심으로」, 『영화연구』 46, 한국영화학회, 2010, 157~211면; 유현주, 「미디어 『삼천리』와 여배우 '문예봉'」, 『한국극예술연구』 33, 한국극예술학회, 2011, 51~83면; 정영권·김소원, 「국민 여배우 혹은 선전의 꽃」, 『한국문화기술』 20, 단국대 한국문화기술연구소, 2016, 307~339면.

11   정영권·김소원, 앞의 글, 322~324면.

12   전영선, 「북한 최초의 공훈 배우-영화 배우 문예봉」, 『북한』 335, 1999.11, 152~161면.

13   장용훈, 「'내 고향'-해방 이후 최초의 예술영화」, 『통일한국』 181, 평화문제연구소, 1999, 20~21면.

14   송낙원, 「북한영화의 형성 과정과 최초의 극영화 「내 고향」 연구」, 『문학과 영상』 10-1,

문학과영상학회, 2009, 111~137면.

15 정태수, 「영화 「내 고향」과 「용광로」를 통해 본 초기 북한영화의 특징」, 『현대영화연구』 20, 한양대 현대영화연구소, 2010, 419~444면.

16 한상언, 「강홍식의 삶과 영화 활동」, 『인문논총』 32, 경남대 인문과학연구소, 2013, 329 ~355면; 한상언, 「박학의 삶과 영화 활동 연구」, 『영화연구』 69, 한국영화학회, 2016, 227~252면.

17 한상언, 앞의 글, 342~344면.

18 문예봉은 조선영화동맹의 영화강좌에서 '여배우와 연기론' 등을 맡기도 했다. 한상언, 앞의 글, 59~60면.

19 최연용, 앞의 글, 267면·269~272면.

20 대표적으로 다음 논설이 있다. 문예봉, 「제 무덤 속으로 들어갈 날을 재촉하는 발악」, 『로동신문』, 1950.6.25.

21 이명자, 『북한영화사』, 커뮤니케이션북스, 2007, 35면.

22 박현희, 앞의 책, 191면.

23 최척호는 '지도' 주체와 영화정책을 기준으로 '김일성 지도기(1926~1961)의 영화를 항일혁명예술전통기(1926.10~1945.8) / 영화예술 시원기(1945.8~1950.6) / 영화예술역량보존강화기(1950.6~1953.7) / 주체영화실험기(1953.7~1961.9) 등 사 단계로 구분한다. 최척호, 『북한영화사』, 집문당, 2000, 3~5면.

24 민병욱, 『북한영화의 역사적 이해』, 역락, 2005, 111~113면.

25 오정애·리용서, 『조선문학사 10 해방 후편』, 사회과학출판사, 1994, 195~197면.

26 전지니, 「해방기 남북한희곡의 젠더정치 연구」, 『한국극예술연구』 40, 한국극예술학회, 2013, 58~59면.

27 김정수, 「북한 예술영화의 '행동'과 '감정' 분석」, 이화여대 박사논문, 2018, 26면.

28 이명자, 앞의 책, 22면.

29 리호윤 외편, 『조선영화문학선집』 1, 문학예술종합출판사, 1994. 앞으로 〈내 고향〉을 비롯해 〈용광로〉, 〈소년 빨치산〉의 시나리오를 발췌할 때는 면수만 표기한다.

30 오덕순, 「극영화 〈내 고향〉에 대하여」, 『문학예술』, 1949, 52면.

31 「용광로」의 경우 북한자료센터에서 관람이 가능하다. 기술적 문제로 영화 중반 이후 관람이 불가능한 상태다. 이 글의 경우 중반(46분 1초)까지 영화를 관람하고, 『조선영화문학선집』에 실린 시나리오를 참고해 작성했음을 밝혀 둔다.

32 문예봉, 『내 삶을 꽃펴준 봄』, 문학예술출판사, 2013, 136면.

33 이명자, 앞의 책, 23면.

34 문예봉, 앞의 책, 138~139면.

35 문예봉, 「국제영화축전 관람기」, 『로동신문』, 1951.10.27.

36 민병욱, 앞의 책, 122면.

37 민병욱, 앞의 책, 126면.

38 『조선영화문학』에 실린 시나리오에서는 총살 장면이 담겨 있지 않으며, 소년들의 대

화를 통해 미군이 승환을 개에게 물려 죽게 했다는 설명이 등장한다.

39 『조선영화문학』에 실린 시나리오에는 경찰대가 귀남의 집을 급습해 집을 뒤지고, 이어 귀남과 귀남 모를 경찰대로 끌고 간다.

40 이 장면은 영화 속에만 등장하며 『조선영화문학』에 실린 시나리오에서는 찾아볼 수 없다.

41 문예봉, 「강의한 생활을 체현 – 조선예술영화 「빨치산의 처녀」」, 『로동신문』, 1954.11.27.

42 오상근, 「조선예술영화 「빨치산의 처녀」」, 『로동신문』, 1954.11.27.

43 이영재는 문예봉이라는 스타를 피학적으로 전시하는 영화 〈조선해협〉을 "피학적 멜로드라마"라 설명한 바 있다. 목적은 다르지만, 〈소년 빨치산〉에서 〈빨치산 처녀〉에 이르기까지 전쟁기 북한의 영화 역시 결연한 빨치산 주체를 형상화하는 과정에서 미군/변절자에게 수탈당하고 고문 받는 스타 문예봉을 재차 클로즈업한다. 이영재, 「황군(皇軍)의 사랑, 왜 병사가 아니라 그녀가 죽는가 – 〈조선해협〉, 기다림의 멜로드라마」, 『여성문학연구』 25, 한국여성문학학회, 2011, 219~222면.

제3장

1 주진숙 외, 『여성영화인 사전』, 도서출판 소도, 2001, 59~60면.

2 변재란, 「전후 영화에 나타난 여성 인물의 재현」, 『순천향 인문과학논총』 36, 2017, 153면.

3 박남옥, 『박남옥 한국 첫 여성 영화감독』, 마음산책, 2017.

4 조일동, 「유리천장을 깨고 싶었던 여성의 협력적 삶 쓰기」, 『한국문화연구』 33, 2017, 255면.

5 박지연, 「한국 최초의 여성감독 – 박남옥의 영화 〈미망인〉과 그 이후」, 『젠더와 사회』 1, 신라대 여성문제연구소, 2018, 57~71면.

6 한영석·유지나, 「한국전쟁 이후 풍경 – 〈미망인〉(1955) 이미지 텍스트성에 관한 소고」, 『씨네포럼』 33, 동국대 영상미디어센터, 2019, 119~148면; 정종화, 「김신재를 동경하던 '영화소녀' 영면에 들다」, 『씨네21』, 2017.4.14. (http://www.cine21.com/news/view/?mag_id=86938)

7 그 외 박남옥의 생애와 영화세계에 접근한 경우로는 국립극장 기획공연인 〈명색이 아프레걸〉(고연옥 각본, 김광보 연출, 2021.12.17~12.31)이 있다. 국립극단 전속단체 협업으로 제작된 〈명색이 아프레걸〉은 박남옥의 자서전에 근거해 박남옥의 생애와 영화 활동을 연대순으로 제시하면서 그의 영화 〈미망인〉의 주요 장면을 겹쳐두는 방식을 취하고 있다. 〈명색이 아프레걸〉은 이야기의 측면에서 인물에 대한 새로운 시선을 제시하기보다는 박남옥을 대중에게 소개히는 데 중요한 역할을 한 작품이다. 또 전후의 분위기와 당대의 영화 제작 현장, 그리고 〈미망인〉의 관련성을 잘 연결지었다고 평가할 수 있다.

8 박남옥, 앞의 책, 145면.

9   위의 책, 186면.

10   김진우, 「영화하는 여성군 〈홍은원 편〉」, 『씨네마팬』, 1960. 2, 130면.

11   장영엽 외, 「스페셜 1 – 여성영화인들」, 『씨네21』, 2018. 10. 3. (http://www.cine21.com/
     db/mag/news_section/?section=005001001&p=11)

제5부

제1장

1   콜린 플린트, 한국지정학연구회 역, 『지정학이란 무엇인가』, 길, 2007, 38~43면.

2   닉슨 시절 국무장관을 지낸 헨리 키신저는 논문을 통해 "서로 신중하게 접근하는 정치
     적 토대 위에 마련된 데탕트"를 권장했다. 당시 미국은 소련과의 적대관계가 퇴화하
     지 않고 공존과 억제 사이에서 적절하게 유지되도록 관리하는 것이 필요했고, 이에 따
     라 1972년 5월 26일 모스크바에서 미소 양국의 관계를 위해 평화적 공존 원칙을 제창
     한 미국과 소련의 전략무기제한협정이 체결됐다. (Pascal Boniface, 정상필 역, 『지정학
     에 관한 모든 것』, 레디셋고, 2016, 105~110면)

3   김지형, 『데탕트와 남북관계』, 선인, 2008, 60~61면.

4   위의 책, 285~291면.

5   이상의 논의는 Jun, Jee-nee, "Representations of Anti-Communism and Sexuality in
     Popular Culture during the Yushin Regime in South Korea", *Korea Journal*, vol. 59 no. 1,
     The Academy of Korean Studies, 2019, pp. 159~161 참조.

6   〈금희와 은희의 운명〉은 북한이탈주민 40명을 대상으로 조사한 결과 '탈북자들이 뽑
     은 북한영화' 베스트 16위에 오르기도 했던 작품이다. 표본이 많지 않아 공신력은 떨
     어지지만, 상대적으로 높은 순위에 오른 영화들이 1980년대 후반~1990년대 초반 작
     품인 것, 해외에 가장 잘 알려진 북한영화 〈꽃파는 처녀〉(1972)보다 높은 순위에 오른
     것을 감안할 때 〈금희와 은희의 운명〉은 북한영화의 고전이라 할 만한 작품으로 간주
     된다. 해당 조사 및 영화 소개는 이효인 외, 「통일 한국인이 보아야 할 북한영화 50선」,
     영화진흥위원회, 2002. 12, 55~88면 참조.

7   서윤성, 「반공영화의 시대적 사명」, 『코리안 시네마』, 1972. 3, 105~108면.

8   박지연, 「한국 영화산업의 변화 과정에서 영화 정책의 역할에 관한 연구」, 중앙대 박사
     논문, 2008, 113~116면.

9   전지니, 「반공과 검열, 그리고 불온한 육체의 기묘한 동거」, 『여성문학연구』 33, 한국
     여성문학학회, 2014, 157~161면.

10   김룡봉 외, 『조선영화사』(2판), 사회과학출판사, 2013, 224~225면,

11   위의 책, 312~313면.

12   이춘길 외, 『북한의 영화산업 현황과 영화진흥정책연구』, 한국문화정책개발원, 1997,
     64~65면. 이상의 논의는 남한에서 서술한 북한영화사에 공통적으로 반복된다. 최척
     호는 이 시기를 '영화예술의 발전기'로 일컬으며, 당대 영화정책의 기본 방향은 주체
     적 문예사상과 당의 문예방침의 관철, 항일혁명문예전통의 계승, 수령형상 창조, 약동

하는 현실생활의 반영, 인민의 계급적·혁명적 교양, 영화예술의 성과를 문학예술 전반으로 일반화하는 것 등으로 요약한다. (최척호, 『북한영화사』, 집문당, 2000, 83면)

13   서정남, 『북한영화탐사』, 생각의 나무, 2002, 40면.

14   위의 책, 111면.

15   백인준은 영화의 삽입곡이자 전개의 진행에 결정적인 역할을 하는 노래 '아버지의 축복'의 작곡을 맡기도 했다.

16   함경남도 출신의 배우 정춘란은 1970년 조선인민군협주단 무용 배우가 되었고 〈금희와 은희의 운명〉 외에 〈잊지 못할 전우〉, 〈민족과 운명〉 등에서 주요 배역을 맡았다. 예술영화 〈군관의 안해들〉의 주인공으로 출연해 김정일의 높은 평가를 받았으며, 이후 1997년 공훈 배우 칭호를 수여받았다. (https://terms.naver.com/entry.naver?docId=2857537&cid=58052&categoryId=58078(검색어 : "정춘란", 조선향토대백과, 검색일 : 2023.1.2))

17   김룡봉, 앞의 책, 389~390면.

18   황영원, 「개혁개방 이전 중국에 대한 북한 문화의 영향력」, 『동방학지』 177, 국학연구원, 2016, 353~354면.

19   김남석, 「북한영화문학에 나타난 남한의 이미지와 형상화 방식에 대한 연구」, 『국제어문』 50권, 국제어문학회, 2010, 246~266면.

20   황영원, 앞의 글, 335~357면.

21   류우, 「북한과 중국의 영화 교류 연구(1956~1966)」, 『비교문화연구』 59, 비교문화연구소, 2020, 143~189면.

22   김성수, 「북한 문학에 나타난 서울의 도시 이미지」, 『북한연구학회보』 16-2, 북한연구학회, 2012, 174~194면.

23   작자 미상, 『미제가 남조선에 퍼뜨리고 있는 부르죠아 인생관의 반동적 본질』, 과학백과사전출판사, 1978, 63~64면; 작자 미상, 『부정부패가 판을 치는 남조선』, 조국통일사, 1979, 84~85면.

24   이와 관련한 논의는 Jun, Jee-nee, "Representations of Anti-Communism and Sexuality in Popular Culture during the Yushin Regime in South Korea", *Korea Journal*, vol. 59 no. 1, 20119, pp. 168~181.

25   관련하여 김정일은 영화를 보고 "주인공들의 생활을 대비적으로 깊이있게 형상화하는 방안에 대해 말했다"는 기록을 확인할 수 있다. 이춘길 외, 앞의 글, 325, 440~441면.

26   김기옥, 「심오한 사상과 예술적 감화력」, 『조선예술』, 1975.11, 74~77면.

27   김성수, 앞의 글, 186면.

28   정익환, 「화면대비구성에서 얻은 경험」, 『조선예술』 1975.12, 60~61면.

29   그러나 제3장 세2절에서 후술하겠지만, 자본주의의 폐해를 고발하겠다는 이같은 창작자의 목적과 달리, 북한 관객이 경험해보지 못한 자본주의의 풍경은 매혹의 대상이 될 수 있음을 염두에 둘 필요가 있다.

30   물리적 경관은 1970년대 초반 남북한이 체제 우월성을 과시하는 수단이기도 했다. 두

나라는 체제의 우위를 과시하기 위해 물리적 경관, 특히 도시의 대형 건조물 형태를 구축하는 데 집중했다. 이 과정에서 남한에는 여의도에 5·16 광장이 조성되기도 했다.(정세훈, 『냉전, 분단 그리고 도시화』, 알트, 2017, 216~217면)

31 정익환, 앞의 글, 62면.

32 서정남, 앞의 책, 73면.

33 특히 영화 속에서 만수대 대동상은 중요하게 비춰진다. 영화 말미에 금희는 감격에 찬 표정으로 계단을 올라 김일성 동상을 마주하고, 이어 '새로운 사회의 건설과 사회주의 혁명을 상징'하는 만수대 대동상으로 시선을 옮긴다. 평양의 건축물에 대해서는 Philipp Meuser, 윤정원 역, 『이제는 평양건축』, 담디, 2012, 328~331면 참조.

34 김성경, 「평양 도시 건설 스펙터클에 대한 소고」, 『개념과 소통』 24, 한림과학원, 2019, 18~20면.

35 임형백, 「북한 공간구조와 이념적 표현의 도시 계획」, 『통일문제연구』 31-1, 평화문제연구소, 2019, 207~208면.

36 1960~1970년대 중국에서 북한영화의 인기는 지금의 '한류'에 버금갈 정도였다는 기사를 확인할 수 있다. 여기서 그 인기를 추동한 영화가 〈금희와 은희의 운명〉, 〈꽃파는 처녀〉였다. 「중국한류 여풍 당당」, 한국국제문화교류진흥원, 2006.2.21.(http://kofice. or.kr/c30correspondent/c30_correspondent_02_view.asp?seq=7015&page=601&find-=&search=&search2=)

37 황영원은 〈금희와 은희의 운명〉, 〈꽃파는 처녀〉 등 1970년대 북한영화가 동시대 중국에서 인기를 끈 요인과 관련해 "비극영화에 대한 중국 관객의 갈망"을 언급한다. 당시 적극적이며 긍정적인 정보만을 전달하는 혁명모범극에 대한 아쉬움이 신파 성향이 강한 북한영화의 인기로 이어졌다는 것이다.(황영원, 앞의 글, 355~356면)

38 대중서사연구회, 『대중서사 장르의 모든 것 – 멜로드라마』, 이론과 실천, 2007, 13면.

39 Ben Singer, 이위정 역, 『멜로드라마와 모더니티』, 문학동네, 2009, 73~82면.

40 오덕순은 북한 최초의 극영화 〈내 고향〉(1949)을 논하며 영화의 한계로 신파극적, 세속극적 장면들의 유치한 묘사에 관해 설명하며 주인공의 어머니가 빈번히 통곡하는 장면을 예시로 든다. 그리고 이에 대해 "연출가로서 심각히 반성이 요청되지 않을 수 없는 것"이라 비판한 바 있다. 그는 울음의 운동, 눈물의 나열이 영화의 관중에게 심각한 비애감을 환기시킬 수 없으며, 몽타주 형식으로서 실제에 있어 관중의 사상과 연상을 강인하게 또는 자유자재로 유도할 수 있다고 주장한다.(오덕순, 「극영화 〈내 고향〉에 대하여」, 『문학예술』, 1950.2, 43면)

41 김기옥, 앞의 글, 76~77면.

42 위의 글, 77면.

43 관련하여 김대근은 전후 댄스홀을 "전통윤리의 붕괴와 함께 자본화된 도시의 욕망 분출이 집중되는 공간"으로 정의하며, 〈자유부인〉에 등장하는 댄스홀을 "집합적인 서비스의 소비가 일어나는 공간"이라 설명한다.(김대근, 「전후 한국영화에 재현된 자본주의적 공간의 형성」, 『씨네포럼』 34, 영상미디어센터, 2019, 166~167면)

제2장

1 '실화'를 표방한 반공물이 본격적으로 등장한 것은 1960년대로, 반공사상을 고취하겠
 다는 목적으로 제작된 방송극 '실화극장'의 주요 에피소드는 스크린으로 종종 옮겨졌
 다. 실화와 실록의 인기는 1970년대에도 이어졌으며, 당대의 영화, 방송극, 만화, 소설
 등 대중문화 텍스트는 증언과 취재에 입각한 실록을 내세우며 한국전쟁 중 국군의 활
 약이나 간첩 소탕담에 대한 실증성과 진정성을 부여했다. 이와 관련해서는 전지니a,
 「유신 이후의 반공영화와 오제도라는 '신화」, 『한국극예술연구』 56, 한국극예술학회,
 2017, 54~70면.

2 1970년대 일본-한국-홍콩에서 섹스와 폭력이라는 키워드를 공유하는 '여감방' 소재
 영화의 재생산에 대해서는 이영재, 「섹스라는 국제성, 한국·홍콩·일본의 에로 트라이
 앵글」, 『상허학보』 51, 상허학회, 2017, 359~406면.

3 위의 글, 359~406면.

4 전지니b, 「유치진의 시나리오 작업을 통해 보는 반공과 냉전」, 『구보학보』 23, 구보학
 회, 2019, 421~453면.

5 전지니c, 「탈냉전시대 포로수용소 영화 연구」, 『구보학보』 29, 구보학회, 2021, 512~524면.

6 정영권에 따르면 반공영화가 정책적으로 제도화된 시기는 1960년대 중후반이며, 국
 가는 전쟁영화를 반공영화의 모델로 전유하기 시작한다. (정영권, 「한국 반공영화의 제
 도화 연구-1949~1968 전쟁영화와의 접합과정을 중심으로」, 동국대 박사논문, 2011,
 2~5면)

7 안미영, 「한국전쟁기 남한 사회 좌익 여성포로의 행로-구혜영의 〈광상곡〉(1986)을
 중심으로」, 『국어국문학』 177, 국어국문학회, 2016, 353~361면.

8 전지니c, 앞의 글, 516~519면.

9 이화진은 1960년대 중반 유행한 '실화' 소재 영화를 분석하며, 수기의 영화화 과정에
 는 국산영화 제작 실적 유지를 명시한 영화법 제1차 개정과 출판 시장의 '수기 열풍'이
 수기의 영화화를 활발하게 이끌었다고 설명한다. 이어 수기 출판이나 언론 보도를 통
 해 대중에게 알려진 실화가 미디어 간의 경쟁과 연계를 통해 사회적으로 확산되었음
 에 주목한다. (이화진, 「가난은 어떻게 견딜 만한 것이 되는가」, 『한국극예술연구』 60,
 한국극예술학회, 2018, 48~50면)

10 이형우, 〈사랑과 죽음의 기록〉, 『영화』 1·2월 합병호, 1978, 133면.

11 이형우의 시나리오에서도 전선에 나갔다 돌아온 도순과 상봉한 화영의 섹스를 암시
 하는 부분이 있지만, 그 외 여대생(원작 시나리오에서는 득주)과 북한군 상관의 정사
 등은 영화화 과정에서 추가된 부분이다. 원작 시나리오에서는 득주가 배고픔 때문에
 진희를 고발한 것으로 설정된다. 그 외 북한군 중위가 진희의 옷을 벗겨 고문하는 장
 면은 원작에도 등장하는 부분이다.

12 이형우, 「반공영화 만상」, 『영화』 7월호, 1974, 66면.

13 「심의의견서」, 1978.1.30 접수, 1978.2.6 심의.

14 「나는 붉은 작가가 아니다」, 『주간중앙』, 1969.11.16, 8면.

15 이외에도 영화진흥공사는 『선데이서울』과 공동으로 '영화소재현상공모'를 진행했다. 이는 소재 빈곤에 시달리는 상황에서 우수영화를 만든다는 목적으로 진행됐다.

16 「영진공 사업 계획 확정」, 『조선일보』, 1975.4.15.

17 영화진흥공사 매입작이나 공모전 당선작이 영화화된 사례로는 이외에도 최화원 극본의 남파간첩 소재 영화 〈비정의 결산〉(후에 제목을 〈비정지대〉로 변경) 등이 있다. 이외에도 1977년도 영화진흥공사 최우수각본상에 선정된 이은성 작 〈거인〉의 경우 남아진흥공사에서 제작하기로 결정되었으나 제작이 무산된 것으로 보인다. 1970년대 영화진흥공사 시나리오 매입작 혹은 공모전 당선작은 애초 영화진흥공사의 영화제작 방향(① 새마을영화, ② 민족사극, ③ 안보 및 자주국방영화, ④ 6·25 전쟁영화, ⑤ 해외홍보영화)과 유사하게, 반공 이념을 확산하거나 역사적 사실에 입각한 사극이 주를 이루었다. (정진우, 「올해 공사의 영화제작 방향」, 『영화』 2월호, 1974 48~50면)

18 박해준이 지은 소설 『전쟁과 사랑의 의미』는 1969년 문화공보부 창작지원 소설 부문에 선정되었으며, 출간 당시 "실화를 바탕으로 한 소설"로 홍보되었다. (「박해준 저, 전쟁과 사랑의 의미」, 『경향신문』, 1969.11.26)

19 그런데 당시 검열관은 의견서에 이 작품이 "문화공보부 창작지원 당선작"이 사실이 아니기에 자막을 삭제하라는 의견을 표한다.

20 박해준, 『전쟁과 사랑의 의미』, 한림출판사, 1969, 6면.

21 이 중 강용준의 경우 제1회 문예진흥원이 선정하는 반공문학상 대통령상을 수상하기도 했다.

22 구건서, 「방향 바꾸는 문화사업 창작지원」, 『경향신문』, 1972.1.18.

23 설태호의 경우 90년대 이후 국군홍보관리소에서 군인들을 교육시키기 위한 다큐멘터리, 극영화 제작에 몰두한다. (『[원로영화인 구술채록] 감독─설태호』, 한국영상자료원, 2010, 236~246면)

24 위의 책, 186~190면.

25 「여자포로 칠백 명 중 송환희망자 사백오십 명」, 『조선일보』, 1952.5.21.

26 「『몽둥이』로 무수 난타 귀환여자포로 이양담」, 『동아일보』, 1953.4.26.

27 「나는 여자포로였었다」, 『조선일보』, 1952.9.17.

28 이하나, 「1970년대 간첩 / 첩보 서사와 과잉 냉전의 문화적 감수성」, 『역사비평』 112, 역사문제연구소, 2015, 376~378면.

29 1960년대부터 대중문화 전반에서 진행된 실화 소재 반공물의 붐에 대해서는 전지니a, 앞의 글, 64~66면.

30 조철, 「월북한 친공포로들의 실태」, 『경향신문』, 1962.6.18~19. 이 보도는 〈사랑과 죽음의 기록〉의 주요 설정과 매우 흡사하다.

31 위의 기사의 경우 상황을 직접 목도한 인물의 기록이라는 점에서 이야기의 실증성을 강조한다.

32 이기봉, 「북괴535의 여헌병 1~11화」, 『경향신문』, 1965.1.6~30.

33 이기봉, 「북괴535의 여헌병 4화」, 『경향신문』, 1965.1.13.

34 북한문제연구소, 「휴전선으로 군혼 온 처녀정신대」, 『북한실화집』 2권, 삼일각, 1967, 21~38면. 해당 책에는 이외에도 「청소부로 전락했던 최승희」, 「밀회 장소로 바뀐 수령 연구실」 등의 이야기가 '실화'라는 이름으로 수록되어 있다.

35 관련하여 〈사랑과 죽음의 기록〉 후반부에는 북한군 상관이 수용소에 와서 쓸모가 없는 여자들을 중공군의 위안부로 보내자는 언급이 등장한다.

36 전지니a, 앞의 글, 81~82면.

37 「문제의 여포로 애인인 미 병사 따라 도미 고대」, 『동아일보』, 1952.3.9; 「나는 여자포로였었다」, 『조선일보』, 1952.9.17; 「공산여자포로」, 『조선일보』, 1953.8.10.

38 이영재는 〈여수701호 / 사소리〉, 〈여감방〉, 〈여수407호〉를 당시 전세계적으로 흥행한 익스플로이테이션 필름의 하위 장르 중 하나인 WiP(Women in Prison)의 흐름 안에서 살펴보고 있다. 그리고 〈여감방〉의 성공이 한국산 WiP영화 제작의 기폭제가 되었다고 설명한다. (이영재, 앞의 글, 360~361면) 아시아 지역에서 국경의 경계를 넘어 흥행한 WiP 영화의 특징에 대해서는 이영재의 해당 논의를 참고하라.

39 〈여수407호〉의 제작사는 합동영화주식회사이며, 〈사랑과 죽음의 기록〉의 제작사는 국제영화흥업주식회사이다.

40 이를 감안하면 〈사랑과 죽음의 기록〉 등을 한국전쟁을 다룬 한국판 WiP영화로 간주할 수 있다. 다만 1970년대 대중문화 자장 안에서 반공과 실화라는 무게 혹은 책임감은 〈사랑과 죽음의 기록〉과 〈누가 이 아픔을〉을 아시아 지역에서 흥행한, 국제적인 흐름을 추수해 갔던 WiP물과 다른 결과로 이끌었다고 볼 수 있다.

41 「외화 일색 극장 설빔」, 『동아일보』, 1973.12.28.

42 1970년대 위장합작영화에 대해서는 이영재, 앞의 글, 387~394면; 송아름, 「합작영화-제도로 정착시킨 '한국'영화」, 『씨네포럼』 35, 동국대 영상미디어센터, 2020, 9~49면.

43 이영재에 따르면, 레즈비언 강간이나 집단 윤간은 이같은 익스플로이테이션 필름이 궁극적으로 보여주고자 하는 바이기도 하다. (이영재, 앞의 글, 389면)

44 심의대본 신 72에 있는 목욕탕 내에서 나누는 여포로들의 대화는 현재 확인할 수 있는 필름에서 삭제되었다.

45 영화는 남측에서 만인이 평등한 세상을 논했던 부르주아 여대생들의 모습과 수용소에서 착취당하며 고통스러워하는 이들의 모습을 반복해서 대조시킨다. 수용소를 배경으로 한 영화가 '치기 어린' 대학생들을 내세우고 이들의 소아성을 비판하고 있는 것은 당시 대학교를 중심으로 유신정권을 비판하는 데모가 이어지고 있던 상황과 연결 지어 볼 수 있을 것 같다.

46 언급한 것처럼 대학생들 사이에서 주도적으로 월북을 감행한 대학생 정호의 경우 전쟁 중 북한의 유물론을 정면으로 비판한 후 "자업자득이야. 아무도 원망할 필요 없어"라는 말을 남기고 자결한다. 여기서 정호의 대사는 월북한 대학생들, 사회주의에 선동되었던 청년들을 관조하는 영화적 시선과 연결된다.

47 대본은 〈사랑과 죽음의 기록〉(심의대본)에서 발췌했다. 수용소 여대생들이 자신들을 배신한 희은을 고문하는 장면은 이형우의 공모 대본 및 오리지널시나리오에 등장하

지 않는 것이다.

48 이형구의 공모 대본에서는 배고픔 때문에 동료를 북한군에게 고발한 인물은 득주로, 그는 이후 실성한 것으로 처리된다.

49 오리지널 시나리오에는 희은이 북한군 중위 주상오와 섹스할 때조차 먹는 것에 집착한다는 설명이 있다. 현재 확인할 수 있는 필름에도 희은이 주상오와 섹스를 한 후 다리를 벌린 채 음식을 허겁지겁 먹는 장면이 이어진다.

50 여자 포로수용소 내 임산부와 태아에 대한 기사는 전쟁 중 반복적으로 이어지며 그 비극성을 강조하는 소재가 되었다.(「기구한 운명의 새 생명」, 『조선일보』, 1952.6.22; 「나는 여자포로였다」, 『조선일보』, 1952.9.17)

51 전지니에 따르면 〈누가 이 아픔을〉은 포로수용소 내 남녀 간의 사랑을 다룬다는 점에서 1960년대 포로수용소영화의 문법을 이어가지만, 형제애에 입각한 남성 연대를 형상화하는 대신 여포로들의 벗은 몸을 전시하며 반공과 섹슈얼리티가 결합된 1970년대 반공영화의 특성을 반복한다.(전지니c, 앞의 글, 520~521면)

52 박해준 원작, 송길한 각본, 설태호 연출, 〈사랑할 때와 죽을 때〉(심의대본), 22면. 해당 작품을 발췌할 경우 면수만 표기한다. 심의 당시까지 영화의 제목은 〈사랑할 때와 죽을 때〉였으나 개봉에 이르러 〈누가 이 아픔을〉로 변경됐다. 1971년에 〈사랑할 때와 죽을 때〉라는 동명의 영화가 개봉됐다.

53 두 영화는 1983년 문공부장관 지정영화 32편 중 한 편으로 선정됐다. 당시 이 작업은 대민홍보용으로 반공계몽의식을 높이자는 차원에서 진행됐으며, 〈사랑과〉 외에도 〈특별수사본부 기생 김소산〉, 〈국회 푸락치 사건〉, 〈원산공작〉, 〈돌아온 팔도강산〉, 〈증언〉, 〈들국화는 피었는데〉 등이 포함되었다. 극장 측은 이 영화 중 한 편을 10일간 상영하면 한 달 동안 외화를 상영할 수 있었기에 극장가에서는 옛날 필름을 찾는 촌극이 벌어지기도 했다.(김양삼, 「「지정영화」 발표에 영화계 찬물」, 『경향신문』, 1983.7.7)

54 1990년 한 매체는 유명순에 대한 인터뷰를 진행하며 "단역 배우 45년"의 길을 소개하기도 했다.(「단역 배우 45년 유명순 씨-"교수·귀신 안 해 본 게 없어요."」, 『중앙일보』, 1990.8.31)

55 https://www.kmdb.or.kr/db/per/00000864#jsEtcInformation(검색어 : "유명순", 한국영화데이터베이스(KMDB), 검색일 : 2022.1.25)

참고문헌

기본자료
신문 및 잡지

『경향신문』,『국제영화』,『국회보』,『근대영화』,『독립신문』,『동광』,『동아일보』,『로동신문』,『매일경제』,『명랑』,『문장』,『문학예술』,『문화전선』,『문화통신』,『민성』,『민주경찰』,『민중일보』,『백민』,『부인』,『부인신문』,『삼천리』,『새가정』,『새한민보』,『서울신문』,『세대』,『씨네21』,『씨네마팬』,『신성』,『신세대』,『신영화』,『신천지』,『신태양』,『여원』,『여학원』,『연합신문』,『예술타임스』,『영화』,『영화세계』,『영화순보』,『영화시대』,『영화잡지』,『영화예술』,『영화TV예술』,『예술교육』,『예술영화』,『월간영화』,『은영』,『일간예술통신』,『자유신문』,『조광』,『조선문학』,『조선예술』,『조선일보』,『주간중앙』,『중앙신문』,『천리마』,『춘추』,『코리안시네마』,『한겨레』,『한국근대연극영화비평자료집』,『한국논단』,『한국일보』,『희곡문학』,『희망』,『희망 별책 해방 10년』

대본 및 출판자료

권영순·안준오,「국회 푸락치」(심의대본), 1974.

김동권,『현대희곡자료집』, 서광학술자료사, 1994.

_____,『해방공간 희곡연구』, 월인, 2000.

김룡봉 외,『조선영화사』(2판), 사회과학출판사, 2013.

김봉희,『신고송 문학 전집』1~2권, 소명출판, 2008.

김송,「그날은 오다」,『무기 없는 민족』, 백민문화사, 1946.

김영수,『혈맥』, 영인서관, 1949.

_____ 원작, 송태주 각본,〈여사장〉(오리지널 시나리오), 1959.

_____,〈여사장〉(심의대본), 1959.

김진수,『김진수 희곡선집』, 성문각, 1959.

남궁만 외,『단막희곡집』, 문화전선사, 1948.

_____,『희곡집 싸우는 마을』, 문화전선사, 1952.

_____,『새로운 생활』, 조선작가동맹출판사, 1954.

리계원 외편,『조선영화문학선집』2, 문학예술종합출판사, 1994.

박해준,『전쟁과 사랑의 의미』, 한림출판사, 1969.

_____ 원작, 송길한 각본, 설태호 연출,〈사랑할 때와 죽을 때〉(심의대본), 1979.

서연호·장원재 외편,『김영수 희곡·시나리오 전집』1~2권, 연극과 인간, 2007.

송영,『송영선집』, 조선문학예술총동맹출판사, 1963.

신고송,「들꽃」,『문화전선』, 1946.11.

신봉승·유일수, 〈특별수사본부 기생 김소산〉(심의대본), 1973.

안종화,「〈수우〉1회~4회」,『영화시대』, 1947.9~1948.9.

양승국 외편,『해방공간 대표희곡』, 예문, 1989.

오영진,「살아 있는 이중생 각하」, 김동권 외편,『해방기 현대희곡 작품집』4권, 1994.

오정애·리용서,『조선문학사 10 - 해방 후편』, 사회과학출판사, 1994.

오재호,『(특별수사본부) 3 - 국회 푸락치 사건』, 창원사, 1972.

_____,『(특별수사본부) 5 - 기생간첩 김소산』, 창원사, 1972.

_____,『(특별수사본부) 7 - 여간첩 김수임, 교육자협회 사건』, 창원사, 1972.

_____, 〈특별수사본부 김수임의 일생〉(심의대본), 1974.

유치진,『조국은 부른다』, 대한민국공보처, 1952.

윤두헌 외,『우리는 승리하였다 - 조선인민군창건 5주년 기념 문학예술상 수상 극문학 작품
　　　집』, 국립출판사, 1954.

이용찬 외,「가족」,『희곡오인선집』, 성문각, 1958.

이재명 외편,『해방기 상영 시나리오집』, 평민사, 2004.

이진순,「화연」,『(지촌) 이진순선집』2, 연극과인간, 2010.

이형우, 〈사랑과 죽음의 기록〉,『영화』1·2월 합병호, 1978년.

_____, 〈사랑과 죽음의 기록〉(오리지널 시나리오), 1978.

_____, 〈사랑과 죽음의 기록〉(심의대본), 1978.

조선작가동맹출판사 외편,『해방 후 10년간의 조선문학』, 조선작가동맹출판사, 1955.

최영수,「〈최후의 밤〉1회」,『영화순보』, 1947.12.

하유상,「딸들 자유연애를 구가하다」,『미풍』, 대영출판사, 1961.

_____,「젊은 세대의 백서」,『미풍』, 대영출판사, 1961.

한봉식 외,『해토 무렵』, 엄호석 외편, 조선작가동맹출판사, 1955.

_____,『1950년대 희곡선』, 문학예술출판사, 2016.

한노단,「전유화」,『신한국문학전집』31, 어문각, 1981.

함세덕,「고목」, 양승국 외편,『해방공간 대표희곡』, 예문, 1989.

하유상 원작, 김지헌 각본, 〈자유결혼〉, 동도영화사, 1958.

_____,『미풍』, 대영출판사, 1961.

_____, 〈나는 속았다〉(오리지널 시나리오), 1964.

하유상, 〈나는 속았다〉(심의대본), 1964.

영화

권영순·안준오 각본, 권영순 연출, 〈국회 푸락치〉, 한진흥업, 1974.
김승구 각본, 강홍식 연출, 〈내 고향〉, 1949.
_____, 윤용구 연출, 〈빨치산 처녀〉, 1954.
김영근 각본, 민정식 연출, 〈용광로〉, 1950.
백인준 각본, 엄길선 연출, 〈금희와 은희의 운명〉, 조선 2·8예술영화촬영소, 1974.
송길한 각본, 설태호 연출, 〈누가 이 아픔을〉, (주)삼영필림, 1979.
신봉승 각본, 설태호 연출, 〈특별수사본부 기생 김소산〉, 한진흥업, 1973.
안준오 각본, 이원세 연출, 〈특별수사본부 외팔이 김종원〉, 한진흥업, 1975.
윤두헌 각본, 윤용규 연출, 〈소년 빨치산〉, 1952.
오재호 각본, 설태호 연출, 〈특별수사본부 여대생 이난희사건〉, 한진흥업, 1973.
_____, 이원세 연출, 〈특별수사본부 배태옥사건〉, 한진흥업, 1973.
_____, 〈특별수사본부 김수임의 일생〉, 한진흥업, 1974.
이문웅 각본, 김영효 연출, 〈구삼육사건〉, 우성사, 1976.
이형우 각본, 고영남 연출, 〈사랑과 죽음의 기록〉, 국제영화흥업주식회사, 1978.
Lev ArnshtamBoris Chirskov 각본, Lev Arnshtam 연출, 〈Zoya〉, 1944.

단행본

강성률 외, 『남과 북을 만든 라이벌』, 역사비평사, 2008.
강옥희 외, 『식민지시대 대중예술인 사전』, 소도, 2006.
고설봉 증언, 장원재 정리, 『증언연극사』, 진양, 1990.
국민방첩연구소, 『지공교육독본—이것이 북한의 전부다』, 흑백문화사, 1972.
_____, 『방첩과 스파이전』, 갑자문화사, 1974.
권보드래, 「실존, 자유부인, 프래그머티즘」, 『아프레걸, 사상계를 읽다』, 동국대 출판부, 2009.
권명아, 『역사적 파시즘』, 책세상, 2004.
김경일, 『한국의 근대와 근대성』, 백산서당, 2003.
김동호 외, 『한국영화정책사』, 나남출판, 2005.
김려실, 「미군정기 영화제도와 조선영화」, 기시 도시히코·쓰치야 유카 편, 『문화냉전과 아
        시아』, 소명출판, 2013.
김룡봉, 『조선영화사』, 사회과학출판사, 1989.

김문환 편저, 『북한의 예술』, 을유문화사, 1990.

김미현 책임 편집, 『한국영화사』, 커뮤니케이션북스, 2006.

김선려·리근실·정명옥, 『조선문학사』 11, 사회과학출판사, 1994.

김소연 외, 『매혹과 혼돈의 시대』, 도서출판 소도, 2002.

김일성, 『김일성 저작집』 1~3권, 조선로동당출판사, 1979.

김정기, 『국회 프락치 사건의 재발견－그레고리 헨더슨의 한국정치담론』 1~2권, 한울아카
    데미, 2008.

김정수, 『해방기희곡의 현실인식』, 신아출판사, 1997.

김종원·정중헌, 『우리영화 100년』, 현암사, 2001.

김지형, 『데탕트와 남북관계』, 선인, 2008.

김학연, 『소년빨치산 서강렴』, 민주청년사, 1954.

김화, 『새로 쓴 한국영화전사』, 다인미디어, 2003.

대중서사연구회, 『대중서사 장르의 모든 것－멜로드라마』, 이론과 실천, 2007.

라홍숙·조원희, 『태양의 품에서 영생하는 녀성들』, 근로단체출판사, 2014.

리령 외편, 『빛나는 우리 예술』, 조선예술사, 1960.

리호윤 외편, 『조선영화문학선집』 1, 문학예술종합출판사, 1994.

모던일본사, 윤소영 외역, 『일본잡지 모던일본과 조선(1939)』, 어문학사, 2007.

_____, 『일본잡지 모던일본과 조선(1940)』, 어문학사, 2009.

문재철 외, 『대중영화와 현대 사회』, 소도, 2005.

민병욱, 『북한영화의 역사적 이해』, 역락, 2005.

민족문학사연구소 희곡분과, 『1950년대 희곡연구』, 새미, 1998.

문예봉, 『내 삶을 꽃펴준 봄』, 문학예술출판사, 2013.

문의영, 「해방 후 영화예술의 발전」, 『빛나는 우리 예술』, 조선예술사, 1960.

박남옥, 『박남옥 한국 첫 여성 영화감독』, 마음산책, 2017.

박명림, 『한국전쟁의 발발과 기원』 2, 나남, 2008.

박명진, 『한국희곡의 이데올로기』, 보고사, 1998.

_____, 『한국 전후희곡의 담론과 주체 구성』, 월인, 1999.

_____ 외, 『편견과 무지의 경계선 넘기』, 보고사, 2007.

박영자, 『북한 여자－탄생과 굴절의 70년사』, 앨피, 2017.

박현희, 『문예봉과 김신재』, 선인, 2008.

박진, 『세세년년』, 경화출판사, 1966.

백승숙, 『한국희곡의 좌파 내셔널리즘』, 연극과 인간, 2012.

서정남,『북한영화탐사』, 생각의 나무, 2002.

_____,『할리우드 영화의 모든 것』, 이론과 실천, 2009.

서중석,『한국현대민족운동연구』 2, 역사비평사, 2004.

서연호 외편,『한국연극의 쟁점과 새로운 탐구』, 연극과 인간, 2001.

안문석,『북한 현대사 산책』 2, 인물과 사상사, 2016.

안철영,『성림기행』, 수도문화사, 1949.

안함광,『문학과 현실』, 문화전선사, 1950.

양승국 외편,『한국근대연극영화비평자료집』, 연극과 인간, 2006.

영화진흥공사,『한국영화자료편람(초창기~1976년)』, 영화진흥공사, 1977.

_____,『1977년도 한국영화연감』, 영화진흥공사, 1978.

_____,『한국영화, 외국영화 검열현황편람－1971년~1981년』, 영화진흥공사, 1982.

_____,『한국영화작품전집, 1971~1985』, 영화진흥공사, 1986.

_____,『한국 시나리오 선집 1권－초창기~1955』, 집문당, 1996.

오영숙,『1950년대 한국영화와 문화담론』, 소명출판, 2007.

오정애·리용서,『조선문학사 10－해방 후편』, 사회과학출판사, 1994.

오제도,『국가보안법실무제요』, 서울지방검찰청, 1949.

_____,『붉은 군상』, 남광문화사, 1951.

_____,『적화삼삭구인집』, 국제보도연맹, 1951.

_____,『붉은 군상』, 남광문화사, 1951.

_____,『자유를 위하여』, 서울문예서림, 1951.

_____,『평화의 적은 누구냐』, 남광문화사, 1952.

_____,『사상검사의 수기』, 창신문화사, 1957.

_____,『추격자의 증언』, 1969.

와다 하루끼, 남기정 역,『와다 하루끼의 북한 현대사』, 창비, 2014.

유민영,「북한의 연극 연구 현황」,『한국연극의 위상』, 단국대 출판부, 1991.

유진월,『여성의 재현을 보는 열 개의 시선－여성의 눈으로 본 영화 / 연극』, 집문당, 2003.

윤미량,『북한의 여성정책』, 한울, 1991.

윤세평 외편,『해방 후 우리 문학』, 조선작가동맹출판사, 1958.

이기훈,『청년아 청년아 우리 청년아』, 돌베개, 2014.

이명자,『북한영화사』, 커뮤니케이션북스, 2007.

이병도 외편,『해방 20년사－신문기록에 의한 대사건의 집대성!』, 희망출판사, 1965.

이석만,『해방기연극연구』, 태학사, 1996.

이성숙, 『여성, 섹슈얼리티, 국가』, 책세상, 2009.

이순진 외, 『한국영화와 민주주의』, 선인, 2011.

이하나, 『국가와 영화-1950~60년대 '대한민국'의 문화재건과 영화』, 혜안, 2013.

작자 미상, 『미제가 남조선에 퍼뜨리고 있는 부르죠아 인생관의 반동적 본질』, 과학백과사전
　　　출판사, 1978.

_____, 『부정부패가 판을 치는 남조선』, 조국통일사, 1979.

장석준, 『혁명을 꿈꾼 시대』, 살림, 2007.

전영선, 『북한을 움직이는 문학예술인들』, 역락, 2004.

정병호·권헌익, 『극장국가 북한』, 창비, 2013.

정세훈, 『냉전, 분단 그리고 도시화』, 알트, 2017.

정영권, 『적대와 동원의 문화정치-한국 반공영화의 제도화 1949~1968』, 소명출판, 2015.

정재형 외편, 『북한영화에 대해 알고 싶은 다섯 가지』, 집문당, 2004.

조일동, 「유리천장을 깨고 싶었던 여성의 협력적 삶 쓰기」, 『한국문화연구원논총』 33, 이화
　　　여대 한국문화연구원, 2017.

조택원, 『袈裟胡蝶』, 서문당, 1973.

조희연, 『박정희와 개발독재시대』, 역사비평사, 2007.

주진숙 외, 『여성영화인 사전』, 소도, 2001.

차준봉, 『누가 조선 전쟁을 일으켰는가』, 평양사회과학출판사, 1993.

최영수, 『곤비의 서』, 경향신문사, 1949.

최척호, 『북한영화사』, 집문당, 2000.

한갑진, 『우리 어머니처럼 살면 무엇이 두려우랴』, 동아일보사, 1998.

한국영상자료원, 『한국영화의 풍경(1945~1959)』, 문학사상사, 2003.

_____ 외편, 『한국영화사공부-1960~1979』, 이채, 2004.

한봉식, 『마쩨옙쓰기 박사』, 조쏘문화협회 중앙위원회, 1950.

한상언, 『문예봉 傳』, 한상언영화연구소, 2019.

Aleksandr Gitovich·B. I. Bursov, 최학송 역, 『1946년 북조선의 가을』, 글누림, 2006.

Barry Langford, 박혜진 역, 『영화장르-헐리우드와 그 너머』, 한나래, 2010.

Ben Singer, 이위정 역, 『멜로드라마와 모더니티』, 문학동네, 2009.

Colin Flint, 한국지정학연구회 역, 『지정학이란 무엇인가』, 길, 2007.

Hazel Smith, 김재호 역, 『장마당과 선군정치』, 창비, 2017.

John Beynon, 임인숙·김미영 역, 『남성성과 문화』, 고려대 출판부, 2011.

Linda McDowell, 여성과공간연구회 역, 『젠더, 정체성, 장소』, 한울, 2010.

Lynee Attwood, *Red Women on the Silver Screen : Soviet Women and Cinema from the Beginning to the End of the Communist Era*, New York : Harper Collins, 1993.

Nira Yuval-Davis, 박혜란 역, 『젠더와 민족』, 그린비, 2012.

Pascal Boniface, 정상필 역, 『지정학에 관한 모든 것』, 레디셋고, 2016.

Pavis Patrice, 신현숙·윤학로 역, 『연극학 사전』, 현대미학사, 1999.

Philipp Meuser, 윤정원 역, 『이제는 평양건축』, 담디, 2012.

Roger D. Markwick, and Euridice Charon Cardona, *Soviet Women on the Frontline in the Second World War*, New York : Palgrave Macmillan, 2012.

R. W. Cornell, 안상욱·현민 역, 『남성성 / 들』, 이매진, 2013.

Stephen Neale·Frank Krutnik, 강현두 역, 『세상의 모든 코미디』, 커뮤니케이션북스, 2002.

Theodore Hughes, 나병철 역, 『냉전시대 한국의 문학과 영화-자유의 경계선』, 소명출판, 2013.

Thomas Elsaesser, *The Persistence of Hollywood*, Routledge, 2012.

논문

강성률, 「1950년대 후반 한국영화 속 도시의 문화적 풍경과 젠더」, 『도시연구』 7, 도시사학회, 2012.

강성현, 「1945~50년 '檢察司法'의 재건과 '사상검찰'의 '反共司法'」, 『기억과 전망』 25, 민주화운동기념사업회 한국민주주의연구소, 2011.

강정숙, 「'위안부', 정신대, 공강호정, 「해방기 『응향』 사건 연구」, 『배달말』 50, 배달말학회, 2012.

_____, 「'위안부', 정신대, 공창, 성노예」, 『역사비평』 74, 역사비평사, 2006.

강혜경, 「한국 경찰의 형성과 성격」, 숙명여대 박사논문, 2002.

공임순, 「스캔들과 반공-'여류' 명사 모윤숙의 친일과 반공의 이중주」, 『한국근대문학연구』 17, 한국근대문학회, 2008.

_____, 「원자탄과 스파이, 전후 세계상의 두 표상」, 『민족문학사연구』 48, 민족문학사연구소, 2012.

곽채원, 「북한 청년동맹의 초기 성격 연구(1946~1948)-조직, 당과의 관계, 역할을 중심으로」, 『현대북한연구』 17-3, 북한대학원대 북한미시연구소, 2014.

권은선, 「유신정권기 생체정치와 젠더화된 주체 만들기」, 『여성문학연구』 29, 한국여성문학회, 2013.

김남석, 「북한영화문학에 나타난 남한의 이미지와 형상화 방식에 대한 연구」, 『국제어문』 50, 국제어문학회, 2010.

김대근, 「전후 한국영화에 재현된 자본주의적 공간의 형성」, 『씨네포럼』 34, 영상미디어센터, 2019.

김대현, 「국가보안법 제정 배경과 법조 프락치 사건」, 연세대 석사논문, 2012.

김만수, 「장르론의 관점에서 본 해방공간의 희곡문학」, 『외국문학』 23, 열음사, 1990.

김미덕, 「정치학과 젠더」, 『한국정치학회보』 45-2, 한국정치학회, 2011.

김미숙, 「북한 교과서에 나타난 민족국가 담론과 젠더」, 『여 / 성이론』 4, 여이연, 2001.

김복순, 「냉전미학의 서사욕망과 대중감성의 젠더」, 『여성문학연구』 27, 한국여성문학학회, 2012.

김봉진, 「미군정기 김두한의 '백색테러'와 대한민주청년동맹」, 『대구사학』 97, 대구사학회, 2009.

김성경, 「평양 도시 건설 스펙터클에 대한 소고」, 『개념과 소통』 24, 한림과학원, 2019.

김성수, 「북한 문학에 나타난 서울의 도시 이미지」, 『북한연구학회보』 16-2, 북한연구학회, 2012.

김영선, 「1960~70년대 북한의 재생산 정책과 젠더의 문화 정치」, 『여성과 역사』, 21, 한국여성사학회, 2014.

김은정, 「북한의 영웅서사, 60년의 간극 - '조옥희'를 중심으로」, 『민족문학사연구』 60, 민족문학사연구소, 2016.

김은하, 「전후 국가 근대화와 "아프레 걸(전후 여성)" 표상의 의미 - 여성잡지 『여성계』 『여원』 『주부생활』을 대상으로」, 『여성문학연구』 16, 한국여성문학학회, 2006.

김인섭, 「숭실 문학의 전통과 남북한문학사에서의 위상과 의의」, 『한국기독교문화연구』 9, 한국기독교문화연구소, 2017.

김재석, 「해방 직후 희곡에 나타난 친일 잔재 청산의 양상과 그 의미」, 『어문학』 86, 한국어문학회, 2004.

김정수, 「한국전쟁시기 북한연극의 공연양상 연구」, 『북한연구학회보』 14-1, 북한연구학회, 2010.

_____, 「해방기 북한연극의 공연미학」, 『공연문화연구』 20, 한국공연문화학회, 2010.

_____, 「북한연극계에서 제기된 청산(淸算) 대상 연기(演技)에 관한 연구」, 『정신문화연』 33-2, 한국학 중앙연구원, 2010.

_____, 「인민 배우 황철의 연기훈련법 - 화술 훈련을 중심으로」, 『북한연구학학보』 16-1, 북한연구학회, 2012.

_____, 「북한 예술영화의 '행동'과 '감정' 분석」, 이화여대 박사논문, 2018.

_____ · 임옥규, 「해방기 북한 문학예술의 강령과 창작의 실제 - 서사문학과 공연예술을 중심

으로」, 『우리어문연구』 42, 우리어문학회, 2012.

김종원, 「반공영화 30년의 현주소」, 『북한』 48, 북한연구소, 1975.

김진웅, 「미군정기 국내정치에 있어서 경찰의 역할」, 『대구사학』 97, 대구사학회, 2009.

김학재, 「정부수립 전후 공보부·처의 활동과 냉전 통치성의 계보」, 『대동문화연구』 74, 성균 관대 대동문화연구원, 2011.

김한상, 「1945~48년 주한미군정 및 주한미군사령부의 영화선전」, 『미국사연구』 34, 한국미 국사학회, 2011.

김향, 「박영호 희곡 연구―〈인간일번지〉와 〈등잔불〉을 중심으로」, 『한국극예술연구』 16, 한 국극예술학회, 2002.

나덕기, 「해방기 북한희곡 연구」, 영남대 박사논문, 2012.

노지승, 「1950년대 문화 수용자로서 여성의 자기표현과 영화 관람」, 『비교한국학』 18-1, 국 제비교한국학회, 2010.

류우, 「북한과 중국의 영화 교류 연구(1956~1966)」, 『비교문화연구』 59, 비교문화연구소, 2020.

류진희, 「월북 여성작가 지하련과 이선희의 해방 이후―소설 「창」과 「도정」을 중심으로」, 『상허학보』 83집, 상허학회, 2013.

문경연, 「해방기 역사극의 새로운 징후들」, 『드라마연구』 34, 한국드라마학회, 2011.

문원립, 「해방 직후 한국의 미국영화의 시장규모에 관한 소고」, 『영화연구』 18, 한국영화학 회, 2002.

손이레, 「재생, 일시 정지―일제 시기의 서사영화와 여성 재현 역학」, 『대중서사연구』 18, 대 중서사학회, 2007.

심혜경, 「안철영 텍스트를 통해 본 대한민국 설립 초기 '조선영화' 연구―〈무궁화동산〉과 『성림기행』을 중심으로」, 중앙대 박사논문, 2012.

박명진, 「해방기 독립 투쟁 소재의 극예술에 나타난 주제의식 연구―박노아의 희곡 〈선구 자〉와 전창근의 시나리오 〈자유만세〉를 중심으로」, 『우리어문연구』 36, 우리어문학 회, 2012.

박영자, 「북한의 근대 여성주체의 형성(1945~47)―『김일성저작집』과 『조선녀성』 분석을 중심으로」, 『대동문화연구』 46, 성균관대 대동문화연구원, 2004.

박영정, 「해방기의 연극정책에 관한 연구」, 『한국극예술연구』 7, 한국극예술학회, 1997.

박원순, 「우리 역사 바로 알자 국회 프락치 사건 사실인가」, 『역사비평』 8, 역사비평사, 1989.

박유희, 「박정희 정권기 영화검열과 감성재현의 역학」, 『역사비평』 여름호, 역사비평사, 2012.

박지연, 「한국 영화산업의 변화과정에서의 영화정책의 역할에 관한 연구」, 중앙대 첨단영상대학원 박사논문, 2008.

박지연, 「한국 최초의 여성감독―박남옥의 영화 〈미망인〉과 그 이후」, 『젠더와 사회』 1, 신라 대 여성문제연구소, 2018.

박지영, 「여성혁명가의 귀환―해방기 여성혁명가의 형상과 가족 서사」, 『여성문학연구』 24, 한국여성문학학회, 2010.

배상미, 「식민지 조선에서의 콜론타이 논의의 수용과 그 의미」, 『여성문학연구』 33, 한국여성문학학회, 2014.

백승숙, 『해방기희곡의 전개양상 연구』, 영남대 박사논문, 2002.

_____, 「박영호의 『등잔불』과 제국주의적 내셔널리즘의 담론 구조」, 『인문학논총』 39, 경성대 인문과학연구소, 2015.

백정숙, 「한국전쟁과 만화」, 『근대서지』 7, 근대서지학회, 2013.

변재란, 「전후 영화에 나타난 여성 인물의 재현」, 『인문과학논총』 36, 순천향대 인문과학연구소, 2017.

서승희, 「국민화의 문법과 여성문학, 그 불 / 일치의 궤적」, 『비교어문연구』 38, 비교어문학회, 2014.

서중석, 「해방 후 학생운동의 민족사적 위치―3선 개헌 반대, 민청학련투쟁, 반유신 투쟁」, 『역사비평』 3, 역사비평사, 1988.

손이레, 「재생, 일시 정지―일제 시기의 서사영화와 여성 재현 역학」, 『대중서사연구』 18, 대중서사학회, 2007.

송낙원, 「북한영화의 형성 과정과 최초의 극영화 「내 고향」 연구」, 『문학과 영상』 10-1, 문학과 영상학회, 2009.

송아름, 「합작영화―제도로 정착시킨 '한국'영화」, 『씨네포럼』 35, 동국대 영상미디어센터, 2020.

안미영, 「한국전쟁기 남한 사회 좌익 여성포로의 행로―구혜영의 〈광상곡〉(1986)을 중심으로」, 『국어국문학』 177, 국어국문학회, 2016.

양근애, 「해방기연극, 기념과 기억의 정치적 퍼포먼스」, 『한국문학연구』 36, 동국대 한국문학연구소, 2009.

_____, 「일제 말기 역사극에 나타난 '친일'의 이중성」, 『한국현대문학연구』 25, 한국현대문학회, 2008.

양승국, 「1945~1953년의 남북한희곡에 나타난 분단 문학적 특질」, 『문학사와 비평』 1, 문학사와 비평학회, 1991.

_____, 「북한의 희곡문학과 연극의 실상」, 『문학사상』, 문학사상사, 1992.8.

양승국, 「북한의 연극과 희곡문학의 현실」, 『한국연극』, 한국연극협회, 2000.9.

엄순천, 「러시아에서의 한국문학 번역 현황 및 분석」, 『러시아연구』 13-2, 러시아연구소, 2003.

오유석, 「미군정하의 우익 청년단체에 관한 연구－1945~1948」, 이화여대 석사논문, 1987.

오진곤, 「유신 체제기 영화와 방송의 정책적 양상에 관한 연구」, 『언론정보연구』 48-1, 서울대 언론정보연구소, 2011.

오태영, 「민족적 제의로서의 '귀환'－해방기 귀환서사 연구」, 『한국문학연구』 32, 동국대학교 한국문학연구소, 2007.

오태호, 「해방기(1945~1950) 북한 문학의 '고상한 리얼리즘' 논의의 전개 과정 고찰－『문화전선』, 『조선문학』, 『문학예술』 등을 중심으로」, 『우리어문연구』 46, 우리어문학회, 2013.

오창은, 「자기회복 과정을 통한 북한문단으로의 길－해방 후 송영 희곡의 변모양상 고찰」, 『어문론집』 28, 중앙어문학회, 2000.

유선영, 「동원 체제의 과민족화 프로젝트와 섹스영화」, 『언론과 사회』 15-2, 성곡문화재단, 2007.

유승진, 「자유만세를 중심으로 본 미군정기 조선영화계의 '탈식민화' 과정」, 연세대 석사논문, 2012.

_____, 「미군정기 대중문화잡지 『新星』 해제」, 『근대서지』 6, 근대서지학회, 2012.6.

유현주, 「미디어 『삼천리』와 여배우 '문예봉'」, 『한국극예술연구』 33, 한국극예술학회, 2011.

육정희, 「일제말기 박영호 희곡 연구－〈등잔불〉, 〈산돼지〉, 〈물새〉를 중심으로」, 『한어문교육』 24, 한국언어문학교육학회, 2011.

윤민주, 「〈김옥균의 사〉에 나타나는 박영호의 전략과 그 의미」, 『어문론총』 51, 한국문학언어학회, 2009.

윤일수, 「박영호의 국민연극 연구」, 『한민족어문학』 52, 한민족어문학회, 2008.

이갑영, 「로자 룩셈부르크의 국제주의」, 『한국동서경제연구』 13-2, 한국동서경제학회, 2002.

이경숙, 「박영호의 역사극 연구」, 『한국극예술연구』 27, 한국극예술학회, 2008.

이덕기, 「일제하 전시 체제기(1938~1945) 조선영화 제작목록의 재구」, 『한국극예술연구』 28, 한국극예술학회, 2008.

이명자, 「미·소 군정기(1945~1948) 서울과 평양의 극장 연구」, 『통일과 평화』 2, 서울대학교 통일평화연구원, 2009.

_____, 「미군정기(1945~1948) 외화의 수용과 근대성」, 『영화연구』 45, 한국영화학회, 2010.

_____, 『신문, 잡지, 광고자료로 본 미군정기 외국영화』, 커뮤니케이션북스, 2011.

이민영, 「대중극의 정치학, 박영호의 전략」, 『한국연극학』 47, 한국연극학회, 2012.

이봉범, 「1950년대 문화정책과 영화 검열」, 『한국문학연구』 37, 동국대 한국문학연구소, 2009.

_____, 「한국전쟁 후 풍속과 자유민주주의의 동태」, 『한국어문학연구』 56, 한국어문학연구학회, 2011.

이상우, 「해방 직후 좌우대립기희곡에 나타난 현실인식의 양상」, 『한국극예술연구』 2, 한국극예술학회, 1992.

_____, 「극양식을 중심으로 본 북한희곡의 양상」, 『한국극예술연구』 11, 한국극예술학회, 2000.

_____, 「북한희곡 50년, 그 경향과 특징」, 『상허학보』 7, 상허학회, 2001.

_____, 「북한희곡에 나타난 이상적 여성−국민 창출의 양상」, 『한국극예술연구』 21, 한국극예술학회, 2005.

이석만, 「1950년대 북한연극론의 전개 양상 연구」, 『한국연극학』 9, 한국연극학회, 1997.

이선미, 「'미국'을 소비하는 대도시와 미국영화」, 『상허학보』 18, 상허학회, 2006.

_____, 「1950년대 여성문화와 미국영화」, 『한국문학연구』 37, 동국대 한국문학연구소, 2009.

_____, 「미국적 가치의 대중적 수용과 통제의 매커니즘」, 『민족문화연구』 54, 고려대민족문화연구원, 2011.

_____, 「"헵번 스타일", 욕망/교양의 사회, 미국영화와 신문소설」, 『현대문학의 연구』 45, 한국문학연구학회, 2012.

이순진, 「식민지 경험과 해방 직후의 영화만들기」, 『대중서사연구』 14, 대중서사학회, 2005.

이승희, 「해방기 우파 연극의 헤게모니 획득과정 연구」, 『한국극예술연구』 21, 한국극예술학회, 2005.

_____, 「박영호의 연극, 대중극의 젠더」, 『민족문학사연구』 55, 민족문학사연구소, 2014.

_____, 「연극/인의 월북−전시 체제의 잉여, 냉전의 체제화」, 『대동문화연구』 88, 성균관대 대동문화연구원, 2014.

_____, 「조선연극의 감상주의와 박영호의 국민연극」, 『한국극예술연구』 51, 한국극예술학회, 2016,

이영재, 『제국 일본의 조선 영화』, 현실문화연구, 2008.

_____, 「황군(皇軍)의 사랑, 왜 병사가 아니라 그녀가 죽는가 −〈조선해협〉, 기다림의 멜로드라마」, 『여성문학연구』 25, 한국여성문학학회, 2011.

_____, 「섹스라는 국제성, 한국·홍콩·일본의 에로 트라이앵글」, 『상허학보』 51, 상허학회, 2017.

이윤정, 「해방 후 경찰잡지 개관-대표적 경찰잡지 『민주경찰』을 중심으로」, 「근대서지」 7, 근대서지학회, 2013.

이인규, 「1970년대 반공영화 생산과 소비에 관한 연구」, 서울대 박사논문, 2014.

이재명, 「박영호 희곡의 인물 연구」, 한국근대문학연구 4-1, 한국근대문학회, 2003.

_____, 「박영호 희곡 「별의 합창」에 나타난 친일적 성격 연구」, 『한국연극학』 21, 한국연극학회, 2003.

_____, 「해방기 북한 국립극장의 공연작 연구」, 『우리말글』 65, 우리말글학회, 2015.

이하나, 「1970년대 간첩 / 첩보 서사와 과잉 냉전의 감수성」, 『역사비평』 112, 역사문제연구소, 2015.

이행선, 「한국전쟁, 전쟁 수기와 전시의 정치」, 『상허학보』 46, 상허학회, 2016.

이혜령, 「해방기 식민기억의 한 양상과 젠더」, 『여성문학연구』 19, 한국여성문학학회, 2008.

이혜진, 「전후-해방 정신의 계류점-리샹란과 최승희의 재신화화를 중심으로」, 『한국문학과 예술』 18, 숭실대 한국문학과 예술연구소, 2015.

이화진, 「'국민'처럼 연기하기-프로파간다의 여배우들」, 『여성문학연구』 17, 한국여성문학학회, 2007.

_____, 「가난은 어떻게 견딜 만한 것이 되는가」, 『한국극예술연구』 60, 한국극예술학회, 2018.

임미진, 「해방기 여성의 생활과 섹슈얼리티의 정치학-1945~1950년 소설을 중심으로」, 『개신어문』 37, 개신어문학회, 2013.

임형백, 「북한 공간구조와 이념적 표현의 도시 계획」, 『통일문제연구』 31-1, 평화문제연구소, 2019.

장용훈, 「「내 고향」-해방 이후 최초의 예술영화」, 『통일한국』 181, 평화문제연구소, 1999.

전영선, 「북한 최초의 공훈 배우-영화 배우 문예봉」, 『북한』 335, 1999.11.

전윤경, 『해방기희곡 연구』, 숙명여대 박사논문, 1999.

전지니, 「1940년대 희곡 연구」, 이화여대 박사논문, 2012.

_____, 「8·15해방과 '노라' 이야기」, 『한국문학이론과 비평』 55, 한국문학이론과 비평학회, 2012.

_____, 「1930년대 가족 멜로드라마 연구」, 『한국근대문학연구』 26, 한국근대문학회, 2012.

_____, 「해방기 남북한희곡의 젠더정치 연구」, 『한국극예술연구』 40, 한국극예술학회, 2013.

_____, 「우상에 갇힌 민족연극의 구상-김태진의 「리순신 장군」(1948)에 대한 소고」, 『한국문학이론과 비평』 58, 한국문학이론과 비평학회, 2013.

_____, 「반공과 검열, 그리고 불온한 육체의 기묘한 동거」, 『여성문학연구』 33, 한국여성문학회, 2014.

전지니, 「『은영』과 해방기의 영화잡지」, 『근대서지』 9, 근대서지학회, 2014.6.

_____, 「잡지 『조선문학』 합평회를 통해 본 전쟁기 북한희곡의 검열 연구」, 『한국극예술연구』 48, 한국극예술학회, 2015.

_____, 「1950년대 초반 종합지 『희망』의 반공청년 표상 연구」, 『어문론총』 68, 한국문학언어학회, 2016.

_____, 「유신 이후의 반공영화와 오제도라는 '신화'」, 『한국극예술연구』 56, 한국극예술학회, 2017.

_____, 「희곡 〈조국은 부른다〉(1952)의 개작 양상을 통해 본 유치진의 1950년대」, 『한국연극학』 64, 한국연극학회, 2017.

_____, 「전사(戰士)형 여성상으로 본 1950년대 북한연극의 젠더체계 – 〈탄광사람들〉(1951)을 중심으로」, 『한국연극학』 68, 한국연극학회, 2018.

_____, 「인민 '여'배우의 탄생 – 해방-전쟁기 문예봉의 활동에 대한 소고」, 『여성문학연구』 43, 한국여성문학학회, 2018.

_____, 「유치진의 시나리오 작업을 통해 보는 반공과 냉전」, 『구보학보』 23, 구보학회, 2019.

_____, 「탈냉전시대 포로수용소 영화 연구」, 『구보학보』 29, 구보학회, 2021.

정낙현, 「북한희곡의 특성과 구조 연구 – 1945~1960년대 중반의 작품을 중심으로」, 이화여대 박사논문, 2004.

정영권, 「한국 반공영화의 제도화 연구 – 1949~1968 전쟁영화와의 접합과정을 중심으로」, 동국대 박사논문, 2011.

_____ · 김소원, 「국민 여배우 혹은 선전의 꽃」, 『한국문화기술』 20, 단국대 한국문화기술연구소, 2016.

정영진, 「극작가 박로아의 무상한 변신」, 『현대문학』 455, 현대문학사, 1992.

정재석, 「해방기 귀환서사 연구」, 연세대 석사논문, 2006.

정종현, 「해방기 소설에 나타난 '귀환'의 민족서사」, 『비교문학』 40, 한국비교문학회, 2006.

정진성, 「군 위안부 / 정신대의 개념에 관한 고찰」, 『사회와 역사』 60, 한국사회사학회, 2001.

정태수, 「영화 「내 고향」과 「용광로」를 통해 본 초기 북한영화의 특징」, 『현대영화연구』 20, 한양대 현대영화연구소, 2010.

정호순, 「해방 직후 희곡에 나타난 일제잔재 청산의 문제」, 『한국극예술연구』 5, 한국극예술학회, 1995.

조미영, 「전후 남북한희곡에 나타난 여성 인물 연구」, 경희대 석사논문, 2004.

조서연, 「전후희곡의 성적 '자유'와 젠더화의 균열」, 『한국극예술연구』 40, 한국극예술학회, 2013.

조영주, 「북한 여성의 실천과 젠더 레짐의 동학」, 이화여대 박사논문, 2012.

_____, 「북한의 '인민 만들기'와 젠더정치」, 『한국여성학』 29-2, 한국여성학회, 2013.

조현수, 「로자 룩셈부르크의 정치이론에 관한 소고」, 『인문사회과학연구』 39, 호남대 인문사회과학연구소, 2013.

조혜정, 「미군정기 조선영화동맹 연구」, 『영화연구』 13, 한국영화학회, 1997.

_____, 「미군정기 뉴스영화의 관점과 이념적 기반 연구」, 『한국민족운동사연구』 68, 한국민족운동사학회, 2011.

주창규, 「문예봉, 발명된 '국민 여배우'의 계보학―'은막의 여배우'의 훈육과 '침묵의 쿨레쇼프를 중심으로」, 『영화연구』 46, 한국영화학회, 2010.

진덕규, 「'여순 반란 사건'과 이승만 정부의 경찰국가화」, 『한국논단』 11월호, 1994.

최현실, 「20~21세기 한반도에서 국가적 성폭력과 그 희생제의로서 여성의 몸」, 『한국민족문화』 46, 부산대 한국민족문화연구소, 2013.

한모니까, 「1948년 대한민국 정부 수립과 주한미군의 정권 이양 과정 및 의미」, 『동방학지』 164, 연세대 국학연구원, 2013.

한상언, 「해방기 영화인 조직 연구」, 한양대 석사논문, 2007.

_____, 「해방기 영화운동과 조선영화협단」, 『영화연구』 43, 한국영화학회, 2010.

_____, 「강홍식의 삶과 영화 활동」, 『인문논총』 32, 경남대 인문과학연구소, 2013.

_____, 「박학의 삶과 영화 활동 연구」, 『영화연구』 69, 한국영화학회, 2016.

한성훈, 「신해방지구 인민의 사회주의 체제 이행」, 『북한연구학회보』 20-2, 북한연구학회, 2016.

한영석·유지나, 「한국전쟁 이후 풍경―〈미망인〉(1955) 이미지 텍스트성에 관한 소고」, 『씨네포럼』 33, 동국대 영상미디어센터, 2019.

한영현, 「해방기 한국영화의 형성과 전개양상 연구」, 성신여대 박사논문, 2010.

_____, 「해방과 영화 그리고 신생 대한민국의 초상」, 『대중서사연구』 26, 대중서사학회, 2011.

_____, 「해방기 '아메리카 영화론'과 탈식민 문화기획」, 『대중서사연구』 30, 대중서사학회, 2013.

현재원, 「해방기연극운동 연구」, 성균관대 박사논문, 2000.

홍재범, 「박영호의 〈아들〉 연구」, 『국어국문학』 133, 국어국문학회, 2003.

홍창수, 「서구 페미니즘사상의 근대적 수용 연구」, 『상허학보』 13, 상허학회, 2004.

황영원, 「개혁개방 이전 중국에 대한 북한 문화의 영향력」, 『동방학지』 177, 국학연구원, 2016.

Suzy Kim, "Revolutionary Mothers : Women in the North Korean Revolution, 1945~1950", *Comparative Studies in Society and History*, Vol.52, No.4, Cambridge University Press, 2010.

Suzy Kim, "Mothers and Maidens : Gendered Formation of Revolutionary Heroes in North Korea", *The Journal of Korean Studies*, Vol.19, No.2, Duke University Press, 2014.

Gehring Wes D., "Screwball Comedy : An Overview", *Journal of Popular Film and Television*, Vol.13, No.4, Heldref Publications, 1986.

Jun Jee-nee, "Representations of Anti-Communism and Sexuality in Popular Culture during the Yushin Regime in South Korea", *Korea Journal*, Vol.59, no.1, The Academy of Korean Studies, 2019.

기타

「사랑과 죽음의 기록 심의의견서」, 1978.1.30 접수, 1978.2.6 심의.

『한국영화자료편람』, 영화진흥공사, 1977.

『한국영화, 외국영화 검열현황편람 – 1971~1981년』, 영화진흥공사, 1982.

『[원로영화인 구술채록] 감독 – 설태호』, 한국영상자료원, 2010.

박인하, 「반공과 섹슈얼리티의 만남」, 2013.11.30.(https://blog.naver.com/enterani(검색일 : 2023.12.10))

양승동 연출, 〈한국판 마타하리, 신화인가 진실인가 – 김수임〉, 『인물현대사』, KBS.(방영일 : 2005.2.11)

이영진, 「한국영화 후면비사 – 민중의 지팡이, 열혈 마케터로 둔갑?」, 『씨네21』, 2006.11.15. (http://www.cine21.com/news/view/mag_id/42624(검색일 : 2015.11.14))

이춘길 외, 「북한의 영화산업 현황과 영화진흥정책연구」, 한국문화정책개발원, 1997.

이화진, 「한국영화인물론 – 김소영」, 2012.4.10.(https://www.kmdb.or.kr/story/76/1587(검색일 : 2012.5.10))

이효인 외, 「통일 한국인이 보아야 할 북한영화 50선」, 영화진흥위원회, 2002.12.

임영태, 「좌익에 의한 민간인 학살사건 (2) – 남한점령과 통치기구 정비」, 『통일뉴스』, 2017.1. 17.(http://www.tongilnews.com/news/articleView.html?idxno=119478(검색일 : 2023. 12.1))

장영엽 외, 「스페셜 1 – 여성영화인들」, 『씨네21』, 2018.10.3.(http://www.nice21.com/db/ mag/news_section/?section=005001001&p=11(검색일 : 2023.12.1))

전갑생, 「'스파이(Spy·간첩)' 이야기 3 – 김수임, '마타하리'에서 비운의 여인으로」, 『민족21』, 2012.4.

_____, 「'스파이(Spy·간첩)' 이야기 4 – 비운의 '신여성' 김수임, 반공이데올로기의 희생양」,

『민족21』, 2012.5.

전갑생, 「국회 프락치 사건, '흥미거리' 혹은 '조작의 원조'」, 『민족21』, 2012.7.

전지니, 「일그러진 가족, 기울어진 집의 초상」, 『공연과 이론』 여름호, 공연과이론을위한모임, 2017.

정종화, 「김신재를 동경하던 '영화소녀' 영면에 들다」, 『씨네21』, 2017.4.14.(http://www.cine21.com/news/view/?mag_id=86938(검색일 : 2023.12.1))

주성철, 「특별수사본부 김수임의 일생」, 『뻬용-뻬용 B무비』, 한국영화데이터베이스, 2014.5.27.(https://www.kmdb.or.kr/story/74/1671(검색일 : 2014.12.10))

최소원, 「식민지 시기 발성영화스타 김소영」, 『영화천국』 4, 한국영상자료원, 2008.

최호열, 「'한국판 마타하리' 김수임 사건 美 비밀문서 집중분석」, 『신동아』, 2008.10.24.(https://shindonga.donga.com/politics/article/all/13/107887/1(검색일 : 2014.12.10))

Tatiana Gabroussenko, "Just war? How North Korea portrayed the Korean War." *NK News*, 2016.12.12.

https://www.kmdb.or.kr/db/per/00000864#jsEtcInformation(검색어 : "유명순", 한국영화데이터베이스(KMDB), 검색일 : 2022.1.25)